KB062023

AI 메이커스, 인공지능 전쟁의 최전선

AI 메이커스, 인공지능 전쟁의 최전선

1판 1쇄 인쇄 2022. 4. 8.
1판 1쇄 발행 2022. 4. 15.

지은이 케이드 메츠
옮긴이 노보경

발행인 고세규
편집 박완희·심성미 디자인 유상현 마케팅 백미숙 홍보 이한솔
발행처 김영사
등록 1979년 5월 17일(제406-2003-036호)
주소 경기도 파주시 문발로 197(문발동) 우편번호 10881
전화 마케팅부 031)955-3100, 편집부 031)955-3200 | 팩스 031)955-3111

값은 뒤표지에 있습니다.
ISBN 978-89-349-4954-1 03320

홈페이지 www.gimmyoung.com 블로그 blog.naver.com/gybook
인스타그램 instagram.com/gimmyoung 이메일 bestbook@gimmyoung.com

좋은 독자가 좋은 책을 만듭니다.
김영사는 독자 여러분의 의견에 항상 귀 기울이고 있습니다.

THE GENIUS MAKERS

AI 메이커스

인공지능 전쟁의 최전선

케이드 메츠
노보경 옮김

김영사

진리와 선함 그리고 아름다움을 믿었던

월트 메츠를 기리며

가장 살기 좋은 때는
네가 알고 있다고 생각한 거의 모든 것이 틀렸을 때다.

_톰 스토파드, 〈아르카디아〉 1막 4장 중에서

우리가 미스터리를 모두 알아내 의미를 전부 상실했을 때,
우리는 텅 빈 해변에 홀로 남겨질 것이다.

_〈아르카디아〉 2막 7장 중에서

차
례

머리말 **백발의 스타트업 창업자** 12

1 __ **기원**: 퍼셉트론의 그림자

완전히 새로운 머신 31 | 장밋빛 스포트라이트 35 | 인공지능을 냉소하는 인공지능 연구자 39 | 기호주의 vs. 연결주의, 냉전의 시작 45

2 __ **약속**: 긴 겨울과 짧은 봄

제프리 힌턴과 마빈 민스키의 첫 만남 49 | 컴퓨터도 뇌과학도 잘 모르는 인공지능 연구자 52 | 제1차 인공지능의 겨울 58 | 역전파라는 역발상 61 | 긴 겨울의 끝자락 64 | "아무도 타고 있지 않아요" 70

3 __ **거절**: 르쾽의 르넷, 힌턴의 딥러닝

신중한 프랑스인 공학도 75 | 벨 연구소에서 보낸 젊은 나날 80 | 신경망 연구의 암흑기 88 | 유럽에 보존된 연결주의 연구의 맥 95 | 연결주의자들의 우상 98 | "힌턴을 따르라!" 102

4 __ **돌파구**: 실리콘밸리 속으로

신경망, 음성을 인식하다 106 | 마이크로소프트를 뒤흔든 괴짜들 111 | IBM과 구글까지 접수한 힌턴 사단 118

5 __ **증명**: 딥러닝 바이러스

연결주의자로 전향한 젊은 기술자 126 | 구글의 천재 개발자들 130 | 구글 브레인의 실수 138 | 힌턴의 수제자들 143 | 이미지넷 대회를 제패한 알렉스넷 149

6 __ **야망**: 딥마인드의 목표

구글의 다음 타깃 155 | 보드게임 세계 챔피언과 개츠비 연구소 연구원 159 | 딥마인드의 탄생 167 | 게임에 인공지능을 더하다 170 | 구글과 딥마인드의 탐색전 175

II 누가 인공지능의 주인이 될 것인가

7 __ **경쟁:** 인재 영입 대작전

후발주자 페이스북의 등판 185 | 학계와 업계의 경계에서 192 | 추월당한 마이크로소프트 200

8 __ **과대 선전:** 끝 모를 성공 궤도

무모한 스카이다이버의 과감한 하드웨어 투자 205 | 자율주행차와 딥러닝의 컬래버레이션 210 | 맥 트럭 프로젝트 213 | 인공지능 붐과 혼돈 215 | 수츠케버의 번역기 219 | 뜻밖의 성과 226

9 __ **지나친 우려:** 브레이크의 필요성

핵무기보다 더 위험한 것 231 | 인공지능을 어떻게 제어할 것인가? 238 | 기업의 간섭을 받지 않는 연구소 243 | 오픈AI의 설립 248

10 __ **폭발:** 알파고 쇼크

페이스북의 중대 발표 253 | 딥마인드의 비장의 무기 256 | 알파고 vs. 이세돌 260 | 인공지능의 묘수 264

11 __ **확장:** 진격의 구글

병원 속으로 스며든 인공지능 269 | 구글의 급속 성장과 내부 균열 274 | 술레이만의 딥마인드 헬스 프로젝트 279

12 __ **꿈속에서:** 매너리즘에 빠진 마이크로소프트

거꾸로 핸들을 돌릴 시간 283 | 전통 강호의 잃어버린 10년 286 | 상하이에서 온 열정적인 컴퓨터과학자 291 | 기업이 포섭하지 못한 마지막 학자 297

III
유용하고 위험한 양날의 검

13 _ **속임수**: 진짜보다 진짜 같은 가짜 이미지

신경망, 이미지를 생성하다 303 | 미국 대선과 인공지능의 상관관계 308 | 딥페이크 논란이 시사한 문제들 315

14 _ **자만심**: 차이나 파워

알파고 vs. 커제 318 | 바이두의 본진, 중국 323 | 오만과 오판 326 | 중국의 역습 332

15 _ **편향성**: 영리를 넘어 윤리로

백인 남성 개발자들이 놓친 것 338 | 차별주의를 학습한 인공지능 343 | 인공지능 윤리를 위한 연대 346

16 _ **무기화**: 인공지능 군납 논란

미국 국방부의 메이븐 프로젝트 353 | 살인 로봇 반대 운동 364

17 _ **무력감**: 필터링과 검열 사이

'아임 소리' 슈트 369 | 페이스북 가짜 뉴스 챌린지 373 | 자동 필터링의 한계 378

IV 인공지능은 무엇이 되려 하는가

18 _ **토론:** 다른 의견

신경망, 인간과 대화하다 385 | 딥러닝 시대의 마빈 민스키 389 | 마커스와 르쾽의 토론 대결 392 | 인공지능의 학교 시험 점수 398

19 _ **자동화:** 저마다의 피킹 로봇

큐브를 맞추는 로봇 402 | 구글의 로봇 팔 406 | 결국 돈에 굴복한 오픈AI 409 | 연구소 밖으로 나온 로봇공학자들 412

20 _ **종교:** 베일에 싸인 미래

선견지명 혹은 맹신 417 | 야심 찬 사업가가 장악한 오픈AI 426 | 게임 레벨 업 훈련 432 | 극단적인 기대와 전망 435

21 _ **미지의 요인:** 미완의 해피 엔딩

튜링상 트리오 442 | 수상 소감 446 | 딥러닝의 개척자가 내다본 인공지능의 미래 451

감사의 말 454

주요 사건 연표 458

등장인물 460

참고문헌 465

찾아보기 494

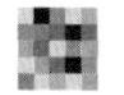

백발의 스타트업 창업자

앉지 못하는 남자

2012년 12월 제프리 힌턴Geoffrey Hinton은 토론토 시내에서 미국 타호호Lake Tahoe로 가려고 버스에 몸을 실었다. 힌턴은 지난 7년 동안 단 한 번도 자리에 앉은 적이 없었다. "제가 마지막으로 앉았던 때가 2005년이었어요. 그것도 실수로 말이죠." 그는 이 이야기를 몇 번이나 했다.

힌턴은 10대 때 어머니를 대신해 실내 난방기를 들어 올리다가 허리를 다쳤는데, 그 탓에 50대 후반부터는 허리 디스크 때문에 앉을 수 없게 돼버렸다. 디스크가 일단 심해지면 몇 주는 꼼짝없이 침대 신세를 져야 했기에, 힌턴은 아예 자리에 앉지 않기로 마음먹었다.

토론토대학교 연구실에도 서서 일할 수 있는 책상을 가져다 놓았다. 식사할 때는 식탁 아래 작은 매트를 깔고 그 위에 무릎을 꿇은 채 제단 앞 스님을 연상시키는 자세로 음식을 먹었다. 차를 탈 때는 뒷좌석에 길게 누웠고, 장거리를 이동해야 할 때는 기차를 탔다. 이착륙 시 반드시 착석해야 하는 비행기는 탈 수 없었다.

"이러다 일상생활도 제대로 하지 못하는 불구가 될지 모른다는 생각이 들어 제가 앓는 병을 있는 그대로 받아들이기로 마음먹었죠. 병한테 마음대로 하라고 해버리면 더는 힘들어할 이유도 없는 거죠."

힌턴은 버스 뒷좌석에 누운 상태로 뉴욕까지 간 다음, 캘리포니아주 트러키까지는 기차를 이용했다. 이어 또 택시 뒷좌석에 드러누워 30분 동안 산길을 올랐다. 그렇게 시에라네바다산맥 북쪽에 있는 타호호에 다다랐다.

이렇듯 힘겨운 여정에 앞서, 그해 가을 힌턴은 자신의 대학 연구실 소속 젊은 대학원생 둘과 함께 회사를 하나 차렸다. 특정한 상품을 만드는 회사는 아니었다. 상품 제작에 관한 계획 자체가 없는 회사였다. 이 회사의 홈페이지에서 제공하는 유일한 정보인 'DNN리서치'라는 회사명은 사이트를 찾은 몇 안 되는 접속자들의 흥미마저 떨어뜨릴 뿐이었다.

부스스한 백발에 울 스웨터를 즐겨 입고 유머 감각이 남다른 64세의 힌턴은 학자로서의 삶에 완전히 만족했다. 두 제자의 설득에 못 이겨 창업의 길로 들어섰지만, 이 일이 자신이 진정으로 원하는 일인지는 확신할 수 없었다. 그런데 힌턴이 타호호에 도착하자마자 중국 최대 기업 중 하나가 신생 스타트업인 DNN리서치의 인수 가격으로 1,200만 달러를 제시했고, 이어서 미국 거대 기업 2곳과 또 다른 회사가 입찰 경쟁에 뛰어들었다.

힌턴은 타호호의 남쪽, 스키장이 있는 산기슭에 나란히 자리 잡은 하라스와 하비스 카지노로 향했다. 네바다의 소나무숲 사이로 우뚝 솟은 이 쌍둥이 건물은 수백 개의 호텔 객실과 수십 개의 회의 공간, 다양한 식당을 갖춰 컨벤션센터로도 활용됐다. 그해 12월에는 하라스와 하비스에서 컴퓨터과학자들의 연례 행사인 NIPS가 열렸다.

NIPS는 신경정보처리시스템Neural Information Processing Systems의 약자에서 이름을 딴, 컴퓨팅과 인공지능AI, Artificial Intelligence 분야의 연구자들이 모이는 권위 있는 국제 학술회의다. 1970년대 초반부터 영국, 미국, 캐나다의 대학에서 인공지능 분야를 개척해온 힌턴은 해마다 거의 빠짐없이 NIPS에 참석했다. 그런데 이번 회의는 분위기가 예년과 사뭇 달랐다. 힌턴은 1,200만 달러를 제시한 중국 기업뿐 아니라 다른 기업들도 자신의 스타트업에 관심이 있음을 알게 됐다. NIPS는 그들이 힌턴의 회사를 놓고 각축전을 벌이기에 안성맞춤인 곳이었다.

NIPS 개최 두 달 전, 힌턴과 두 제자는 인공지능 머신이 세상을 바라보는 방식을 뒤바꿨다. 인간 두뇌 속 신경세포neuron의 구조를 수학적 방식으로 모방한 '신경망neural network'을 발전시켜 머신이 꽃, 개, 자동차 따위의 일반 객체를 식별할 수 있게 만든 것이다.[1] 이전에는 불가능하다고 여겨지던 일이었다. 신경망은 방대한 데이터를 분석함으로써 인지 능력을 스스로 강화할 수 있었다.

힌턴이 '딥러닝deep learning'이라고 칭한 이 기술의 잠재력은 실로 엄청났다. 딥러닝은 컴퓨터과학뿐 아니라 음성 인식 디지털 비서Digital Assistant, 자율주행차, 의약품의 개발에 이르기까지 전 영역에 걸쳐 일대 전환을 가져올 것이 분명했다.

바이두가 탐낸 신기술

신경망이라는 개념의 역사는 1950년대까지 거슬러 올라간다. 하지만 초기 연구자들은 그들이 기대한 만큼의 성과를 얻지 못했다. 50년이 넘도록 인간 두뇌를 모방한다는 아이디어가 실현되지 못하자, 2000년대 들어 연구자 대부분은 신경망 기술이 막다른 벽에 부딪혔다고 보고 연구를 중단했다. 계속 연구를 이어나간 이들은 학술지에 논문을 발표하면서도, 신경망 연구를 포기한 동료들의 신경을 가급적 건드리지 않으려고 '신경망' 대신 각기 다른 용어를 사용하곤 했다.

언젠가는 인간 지능 수준의 인공지능을 만들어낼 수 있으리라 믿었던 몇 안 되는 학자 중에 힌턴이 있었다. 그의 목표는 물체를 인식할 뿐 아니라, 인간과 대화를 나눌 수 있고 심지어 인간이 해결할 수 없는 문제까지 처리할 수 있는 머신을 개발하는 것이었다. 힌턴은 더 나아가 인공지능을 활용해 생물학, 의학, 지질학 등 다른 과학 분야에 산재한 미스터리를 풀 방법을 찾아낼 수도 있다고 믿었다.

힌턴의 연구는 그가 몸담은 대학에서조차 기괴하다고 여겨져 외면받았고, 대학 측은 스스로 학습하는 머신 개발을 향한 힘겨운 연구에 동참할 교수를 충원해달라는 힌턴의 요청을 수년간 묵살했다. 그는 그 이유를 이렇게 설명했다. "이런 연구에 목매는 미치광이는 저 하나로 족하다고 생각했겠지요."

그런데 2012년의 봄여름쯤 힌턴과 두 제자는 돌파구를 찾았다. 기술적으로 절대 불가능하다는 통념을 깨고 사물을 정확하게 인식할 수 있는 신경망을 선보인 것이다. 그리고 같은 해 가을, 힌턴이 오랫동안 주장해온 것만큼 위력적인 연구 성과를 9쪽 분량의 논문으로 세상에 발표했다. 그로부터 며칠 뒤, 중국의 빅테크 기업인 바이두의 인공지능 연구자 카이 유Kai Yu가 힌턴에게 이메일 한 통을 보냈다.

겉보기에 힌턴과 유는 닮은 점이 거의 없었다. 1947년 영국에서 대대로 훌륭한 과학자를 배출한 가문 출신인 힌턴은 괴짜 같은 면이 있었다. 그는 케임브리지대학교를 거쳐 에든버러대학교에서 인공지능 분야 박사 과정을 마치고, 이후 30년간 컴퓨터과학과 교수로 재직했다. 힌턴보다 서른 살이나 아래인 유는 사회주의 국가 중국에서 자동차 기술자인 아버지 밑에서 성장했고,

난징과 뮌헨에서 학업을 마친 뒤에는 실리콘밸리의 한 기업 연구소에 취직했다. 사회적 지위, 나이, 문화, 언어, 거주 지역 모두 다른 두 사람 사이에는 공통분모가 하나 있었다. 신경망을 향한 지대한 관심이었다.

그들은 학계의 관심 밖으로 밀려난 인공지능 분야 연구를 소생시키고 딥러닝의 발전을 도모하기 위해 캐나다에서 개최된 한 학술회의에서 처음 만났다. 유도 힌턴과 마찬가지로 신경망 기술의 혁신과 전파에 매진했다. 유를 통해 딥러닝을 알게 된 바이두의 CEO는 이 기술에 관심을 보였다. 힌턴이 2012년 가을에 토론토대학교에서 논문을 발표하자 유는 바이두의 수뇌부에 최대한 빨리 영입하자고 강력히 건의했다. 유가 바이두의 부사장에게 이메일을 보내 힌턴을 소개하자, 부사장은 힌턴에게 바이두 소속 연구자로 수년간 일하는 조건으로 1,200만 달러를 제안했다.

초반에 바이두는 거래가 성사된 것으로 여겼지만, 힌턴의 계획은 달랐다. 뒤이어 몇 달에 걸쳐 바이두의 경쟁 상대라고 할 만한 미국 대기업 2곳을 포함해 자신의 토론토 연구실로 문의를 해온 크고 작은 기업 몇몇과도 접촉을 이어갔다. 그 기업들 역시 힌턴과 두 제자를 '모셔가기' 위해 애썼다. 폭넓은 기회를 모색하던 힌턴은 1,200만 달러짜리 영입 제안을 수락하기 전에 다른 회사의 제안들도 검토할 시간을 줄 수 있는지 바이두에 양해를 구했고, 바이두가 이를 받아들이자 상황은 180도 달라졌다.

힌턴은 바이두나 그 경쟁사들이 학자 출신 인재 몇몇을 영입할 때보다 회사 하나를 인수할 때 훨씬 큰 돈을 쏟아부으리라 판단했고, 제자들의 강력한 권유에 힘을 얻어 작게라도 창업을 하기로 마음먹었었다. 심층신경망Deep Neural Networks에서 따와 DNN리서치라고 이름 붙인 힌턴의 스타트업은 그렇게 탄생했다.

창업 이후 힌턴은 토론토의 한 변호사에게 제품 하나 만들어낸 적 없고 단 세 사람만으로 운영되는 스타트업의 기업 가치를 어떻게 최대로 끌어올릴 수 있을지 물었다. 변호사가 조언한 방법은 2가지였다. 하나는 회사를 인수하려는 기업에 반감을 불러일으킬 수도 있는 위험을 감수하고 협상전문가를 고용하는 것이었고, 다른 하나는 힌턴의 스타트업을 경매에 부치는 것이었다. 힌턴은 둘 중 후자를 선택했다

최종적으로 경매에 참여한 네 기업은 바이두, 구글, 마이크로소프트, 딥마인드였다. 딥마인드는 지금은 매우 유명하고 영향력 있는 인공지능 개발사지만, 당시에는 젊은 신경과학자 데미스 하사비스Demis Hassabis가 런던에서 설립한 지 2년에 불과한 무명 회사였다.

누가 딥러닝의 주인이 될 것인가?

구글의 수석 부사장인 앨런 유스터스Alan Eustace는 경매일에 며칠 앞서 자기 소유의 쌍발기를 타고 타호호 남쪽의 공항으로 날아갔다. 유스터스와 구글의 전설적인 인공지능 개발자 제프 딘

Jeff Dean은 하라스 꼭대기 층의 스테이크 전문 레스토랑에서 힌턴과 제자들을 만나 식사를 했는데, 그곳 실내는 1천 개에 달하는 빈 와인 병으로 장식돼 있었다.

그날은 힌턴의 65번째 생일이었다. 힌턴은 바 테이블 옆에 서고 나머지 사람들은 높은 의자에 앉았다. 구글의 포부, DNN리서치 입찰 경매, 토론토대학교 연구실에서 진행 중인 최신 연구에 관한 대화가 오갔다. 이 식사 자리에서 유스터스와 딘의 주된 목적은 처음 만난 힌턴의 두 제자가 어떤 사람인지 파악하는 것이었다.

바이두, 마이크로소프트, 딥마인드도 각각 대표자를 보내 타호호에서 힌턴 일행과 미팅을 진행하고 경매에 참여할 준비에 돌입했다. 이 경매가 열리게 만든 장본인인 바이두의 카이 유도 경매 시작 전에 직접 힌턴과 접촉했다. 그러나 경매 참여자들이 동시에 한 장소에 모인 적은 없었다. 이 경매는 캘리포니아, 런던, 베이징에 있는 각 회사의 경영진이 결정한 입찰가를 이메일로 전달받는 방식으로 진행된 것이다. 어떤 기업이 경매에 참여했는지는 대외비였다.

경매는 힌턴이 머물던 하라스 호텔 731호실에서 진행됐다. 창문 밖으로 소나무숲과 하얀 눈이 덮인 산봉우리가 내다보이는 곳이었다. 힌턴이 각 경매 단계의 진행 일자와 시간을 정했고, 약속된 시간이 되면 두 제자가 731호실로 와서 힌턴의 노트북으로 도착한 이메일을 열어 입찰가를 함께 확인하는 방식이었다.

힌턴이 서서 키보드를 사용할 수 있도록 퀸 사이즈 침대 2개 끝에 놓인 탁자 위에 휴지통을 엎어서 노트북 받침대로 만들었다.

경매는 지메일을 통해 진행됐는데, 마이크로소프트가 이를 달가워하지 않았다. 경매 시작을 며칠 앞두고 마이크로소프트는 최대 경쟁사인 구글이 이메일을 엿봄으로써 경매에서 유리해질 수 있다는 불만을 제기했다. 힌턴과 두 제자도 그럴 가능성을 염두에 두지 않았던 것은 아니다. 그러나 '설마' 하는 우려 이상으로 심각하게 고민하지는 않았다. 기술적으로 구글이 지메일을 엿볼 수는 있다. 서비스 약관에서 그러지 않겠노라 약속하고는 있지만, 구글이 그 규정을 위반하더라도 누가 알 수 있겠는가.

결국 힌턴과 마이크로소프트는 그런 걱정은 일단 접어두기로 했다. 힌턴은 "구글이 우리 지메일 계정을 훔쳐보지 않을 거라고 믿었어요"라고 말했다. 당시에는 누구도 그 의미를 깨닫지 못한 역사적인 순간이었다.

경매 규칙은 단순했다. 입찰이 시작되면 네 기업에 추가로 1시간이 주어진다. 각 기업은 추가 시간 동안 100만 달러 이상 입찰가를 올릴 수 있다. 추가 시간의 카운트다운은 제일 마지막으로 도착한 입찰 메일에 찍힌 시간을 기준으로 시작된다. 1시간이 지났을 때, 추가 입찰가를 제시한 기업이 없으면 경매는 종료된다.

딥마인드는 현찰이 아닌 자사 주식을 가지고 경매에 참여했는데, 테크업계의 다른 강자들의 적수가 될 수 없었기에 곧 나가떨어졌다. 이제 남은 회사는 바이두와 구글, 마이크로소프트 등

3개사였다. 입찰가는 계속해서 상승해 처음 1,500만 달러에서 2천만 달러에 이르렀다. 마이크로소프트도 기권했으나 다시 경매에 참여했다.

경매가 진행되는 동안 힌턴과 제자들은 어떤 기업에 회사를 팔지 논의를 계속했다. 손에 땀을 쥐게 할 정도로 중대한 사안이었다. 늦은 오후 그들이 창밖으로 산 정상의 스키장을 내다보고 있을 때, 비행기 2대가 하늘에 거대한 X자 모양의 궤적을 남기며 지나갔다. 실내에 감도는 흥분된 열기 속에서 그들은 그것이 무슨 징조가 아닐까 생각했다. 힌턴은 구글 본사가 마운틴 뷰 Mountain View에 있음을 떠올리고는 "우리더러 구글로 가라는 건가, 아니면 가지 말라는 건가?"라고 내뱉었다.

입찰가가 2,200만 달러에 육박하자 힌턴은 입찰 기업 중 한 곳과 대화를 나누기 위해 잠시 경매를 중단시켰다. 30분 후 마이크로소프트가 다시 기권했다. 이제 바이두와 구글만이 남았다. 시간이 지날수록 입찰가가 치솟았다. 처음 바이두 쪽 입찰은 카이 유가 맡았는데, 가격이 2,400만 달러까지 높아지자 바이두의 중역이 베이징에서 직접 바통을 넘겨받았다. 유는 혹시라도 경매의 향방을 가늠해볼 수 있을까 싶어 이따금 731호실을 기웃거렸다.

유는 자꾸 들락거리는 자신을 힌턴이 불편해하고 있음을 전혀 눈치채지 못했다. 힌턴은 공기가 차고 건조한 데다 산소량도 부족한 타호호를 방문할 때마다 병이 나곤 했다. 그는 또다시 병이

날까 봐 걱정됐고, 그런 약한 모습을 유는 물론이고 누구에게도 들키고 싶지 않았다. "제가 늙고 힘없는 노인으로 보일까 봐 싫었어요." 힌턴은 그때의 기분을 이렇게 설명했다.

힌턴은 벽에 붙어 있는 접이식 소파에서 매트리스를 빼내 두 침대 사이 바닥에 깔았다. 그러고는 다리미판을 포함해 튼튼해 보이는 물건 몇 개를 찾아 침대 사이에 걸쳐놓고 축축하게 적신 수건 여러 장으로 그 위를 덮었다. 그는 매일 밤 이렇게 급조한 수건 천막 아래에서 잠을 자면서 병을 예방하려고 신경을 썼다. 그러니 경매가 진행되는 동안 체구가 작고 둥그스름한 얼굴에 안경을 낀 유가 자꾸 찾아와 말을 거는 것이 여간 불편한 것이 아니었다. 병나지 않으려고 필사적으로 애쓰는 모습을 유에게 들키고 싶지 않았다.

유가 찾아올 때마다 힌턴은 제자들에게 매트리스와 다리미판, 수건 등을 얼른 숨겨달라고 요청했다. 그러면서 제자들에게 "부사장들은 원래 이런 일을 하는 거지" 하고 농담을 던졌다.

한번은 유가 방을 나가면서 자신의 백팩을 깜빡 잊고 놓고 간 적이 있었다. 의자 위 유의 백팩을 본 힌턴과 두 제자는 혹시 그 안에 바이두가 어느 정도까지 입찰가를 제시할 생각인지 알 수 있는 무언가가 있지 않을까 싶어 지퍼를 열어보고 싶은 마음이 들었다. 하지만 옳은 일이 아니었기에 실제로 그렇게 하지는 않았다. 그럴 필요 없이 그들은 곧 바이두가 훨씬 높은 금액을 제시할 예정임을 알게 됐다.

입찰가는 2,500만, 3,000만을 넘어 3,500만 달러까지 올라갔다. 종료 시각 1, 2분을 앞두고 경매가 종료되려는가 싶을 때마다 새로운 입찰 메일이 들어왔다. 이제 가격이 4,000만을 넘어 4,300만 달러까지 치솟았다. 힌턴은 이날을 되돌아보며 "영화의 한 장면인가 싶었죠"라고 말했다. 입찰가가 4,400만 달러에 다다랐을 때는 자정이 거의 다 돼 있었다. 힌턴은 경매를 다시 중지시켰다. 잠은 자야 했으므로.

경매의 최종 승자

다음 날, 경매가 재개되기 30분 전쯤 힌턴은 시작 시각을 늦추겠다는 이메일을 참여 기업들에 보냈다. 1시간 뒤 그는 또 한 통의 메일을 보냈다. 경매의 종료를 알리는 메일이었다. 지난밤 힌턴은 가격을 더는 올리지 않고 자신의 스타트업을 구글에 넘기기로 정한 것이다. 힌턴이 바이두에 보낸 이메일에는 앞으로 바이두로부터 받는 모든 연락은 (누군지 밝히지는 않았지만) 자신의 새 고용주에게 공유될 것이라는 내용이 담겨 있었다.

후에 인정했듯이 힌턴은 이런 결과를 줄곧 바라고 있었다. 심지어 카이 유도 힌턴이 구글이나 다른 미국 기업을 선택하리라 예상했다고 한다. 힌턴의 허리 상태로는 중국까지 가기는 무리였으니 말이다. 결과가 좋지는 않았지만, 유는 바이두가 이 경매에 참여했다는 사실만으로도 만족스러웠다. 바이두의 경영진도 경쟁 상대인 미국 기업과 한계치까지 치열하게 경합하면서 다가

올 미래에 딥러닝이 얼마나 중요한 위치를 차지할지 뼈저리게 느꼈을 것이기 때문이다.

힌턴이 경매를 종료한 이유는 회사를 최고의 값에 파는 것보다 자신의 연구를 위한 최적의 정착지를 찾는 것이 더 중요하다고 생각했기 때문이었다. 힌턴이 4,400만 달러에 경매를 멈추겠다고 이야기하자 구글에서는 그가 농담하는 줄 알았다. 입찰가가 더 올라갈 여력이 있는 경매를 포기하겠다는 힌턴의 말을 단번에 믿을 수가 없었다. 하지만 힌턴은 농담을 한 것이 아니었으며, 그의 제자들도 마찬가지였다. 그들은 사업가가 아니라 학자였다. 무엇보다 자신들의 연구에 진심인 사람들이었다. 그러나 힌턴은 자신들의 연구가 차후 엄청난 가치를 지니게 될 것이라는 사실을 정확히 예상하지 못했다. 그때는 아무도 몰랐다.

경매에 참여한 네 기업은 곧 소규모 과학자 집단을 결성해 연구에 박차를 가하기 시작했다. 여기에 또 다른 거대 미국 기업도 가세했다. 구글에 영입된 힌턴과 두 제자도 자신들의 아이디어를 테크 산업의 심장부에서 실현해나가기 시작했다.

그 덕분에 음성 인식 디지털 비서, 자율주행차, 로봇공학, 헬스케어를 비롯해 인공지능 분야의 발전이 단기간에 가속화됐다. 그리고 그들이 의도한 것은 아니었지만 전투 및 감시 시스템의 자동화 역시 빨라졌다. 앨런 유스터스는 "인공지능이 기술에 대한 제 사고방식을 완전히 뒤바꿨어요. 다른 사람에게도 마찬가지일 겁니다"라고 말하기도 했다.

특히 젊은 신경과학자이자 딥마인드의 CEO인 데미스 하사비스와 같은 연구자들은 종국에는 자신들이 인간의 두뇌가 할 수 있는 것을 무엇이든 똑같이, 아니 오히려 더 잘할 수 있는 머신을 개발하게 되리라고 믿었다. 이는 초기 컴퓨터 시대 이후로 인간이 늘 상상했던 미래다. 언제 그 머신이 세상에 나올지는 누구도 확신하지 못했지만 말이다.

얼마 뒤 아직 진정한 인공지능이라고 말하기 부끄러운 수준의 머신이 등장했을 때, 그 사회적 파급력은 생각보다 훨씬 엄청났다. 압도적 기술은 언제나 인간을 사로잡은 동시에 공포심을 불러일으킨다. 그래서 인류는 끊임없이 도박을 해왔다. 이번 판의 판돈은 과학자들의 예상을 훌쩍 뛰어넘었다.

딥러닝의 출현으로 디지털 기술 구축 방식에 근본적인 변화가 일어났다. 이전에는 기계는 한 번에 하나의 규칙이나 코드에 따라 움직인다고 조심스럽게 이야기한 개발자들이 스스로 학습할 수 있는 머신을 개발하기 시작했다. 머신의 학습용 데이터는 너무나 방대해서 인간의 머리로는 도저히 헤아릴 수 없다. 딥러닝 개발 이후 탄생한 머신은 이전 머신들보다 더 강력한 것은 물론이고 더 신비하고 예측 불가능했다.

구글과 여타 빅테크 기업들은 이 기술을 채택할 당시만 해도 머신이 자신을 만든 개발자의 성향을 그대로 학습하고 있다는 사실을 몰랐다. 대부분 백인이었던 머신 개발자는 이 때문에 머신의 개발 및 상용화 과정에서 불평등이 발생하리라고는 꿈에도 상상하지 못했다. 뒤이어 머신 개발에 뛰어든 여성 및 비백인 개발자들이 문제를 지적하기 전까지 말이다.

딥러닝이 헬스케어, 정부의 감시 영역, 군대로까지 퍼져나가면서 부정적인 영향력도 커졌다. 딥러닝의 창조자조차 이 기술을 통제할 수 없게 됐다. 특히 매출과 순익에만 혈안이 된 빅테크 기업들의 손아귀에 이 기술이 들어갔을 때 더욱 그랬다.

인공지능 세계대전의 서막

카이 유는 타호호에서 힌턴의 경매가 종료되고 NIPS 기간도 끝나자 베이징행 비행기에 올랐다. 거기서 유는 우연히 중국 태생의 마이크로소프트 연구원 리 덩Li Deng을 만났다. 힌턴과 나름대로 인연이 있던 덩도 이번 경매에서 모종의 역할을 담당했다. 유와 덩은 인공지능 학회 및 학술모임을 통해 이미 수년 전부터 알고 있던 사이였다. 두 사람은 좌석을 바꿔 아시아까지의 장시간 비행 동안 나란히 앉아서 갔다.

힌턴 측에서 경매 참여자에 관해 함구했기 때문에 둘 다 어떤 기업이 이번 경매에 참여했는지 정확히 알지 못했다. 그들은 상대방에게서 정보를 얻고 싶었다. 덩은 대화를 즐기는 성격이었다. 두 사람은 객실 뒤쪽에 서서 몇 시간 동안 딥러닝의 등장에 관해 열띤 대화를 나눴다. 하지만 각자가 몸담은 회사의 경매 참여 사실을 상대방에게 들켜서는 안 된다고 여겼기에 자신의 비밀은 지키면서도 상대방이 아는 정보를 캐내려고 말을 빙빙 돌렸다.

유와 덩 모두 말은 하지 않았지만 이제 새로운 경쟁이 시작됐음을 잘 알았다. 두 사람의 회사는 앞으로 구글의 행보를 주시하고 그에 맞서야 할 터였다. 그것이 바로 테크 산업이 작동하는 방식이다. 세계 각지에서 이미 딥러닝이라는 신무기를 둘러싼 경쟁이 시작됐다. 이 경쟁은 곧 몇 년 전까지만 해도 상상조차 하지 못한 방향으로 급격히 확대될 예정이었다.

한편 제프리 힌턴은 기차를 타고 토론토로 돌아갔다. 장차 캘리포니아 마운틴 뷰에 있는 구글 본사로 가야겠지만, 힌턴은 구글에 들어가서도 토론토대학교의 교수직을 유지할 생각이었다. 또한 곧 그를 좇아 세계 각지의 빅테크 기업에서 일하게 될 다른 학자들에게 모범이 되도록 자신의 목표와 신념을 다잡았다.

그로부터 수년 뒤, 힌턴의 회사를 인수하려고 경매에 참여한 회사에 관해 묻자 그는 특유의 유머로 이렇게 답했다. "우리와 접촉한 상대의 정체를 노출하지 않는다는 내용의 계약서에 서명해서 말이죠. 마이크로소프트와의 계약서에 서명했고, 바이두와 구글하고도 그런 계약을 했어요. 그러니까 더는 묻지 마세요."

이때 딥마인드를 언급하지 않았는데, 거기에는 이유가 있었다. 타호호에서의 경매가 끝난 후, 딥마인드의 설립자 데미스 하사비스가 이미 세상에 자신의 견해를 피력한 탓이었다. 그의 견해는 힌턴의 생각을 대변하는 한편 인공지능 세계대전의 미래를 정확히 내다본 것이었다. 곧이어 하사비스도 범세계적 규모의 경쟁에 뛰어들었음은 물론이다.

이 책은 힌턴과 하사비스를 비롯해 이 불꽃 튀는 경쟁에 뛰어든 과학자들에 관한 숨은 이야기를 담고 있다. 세계 각지에서, 비록 많은 수는 아니었지만 뜻을 같이한 연구자끼리 모여 하나의 아이디어를 두고 수십 년간 씨름해왔다. 그들은 종종 신랄한 비판에 부닥치기도 했지만, 어느 순간 그 아이디어에서 꽃을 피워냈고 그 꽃은 몇몇 세계 초일류 기업의 손아귀에 들어갔다. 그리고 세계는 누구도 예상치 못한 혼란에 빠졌다.

I

생각하는 기계라는 생각

THE GENIUS MAKERS

1

기원

퍼셉트론의 그림자

"해군이 고안한 생각하는 프랑켄슈타인."

완전히 새로운 머신

1958년 7월 7일, 워싱턴 DC의 백악관에서 서쪽으로 약 열다섯 블록 떨어진 미국 기상국(현 미국 기상청의 전신) 사무실에 남자 여럿이 기계 하나를 앞에 두고 모여 있었다.[1] 가로 길이와 높이는 부엌 냉장고 정도 되고 폭은 그 2배쯤 되는 초대형 컴퓨터는 사무실에 설치된 종합 가구 세트인 양 그 존재감을 드러냈다. 컴퓨터의 은색 플라스틱 케이스에 천장에 달린 조명 빛이 반사돼 광이 났다. 전면 패널에는 작고 동그란 전구가 줄지어 박혀 있고, 사각형의 빨간색 버튼들과 흰색 또는 회색의 큼직큼직한 플라스틱 스위치들이 장착돼 있었다.

원래 기상국에서 계산용으로 사용하던 200만 달러짜리 컴퓨터를 이날은 미국 해군과 프랭크 로젠블라트Frank Rosenblatt라는 29세의 코넬대학교 교수가 대여해 사용했다.

옆에서 한 신문기자가 지켜보는 가운데 그들은 흰색 카드 2장을 기계에 읽혔다. 하나는 왼쪽에, 다른 하나는 오른쪽에 작은 사각형 표시가 있었다. 처음에는 기계가 카드 2장을 구분하지 못했지만, 계속해서 50장의 카드를 읽히자 결과가 달라지기 시작했다. 사각형 표시가 카드의 왼쪽에 있는지 오른쪽에 있는지 기계가 거의 정확하게 식별한 것이다.

로젠블라트는 인간의 두뇌를 모방한 수학적 장치를 적용해 기계가 스스로 학습할 수 있게 만든 결과라고 설명하면서 이 시스템을 퍼셉트론Perceptron이라고 명명했다. 장차 퍼셉트론은 인쇄된 글자나 손으로 쓴 글자, 인간의 명령을 인식할 뿐 아니라, 심지어 스스로 사람들의 얼굴을 식별하고 외국어도 번역할 것이라고 했다. 또한 이론상으로 자기복제를 하거나 우주를 탐험하거나 단순한 계산의 수준을 넘어 지각 능력을 갖추는 것까지도 가능하다고도 덧붙였다.

다음 날 아침 〈뉴욕 타임스〉에 이런 기사가 실렸다. "해군은 전자계산기의 맹아를 틔웠으며, 전자계산기가 앞으로 걷고 말하고 보는 것은 물론이고 자기복제 및 자각 능력까지 갖출 것으로 예상한다고 발표했다."[2] 일요판의 또 다른 기사에서는 이 맹아가 "생명은 없지만, 인간과 대단히 유사"해서 해군이 기계라고 칭하는 것을 망설였다고 언급했다.

로젠블라트는 언론이 이 사건을 다루는 방식에 분노했다.[3] 특히 오클라호마의 한 매체가 보도한 '해군이 고안한 생각하는 프랑켄슈타인'이라는 표제가 거슬렸다. 후일 로젠블라트는 논문과 저서에서 자신의 연구를 더 신중하고 겸손한 표현으로 기술했는데, '인공지능' 개발을 시도한 것은 아니었다며 퍼셉트론의 한계를 인정했다.

그렇지만 로젠블라트가 인공지능이라는 아이디어의 단초를 제공한 것만은 사실이다. 퍼셉트론은 그로부터 50여 년 후 제프리 힌턴이 경매를 통해 고가에 판매한 딥러닝의 초기 구현물, 즉 초기 인공신경망이었던 것이다. 그러나 4,400만 달러의 가치를 인정받을 때까지, 인공신경망 기술은 1958년 여름 〈뉴욕 타임스〉가 예고한 화려한 모습으로 변신하기는커녕 사실상 학계에서 완전히 묻혀 있었다. 로젠블라트가 기술적 한계를 인정한 후 1970년대 초반까지 인공지능이라는 아이디어는 거의 진전을 보이지 못했다.

로젠블라트는 1928년 7월 11일, 뉴욕주 브롱크스 북쪽의 뉴로셸에서 태어났다.[4] 로젠블라트가 다닌 브롱크스 과학고등학교는 노벨상 수상자 8인, 퓰리처상 수상자 6인, 국가과학상 수상자 8인, 튜링상 수상자 3인을 배출한 명문 공립학교다.[5] 그중에서도 튜링상은 컴퓨터과학 분야에서 세계 최고의 권위를 지닌 상이다.

작고 마른 체형에 짧고 짙은 색 곱슬머리와 두툼한 턱을 가진 로젠블라트는 평범한 검은 테 안경을 끼고 다녔다. 심리학을 전공했지만 다방면에 관심이 있었다. 1953년 〈뉴욕 타임스〉에 로젠블라트가 박사 학위 논문 작성에 필요한 데이터를 분석하기 위해 사용한 초기 컴퓨터에 관한 짧은 기사가 실렸다.[6] 전자 프로파일 분석 컴퓨터Electronic Profile-Analyzing Computer를 줄여 EPAC라고 불린 이 컴퓨터는 로젠블라트가 환자의 심리학적 프로파일 분석을 위해 사용하던 것이다. 수년 동안 EPAC를 사용하면서 로젠블라트는 점차 인간의 정신을 이해하는 데 기계가 도움이 될 수도 있겠다는 생각을 하게 됐다.

박사 학위를 마친 후에는 뉴욕주 이타카 코넬대학교에서 약 241킬로미터 떨어진 버펄로에 있는 코넬 항공 연구소Cornell Aeronautical Laboratory에 들어갔다.[7] 제2차 세계대전 당시 항공기를 설계한 회사가 코넬대학교에 기증한 이 연구소는 대학의 간섭을 받지 않는 자유로운 분위기에서 광범위한 분야를 연구하는 곳으로 변모해 있었다. 바로 이곳에서 로젠블라트는 해군연구소의 자금 지원을 받아 퍼셉트론을 설계했다.

로젠블라트는 자신의 연구가 인간 두뇌의 내부 작용을 들여다보는 창이 될 것이라고 예상했다.[8] 자신이 인공의 두뇌를 창조하는 데 성공하기만 하면, '자연지능natural intelligence'의 미스터리를 파헤칠 수 있으리라 믿었다.

1948년 무렵 시카고대학교의 두 연구자가 구상한 아이디어에서 착안해 발전시킨 퍼셉트론의 개발 목표는 여러 대상을 분석해 서로 구별 가능한 패턴을 찾아내는 것이었다. 예를 들어, 왼쪽에 표시가 있는 카드와 오른쪽에 표시가 있는 카드를 구별하듯이 말이다. (넓은 의미에서) 인간 두뇌의 신경세포망과 유사하게 작용하는 일련의 수학 연산을 통해 가능한 일이었다.

각 대상을 검사해 식별하는 과정에서 옳게 판단하기도 틀리게 판단하기도 하지만, 퍼셉트론은 실수를 통해 학습할 수 있었다. 즉, 수학 연산을 거듭하면서 실패 확률을 거의 제로 수준으로까지 조정해갔다. 인간 두뇌의 신경세포인 뉴런의 작용과 매우 유사하다. 각각의 연산은 단독으로는 거의 의미가 없으며, 단지 더 큰 알고리즘을 위한 하나의 입력input일 뿐이다. 일종의 수학적 모델인 알고리즘을 활용한 로젠블라트의 방식은 인공지능 개발의 토대를 마련했다.

1958년 여름, 기상청에서 로젠블라트는 새로운 아이디어의 시작을 과시했다.[9] 기상청이 사용 중이던 당시 성능이 가장 뛰어났던 상업용 컴퓨터 IBM 704에서 퍼셉트론을 구현했다. 그는 버펄로의 연구소로 돌아가 동료들과 함께 자신의 아이디어를 구체화할 완전히 새로운 기계 개발에 착수했다. 이 기계의 이름은 마크 1Mark 1이었다. 마크 1은 기존 기계와 달리 주변 세상을 인식할 수 있도록 설계됐다.

장밋빛 스포트라이트

1958년 말, 로젠블라트는 워싱턴에 있는 후원자들을 만나러 가는 도중 한 기자에게 "최초로 비생물학적 장치가 유의미한 방식으로 외부 환경을 구축하는 데 성공할 것"[10]이라고 설명했다. 그의 연구를 돕던 해군연구소의 동료는 퍼셉트론에 큰 기대를 걸지는 않았지만, 로젠블라트는 확고부동했다. "제 동료는 요즘 인공 두뇌에 관해서 이러쿵저러쿵 떠도는 이야기를 좋아하지 않지요. 하지만 사실인걸요." 커피를 마시면서 로젠블라트는 말을 이어갔다.

바로 앞 탁자 위에 놓인 작은 스테인리스 크림 피처를 들어 올리고서는 자신이 이 피처를 처음 보는 것임에도 피처라고 인식할 수 있듯이 퍼셉트론도 그와 거의 똑같이 할 수 있다고 설명했다. 예를 들어, 개와 고양이를 구별할 때 필요한 결론을 도출할 수 있다는 것이었다. 인식의 수준 및 '식별의 정교성'이 아직 낮기에 이 기술이 상용되기까지는 갈 길이 멀다는 사실은 인정했지만, 로젠블라트는 이 기술의 잠재력에 대한 확신이 있었다. 언젠가는 퍼셉트론이 우주를 탐험하고 그 결과를 지구로 보내줄 것이라고 말하기도 했다.

기자가 퍼셉트론이 할 수 없는 일이 무엇인지 질문했을 때 로젠블라트는 양손을 들어 올리며 "사랑, 희망, 절망 등 인간의 본성"이라고 대답했다. "우리 자신도 인간의 성적 본능을 이해하지 못하면서 어떻게 기계에 그런 걸 기대할 수 있겠어요?"

그해 12월 〈뉴요커〉는 로젠블라트가 인류 최초로 인간의 두뇌에 필적할 만한 라이벌을 개발했다고 대서특필했다. 이 잡지는 이전에도 IBM 704가 놀랍게도 체스 게임을 할 수 있다는 내용의 기사를 실은 적이 있었는데, 퍼셉트론을 "인간의 사고력에 버금가는 수준"의 지능을 갖춘 컴퓨터라며 찬양했다. "과학자들은 오직 생물체만이 보고 느끼며 생각할 수 있다고 주장하지만, 퍼셉트론은 마치 보고 느끼며 생각하는 양 행동한다"라고 하는가 하면, 사실 로젠블라트가 아직 기계를 완성한 것도 아닌데 그것은 그다지 중요한 문제가 아니라는 듯 "기계 완성은 이제 시간(그리고 돈) 문제다"라고 과장했다.

1960년 로젠블라트는 마크 1 제작에 성공했다.[11] 냉장고 크기의 기계 장치 6개가 연결된 모양으로, 카메라처럼 생긴 장치도 달려 있었다. 그것은 말 그대로 필름로더기 대신 400개의 검은 점이 박힌 작은 사각형 장치를 넣은 카메라였다. 검은 점들은 빛의 변화에 반응하는 광전지였다.

로젠블라트와 동료 개발자들이 A, B, C, D 등 대문자가 인쇄된 카드를 카메라 앞 거치대에 놓으면 광전지가 판의 흰색 여백과 구별되는 글자의 검은색 윤곽을 읽을 수 있었다. 그러한 식으로 마크 1은 글자 인식을 학습했다. 기상청에서 IBM 컴퓨터가 카드를 인식하는 법을 학습했듯이 말이다. 이때 인간의 도움이 약간 필요하기는 하다. 마크 1이 글자를 확인했을 때 인간이 그 확인 결과가 참인지 거짓인지 알려줘야 한다. 그래도 어쨌든 스스로 틀리고 맞히는 과정을 거치면서 비스듬한 선을 가진 글자는 A, 두 곡선을 가진 글자는 B라는 식의 패턴을 학습해 글자들을 정확히 구별하는 주체는 엄연히 마크 1이었다.

마크 1 공개 당시에 로젠블라트는 마크 1의 학습 기능을 증명하고자 직접 장치에서 인공 뉴런 역할을 하는 모터들의 연결선을 몇 개 뽑기도 했다. 뽑았던 선들을 재연결하자 마크 1은 다시 여러 번 글자 카드를 읽고 학습한 후에 카드들을 정확히 구별하기 시작했다.

이 전자 장치에 관심을 가진 곳은 해군만이 아니었다. 캘리포니아주 북부의 스탠퍼드 연구소SRI, Stanford Research Institute가 이후 수년 넘게 마크 1과 같은 기계를 개발하기 위해 연구에 박차를 가했고, 로젠블라트의 연구소는 미국 우정청 및 공군과의 계약을 따냈다. 우정청의 목적은 봉투에 적힌 주소를 식별하는 것이었고, 공군의 목적은 항공사진에서 목표물을 찾아내는 것이었다.

그러나 그러려면 아직 갈 길이 멀었다. 로젠블라트의 장치는 인쇄된 글자를 인식하기 위한 최소한의 성능만 갖추었을 뿐이기에 단순한 작업만 가능했다. 장치가 글자 A가 인쇄된 카드를 분석할 때 각 광전지가 카드의 특정 위치를 검사한다. 예를 들어 카드의 오른쪽 아래 같은 곳 말이다. 그 지점에 흰색 부분보다 검은색 부분이 많다면 마크 1은 그 지점에 A인지 아닌지 결정하는 수학 계산에서 더 큰 역할을 한다는 의미로 '가중치'를 높게 부여한다. 장치가 새 카드를 읽었을 때 가중치가 부여된 지점을 검사해 검은색 부분이 많다면 A로 인식했다. 로젠블라트의 기술은 손으로 쓴 입력값의 불규칙성을 판독할 정도로 정교하지 못한 것이다.

이렇듯 결함이 분명한 장치였음에도 로젠블라트는 장치의 미래를 낙관적으로 내다봤다. 다른 이들도 시간이 지날수록 기술 향상이 이뤄져 장치가 더 복잡한 방식으로 더 복잡한 작업까지 학습하게 될 것이라고 믿어 의심치 않았다. 그러나 이 기술은 마빈 민스키Marvin Minsky라는 커다란 장애물을 만났다.

인공지능을 냉소하는 인공지능 연구자

마빈 민스키는 프랭크 로젠블라트와 같은 시기에 브롱크스 과학고등학교에 다녔다.[12] 민스키의 부모는 1945년에 그를 필립스 앤도버Phillips Andover라는 미국의 명문대 진학 예비학교에 보냈고, 민스키는 전쟁이 끝난 후 하버드대학교에 진학했다. 하지만 민스키는 "브롱크스 과학고등학교에서의 수업이 더 강도 높고 학생들도 더 열정적이었다며 그곳만 한 데가 없었다"라고 불평했다. 그러면서 "고난도 문제도 함께 토론할 수 있는, 그러나 잘난 척 따위는 하지 않는 친구들이 있었죠"라고 말했다. 로젠블라트 사후에 민스키는 자신의 학창 시절 친구를 가리켜 브롱크스 과학고등학교가 배출한 창조적 사고의 대가라고 말하기도 했다.

민스키 역시 로젠블라트와 마찬가지로 인공지능 분야의 개척자였다. 그러나 민스키는 로젠블라트와는 다른 관점에서 이 분야를 바라봤다. 그는 하버드대학교 재학 당시 3천여 개의 진공

관과 낡은 B-52 폭격기에서 떼어낸 부품을 가지고 세계 최초의 인공신경망이라고 할 수 있는 SNARC를 만들었다.[13] 1950년대 초 대학원생 때는 퍼셉트론을 탄생하게 한 수학적 원리를 연구하기 시작했다.[14] 민스키는 인공지능을 더 진보적 차원의 개념으로 생각하게 됐다.

민스키는 1956년 여름 다트머스대학교에서 결성된, 인공지능이라는 분야를 확립한 소규모 과학자 집단의 일원이었다.[15] 다트머스대학교 교수인 존 매카시John McCarthy는 스스로 '오토마타 연구automata studies'라고 명명한 연구를 위해 학계 차원의 좀 더 폭넓은 참여가 필요하다고 주장했지만, 그의 말에 적극적으로 동조하는 이는 없었다.[16] 그래서 매카시는 '인공지능'으로 연구 명칭을 바꿔 그해 여름 뜻을 같이하는 몇몇 학자 및 연구자와 함께 학회를 개최했다.

인공지능에 관한 다트머스 여름 학술회의의 의제에는 신경망뿐 아니라 자동 컴퓨터automatic computers, 추상화abstractions, 자기 향상self-improvement도 있었다. 당시 학회 참석자들이 1960년대까지 해당 분야 연구의 주축이 됐는데, 그중 가장 유명한 인물인 매카시는 캘리포니아에 있는 스탠퍼드대학교에서 연구를 이어갔고, 허버트 사이먼Herbert Simon과 앨런 뉴웰Alan Newell은 피츠버그에 있는 카네기멜론대학교에 연구소를 설립했다. 그리고 민스키는 뉴잉글랜드 지역의 MIT에 자리 잡았다.

그들의 목표는 당시 가능한 모든 기술을 활용해 인공지능을 창조하는 것이었다. 그리 오랜 시간이 걸리지는 않으리라 확신했는데, 몇몇 연구자는 10년 안에 세계 체스 챔피언을 이기거나 스스로 수학 정리를 발견할 기계가 등장하리라고 주장하기도 했다.[17]

젊을 때부터 머리가 벗겨지고 귀가 크고 장난기 어린 미소를 잘 지었던 민스키는 인공지능 전도사가 됐으나 그의 전도에 인공신경망까지 포함되지는 않았다. 인공신경망은 인공지능을 구축하기 위한 한 방법이었을 뿐이었다. 다수의 동료 연구자들과 마찬가지로 민스키 역시 신경망이 아닌 다른 방법으로 인공지능 개발에 접근하기 시작했다. 민스키는 1960년대 중반까지 인공신경망이 로젠블라트가 뉴욕주 북부의 연구소에서 구현한 단순한 작업 이상의 것을 해낼 수 있을지 의문스러워했다.

민스키는 로젠블라트의 아이디어에 반대하는 입장이었다. 로젠블라트가 1962년에 펴낸 저서 《신경역학 원리Principles of Neurodynamics》에서도 밝혔듯이 퍼셉트론은 학계에 논란을 불러일으킨 개념이었는데, 로젠블라트는 언론의 책임이 크다고 주장했다.[18] 1950년대 말 기자들이 자신의 연구에 대해 "사냥개 무리처럼 광분해 무분별하게 기사를 써댔다"라는 것이다. 특히 오클라호마의 한 매체가 쓴 기사의 표제 같은 것들은 진지한 과학적 추구라고 할 수 있는 자신의 연구에 아무런 도움이 되지 않는다고 한탄했다.

워싱턴 DC에서의 일이 있고 4년 뒤 로젠블라트는 자신의 과거 주장에서 한발 물러서며 인공지능을 개발하려고 시도한 것은 아니었다고 말했다. 적어도 민스키 같은 연구자들이 생각하는 인공지능 말이다. 로젠블라트는 저서에 이렇게 썼다. "퍼셉트론 프로그램은 기본적으로 인공지능을 위한 장치 개발이 아니라, 자연지능의 근저를 이루는 물리 구조 및 신경역학 원리 연구와 관련됐다. 그리고 퍼셉트론의 효용 가치는 다양한 심리적 특성의 출현을 위한 물리 조건을 파악하는 데 도움이 된다는 것이다."

다시 말해, 로젠블라트는 새로운 두뇌를 세상에 내놓으려 한 것이 아니라 인간의 뇌가 어떻게 작동하는지 이해하고 싶었다는 것이다. 인간의 뇌는 신비한 것이므로 로젠블라트가 인공적으로 만들 수는 없었다. 그러나 로젠블라트는 자신이 그 신비를 연구해서 어쩌면 비밀을 파헤칠 수 있을지도 모른다고 생각했다.

처음부터 인공지능은 신경과학, 심리학, 컴퓨터과학, 심리학과의 경계선이 분명하지 않았기에 이 신기술을 둘러싸고 제각기 다른 그림을 그리는 학술모임이 우후죽순 생겼다. 신경과학자와 심리학자, 심지어 컴퓨터과학자 중에서도 로젠블라트처럼 인간의 두뇌를 모방하는 기계를 추구하는 이들이 생겼다. 인공지능 개발 가능성을 비관하는 이들은 '컴퓨터는 인간의 두뇌처럼 작동할 수 없으며, 정말로 컴퓨터가 인간의 지능을 흉내 낼 수 있다면 인간의 도움 없이 스스로 알아서 해야 할 것 아닌가?' 하고 비웃으며 인공지능 개발자들을 지켜봤다.

그러나 '인공지능'이라고 부를 만한 수준에 근접한 사람은 아직 없었다. 초기 개척자들은 인공지능 개발까지 그리 오래 걸리지 않으리라고 생각했으나, 그들의 예상과는 달리 아주 긴 시간이 필요했다. 애초에 자신들의 연구 분야를 곧바로 '인공지능'이라고 칭한 것이 잘못이었다. 그러한 명칭 자체가 수십 년 동안 지켜보는 이들에게 이제 곧 대단한 인공두뇌가 발명될 것이라는 기대감을 심어줬다. 사실은 그 근처에도 가지 못했는데 말이다.

1966년, 푸에르토리코 산후안에 있는 힐튼 호텔에 연구자 수십 명이 모였다.[19] 이들은 당시 패턴 인식pattern recognition(이미지 및 데이터에서 패턴을 식별하는 기술) 개발의 진척 상황을 이야기하는 자리였다. 로젠블라트는 퍼셉트론을 두뇌를 본뜬 모델로 생각한 반면, 다른 학자들은 그것을 패턴 인식 도구로 보았다.

오늘날 로젠블라트와 민스키가 산후안에서의 모임과 같은 학술회의에서 공공연히 퍼셉트론의 미래를 논하며 다투었다고 아는 사람들도 있지만, 사실 그들이 노골적으로 경쟁을 벌인 적은 없었다. 심지어 로젠블라트는 푸에르토리코에 가지도 않았다.

힐튼 호텔에서 있던 모임 당시 존 먼슨John Munson이라는 한 젊은 과학자의 등장으로 긴장감이 고조됐다. 마크 1이 등장한 이후 로젠블라트의 아이디어를 받아들인 SRI에서 팀 동료들과 함께 손으로 쓴 글자를 읽어 들일 수 있는 인공신경망 개발에 주력하고 있던 먼슨은 자신의 연구 진척 상황을 발표하기 위해 학회에 참석했다. 그런데 먼슨이 강연을 마치고 청중의 질문을 받을 순서가 되자 민스키가 크게 외쳤다. "선생님처럼 젊고 명석한 학자가 왜 이런 연구로 시간을 낭비하고 있습니까?"

마크 1의 탄생지인 코넬 항공 연구소의 연구원으로 청중석에 앉아 있던 론 스웡거Ron Swonger는 깜짝 놀랐다. 스웡거는 민스키의 말에 발끈하며 그런 식의 공격적인 질문이 앞서 들은 강연과 도대체 무슨 관련이 있는 것이냐고 되물었다.

민스키는 손 글씨 인식 따위에는 관심도 없었다. 그저 퍼셉트론이라는 아이디어 자체를 공격하고 싶었다. "이 아이디어에는 미래가 없단 말입니다." 민스키가 말했다. 두뇌의 신경망을 모방했다는 퍼셉트론을 무시하는 민스키의 발언에 청중이 웃음을 터뜨렸고, 먼슨의 동료인 리처드 두다Richard Duda는 자존심에 상처를 입고 말았다.

민스키는 원래 그런 사람이었다. 괜한 논란을 잘 일으키고 그것을 즐기는 성격이었다. 물리학자들이 잔뜩 모여 있는 장소에서 물리학이 수백 년에 걸쳐 이룩한 발전, 아니 그 이상을 인공지능 분야는 단 수년 만에 성취했다는 말로 분위기를 껄끄럽게 만든 적도 있었다. 그런데 두다가 SRI, 코넬 항공 연구소 같은 곳에서 진행하는 연구를 공격하는 이 MIT 교수의 행동을 전혀 이해하지 못하는 건 아니었다. 당시 MIT는 정부 연구 지원금을 받으려고 이들 연구소와 경쟁 중이었기 때문이다.

나중에 또 다른 연구자가 컴퓨터 그래픽을 위해 고안한 새로운 장치에 관한 발표를 끝마치자 민스키는 그 연구의 독창성을 칭찬했다. 그리고 다음과 같은 질문으로 로젠블라트의 아이디어를 두 번 죽였다. "퍼셉트론이 저렇게 할 수 있습니까?"

기호주의 vs. 연결주의, 냉전의 시작

산후안 학회가 끝난 후 1969년 민스키는 그의 MIT 동료 시모어 페퍼트Seymour Papert와 함께 신경망을 주제로 《퍼셉트론Perceptrons》이라는 책을 출판했다.[20] 이 책으로 인해 향후 15년간 로젠블라트의 아이디어가 더는 진척될 수 없다고 여겨졌다.

《퍼셉트론》은 로젠블라트의 설명을 능가할 만큼 퍼셉트론에 대한 아주 상세한 분석을 담고 있었다. 민스키와 페퍼트는 퍼셉트론의 가능성을 알고 있었지만, 그것의 결함도 파악했다. 퍼셉트론은 수학자들이 '배타적 논리합exclusive-or'이라고 부르는 난해한 개념을 처리할 수 없다는 것이었다.

퍼셉트론에 사각형 카드의 두 지점을 제시했을 때, 그 두 지점의 색이 검은색이면 퍼셉트론은 패턴 인식이 가능했다. 두 지점이 모두 흰색일 때도 마찬가지였다. 그러나 '두 지점의 색이 다른가?'라는 쉬운 질문에는 퍼셉트론이 대답할 수 없었다. 이는 경우에 따라 퍼셉트론이 간단한 패턴도 인식할 수 없음을 의미했다. 그러니 항공사진이나 인간의 언어처럼 엄청나게 복잡한 패턴은 말할 것도 없다.

로젠블라트를 비롯해 일부 연구자는 이미 이러한 결함을 보완한 새로운 퍼셉트론 개발에 주력했다. 그러나 민스키의 책이 출간되고 나서 정부의 연구 지원금이 다른 기술 분야로 넘어가는 바람에 로젠블라트의 아이디어도 점차 현장에서 자취를 감췄다. 인공지능 연구자 대다수는 민스키가 주도하는 '기호주의 인공지능symbolic AI'을 수용하게 됐다.

로젠블라트는 인간의 두뇌를 모방해 스스로 학습하는 기계를 만들고자 했다. 나중에 과학자들은 그러한 방식을 두뇌와 마찬가지로 방대 상호연관 계산이 필요하므로 '연결주의connectionism'라고 불렀다. 그러나 로젠블라트가 만든 장치는 두뇌와 비교했을 때 매우 단순한 것이어서 학습 수준도 미미했다.

인공지능 분야의 주도적 연구자들과 민스키는 컴퓨터과학자들이 인공지능을 구현하려면 로젠블라트의 아이디어에 매이지 않고 그와 전혀 다른 직관적 시스템을 구축해야 한다고 믿었다. 연결주의 인공지능은 스스로 데이터를 분석함으로써 학습했다. 반면에 기호주의 인공지능은 인간 개발자가 직접 제시한 특정 명령, 즉 기계가 직면한 각각의 모든 상황에서 수행해야 할 모든 작업을 정의한 별도의 규칙에 따라 움직였다. 그러한 명령이 숫자나 문자 같은 특정 기호 집합에 대해서 특정한 작업을 수행하도록 기계에 알려주기 때문에 과학자들은 이를 기호주의 인공지능이라고 불렀다.

다음 10년간은 기호주의 인공지능이 인공지능 연구에서 주도적 위치를 차지했다. 이후 인공지능 구현에 대한 과학자들의 야심은 1980년대 중반 한 번에 하나의 논리 규칙에 따라 상식을 구현하려는 노력인 사이크 프로젝트의 등장과 함께 절정에 이르렀다.[21] 텍사스주 오스틴을 기반으로 몇몇 컴퓨터과학자는 "한 개체가 동시에 두 장소에 있을 수는 없다"나 "커피를 마실 때는 컵에서 끝이 뚫려 있는 부분이 위로 향하도록 손잡이를 잡아야 한다" 등의 기본 명령어를 작성하면서 세월을 보냈다. 그들은 이런 작업이 수십 년, 아니 어쩌면 수백 년이 걸릴지도 모른다는 사실을 알고 있었다. 하지만 많은 사람이 그러했듯이 그들 역시 그들만의 방식에 확신이 있었다.

세간의 예상과 달리 로젠블라트는 퍼셉트론 연구를 계속 이어갔다. 코넬대학교에서 로젠블라트와 그의 동료들은 음성을 인식할 수 있는 장치를 개발했다. 그들은 그 장치를 영국 우화에 나오는 말하는 고양이의 이름을 따서 '토버모리Tobermory'라고 지었는데, 토버모리는 실제로 작동하지는 못했다.

1960년대 말 로젠블라트는 연구 방향을 180도 전환해 쥐를 대상으로 뇌 실험을 하기 시작했다. 쥐가 미로를 빠져나가는 방법을 학습하도록 한 후에 그 쥐의 뇌 일부를 다른 쥐에게 이식했다. 그러고 나서 뇌를 이식받은 쥐에게 학습 결과가 전달됐는지 알아보고자 그 쥐를 미로에 투입했다. 그 실험의 결과는 명확하게 결론이 나지 않았다.

로젠블라트는 1971년 여름의 어느 날 43세를 일기로 체서피크만에서 보트 사고로 사망했다. 정확히 어떤 사고였는지는 신문기사에 실리지 않았다. 한 동료의 말에 따르면, 그날 로젠블라트는 제자 둘과 함께 보트를 타러 갔다. 갑작스럽게 로젠블라트가 물에 빠졌을 때, 두 제자는 이전에 보트를 타본 적이 없어서 보트를 돌리는 법을 몰랐기에 속수무책이었고 배는 계속 앞으로 나아갔다. 결국 로젠블라트는 익사하고 말았다.

2

약속
긴 겨울과 짧은 봄

"오래된 아이디어가 신선한 것이다."

제프리 힌턴과 마빈 민스키의 첫 만남

1980년대 중반의 어느 날 오후, 20명쯤 되는 학자들이 MIT의 교수 및 학생들의 휴식처로 사용되던 보스턴 교외의 옛 프랑스식 저택에 모였다. 마빈 민스키는 여전히 MIT에서 인공지능 국제학회를 이끌고 있었다. 연구자들은 방 한가운데의 커다란 원목 탁자를 빙 둘러앉았다. 제프리 힌턴이 탁자 쪽으로 걸어와 볼츠만 머신Boltzmann Machine이라고 불리는 기계에 대한 수학적 해설이 길게 적혀 있는 논문을 하나씩 나눠줬다.

오스트리아의 물리학자이자 철학자인 루트비히 볼츠만Ludwig Boltzmann의 이름을 딴 이 기계는 15년 전 민스키가 지적한 퍼셉트론의 한계를 극복하기 위해 설계한 새로운 신경망이었다. 민스키는 논문을 철한 스테이플을 제거하고는 탁자 위에 한 장 한 장 나란히 펼쳐놓았다. 그리고 힌턴이 방 앞으로 나가서 새로운 수학적 창조물을 설명하는 짧은 발표를 하는 동안 펼쳐놓은 논문을 내려다보았다. 민스키는 아무 말 없이 그것을 보기만 했다. 그리고 발표가 끝나자 탁자에 펼쳐놓은 논문을 그대로 남겨둔 채 방을 나갔다.

민스키가 《퍼셉트론》을 펴낸 후 신경망을 향한 관심이 사그라들었음에도 당시 피츠버그 카네기멜론대학교의 컴퓨터과학 교수였던 힌턴은 신념을 잃지 않고 볼티모어 존스홉킨스대학교의 신경과학자 테리 세즈노스키Terry Sejnowski와 힘을 합쳐 머신을 개발했다. 연결주의를 추구하는 그들은 은밀히 신경망 연구를 계속 이어갔다. 텍사스에서 진행되고 있던 사이크Cyc 프로젝트의 연구자들을 비롯해 인공지능 연구자 대부분은 기호주의 노선을 탔다.

힌턴과 세즈노스키는 인공지능의 미래가 여전히 스스로 학습할 수 있는 기계의 개발에 달려 있다고 확신했다. 보스턴의 학술모임은 그들의 새로운 연구를 다른 학자들과 공유할 기회였다.

힌턴은 민스키의 성격을 잘 알았기 때문에 그의 행동에 크게 개의치 않았다. 5년 전 민스키를 처음 만난 힌턴은 그가 호기심이 강하고 창의적인 한편 어린아이 같은 면이 있고 약간 무책임하다고 느꼈다.

힌턴은 민스키가 '완벽한 검은색', 즉 아무 색깔이 없는 색을 만드는 방법이라며 들려준 이야기를 종종 입에 담았다. 민스키에 따르면 안료는 빛을 반사하기 때문에 그것으로는 완벽한 검은색을 만들 수 없다. 그런데 면도날 여러 개를 겹쳐 V자형으로 배치하면 V자 안으로 흘러 들어온 빛이 빠져나가지 못하고 날 사이에서 끝없이 산란하기 때문에 완벽한 검은색을 만들 수 있다는 것이다. 민스키가 실제로 실험해본 적은 없었고, 힌턴도 그럴 생각이 없었다.

민스키는 그런 인물이었다. 흥미로운 이야기를 꺼내 상대방이 여러 생각을 하도록 만들지만 알고 보면 검증되지도 않은 이야기를 무심하게 던져놓는 것뿐이었다. 따라서 민스키가 신경망이 심각한 결함이 있는 형편없는 것이라 공격하고 책까지 펴내 많은 사람이 신경망 가설은 미래가 없다고 생각하도록 만들었을지 몰라도, 민스키의 진짜 속내가 무엇인지는 확실하지 않았다.

힌턴은 민스키를 '믿음을 잃은 신경망 학자'로 보았다. 한때 두뇌의 신경세포망과 유사하게 작동하는 머신 개념을 수용했다가 그 가설이 자신의 기대에 미치지 못하자 실망한, 그러나 언젠가는 인공지능 머신 개발이 성공할 것이라는 최소한의 희망을 붙잡고 있는 학자 말이다.

민스키가 보스턴의 학회장을 떠난 후, 힌턴은 그가 탁자 위에 쭉 펼쳐놓고 간 논문을 전부 수거해서 민스키의 연구실로 짧은 메모를 동봉해 부쳤다. "실수로 놓고 가신 것 같아서요."

컴퓨터도 뇌과학도 잘 모르는 인공지능 연구자

제2차 세계대전이 끝난 후 영국 윔블던에서 태어난 제프리 에버레스트 힌턴은 19세기 영국의 수학자이자 철학자인 조지 불George Boole과 19세기 외과 의사 제임스 힌턴의 고손자다.[1] 조지 불은 근대식 컴퓨터의 수학적 기초를 마련한 '불 논리Boolean logic'의 창안자이며, 제임스 힌턴은 미국의 역사를 다룬 책을 쓴 바 있다.

증조부인 찰스 하워드 힌턴Charles Howard Hinton은 수학자이자 SF 작가였는데, 그가 고안한 '테서랙트tesseract' 같은 4차원 개념은 이후 130년 동안 SF소설의 단골 소재가 됐다. 2010년대 마블 슈퍼 히어로 영화에서도 등장했으니 그 인기가 어느 정도인지 짐작할 만하다.

종조부인 서배스천 힌턴Sebastian Hinton은 정글짐을 발명했고, 사촌인 핵물리학자 조앤 힌턴Joan Hinton은 맨해튼 프로젝트Manhattan Project(제2차 세계대전 당시 미국 주도로 진행된 무기 개발 프로젝트-옮긴이)에 참가한 몇 안 되는 여성 중 하나였다.[2]

런던과 브리스틀에서 세 형제와 성장한 제프리 힌턴은 몽구스 1마리, 중국 거북 12마리, 살무사 2마리를 키웠다. 힌턴의 아버지 하워드 에버레스트 힌턴Howard Everest Hinton은 곤충학자로 영국 왕립학회의 회원이었는데, 곤충뿐 아니라 다른 야생동물에도 관심이 많았다.[3] 그의 아버지와 마찬가지로 힌턴의 이름도 미들 네임도 인도 측량감독관으로 일한 친척 조지 에버레스트

George Everest 경의 이름을 따서 지었는데, 세계에서 가장 높은 산의 이름 역시 조지 에버레스트의 이름에서 유래됐다.[4]

어린 시절 제프리 힌턴의 주변 사람들은 그가 아버지를 본받아 학자가 될 것으로 기대했다. 다만 전공할 분야는 미지수였다. 10대가 된 힌턴은 뇌 연구를 택했다. 그는 친구에게 기억의 조각들을 신경세포망을 통해 저장하는 뇌의 활동이 3차원 이미지 조각들을 필름에 저장하는 홀로그램 방식과 흡사하다는 말을 듣고, 그때부터 뇌에 관심이 생겼다는 말을 자주 했다. 단순한 비유에 불과했지만, 그의 마음을 단번에 사로잡은 것이다. 케임브리지대학교 킹스칼리지 실험심리학부 시절, 힌턴은 오로지 뇌를 더 잘 이해하고자 하는 열망으로 가득했다. 문제는 자신보다 뇌에 대해 더 많이 아는 사람이 주변에 없다는 것이었다.

당시의 과학자들은 뇌의 각 부분에 대해서는 잘 알고 있었지만, 각 부분이 어떠한 방식으로 조화를 이뤄 궁극적으로 인간이 보고, 듣고, 기억하고, 배우고, 생각할 수 있는지는 밝혀내지 못했다. 힌턴은 생리학과 화학, 물리학까지 파고들었으나 그중 어느 학문도 그가 찾는 답을 주지 못했다. 힌턴은 물리학 학위를 따기 위해 공부를 시작했으나 자신의 수학 실력이 그다지 뛰어나지 않다는 사실을 깨닫고는 철학으로 방향을 전환했다. 그런 다음 철학을 포기하고 실험심리학으로 옮겨갔다. 그러다가 결국에는 학계를 떠나고 말았다.

어쩌면 아버지로 인한 압박감 때문에 그가 위축됐는지도 모른다. 소년 제프리 힌턴의 눈에 왕립학회의 일원이자 팔 하나로도 턱걸이를 할 수 있던 아버지는 강직한 지성인이자 힘도 매우 센 사람이었다. 힌턴의 아버지는 "네가 정말 열심히 해야 나보다 2배쯤 더 나이를 먹었을 때 내 반만큼이라도 될 수 있을 거다"라고 힌턴에게 말하곤 했다. 그것도 진심으로.

케임브리지대학교를 졸업한 후에 힌턴은 아버지를 피해 런던으로 가서 목공 일을 시작했다. 힌턴은 그 시절을 이렇게 회상했다. "대단한 일은 아니었어요. 먹고살기 위해 시작한 일이었어요." 같은 해 힌턴은 뇌가 어떻게 학습하는지, 그 생물학적 과정을 파악하고자 캐나다의 심리학자 도널드 헵Donald Hebb이 펴낸 《행동의 조직화The Organization of Behavior》를 읽었다. 헵은 신경세포들이 서로 주고받는 미미한 전기 신호가 발생시키는 물리적 변화를 통해 학습이 이뤄진다고 믿었다. 헵의 제자들은 이 과정을 "나란히 활성화된 뉴런들이 서로 연결된다"라고 요약했다.

'헵의 법칙'이라고 불리는 이 학습 이론은 1950년대 프랭크 로젠블라트와 같은 과학자들이 주장한 인공신경망 가설에 영향을 미쳤다.[5] 제프리 힌턴도 이 이론에서 영감을 얻었다. 힌턴은 매주 토요일 런던 북부 이즐링턴에 있는 공공도서관으로 가서 헵의 법칙을 토대로 자신이 뇌의 작동법에 대해 생각해낸 가설들을 공책에 빽빽이 적으면서 오전을 보내곤 했다. 힌턴은 이 토요일 아침의 끄적거림을 매우 소중하게 여겼고, 결국 그 시간이 그를 학계로 돌아가도록 이끌었다. 때마침 영국 정부가 인공지능 분야에 대대적인 투자를 시작하면서 에든버러대학교에 인공지능 분야 대학원 과정이 신설됐다.

그 무렵에는 뇌의 작동 원리를 이해하는 신경과학자나 심리학자가 극히 드문 게 어쩔 수 없는 현실이었고, 컴퓨터과학자들은 뇌를 모방한다는 가설에 접근하지 못했다. 그러나 앞서 로젠블라트가 그랬듯이 힌턴도 자연지능과 인공지능이 상보적 관계를 이룰 수 있다고 믿었다. 인공지능이야말로 뇌의 작동 원리에 관한 자신의 가설을 입증하고, 궁극적으로는 뇌의 신비를 파헤치기 위한 최적의 수단이라고 여겼다. 자신이 두뇌 활동의 신비를 이해할 수만 있다면 곧 더 강력한 형태의 인공지능을 구현할 수 있다고 생각했다.

런던에서 1년 동안 지속해온 목공 일을 그만두고 힌턴은 그의 아버지가 재직 중이던 브리스톨대학교에서 진행된 심리학 연구에 잠깐 참여했다. 그리고 이 이력을 발판 삼아 에든버러대학교의 인공지능 과정에 진학했다. 수년 뒤 힌턴의 한 동료는 한 학술모임에서 힌턴을 물리학에서 낙제하고 심리학을 중도 포기한 뒤 아무런 비교 대상이 없는 분야인 인공지능에 정착한 인물로 소개했다. 힌턴은 그 일화를 자주 언급하며 다음과 같이 정정했다. "제가 물리학에서 낙제하고 심리학을 중도 포기했다니요. 틀렸어요. 사실은 심리학에서 낙제하고 물리학을 그만둔 겁니다. 제 자존심이 걸린 문제라고요."

힌턴은 크리스토퍼 롱게 히긴스Christopher Longuet-Higgins가 이

끄는 연구실에 들어가게 됐다. 롱게 히긴스는 케임브리지대학교의 이론화학자로 학계의 주목을 한몸에 받았으나 1960년대 후반부터 인공지능에 푹 빠졌다.[6] 그래서 케임브리지대학교를 떠나 에든버러대학교로 자리를 옮겼고, 퍼셉트론을 뒷받침하는 방법론과 다르지 않은 인공지능 연구에 본격적으로 뛰어들었다. 그의 연결주의 접근 방식은 힌턴이 이즐링턴의 도서관에서 공책 가득 끄적였던 가설들과 딱 들어맞았다. 하지만 둘의 지적 조화는 금세 깨지고 말았다.

힌턴이 대학원 진학을 결심하고 에든버러대학교로 옮겨가는 사이 롱게 히긴스에게 심경의 변화가 있었다. 민스키와 페퍼트가 퍼셉트론에 관해 쓴 책, 그리고 민스키의 MIT 제자 중 하나가 자연어 시스템에 관해 쓴 논문을 읽고 나서 당시 인공지능 분야의 주류였던 기호주의로 연구 노선을 전향한 것이다. 이는 힌턴이 앞으로 동료뿐 아니라 지도교수조차도 인정하지 않는 기술의 연구를 계속하면서 대학원 과정을 이수해야 한다는 의미였다. "교수님과 저는 일주일에 한 번씩 만났는데, 항상 그런 것은 아니었지만 종종 누가 목소리가 더 큰지 시합하는 것 같았어요." 힌턴의 말에서 당시의 분위기가 어떠했는지가 드러난다.

힌턴은 컴퓨터과학에 대해 아는 것이 별로 없을뿐더러 신경망 연구에 필수인 선형대수 같은 수학에도 흥미가 없었다. 힌턴은 자칭 '신뢰를 기반으로 한 미분'을 이용했다. 그는 기본적인 미분방정식 등 수학과 관련된 문제는 일단 옳다고 가정하는 묘수를 생각해냈다. 그 가정이 타당성을 얻는 데 필요한 계산은 다른 사람에게 맡기거나 꼭 필요한 경우에만 직접 방정식을 풀었다.

그래도 뇌의 작동 원리, 뇌를 모방한 기계의 가능성에 대한 힌턴의 믿음은 완고했다. 힌턴이 같은 학계에 몸담은 이들에게 인공신경망을 연구하고 있음을 밝힐 때마다 민스키와 페퍼트가 거론됐다. 사람들은 "인공신경망 가설은 이미 틀린 것으로 밝혀졌잖아요. 다른 연구를 하지 그래요?"라고 묻곤 했다. 민스키와 페퍼트의 책 때문에 연구자 대다수가 연결주의에 등을 돌렸다지만 힌턴은 오히려 연결주의에 더 가까이 다가가게 됐다.

힌턴은 《퍼셉트론》을 에든버러로 옮긴 첫해에 읽었다. 민스키와 페퍼트는 로젠블라트의 퍼셉트론 연구를 풍자하다시피 서술했다. 민스키와 페퍼트는 자신들이 발견한 기술적 결함을 로젠블라트 역시 알고 있다고 보지 않았다. 그들이 결함을 설명하는 태도는 너무 단정적이고 불친절했다. 힌턴은 그들의 그런 태도 때문에 로젠블라트가 결함에 제대로 대처하지 못한 것일지도 모른다고 생각했다. 힌턴에게 로젠블라트는 스스로 자기 이론을 입증할 능력이 없다는 이유로 무시해도 좋을 만한 사람이 아니었다. 힌턴은 민스키와 페퍼트가 로젠블라트가 이해할 수 없을 정도로 상세하게 신경망 가설의 한계를 지적함으로써 결과적으로는 문제의 극복을 더 쉽게 만들었다고 여겼다.

하지만 그 문제의 극복까지는 10년이 넘게 걸렸다.

제1차 인공지능의 겨울

힌턴이 에든버러대학교에 들어간 1971년에 영국 정부는 인공지능 기술의 진척에 대해 조사를 의뢰했다.[7] 조사 결과는 참담했다. 보고서에는 "인공지능 및 그 관련 분야의 연구자 대부분이 지난 25년 동안 이룩한 성과에 대해 실망을 금치 못하고 있다" "그때 약속한 주요 성과는 현재 어느 분야에서도 찾아볼 수 없다"라고 적혀 있었다. 이에 정부가 인공지능 분야 전반에 걸쳐 지원을 삭감했고, 후에 사람들이 '인공지능의 겨울'이라고 일컫는 시기가 도래한다. 인공지능이라는 숭고한 개념에 대한 과대 선전에 비해 너무도 미미한 기술적 소득에 관계 정부 관료들이 추가 투자를 철회했고, 이는 곧 이 분야의 발전을 더 요원하게 만들었다.

인공지능의 겨울은 핵전쟁이 일어난 후에 하늘을 덮은 분진 때문에 태양의 빛이 막혀서 수년간 추위가 이어지는 '핵겨울'에서 따온 말이었다. 당시 힌턴은 논문을 마무리하는 중이었는데, 그의 연구는 죽어가는 분야에서도 비주류에 속하는 것이었다. 그 무렵 그의 아버지가 돌아가셨다. "아버지는 제가 성공하는 모습을 보지 못하고 돌아가셨어요. 게다가 유전적 인과관계가 높은 암으로 말이에요. 아버지가 마지막으로 하신 일은 내가 죽을 가능성을 높인 것이었어요"라고 힌턴은 말했다.

논문을 끝마치고 인공지능의 겨울이 더욱 기승을 부릴 때 힌턴은 취업 전선에 뛰어들었다. 단 한 군데 대학에서 면접 기회를 었었다. 그래서 미국 등 해외로 눈을 돌렸다. 인공지능 연구는 미국에서도 역시 쇠퇴 일로에 있었다. 미국의 정부 기관 역시 영국에서와 같은 이유로 유명 대학들에 대한 지원을 철회했다.

그런데 놀랍게도 캘리포니아 남단의 어느 지역에서 힌턴은 자신과 신념이 같은 한 무리의 사람들을 발견했다. 바로 PDP 그룹이었다. '병렬분산처리Parallel Distributed Processing'의 약칭인 PDP는 '퍼셉트론' 혹은 '신경망' 혹은 '연결주의'를 가리키는 또 다른 말이자 일종의 말장난에 해당했다. 1970년대 후반에 PDP는 몇몇 산업에서 이용하는 가장 강력한 기계에 사용된 컴퓨터칩이었다. 그러나 PDP 그룹에 속한 학자들은 컴퓨터과학자는 아니었다. 그들은 자신을 인공지능 연구자라고 생각조차 하지 않았다. 오히려 캘리포니아 샌디에이고대학교의 심리학과 교수 몇 명이 그 그룹에 속해 있기까지 했다.

특히 그중에 생물학 연구 센터인 솔크연구소Salk Institute 출신의 프랜시스 크릭Francis Crick이라는 신경과학자가 있었다. DNA 분자 구조를 밝혀 노벨상을 받은 크릭은 뇌 연구로 눈을 돌렸다. 그리하여 1979년 가을 미국의 과학잡지 〈사이언티픽 아메리칸Scientific American〉에 두뇌의 작동 원리를 이해하기 위해 더 광범위한 과학적 공동체 결성을 촉구하는 내용의 글을 기고하기도 했다.[8]

당시 박사 과정을 마치고 연구원 과정을 밟고 있던 힌턴은 일종의 학문적 문화 충격을 경험했다. 학문적 단일성을 중시하는 영국 학계와 달리, 미국 학계의 분위기는 반대 의견을 가진 집단까지 포용할 만큼 관대했기 때문이다. "다른 의견을 주장할 수 있고, 그렇게 해도 공존할 수 있는 분위기였다"라고 힌턴은 회생했다. 이제 자신이 인공신경망을 연구하고 있다고 말해도 다른 연구자들이 귀를 기울인 것이다.

캘리포니아 남부에서는 로젠블라트로부터 시작된 연구가 명맥을 이어오고 있었다. 1960년대에 로젠블라트와 동료 과학자들은 새로운 신경망, 즉 다층신경망 시스템을 구현하려고 했다. 1980년대 초반 샌디에이고에도 같은 목표를 가진 이들이 모여 있었다.

과거의 퍼셉트론은 사각형 카드에 인쇄된 대문자 이미지를 보여주면 단층의 세포망이 작업을 수행해 A라는 인식 결과를 내보내는 단층 퍼셉트론이었다. 그런데 로젠블라트는 각각의 층이 정보를 전달할 수 있는 다층신경망을 갖춘 시스템을 구현할 수만 있다면, 자신의 퍼셉트론으로는 가능하지 않았던 복잡한 패턴의 학습도 가능할지 모른다고 생각했다. 즉, 로젠블라트가 생각한 것은 두뇌와 한층 더 닮은 시스템이었다.

퍼셉트론은 A가 인쇄된 카드 여러 장을 분석할 때 각각의 인공 뉴런이 카드의 한 지점을 검사해 그 특정 지점이 A를 의미하는 전형적인 3개의 검은 선의 일부인지 아닌지를 학습했다. 하지만 다층신경망을 가진 시스템에서는 그러한 작업이 단지 시작 단계에서 이뤄지는 일에 불과하다.

이를테면, 이 퍼셉트론보다 복잡한 시스템에 개의 사진을 보여주면 훨씬 정교한 분석 작업을 수행할 것이다. 첫 번째 신경세포층이 각 픽셀을 검사해 검은색인지 흰색인지 혹은 갈색인지 노란색인지 확인한다. 그러고 나서 이 첫 번째 신경세포층은 자신이 학습한 결과를 두 번째 세포층에 전달하고, 두 번째 세포층은 이어서 각 픽셀에 짧은 직선이라든가 짧은 곡선 등의 패턴을 찾는다. 세 번째 세포층은 패턴 내에서 또 특정의 패턴을 찾는데, 몇몇 선을 조합해 귀나 이빨을 찾고, 곡선을 조합해 눈이나 코를 찾아낼 수도 있을 것이다. 그리하여 최종적으로 이 다층신경망 시스템이 개라는 결과를 도출할 수 있다.

적어도 그것은 획기적인 아이디어였다. 누구도 당시에는 그 아이디어를 구현할 수 없었다. 샌디에이고에는 여전히 그 아이디어를 붙잡고 씨름하고 있는 이들이 있었다.

역전파라는 역발상

PDP 그룹을 주도하는 인물 중에는 샌디에이고대학교 교수이자 심리학과 수학 학위를 모두 가지고 있던 데이비드 러멜하트David Rumelhart가 있었다. 러멜하트에 관해 물어보자 힌턴은 기꺼이 자신과 러멜하트가 전혀 관심조차 없는 강의를 듣느라고 붙잡혀 있었던 때의 기억을 떠올렸다. 강의가 끝나고 힌턴이 괜히 아까운 1시간만 날렸다고 불평하자, 러멜하트가 강의를 그저 무시해버리면 60분 동안 방해받지 않고 자기 연구에 대해 몰두할 수 있으므로 자신은 괜찮다고 말했다고 한다. 힌턴은 그의 오랜 동료의 성격을 단적으로 보여주는 일화라고 설명했다.

러멜하트는 자신에게 매우 특별하지만 핵심이 되는 도전 과제를 설정했다. 다층신경망 구현에서 가장 큰 골칫거리 중 하나가 전체 계산에서 각 뉴런의 상대적 중요도, 즉 가중치를 결정하기 매우 어렵다는 점이었다.

퍼셉트론 같은 단층신경망 시스템에서는 최소한 시스템이 자동으로 단층신경망 전체에 고유한 가중치를 설정할 수 있었다. 그러나 다층신경망을 가진 시스템에서는 그러한 접근 방식이 통하지 않았다. 뉴런 상호 간의 관계가 너무 광범위하고 또 너무 복잡했다. 뉴런 하나의 가중치가 변한다는 것은 그 뉴런의 활동에 의존하는 다른 모든 뉴런의 가중치가 변한다는 것을 의미했다. 각 가중치를 나머지 다른 가중치도 함께 고려하면서 설정할 수 있는 훨씬 강력한 수학적 방법이 필요했다.

러멜하트는 그 해답으로 '역전파backpropagation'라고 불리는 과정을 제시했다. 역전파란 기본적으로 미분학에 기초한 알고리즘으로 더 많은 데이터를 분석해 더 정확한 가중치를 얻을 때 뉴런의 단계 구조상 역방향으로 일종의 수학적 피드백을 보내는 것이었다.

힌턴이 막 박사학위를 취득하고 샌디에이고에 도착했을 때 둘은 서로 이 아이디어에 관해 의견을 나누었는데, 힌턴은 러멜하트에게 이 수학적 방법이 통하지 않을 것이라고 말했다. 결국 퍼셉트론을 설계한 로젠블라트가 성공하지 않으리라는 것을 이미 입증했다고 말이다.

인공신경망을 만들고 모든 가중치를 0으로 설정한다면 시스템이 여러 층간에 역방향으로 변횟값을 전달하면서 스스로 조정하는 법을 학습할 수 있다. 그러나 최종적으로는 각 가중치가 다른 모든 가중치와 같은 위치에 이르게 될 것이다. 시스템으로 하여금 상대적 가중치를 채택하게끔 아무리 시도를 해도 균등한 상태로 수렴하는 것이 자연적인 경향이다. 로젠블라트가 이미 보여줬다시피 이는 수학의 원리에 해당한다. 수학적으로 표현하면 시스템은 '대칭성을 깰 수 없다'는 것이다. 하나의 뉴런이 다른 뉴런보다 더 중요할 수 없으며, 바로 그 점이 문제였다. 이는 곧 인공신경망 가설이 퍼셉트론과 별반 다르지 않음을 의미하는 것이었다.

러멜하트는 힌턴의 반대 의견을 듣고 나더니 다음과 같은 제안을 했다. "그렇다면 가중치를 0으로 설정하지 않으면 어떨까? 수치를 무작위로 만든다면?" 모든 가중치가 시작부터 서로 다른 값을 갖는다면 수학적 계산이 서로 같지 않을 것이고, 모든 가중치가 균등해지지도 않을 것이다. 따라서 시스템이 개의 사진과 같은 복잡한 패턴을 인식하는 것을 가능케 하는 가중치를 찾게 될 것이라고 러멜하트는 예상했다.

힌턴은 "오래된 아이디어가 신선한 것이다"라는 말을 즐겨 했다. 이 말은 곧 과학자는 누군가 그것이 틀렸음을 입증하지 않는 한 하나의 아이디어를 절대로 포기해서는 안 된다는 말이다. 20년 전 로젠블라트가 역전파는 효과가 없다는 사실을 증명했기 때문에 힌턴은 그 가설을 포기했다. 그런데 러멜하트가 이 작은 제안을 해온 것이다. 이후 몇 주에 걸쳐 두 사람은 무작위의 가중치를 가지고 시작하는 시스템을 구축하는 작업에 매달렸고, 이 시스템이 대칭성을 깨뜨릴 수 있었다.

이 시스템은 각각의 뉴런에 서로 다른 가중치를 할당할 수 있었다. 단순한 이미지였지만, 그렇게 가중치를 설정함으로써 시스템이 실제로 이미지에서 패턴을 인식할 수 있었다. 시스템이 개나 고양이 혹은 자동차를 인식할 수 있던 것은 아니었지만, 역전파 덕분에 이제는 '배타적 논리합'이라는 것을 처리할 수 있게 됐다. 이것은 10여 년 전 마빈 민스키가 지적한 인공신경망의 한계를 극복했다는 것을 의미했다. 시스템이 카드 위의 두 지점을 검사해 과거에는 해결할 수 없었던 '두 지점의 색상이 다른가?'라는 물음에 답할 수 있었다.

하지만 두 사람의 시스템은 그 이상의 것을 해내지는 못했다. 그래서 이 아이디어는 또다시 보류됐다. 하지만 두 사람이 로젠블라트가 한 증명의 굴레에서 벗어나는 길을 발견한 것만은 분명했다.

긴 겨울의 끝자락

이후 몇 년간 힌턴은 프린스턴대학교의 생물학과에서 박사 후 연구원으로 있던 테리 세즈노스키와 협력해 별도의 연구를 진행했다. 샌디에이고에서는 연결주의 인공지능을 연구하는 사람들끼리 서로 생각을 나누기 위해 1년에 한 번씩 장소를 바꿔가며 모임을 이어가고 있었는데, 두 사람은 그러한 이름 없는 모임에서 알게 된 사이였다. 역전파라든가 머신 등이 그들 모임의 주제였다.

그로부터 몇 년이 지난 어느 날, 수학이나 과학에 문외한인 보통 사람도 이해할 수 있도록 머신을 설명해달라는 요청에 힌턴은 거절했다. 힌턴은 그러한 요청이 노벨상을 받은 물리학자 리처드 파인만Richard Feynman에게 그의 양자전기역학 연구에 관해 설명해달라고 요청하는 것과 같다고 말했다. 파인만 역시 자신에게 노벨상을 안겨준 연구에 대해서 비전문가도 이해할 수 있도록 설명해달라는 부탁을 받는다면 거절할 것이라면서 "일반인에게 설명 가능하다면 그건 노벨상감이 아니지 않겠어요?"라고 되물었다.[9]

실제로 볼츠만 머신을 설명하기란 쉽지 않다. 그 이유 중 하나로 그것이 오스트리아의 물리학자 루트비히 볼츠만이 이미 100년 전에 정립한 인공지능과 전혀 관련이 없어 보이는 현상, 즉 가열된 기체 속 입자의 평형에 관한 이론에 기반을 둔 수학적 시스템이라는 점을 들 수 있다. 하지만 볼츠만 머신의 개발 목적은 아주 간단했다. 더 나은 인공신경망을 구현하려는 시도였다는 점이다.

퍼셉트론과 마찬가지로 볼츠만 머신도 소리나 이미지 등의 데이터를 분석함으로써 스스로 학습할 수 있었다. 그러나 새롭게 달라진 점이 있었다. 볼츠만 머신은 스스로 소리와 이미지를 생성하고, 나아가서 생성한 데이터와 분석한 데이터를 비교함으로써 학습할 수 있었다. 인간이 이미지나 소리, 말을 머릿속으로 상상할 수 있다는 점을 상기해볼 때, 그러한 특징은 좀 더 인간이 사고하는 방식과 닮은 것이었다.

인간은 현실 세계에서 생각이나 눈에 보이는 것 등을 이용하기 전에도 밤낮을 가리지 않고 꿈을 꾼다. 힌턴과 세즈노스키는 볼츠만 머신에서 디지털 기술을 이용해 바로 그러한 인간적 특성을 구현하고 싶었던 것이다. "제 인생에서 가장 흥분된 순간이었어요. 우리가 두뇌의 작동 방식을 알아낸 것이라고 확신했죠"라고 세즈노스키는 말했다.

하지만 역전파의 경우와 마찬가지로 볼츠만 머신 역시 아직 더 연구가 필요한 것이어서 그리 유용한 기능은 갖고 있지 않았다. 따라서 볼츠만 머신도 이후 수년간 학계의 주목받지 못하는 신세가 됐다.

인기 없는 비주류 아이디어들에 종교적 믿음에 가까운 확신을 하며 매달린 것이 새로운 직장을 구하는 데는 도움이 됐다. 힌턴과 세즈노스키가 속해 있던 연례 연결주의자 모임에 참석한 카네기멜론대학교의 교수 스콧 팔만Scott Fahlman이 인공지능 기술에 기대를 걸고 있는 대학의 미래를 위해서 힌턴을 채용해볼 만

하다고 판단한 것이다.

MIT나 스탠퍼드대학교 등 당시 대다수 대학 연구소와 마찬가지로 카네기멜론대학교의 연구소도 기호주의 인공지능에 초점을 맞추고 있었다. 팔만은 신경망 가설을 '정신 나간 아이디어'로 보고 있었으나 당시 대학교에서 한창 연구 중이던 또 다른 아이디어에 대해서도 같은 생각을 했던 것 같다.

팔만의 지지를 받은 힌턴은 1981년에 심리학과 및 컴퓨터과학과 2곳에서 시범 강의를 했다. 정보를 퍼붓는 소방호스라도 들고 있는 것처럼 팔과 손을 이리저리 휘두르다가 중요한 이야기를 할 때는 다시 오므리기를 반복하는 힌턴의 열정에 강의를 듣는 이들이 딴생각에 빠질 틈이 없었다.

힌턴이 수학이나 컴퓨터과학에 관심이 별로 없었기 때문에 강의 내용이 수학과 컴퓨터과학의 전문 주제를 다루고 있지는 않았다. 힌턴의 강의는 여러 아이디어에 관한 내용이었는데, 관심 있게 경청하는 이들을 묘하게 빠져들게 하는 힘이 있었다.

그날 힌턴의 강의에 매료된 사람 중에 인공지능의 창시자 중 하나인 앨런 뉴웰이 있었다. 카네기멜론대학교의 컴퓨터과학과 학장이었던 뉴웰은 수십 년 동안 기호주의 방법론을 이끌었던 인물이다. 다음 날 오후 뉴웰은 힌턴에게 컴퓨터과학과 내 한 자리를 맡아달라는 제안을 하려 했고, 힌턴은 그 제안을 수락하기에 앞서 그의 말을 가로막았다.

"먼저 아셔야 할 것이 있습니다." 힌턴이 말했다.

"그게 뭡니까?" 뉴웰이 물었다.

"사실 제가 컴퓨터과학에 관해서 아는 것이 없습니다."

"상관없습니다. 컴퓨터과학자라면 여기 얼마든지 있거든요."

"그렇다면, 수락하겠습니다."

"연봉은 얼마 정도를 원하십니까?" 뉴웰이 다시 묻자 힌턴이 대답했다.

"연봉은 상관없습니다. 돈 때문에 하는 일이 아니니까요."

나중에 힌턴은 3만 5천 달러 정도인 동료들에 비해 30퍼센트 가까이 적은 2만 6천 달러라는 연봉이 자신에게 책정됐다는 사실을 알게 된다. 하지만 어쨌든 비주류 연구를 마음껏 할 수 있는 집은 구한 셈이었다.

힌턴은 볼츠만 머신에 관한 연구를 이어가면서 때때로 주말이면 존스홉킨스대학교 연구소에 있는 세즈노스키와 협업하기 위해 볼티모어로 차를 몰았다. 그러는 사이사이 비교 연구를 위해 역전파 문제에도 손을 대고 있었다. 볼츠만 머신과 비교할 무언가가 필요하다고 생각하고 있던 힌턴에게 역전파 연구가 딱 안성맞춤이었다. 오래된 아이디어가 신선한 것이었다.

카네기멜론대학교에서 힌턴이 얻은 것은 2가지 연구에 전념할 기회만이 아니었다. 그 기회보다 오히려 더 좋은 것을 얻었는데, 바로 더 빠른 컴퓨터 하드웨어였다. 좋은 컴퓨터에 힘입어 힌턴의 수학적 시스템이 더 많은 데이터를 얻어 더 많은 학습을 수행할 수 있었고, 연구는 착착 앞으로 나아갔다. 힌턴이 보스턴에서 민스키를 앞에 두고 발표를 한 이후 1년이 흐른 1985년에 드디어 돌파구를 찾았다. 그런데 돌파구를 마련한 주체는 볼츠만 머신이 아니라 역전파였다.

샌디에이고에서 힌턴과 러멜하트는 다층신경망이 스스로 가중치를 조정할 수 있음을 보여줬다. 그러고 나서 카네기멜론대학교로 옮긴 힌턴은 그의 신경망이 수학자를 감동케 하는 일 이상의 것을 해낼 수 있음을 입증했다. 힌턴이 한 가족의 가계도를 나타내는 표지들을 주입하면 신경망이 가족 구성원 간의 다양한 관계를 학습할 수 있었고, 이 학습을 토대로 신경망이 훨씬 많은 학습을 수행할 수 있었다. 힌턴이 존의 어머니가 빅토리아이고 빅토리아의 남편이 빌이라는 사실을 알려주면, 신경망이 빌이 존의 아버지라는 사실을 학습할 수 있었다.

힌턴은 몰랐지만, 과거 완전히 다른 분야의 학자들이 역전파와 유사한 수학적 기술을 연구한 적이 있었다. 그러나 과거의 그들과는 다르게 힌턴은 이 수학적 아이디어가 장래성이 있는 것임을 밝혀냈다. 힌턴의 신경망은 스스로 학습할 수 있다는 면에서 어떤 인공지능 기술보다도 잠재력이 컸다.

다음 해 힌턴은 영국 서식스대학교에서 박사 후 연구원으로 지내던 시절에 만난 로잘린드 잘린Rosalind Zalin이라는 영국인 분자생물학자와 결혼했다. 잘린은 동종요법 치료(인체에 질병과 유사한 증상을 유발해 치료하는 대체의학의 일종-옮긴이)에 심취해 있었는데, 그것이 둘 사이에 갈등의 원인이 됐다. "분자생물학자로서 동종요법을 신봉하다니 환영할 수 없었죠. 어쩔 수 없이 결혼생활은 순탄치 못했어요. 그 문제에 대해서는 더는 말을 꺼내지 않기로 합의했죠"라고 힌턴은 말했다.

잘린은 또 확고한 사회주의자였기에, 보수주의자인 로널드 레이건이 대통령으로 재임 중인 미국을 좋아하지 않았다. 그러나 이때 힌턴은 자신의 연구에서 결실을 얻게 된다.

결혼식 날 아침, 힌턴은 세계에서 가장 저명한 과학 학술지 중 하나인 〈네이처〉에 소포를 보내느라고 30분 정도 자리를 비웠다. 소포에는 러멜하트 및 노스이스턴대학교 교수 로널드 윌리엄스Ronald Williams와 함께 역전파에 관해 쓴 연구 논문이 들어 있었다. 이 논문은 그해 말 세상에 알려졌다.[10]

이 일종의 학문적 영광의 순간을 아직 바깥세상은 전혀 눈치채지 못했다. 그러나 논문이 세상에 모습을 드러내자 인공지능에 활발한 자금 지원이 이뤄지면서 신경망 연구는 최초로 기나긴 겨울에서 빠져나와 밝은 미래, 즉 발전의 새 시대를 맞이했다. '역전파'는 단지 아이디어에 불과한 것이 아니었다.

"아무도 타고 있지 않아요"

인공지능이 최초로 실제에 적용된 사례로 1987년의 일을 들 수 있다. 카네기멜론 인공지능 연구소에서는 연구자들이 자율주행 트럭 제작을 시도했다. 그들은 앰뷸런스 모양의 남색 쉐보레 트럭의 지붕에 서류 가방 크기의 비디오카메라를 설치하고 차량

뒷부분에 당시의 일반 비즈니스용 컴퓨터보다 100배는 빠르게 데이터를 처리하는 '슈퍼컴퓨터'를 장착했다. 몇 개의 전기판과 전선 및 실리콘 칩으로 구성된 이 슈퍼컴퓨터가 지붕에서 찍힌 화상을 읽어 들여 트럭이 도로상에서 어떻게 주행해야 할지를 판단하도록 한다는 계산이었다.

하지만 생각처럼 쉬운 일이 아니었다. 몇몇 대학원생이 각종 주행 동작을 직접 일일이 컴퓨터에 주입하면서 트럭이 도로에서 만날 수 있는 각각의 상황에 맞는 세부 지시사항을 입력했다. 끝이 보이지 않는 작업이었다. 프로젝트가 시작되고 몇 년이 흐른 그해 가을쯤 트럭은 불과 초당 몇 센티미터 정도의 속도로 자율주행을 할 수 있게 됐다.

그런데 1987년, 그 당시 박사 과정 1년 차 딘 포멀루Dean Pomerleau라는 학생이 위에 언급한 힘든 작업을 제쳐두고 러멜하트와 힌턴이 주장한 아이디어를 적용해 원점에서부터 소프트웨어를 재구축했다.

포멀루는 자신이 만든 시스템을 알빈ALVINN이라고 이름 붙였다. N 2개는 신경망neural network을 의미했다. 포멀루가 소프트웨어를 재구축한 이후 트럭은 전혀 새로운 방식으로 움직이게 됐다. 인간이 도로에서 어떻게 주행하는지를 관찰해 학습할 수 있게 된 것이다.

포멀루와 동료 연구자들이 아스팔트 자전거도로를 따라 피츠버그의 셴리공원을 가로질러 트럭을 운전하면 알빈이 지붕에 설치된 카메라에서 스트리밍된 영상을 읽어 들여 운전자의 주행법을 학습했다. 로젠블라트의 퍼셉트론이 사각형 카드를 분석해 글자를 인식하는 법을 학습했듯이 트럭이 도로에서 각각의 상황에 대응하는 인간의 방식을 분석함으로써 운전하는 법을 학습하는 것이었다.

트럭이 홀로 셴리공원을 주행하기까지 오래 걸리지도 않았다. 처음에 수백 킬로그램 상당의 컴퓨터 하드웨어와 전기 장비가 장착된 이 고성능 남색 쉐보레 트럭은 시속 14~16킬로미터 이상 속도를 내지 못했다. 하지만 포멀루와 동료 연구자들이 운전대를 잡고 더 빠른 속도로 더 많은 도로를 주행한 영상으로 학습하도록 한 결과 트럭의 속도는 계속해서 빨라졌다.

당시 일반 미국 가정에서 자동차 창에 "아이가 타고 있어요" 혹은 "우리 할머니가 타고 있어요"라고 적힌 표식을 부착하곤 했는데, 포멀루와 동료들은 알빈에 "아무도 타고 있지 않아요"라는 표식을 붙였다. 정신적인 면을 고려해서 보면 틀린 말은 아니었다.

1991년의 어느 일요일 아침 일찍 알빈은 피츠버그에서 출발해 펜실베이니아주 이리까지 시속 100킬로미터에 가까운 속도로 자율주행을 시작했다. 민스키와 페퍼트가 퍼셉트론에 관한 책을 펴내고 20년 뒤, 그들이 신경망이 할 수 없다고 장담한 일을 알빈이 해냈다.

하지만 당시 힌턴은 그 자리에 없었다. 포멀루가 카네기멜론대학교에 들어온 1987년에 힌턴 부부는 미국을 떠나 캐나다로 이주했다. 로널드 레이건 때문에 떠난 것이었다고 힌턴은 자주 언급했다.

미국에서 인공지능에 대한 지원금의 대부분은 군사·정보 기관에서 나오고 있었다. 특히 소련이 인류 최초의 인공위성 스푸트니크Sputnik를 발사한 것에 위기감을 느낀 미국 국방부가 1958년에 창설한 방위고등연구계획국DARPA, Defense Advanced Research Projects Agency이 창설 초기부터 인공지능 연구에 재정 지원을 계속하고 있었다.[11] 민스키가 퍼셉트론에 관한 책을 써서 로젠블라트나 다른 연결주의자들을 제치고 따낸 보조금도 이 기관에서 나온 것이었으며, 포멀루의 알빈에도 자금이 지원됐다.

그러나 니카라과에서 사회주의 정부에 대항하던 우익 성향의 게릴라군 '콘트라Contra'에 자금을 조달하기 위해 레이건 행정부 관료들이 은밀히 이란에 무기를 팔았던 이란-콘트라 사건을 둘러싸고 논란이 끊이지 않자,[12] 힌턴은 점점 DARPA로부터 돈을 받는다는 사실에 환멸을 느꼈다. 게다가 힌턴의 아내 또한 더는 미국에 살고 싶지 않다며 캐나다로 이주하기를 강력히 원했다. 이에 신경망 연구가 갓 부활하던 시기에 힌턴은 카네기멜론대학교에서 토론토대학교로 직장을 옮기기로 마음먹었다.

캐나다로 옮긴 지 몇 해가 지나도록 연구에 필요한 자금줄을 찾지 못해 쩔쩔매던 힌턴은 문득 자신이 옳은 결정을 내린 것인지 의문이 들었다.

"버클리로 갈 걸 그랬나 봐요." 힌턴이 아내에게 말했다.

"버클리요? 나도 버클리라면 괜찮았을 거예요." 아내가 대답했다.

"그런데 미국에서 살고 싶지 않다고 하지 않았나?"

"거긴 미국이 아니에요. 캘리포니아니까."

하지만 이미 돌이킬 수 없었다. 힌턴은 이미 토론토에 와 있었으니까. 힌턴의 이주로 인해 인공지능의 지정학적 판세는 물론이고 미래가 바뀌었다고 해도 과언이 아니다.

3

거절

르쿵의 르넷, 힌턴의 딥러닝

"언제나 제가 옳다고 확신했습니다."

신중한 프랑스인 공학도

짙은 파란색 스웨터 안에 흰색 셔츠를 받쳐 입은 얀 르쿵Yann LeCun이 데스크톱 앞에 앉아 있었다. 1989년 당시의 데스크톱은 전자레인지만 한 크기였고, 색상과 밝기 조절을 위한 회전식 조절 버튼이 있는 모니터가 장착돼 있었다. 컴퓨터 뒤의 또 다른 전선이 거꾸로 매달아 놓은 탁상용 램프처럼 보이는 물체에 연결돼 있었는데, 그것은 램프가 아니고 카메라였다. 왼손잡이인 르쿵은 확신에 찬 미소를 머금고서 '201-949-4038'이라고 손으로 쓴 전화번호가 적혀 있는 종이 1장을 집어 카메라 아래로 밀어 넣었다. 그러자 모니터에 종이의 영상이 나타났다. 르쿵이 키보드를 두드리자 기계가 빠르게 돌아간다는 것을 의미하듯이 화면 윗부분에서 불빛이 깜빡거렸다. 그리고 몇 초 지나지 않아 기계가 종이 위에 적혀 있던 것을 읽어냈고, 모니터 화면상에 종이와 똑같이 '201-949-4038'이라는 숫자를 보여줬다.[1]

이 기계는 르쿵이 개발한 시스템인 르넷LeNet이었다. 짐작하겠지만 르넷은 개발자의 이름을 본떠 지은 것이다. 201-949-4038은 뉴저지주 홈델에 있는 벨 연구소Bell Labs 내 르쿵의 연구실 전화번호였다. 벨 연구소는 핀란드계 미국인 건축가 에로 사리넨Eero Saarinen이 설계한 신미래주의 건축물로, 마치 거울로 이뤄진 상자 같은 모습이었다. 그 안에서 연구자 수십 명이 세계 굴지의 통신업체 AT&T의 후원 아래 새로운 아이디어 개발에 힘쓰고 있었다. 그리고 트랜지스터, 레이저, 유닉스 컴퓨터 운영체제, C 프로그래밍 언어가 그곳에서 개발돼 당시 세계에서 가장 유명한 연구소라고 해도 과언이 아니었다. 이때는 파리에서 온 앳된 얼굴의 29세 청년으로 컴퓨터과학자이자 전기공학자인 르쿵이 몇 년 전 발표된 제프리 힌턴과 데이비드 러멜하트의 역전파 논문을 기반으로 새로운 영상 인식 시스템을 개발하는 중이었다.

르넷은 미국 우정청에서 나온 배송 불가 우편물의 겉봉에 적힌 것을 분석하면서 손으로 쓴 숫자를 인식하는 법을 학습했다. 르쿵이 봉투들을 자신의 신경망 장치에 넣자 장치가 0부터 9까지 각 숫자의 수천 가지나 되는 필체를 분석하기 시작했다. 그리고 약 2주에 걸친 학습 기간을 거친 후에는 숫자 하나하나를 홀로 인식할 수 있게 됐다.

홈델 벨 연구소 안 자신의 데스크톱 앞에 앉아 르쿵은 다시 숫자 몇 개를 더 가지고서 신기한 실험을 반복했다. 이번 실험은 마치 초등학교 미술 시간에 하는 프로젝트 같기도 했다. 숫자 4는 가로가 보통의 2배는 길었고, 6은 원이 2개 모인 것 같았으며, 2는 직선으로만 연결돼 있었다. 그런데도 기계는 그 숫자들을 모두 읽어냈다. 그것도 정확하게.

비록 전화번호나 우편번호를 확인하는 단순한 작업을 학습하는 데 몇 주가 걸리기는 했어도, 르쿵은 앞으로 점점 더 성능 좋은 컴퓨터 하드웨어가 등장하면 학습 훈련의 속도도 빨라져 더 짧은 시간 안에 더 많은 데이터를 학습할 수 있게 될 테니 자신의 기술이 진보를 거듭할 것이라고 확신했다. 또한 자신의 기술로 인해 개나 고양이, 자동차, 심지어 얼굴까지, 카메라로 찍은 거의 모든 대상을 인식할 수 있는 머신이 탄생할 것이라고 예상했다.

거의 40년 전 프랭크 로젠블라트가 그랬듯이 르쿵 역시 머신이 듣고 말하고 어쩌면 인간처럼 추론할 수도 있다는 믿음을 품고 있었다. 하지만 그런 믿음을 입 밖으로 내지는 않았다. 르쿵은 "우리의 생각을 말로 드러내지는 않았어요"라고 말했다. 이미 오래전부터 인공지능의 출현을 목전에 두고 있다고 주장한 과학자들이 번번이 실망감을 안겨줬던 탓에 은연중에 이 분야의 연구자들 사이에 성급한 추측을 자제하는 분위기가 퍼져 있었다.

혹시 그런 주장을 한다고 해도 더는 진지하게 받아들여지지 않았다. "확실히 입증할 수 없는 상태에서는 말을 아끼는 겁니다. 시스템 개발에 성공해서 '자, 이것이 저의 시스템이 해낸 것입니다'라고 말을 해도 아무도 믿지 않아요. 심지어 실제 시스템이 작동하는 모습을 공개해도 조금도 믿어주는 사람이 없다니까요"라고 르쿵은 말했다.

1975년 10월, 파리 북부 루아요몽의 중세 수도원에서 미국의 언어학자 놈 촘스키Noam Chomsky와 스위스의 심리학자 장 피아제Jean Piaget가 학습의 본질에 관해 토론을 벌인 적이 있었다. 그로부터 5년 뒤 그 유명한 토론을 해부한 에세이가 출간됐는데, 당시 젊은 공학도였던 얀 르쿵도 그 책을 읽었다. 그 책의 89쪽에 "기초적 데이터를 반복적으로 받아들여 간단한 추론 기능을 수행할 수 있는"[2] 장치라며 잠깐 퍼셉트론이 언급됐는데, 르쿵은 그 부분을 읽자마자 학습할 수 있는 기계의 개발이라는 아이디어에 푹 빠지고 말았다. 인공지능을 성공시키려면 학습 문제의 해결이 필수조건이라고 생각한 르쿵은 "뇌를 가진 동물 중에 학습할 수 없는 동물은 없다"라는 말을 자주 했다.

당시만 해도 과학자들은 신경망 연구에 그다지 관심을 두지 않았고, 관심이 있다고 해도 신경망을 인공지능이 아닌 또 다른 형태의 패턴 인식기 정도로 여겼는데, 르쿵은 파리의 전기전자 공학 대학교인 ESIEE École Supérieure d'Ingénieurs en Électrotechnique et Électronique 재학 시절 내내 신경망 아이디어에 집중했다. 그때 르쿵이 읽었던 논문 중 대다수는 일본인 연구자들이 영어로 작성한 것이었는데, 일본 말고는 신경망 연구가 계속되고 있던 국가를 찾기 어려웠던 탓이다. 그러고 나서 르쿵은 북아메리카 지역의 움직임에 심취했다.

1985년에 르쿵은 컴퓨터과학에 대한 새롭고 특이한 접근법을 알아보기 위해 파리에서 개최된 한 학술회의에 참석했다. 힌턴 또한 볼츠만 머신에 대해 강연하려고 그 회의에 참석했다. 힌턴이 강연을 끝냈을 때, 르쿵은 이 사람이야말로 자신과 신념이 같은 지구상의 몇 안 되는 사람 중 하나라는 확신이 들어 회의장 밖으로 힌턴을 쫓아갔다. 르쿵은 붐비는 사람들 속에서 그만 힌턴을 놓치고 말았다.

그런데 그때 힌턴은 누군가에게 다가가 "혹시 얀 르쿵이 누구인지 아시나요?" 하고 묻고 있었다. 나중에 안 일이지만, 힌턴은 이미 볼츠만 머신을 함께 개발한 또 한 사람, 테리 세즈노스키에게 이 젊은 공학도에 대해 익히 들어 알고 있었다. 세즈노스키는 르쿵을 몇 주 전 어느 연구모임에서 먼저 만났었다고 한다. 사실 세즈노스키가 이야기할 때만 해도 힌턴은 별로 귀담아듣지 않았는데, 나중에 르쿵이 쓴 연구 논문의 제목을 보자마자 내용을 읽어보지 않았어도 이 사람은 반드시 만날 필요가 있다고 생각했다고 한다.

다음 날 두 사람은 어느 북아프리카 음식점에서 만나 함께 점심 식사를 했다. 힌턴은 프랑스어를 거의 몰랐고, 르쿵의 영어 실력도 그리 유창하지 않았음에도 둘은 대화에 전혀 불편을 느끼지 못했다. 두 사람은 쿠스쿠스를 먹으면서 연결주의 인공지능의 변천에 관해 이런저런 이야기를 나눴다. 르쿵은 힌턴이 무슨 이야기를 하는지 다 알아들을 수 있었다. 나중에 그때를 회상하며 르쿵은 "우리는 같은 언어를 사용하는 사람들 같았다니까요"라고 말했다.

2년 후 르쿵이 역전파와 유사한 기술에 관한 박사학위 논문을 완성하자 힌턴은 그 논문 심사위원회에 참석하려고 파리로 날아갔다. 그때 힌턴은 여전히 프랑스어를 거의 할 줄 몰랐다. 보통 힌턴이 연구 논문을 볼 때는 수학적 계산이 있는 부분은 건너뛰고 글만 읽는 편이었다. 그런데 르쿵의 논문에서는 어쩔 수 없이 글은 제쳐놓고 수학적 계산이 적힌 부분을 보았다. 논문 심사 때는 힌턴이 영어로 질문을 하면 르쿵이 프랑스어로 대답하기로 했다. 그래서 논문 심사에는 별 지장이 없었다. 힌턴이 르쿵의 답변을 이해할 수 없었던 것만 빼면 말이다.

벨 연구소에서 보낸 젊은 나날

기나긴 겨울이 지나가고 신경망 연구에 점차 학계의 관심이 이어졌다. 카네기멜론에서 딘 포멀루가 자율주행차를 개발하고 있었으며, 한편 세즈노스키는 '넷토크NETtalk'라고 이름 붙인 장치로 세상을 놀라게 했다.[3] 세즈노스키는 합성음을 생성할 수 있는 하드웨어 장치를 사용해서 소리 내어 읽는 법을 학습하는 신경망을 개발했다. 영국의 물리학자 스티븐 호킹이 퇴행성 신경질환으로 목소리를 잃은 후 사용하던 기계음을 내는 상자를 떠올리면 이해가 쉬울 것이다.

이 장치는 아동도서에 적힌 영어 단어와 그 단어에 해당하는 음소를 분석한 뒤 각각의 철자를 어떻게 발음해야 하는지를 학습해서 스스로 인간의 언어를 발음할 수 있었다. 예를 들어, 'gh'가 'enough'에서처럼 'f'로 발음되는 경우라든가 'ti'가 'nation'에서처럼 'sh'로 발음되는 경우 등을 학습하는 것이다.

학회에서 연구 성과를 발표할 때 세즈노스키는 진행된 학습의 단계별로 장치의 소리를 녹음해놓은 것을 틀었다. 맨 처음 장치의 소리는 아기가 말하는 것처럼 분명하지 않았다. 반나절 동안 학습이 진행된 뒤의 소리는 알아들을 수 있을 만한 것으로 바뀌어 있었다. 일주일을 학습한 장치의 소리는 '이너프Enough' '네이션Nation' '게토Ghetto' '틴트Tint' 등을 정확히 발음했다. 세즈노스키가 개발한 시스템은 신경망이 무엇을 할 수 있고 또 어떻게 할 수 있는가를 보여주는 것이었다.

세즈노스키는 자신의 창작물을 들고 여러 학회를 도는 것은 물론이고 NBC 아침 뉴스 프로그램 〈투데이쇼Today show〉에까지 출연해 수백만 시청자를 놀라게 했다. 그 영향으로 대서양 양안의 국가들에서 연결주의 연구가 되살아났다.

학위를 마치고 르쾽은 힌턴을 따라 토론토로 가서 박사 후 연구원 과정을 시작했다. 프랑스를 떠나면서 르쾽은 여행 가방 2개를 들고 갔는데, 그중 하나에는 옷이, 나머지 하나에는 컴퓨터가 들어 있었다. 힌턴과 르쾽이 사이좋게 잘 지내기는 했지만 사실 둘의 관심사가 같다고는 할 수 없었다. 힌턴은 뇌를 더 잘 이해하고자 하는 욕구가 강한 반면 숙련된 전기공학자인 르쾽은 컴퓨터 하드웨어나 신경망의 수학적 원리, 훨씬 진화된 인공지능의 개발에 관심이 있었다.

촘스키와 피아제가 벌인 토론에서 자신의 연구에 필요한 영감을 얻었던 르쾽은 파리에서 아홉 살 때 70밀리 시네라마로 보았던 스탠리 큐브릭Stanley Kubrick 감독의 영화 〈2001 스페이스 오디세이2001: A Space Odyssey〉에 등장하는 'HAL 9000'을 비롯한 미래적인 머신들로부터도 큰 자극을 받았다. 그로부터 40여 년이 흐른 뒤 세계적 선도 기업에서 연구소를 신설하게 된 르쾽은 그 영화의 스틸 사진 여러 장을 액자에 넣어 벽에 걸었다.

르쾽은 연구의 폭이 매우 넓어서 신경망 및 기타 알고리즘 기술을 탐구하면서 동시에 컴퓨터칩과 오프로드용 자율주행차의 개발에도 힘쓰고 있다. 이에 대해 르쾽은 "전 할 수 있는 일이면 일단 하고 보는 편이에요"라고 말했다. 인간과 유사하게 작동하는 머신을 개발하려는 원대한 야심을 품고 노력한 르쾽은 형식과학formal science보다 공상과학에 가까운 학문적 추구에 머물러 있던 인공지능이 어떤 식으로 다양한 이질적 연구와 융합될 수 있는지를 구체화해 보여줬다.

인간 지능의 극히 일부분을 흉내 내는 힌턴의 연구만도 쉽지 않은 작업이었는데, 자동차나 비행기 혹은 로봇에 인공지능을 적용하는 일은 그보다도 훨씬 어려운 일이었다. 그러나 르쾽은 나중으로 미루기만 한 대다수 연구자와 달리 실천적이고 현실에 충실한 인물이었다.

수십 년간 신경망 연구가 과연 실질적으로 유용한 수준으로 발전할 수 있을 것인지 의문을 품었던 사람들이 있었다. 그리고 신경망의 저력이 명백히 드러난 이후에도 인공지능이 인류를 파멸로 이끌 수도 있다고 우려를 표하는 목소리가 적지 않다. 르쾽은 사석에서든 공석에서든 그 2가지 목소리 모두 터무니없는 소리라고 일축했다. 수십 년 뒤 컴퓨터과학 분야의 노벨상인 튜링상을 받은 르쾽은 다음과 같은 수상소감을 남겼다. "저는 언제나 제가 옳다고 확신했습니다." 르쾽은 신경망이야말로 실질적이고 유용한 기술로 가는 해답이라고 굳게 믿었다. 결국 르쾽이 옳았다.

일본인 컴퓨터과학자 쿠니히코 후쿠시마Kunihiko Fukushima에게 영감을 받은 르쾽은 시각 정보를 처리하는 뇌의 한 부분인 시각령을 모방한 인공신경망을 개발함으로써 돌파구를 마련하는 데 성공했으며, 이를 '합성곱 신경망convolutional neural network'이라고 명명했다.[4] 인간의 눈에 포착된 빛이 그 파장에 따라 시각령의 구분된 여러 영역에서 각각 별도로 처리되는 것과 마찬가지로, 합성곱 신경망은 이미지를 여러 개의 사각형으로 분할해 따로따로 분석한다. 그리고 분할된 각 사각형에서 찾아낸 작은 패턴 정보가 인공 신경세포를 거치면서 커다란 패턴으로 합쳐진다.

합성곱 신경망은 르쿵의 학문적 업적을 대표할 만한 것이었다. 버클리대학교 교수 지텐드라 말릭Jitendra Malik은 철학자 아이자이어 벌린Isaiah Berlin의 유명한 비유를 빌려 "제프리 힌턴이 여우라면 얀 르쿵은 고슴도치죠. 힌턴은 어디로 튈지 모르는 수많은 아이디어를 가지고 고민하는 반면 얀은 일편단심인 사람이에요. '여우는 사소한 것을 여러 개 알고 있지만, 고슴도치는 훌륭한 것을 하나만 안다'는 격언처럼 말이에요"라고 말했다.

르쿵이 처음 자신의 아이디어 개발을 시작한 건 토론토에서 힌턴과 함께 있을 때였다. 연구가 꽃을 피우기 시작한 것은 벨 연구소로 자리를 옮기고 나서였다. 벨 연구소에서 르쿵은 자신의 합성곱 신경망을 훈련하는 데 필요한 광대한 양의 데이터, 즉 수천 통의 배송 불가 우편물을 구할 수 있었다. 그곳에는 썬 마이크로시스템스의 최신 워크스테이션이 완비돼 있어 우편물의 겉봉을 분석하는 데 큰 도움이 되기도 했다. 르쿵은 자신의 상사에게 벨 연구소에 합류한 것은 토론토에서 박사 후 연구원으로 있을 때의 상황과 달리 벨 연구소에서 전용 워크스테이션 제공을 약속했기 때문이라고 이야기했다.

벨 연구소로 자리를 옮겨와 수주 만에 르쿵은 기존의 기본 알고리즘만을 사용해 손으로 쓴 숫자를 인식할 수 있는 시스템을 만들어냈다. 식별 정확도 면에서 AT&T에서 개발 중인 여타 기술을 앞서는 것이었기 때문에 곧바로 시스템은 상용화에 들어갔다. AT&T는 벨 연구소 외에도 금전 등록기 및 기타 비즈니스 장비 등을 판매하는 NCR이라는 회사를 소유하고 있었는데, 이 NCR이 1990년대 중반까지 르쾽의 기술을 손으로 작성된 수표를 자동으로 읽는 장치에 적용해 은행에 팔았다. 한때 르쾽이 개발한 장치가 미국에 예치된 전 수표의 10퍼센트 이상을 읽어내기도 했다.

그러나 르쾽은 거기에 안주하지 않았다. 건물 외벽이 유리로 덮여 있어 '세계에서 가장 큰 거울'이라는 별칭이 붙은 홈델 벨 연구소 안에서 르쾽과 동료 연구원들은 안나ANNA라는 마이크로칩도 고안해냈다. 안나는 아날로그 신경망 ALUAnalog Neural Network ALU의 줄임말이다.[5] 여기서 ALU는 산술논리연산장치Arithmetic Logic Unit의 약칭으로 신경망 구동을 위한 연산 처리에 적합한 일종의 디지털 회로를 가리킨다.

르쾽의 팀은 통상의 범용 칩을 사용하는 대신 특수한 칩을 새로 고안해 알고리즘을 적용했다. 새로운 칩은 표준 칩들을 훨씬 뛰어넘는 초당 약 40억 회의 속도로 작업을 처리할 수 있었다. 신경망을 위한 실리콘 칩을 따로 만들어야겠다는 이 생각은 전 세계 칩 산업을 재구성했다. 비록 20여 년 뒤의 일이긴 하지만.

르쾽의 수표 판독기가 시장에 출시되고 얼마 지나지 않아 AT&T는 또다시 분할됐다. 미국의 대표적인 통신사인 AT&T는 지난 수십 년간 이미 수차례 회사가 쪼개지는 불운을 겪은 바 있다. 르쾽의 연구팀이 NCR에서 갑자기 분리되는 바람에 수표 판독기 프로젝트도 흐지부지되면서 르쾽은 좌절감과 우울감을 느꼈다.

결국 르쾽의 팀은 당시 미국에서 인터넷 주류로 막 부상하기 시작한 월드와이드웹 관련 기술로 연구의 방향을 바꿨고, 그러면서 신경망 연구도 완전히 중단됐다. 이어 회사 측에서 연구원들을 하나둘 해고하기 시작하자 르쾽도 사직 의사를 밝혔다. 르쾽은 연구소장에게 "꼭두각시처럼 회사가 원하는 연구만 하고 싶진 않아요. 전 컴퓨터 비전 연구를 계속할 생각입니다"라고 말했다. 바람대로 르쾽은 해고통지서를 받았다.

1995년 벨 연구소 연구원 블라디미르 바프닉Vladimir Vapnik과 래리 재켈Larry Jackel은 내기를 했다. 바프닉의 말을 들어보자. "제 정신이라면 앞으로 10년 뒤까지 신경망 연구를 계속할 사람은 없을 거야." 재켈은 연결주의 편에 선 과학자였다. 두 사람은 지는 쪽이 '훌륭한 저녁 식사'를 사기로 했다. 이때 르쾽은 증인으로서 각서에 서명하는 두 사람을 지켜봤다.[6]

그 직후 돌아가는 상황이 아무래도 재켈의 패배로 끝날 것처럼 보였다. 몇 달이 더 지나고 또다시 연결주의 연구에 찬물을 끼얹는 소식이 들려왔다. 포멀루의 트럭이 자율주행에 성공했고, 세즈노스키의 넷토크는 소리 내어 읽는 법을 학습해냈다. 또 르쾽의 은행 수표 판독기는 손으로 작성된 수표를 읽어냈다. 그런데 트럭은 사설도로나 직선으로 된 고속도로에서만 운행이 가능했고, 넷토크도 대단하지만 아직 실생활에 적용할 수 있는 기술이 아니었다. 그리고 르쾽의 장치가 없다고 해서 수표를 읽지 못하는 것도 아니었다.

르쾽의 합성곱 신경망은 개나 고양이, 자동차 사진 같은 복잡한 이미지를 분석하지는 못했다. 앞으로 연구가 더 진행되면 가능할 것이라는 보장도 없었다. 후에 알려진 바에 따르면 최종적으로 내기에서 이긴 사람은 재켈이었다. 하지만 그다지 영광스러운 승리는 아니었다. 두 사람이 내기를 한 날로부터 10년이 흘렀어도 여전히 신경망을 연구하는 사람들이 있기는 했지만 신경망 기술이 과거 르쾽의 데스크톱 장치에서 해냈던 것을 뛰어넘어 훨씬 발전했다고 말할 수는 없었기 때문이다. "르쾽이 연구를 포기하지 않은 덕분에 제가 내기에서 이길 수 있었다고 생각합니다. 르쾽은 학계로부터 외면당하면서도 끝까지 포기하지 않았어요"라고 재켈은 말했다.

내기의 승부가 결정 나고 얼마 지나지 않아 앤드루 응Andrew Ng이라는 스탠퍼드대학교 컴퓨터과학 교수가 인공지능 강의 시간에 강의실을 꽉 채운 학생들 앞에서 신경망에 관해 설명했다. 응은 이렇게 강조했다. "얀 르쾽은 신경망 연구를 성공시킬 수 있는 유일한 인물입니다."

하지만 그런 르쾽도 미래를 장담할 수는 없었다. 르쾽은 자신의 개인 홈페이지에 칩 연구를 지속할 수 없는 안타까운 마음을 글로 남겼다. 그리고 뉴저지에서 자신과 팀 동료들이 함께 개발한 실리콘 칩 프로세서를 사실상 유용한 무언가를 할 수 있는 처

음이자 (아마도) 마지막 신경망 칩이라고 설명했다.[7]

수년 뒤 과거 홈페이지에 남겼던 글에 대한 질문을 받았을 때, 르쾽은 재빨리 말을 끊으며 그로부터 근 10년이 지났을 때쯤 제자들과 함께 다시 그때의 아이디어로 돌아가 연구를 재개했다는 사실을 밝혔다. 그렇지만 홈페이지의 글에서 과거 르쾽이 불확실성 때문에 답답해하고 있었음을 알 수 있었다. 신경망 연구를 하려면 한층 뛰어난 연산능력이 꼭 필요했지만, 얼마만큼 더 뛰어난 연산장치가 필요한 것인지는 당시 누구도 깨닫지 못한 것이다. 제프리 힌턴은 나중에 이런 말을 했다. "아무도 이런 의문을 떠올려보지 못한 겁니다. '100만 배쯤 더 뛰어난 장치를 적용해보면 어떨까?'"

신경망 연구의 암흑기

얀 르쾽이 뉴저지에서 은행용 수표 판독기를 개발하는 동안 크리스 브로켓Chris Brockett은 워싱턴대학교 아시아어과에서 일본어를 가르치고 있었다. 그런데 마이크로소프트가 브로켓을 인공지능 연구원으로 채용했다. 그때가 1996년으로, 이 테크업계의 공룡이 첫 연구소를 설립한 지 얼마 안 돼서였다.

마이크로소프트의 목표는 인간이 일상에서 말하고 쓰는 수단인 자연어를 이해할 수 있는 시스템을 구축하는 것이었다. 당시에는 그 일을 언어학자가 풀어야 할 과제로 여겼다. 모국인 뉴질랜드에서, 그리고 나중에는 일본과 미국에서 언어학 및 문학을 전공한 브로켓 같은 언어 전문가가 하는 일은 기계에게 인간이 어떻게 단어를 조합하는지 알려줄 수 있는 상세한 규칙을 마련하는 일이었다. 예를 들면, 'time flies(시간이 빠르게 흘러가다)'라는 말이 성립하는 이유라든가 명사 'contract(계약)'와 동사 'contract(계약하다)'의 구별에 주의하는 법, 또 영어 사용자가 형용사를 나열할 때 묘하게도 보통 무의식적으로 선택하는 방식에 대한 아주 자세한 설명 등이었다.

그 일은 과거 오스틴의 사이크 프로젝트나 딘 포멀루가 등장하기 이전 카네기멜론대학교에서 하던 자율주행차 연구를 떠올리게 하는 작업이었고, 마이크로소프트가 아무리 많은 언어학자를 고용한다고 해도 수십 년 안에는 끝내지 못할 것이 분명한, 인간의 지식을 새로 만들어내는 것이나 다름없는 일이었다. 1990년대 후반에는 마빈 민스키와 존 매카시 같은 영향력 있는 과학자들의 주도로 대부분의 대학 및 빅테크 기업들이 자연어 이해는 물론이고 컴퓨터 비전과 음성 인식 연구에서도 그러한 방식을 사용했다. 전문가들이 일일이 규칙을 만들어 종합해가는 식이었다.

브로켓은 시애틀 외곽에 있는 마이크로소프트 본사 사무실에 앉아 자연어 규칙을 작성하며 7년 가까이 흘려보냈다. 그러다가 2003년의 어느 날 오후, 브로켓의 동료 중 두 사람이 마이크로소프트의 널따란 회의장에서 새로운 프로젝트를 발표했다. 이 두 사람은 각 언어에서 특정 단어의 출현 빈도를 조사하는 통계학적 기법을 사용해 언어를 번역하는 시스템을 개발하는 중이었다. 어떤 단어의 조합이 양쪽 언어에서 똑같은 빈도로, 똑같은 문맥에서 나타난다면 번역에 해당한다고 볼 수 있다는 것이다.

두 사람이 이 프로젝트를 시작한 지 6주밖에 지나지 않았는데도 그들의 시스템은 벌써 실제 언어와 미약하나마 비슷해 보이는 결과물을 선보였다. 군중으로 가득한 회의장 뒤편에 길게 늘어선 쓰레기통 위에 앉아 그들의 발표를 지켜보던 브로켓에게 공황 발작이 찾아왔다. 순간 브로켓은 심장마비가 온 줄 알았고 급히 병원으로 달려갔다. 후에 브로켓은 "내가 관여하지 않은 미래를 보는 것이 52세인 저에게는 너무나 힘들었어요"라고 말하며, 자신이 이제 쓸모없는 것이 돼버린 규칙들을 작성하느라 6년을 허비했음을 깨달았던 매우 끔찍하고 충격적인 순간이었다고 회상했다.

전 세계의 자연어 연구자들은 곧 그날 오후 시애틀 외곽의 연구소에서 발표된 통계학적 모델을 수용해 자신들의 접근법을 재정비하기 시작했다. 이 모델은 1990년대부터 2000년대에 걸쳐 '랜덤 포리스트random forests' '부스티드 트리boosted trees' '서포트 벡터 머신support vector machines' 등의 명칭으로 인공지능 연구자들 사이에 광범위하게 퍼져 있던 수학적 방식 중 하나일 뿐이었다. 연구자들은 자연어 이해나 음성 인식 혹은 이미지 인식 연구에 그러한 방식을 적용했다.

신경망 연구가 침체기에 빠졌을 때 이러한 다양한 방법론이 무르익어서 각각 인공지능 분야에서 그 고유 영역을 지배했다. 다들 완벽에서 한참 멀기는 했지만 말이다. 통계 기반의 번역 기술 역시 일찍부터 성공의 기미를 보임으로써 크리스 브로켓이 병원 신세를 질 만큼 충분히 놀라운 것이기는 했지만 어느 정도의 효과에 불과해 문장의 일부, 즉 짧은 구절에서만 제대로 기능을 수행할 수 있었다. 일단 한 구절이 번역되면, 올바른 시제를 찾아 맞는 단어의 어미를 적용하고 이어서 문장의 나머지 짧은 구절들을 함께 나열하기 위해 일련의 복잡한 규칙이 필요했다. 심지어 그때 번역이 뒤죽박죽으로 엉켜 마치 단어가 적혀 있는 여러 장의 종이 카드를 배열해 이야기를 만들던 어린 시절의 놀이에서처럼 불분명한 내용의 글로 번역되기도 했다.

그렇지만 이 기술이 신경망이 할 수 없었던 것을 해냈다는 것만은 분명했다. 2004년이 될 때까지만 해도 신경망은 성공할 날이 멀고 먼 낡은 기술로 치부돼 다른 방법론들에 비해 뒷전으로 밀려난 것처럼 보였다. 한 연구자는 당시 스위스에서 신경망을 전공하는 젊은 대학원생이었던 알렉스 그레이브스Alex Graves에게 "신경망은 통계학을 모르는 사람들이나 하는 거죠"라는 말을 할 정도였다. 이안 굿펠로Ian Goodfellow라는 19세 대학생은 스탠퍼드대학교에서 전공을 탐색하던 중 사고와 학습에 관한 학문인 인지과학의 한 강의를 듣게 됐는데, 어느 순간 교수가 배타적 논리합을 처리할 수 없는 기술이라며 신경망을 무시하는 발언을 내뱉었다. 그 같은 40년 묵은 비판은 이미 20년 전에 틀렸음이 입증됐는데도 말이다.

미국의 여러 명문대에서 연결주의 연구가 거의 자취를 감췄다. 다만 말총머리를 한 얀 르쾽이 2003년부터 교수직을 맡고 있던 뉴욕대학교의 연구소가 남아서 그 명맥을 유지하고 있을 뿐이었다. 반면 캐나다는 여전히 연결주의를 신봉하는 이들에게 낙원 같은 곳이었다. 힌턴이 토론토대학교에 있었고, 르쾽의 벨 연구소 시절 동료이자 파리 출신 과학자인 요슈아 벤지오Yoshua Bengio가 몬트리올대학교에서 연구를 이끌고 있었다.

이때 이안 굿펠로는 컴퓨터과학 전공으로 대학원에 지원해 스탠퍼드, 버클리, 몬트리올 등의 대학에 합격했다. 굿펠로는 몬트리올대학교를 선택하고 싶었는데, 막상 몬트리올대학교에서 만난 한 학생은 맥 빠지는 소리만 늘어놓았다. 스탠퍼드대학교의 컴퓨터과학 과정은 북미에서 3위이고 버클리대학교는 4위라는 것, 두 대학 모두 햇살 좋기로 유명한 캘리포니아에 있다는 것, 반면에 몬트리올대학교는 순위가 150위를 맴돌고 추운 곳에 있다는 것이었다.

"스탠퍼드 정도는 돼야 세계 일류 대학이라고 할 수 있지!" 그 학생은 아직 바닥에 쌓인 눈이 완전히 녹지 않은 어느 늦은 봄날 굿펠로와 함께 시내를 걸어가며 그렇게 불평했다. "그런데 넌 무엇을 할 생각인데?" 그의 대답에 굿펠로는 "난 신경망 연구를 할 생각이야"라고 대답했다.

아이러니하게도 굿펠로가 몬트리올에서 신경망 공부를 계속하고 있을 때 그의 옛 스승이었던 앤드루 응이 캐나다에서 신경망 연구가 점차 활기를 띠고 있다는 사실에 주목하고는 스탠퍼드대학교 자신의 연구실에도 신경망 연구를 수용하기로 마음먹었다. 하지만 응은 자신의 대학은 물론이고 다른 대학 어디에서도 동지를 찾을 수 없었고, 신경망이 연구할 가치가 있는 분야라고 주변 사람을 설득하는 데 필요한 데이터 역시 가지고 있지 않았다.

그러던 차에 응이 보스턴의 한 학술회의에서 발표 도중 신경망은 미래에 다가올 파도라며 강조한 일이 있었다. 그때 응의 말을 끊으며 버클리대학교의 교수로 컴퓨터 비전 분야에서 사실상 최고 실력자 중 하나인 지텐드라 말릭이 마치 과거의 민스키처럼 벌떡 일어나서는 응이 아무런 근거도 내세우지 않은 채 자기만족에 빠져 말도 안 되는 주장을 하고 있다고 따졌다.

비슷한 시기에 힌턴은 NIPS에 신경망 관련 논문 하나를 제출했다(후에 NIPS에서 힌턴은 자신의 회사를 팔기 위한 경매를 열었다). 아무튼 1980년대 후반만 해도 NIPS는 인공적이든 생물학적이든 가리지 않고 모든 종류의 신경망을 연구하는 학자들이 모여 교류할 수 있는 장소로 여겨졌다. 그런데 이 학술회의의 조직위원회가 힌턴의 논문을 거절했다. 이미 또 다른 신경망 연구에 관한 논문이 제출됐는데, 같은 해에 신경망 분야에서 논문을 2건이나 받는 것이 부적절하다는 이유에서였다.

이미 '신경'이란 말은 신경정보처리시스템학회인 NIPS에서

조차 기피하는 단어였다. 학계 전반에 걸쳐 발표된 전체 연구 논문에서 신경망 관련 논문이 차지하는 비율은 5퍼센트도 안 됐다. 상황이 그러하니 일부 학자는 학술회의나 학술저널 등에 논문을 제출할 때 성공 확률을 높이려는 의도로 '신경망'이라는 단어를 '함수 근사function approximation'나 '비선형 회귀nonlinear regression' 등으로 교체하기도 했다. 얀 르쾽은 자신의 가장 중요한 발명품의 명칭에서 '신경'이란 단어를 아예 빼버렸다. 그러다 보니 '합성곱 신경망'이 '합성곱망'이 돼버렸다.

그렇게까지 했음에도 여전히 인공지능 학계가 르쾽이 중요한 것으로 확신한 논문들을 외면하자 르쾽은 자신의 견해가 옳다고 장담하며 때로는 전투적인 태도마저 숨기지 않았다. 사람들은 그러한 모습을 거침없는 자신감으로 생각하기도 했고, 반대로 연구가 학계로부터 인정받지 못하는 것으로 인한 불안감이 표출된 것으로 보기도 했다.

어느 해 르쾽의 제자로 박사 과정 중이던 클레망 파라베Clément Farabet가 영상을 분석해 서로 다른 물체를 구별할 수 있는 신경망을 개발했다.[8] 건물과 나무, 사람과 자동차 등을 구별하는 식으로 말이다. 파라베가 개발한 신경망은 기존 방식보다 오류가 훨씬 적으면서도 더 빠른 속도로 작업을 수행할 수 있어 로봇이나 자율주행차를 위한 컴퓨터 비전에 한발 더 가까이 다가간 쾌거였음에도 그에 관한 논문을 어느 권위 있는 컴퓨터 비전 학술회의 측에서 단박에 거절해버렸다. 르쾽은 즉시 그 회의의 의장에게 말도 안 되는 결정이라며 항의하는 편지를 보냈는데, 그러다 보니 논문 평가자들에 대해 모욕적 언사를 쓸 수밖에 없었다. 편지를 받은 의장은 그 편지를 누구나 볼 수 있게 인터넷상에 공개했다. 의장이 편지를 보낸 사람이 르쿵이라는 사실은 밝히지 않았지만, 그것이 르쿵이 쓴 것임을 모르는 사람은 없었다.

유럽에 보존된 연결주의 연구의 맥

제대로 된 신경망 연구를 할 수 있는 곳은 유럽과 일본에 있었다. 위르겐 슈미트후버Jürgen Schmidhuber가 지휘하는 스위스의 한 연구소가 대표적이었다. 어린 시절 슈미트후버는 남동생에게 구리선으로 인간의 뇌를 만들 수 있다고 말했다.[9] 그리고 15세 이후부터는 자신보다 더 똑똑한 기계를 만든 후 자신은 은퇴하는 것이 꿈이었다.[10]

대학생이던 1980년대에 신경망에 빠져들었으며, 대학원을 졸업했을 때쯤 자신의 꿈이 이탈리아 리큐어 산업의 거물 안젤로 달레 몰레Angelo Dalle Molle의 야심과 맞물려 있음을 깨달았다.[11] 1980년 말 아티초크를 재료로 만든 리큐어로 큰돈을 번 달레 몰레는 이탈리아의 국경과도 가까운 스위스의 루가노호수 변에 인공지능 연구소를 설립하고, 전통적으로 인간에게 주어졌던 모든 과업을 대신 처리할 수 있는 똑똑한 기계를 만들어 세상을 통째로 바꾸겠다는 일념에 사로잡혀 있었다. 그리고 달레 몰레 인공지능 연구소Dalle Molle Institute for Artificial Intelligence Research에 곧 위르겐 슈미트후버가 채용됐다.

188센티미터의 호리호리한 몸매에 사각턱을 가진 슈미트후버는 중절모나 드라이빙 캡, 네루 재킷을 즐겨 착용했다. 그래서인지 슈미트후버의 과거 제자 중 한 명은 초기 제임스 본드 영화에 나오는 악당으로 네루 재킷을 입은 에른스트 블로펠트Ernst Blofeld를 가리키며 "교수님은 하얀 고양이를 쓰다듬는 그 배우와 닮았어요"라고 말하기도 했다.

스위스에 있는 그 연구소 또한 제임스 본드 영화에 나오는 유럽의 어느 호숫가 옆 야자수로 둘러싸인 성을 연상시키는 모습이어서 슈미트후버의 옷차림이 그럭저럭 연구소와 잘 어울렸다. 달레 몰레 인공지능 연구소에서 슈미트후버는 한 제자와 함께 단기 메모리를 갖춘 신경망을 개발했다. 이 신경망은 최근에 분석한 데이터를 '기억'할 수 있었고, 그 기억을 이용해 단계가 진행될수록 향상된 분석 능력을 보여줬다. 두 사람은 이 신경망을 장단기 메모리LSTM, Long Short-Term Memory라고 불렀다.

LSTM은 크게 성공하지 못했지만, 슈미트후버는 자신이 개발한 것과 같은 신경망 기술이 앞으로 수년 안에 인공지능 탄생에 기여할 것이라고 믿었다. 그리고 어떤 신경망을 가리켜서는 단지 기억뿐 아니라 지각을 갖추고 있다고 설명했는데, 그래서 종종 "우리는 연구소에서 의식을 실행하고 있습니다"라고 말하곤 했다. 후에 한 제자는 애정을 담아 다음과 같이 말하기도 했다. "교수님이 그렇게 말씀하실 때는 어떤 의미에서 약간 미치광이 같기는 했어요."

힌턴은 LSTM이 "내가 보기에는 바보 같다looks silly to me"의 줄임말이라며 농담을 하곤 했다. 슈미트후버의 경우는 로젠블라트와 민스키, 매카시를 필두로 한 인공지능 연구자 중에서 특히 독특한 사례였다.

인공지능 분야가 생긴 이후로 이 분야의 선두주자들은 실제와 다르게 마치 이 기술이 금방이라도 손에 잡힐 곳에 있는 것처럼 약속을 남발했다. 때로는 정부 기관이나 벤처 투자가로부터 자금을 조달하려는 목적에서 그렇게 했고, 때로는 인공지능의 실현이 멀지 않다는 진정한 믿음에서 그렇게 했다. 이 같은 마음가짐이 연구를 앞으로 나아가게 했다. 기술이 그러한 과대 선전에 부응하지 못했더라면 수년 동안 제자리걸음을 하고 있었을 것이다.

인공지능 분야에서 연결주의를 주장하는 학자는 극히 드물었다. 이들 중 주목할 만한 인물은 주로 유럽, 즉 영국이나 프랑스, 독일에 있었다. 심지어 이들이 품고 있던 정치·종교·문화적 신념조차 미국의 주류 바깥에 머물러 있었다. 힌턴은 자신이 사회주의자임을 감추지 않았다. 벤지오는 군에 입대하기 싫어서 스스로 프랑스 시민권을 포기했다. 르쾽은 자신을 '전투적 무신론자'라고 칭했다. 비록 힌턴은 그런 단어를 입 밖으로 내지는 않았지만 그도 르쾽과 마찬가지였다.

힌턴은 종종 10대 시절 영국의 공립학교인 클리프턴칼리지

Clifton College의 예배당에 앉아 설교를 듣고 있던 순간을 떠올리곤 했다. 설교자는 단상에 서서 공산주의 국가에서는 이념적 모임에 강제로 참석해야 하고 임의로 자리를 뜨는 것은 허용되지 않는다는 말을 했다. 그때 힌턴은 속으로 생각했다. '그건 지금 내가 처한 상황과 완전히 똑같구먼.'

힌턴은 자신의 회사를 구글에 4,400만 달러에 판 뒤에도 자신의 개인적 신념인 무신론과 사회주의, 연결주의 따위를 수십 년은 더 유지하길 원했다. 특히 자신을 '캐비어 좌파(고급요리인 캐비어를 먹으면서 스스로 좌파임을 주장하는 사람-옮긴이)'라고 지칭하며 즐거워했다. 그리고 그게 사실이라는 걸 충분히 알면서도 일부러 "이게 맞는 표현인가?" 하고 묻곤 했다.

연결주의자들의 우상

1990년대는 르쾽에게 힘든 시기였는데, 힌턴에게는 더 힘든 시기였다. 토론토로 이주하고 얼마 지나지 않아 힌턴 부부는 남미 출신의 두 아이를 입양했다. 페루 태생의 남자아이 토머스와 과테말라에서 온 여자아이 엠마였다. 힌턴의 아내가 복부에 통증을 느끼면서 몸무게가 줄기 시작했을 때 두 아이 모두 여섯 살도 되지 않은 나이였다. 그러한 증상이 수 개월 지속됐는데도 힌턴의 아내는 동종요법을 고집하며 의사를 찾지 않았다. 마침내 고집을 꺾었을 때 난소암 진단을 받았다. 상황이 그 지경에 이르렀는데도 그의 아내는 화학요법이 아닌 동종요법으로 항암 치료를 하겠다며 고집을 부렸고, 결국 6개월 뒤 세상을 떠났다.

힌턴은 연구자로서 자신의 인생이 끝났다고 생각했다. 아이들을 돌봐야 했다. 특히 특수 교육이 필요한 토머스에게는 관심을 더 많이 쏟아야 했다. "생각에 잠겨 시간을 보내는 경우가 많았어요"라고 힌턴은 말했다.

20년이 지나 르쾽과 나란히 튜링상을 수상하면서 힌턴은 두 번째 아내 재키 포드Jackie Ford에게 자신이 학자로서의 경력을 이어나갈 수 있도록 도와준 것에 대한 감사의 인사를 전했다. 영국인 미술사가였던 포드는 1990년대 말에 힌턴과 결혼해 아이들의 양육을 도왔다. 두 사람은 원래 수년 전 영국 서식스대학교에서 만나 1년간 데이트를 하다가 힌턴이 샌디에이고로 옮겨가는 바람에 헤어졌다. 힌턴은 포드와 재회 후 영국으로 이주해 유니버시티칼리지 런던UCL, University College London에 자리를 잡았다가 곧 캐나다로 돌아갔다. 아이들을 양육하기에 토론토의 환경이 더 낫다고 느꼈기 때문이었다.

2000년 초 힌턴은 토론토대학교의 컴퓨터과학 건물의 구석에 있는 자신의 연구실에서 캠퍼스의 중심부를 가로지르는 자갈길을 내다보고 있었다. 영하의 바깥 날씨에 커다란 창문을 통해 연구실 안의 온기가 자꾸 빠져나갔다. 힌턴의 연구실은 여전히 신경망을 고집하는 소규모 학자들을 연결하는 중심이 됐다. 힌턴이 인공지능 분야에 긴 시간 매진해왔기도 하고, 힌턴이 가진 독창성과 열정, 독특한 풍자적 유머 감각이 언제나 사람들을 매료하기에 충분했기 때문이었다. 힌턴은 '제프리'로 불러주는 것이 좋은지 아니면 '제프'가 좋은지 묻는 이메일을 받을 때면 다음처럼 재치 있으면서도 사랑스러운 답장을 보냈다.

> 전 제프리가 좋습니다.
>
> 고맙습니다.
>
> – 제프

한번은 아포 휘바리넨Apo Hyvärinen이라는 학자가 학술 논문을 발표하면서 힌턴의 유머 감각과 수학에 대한 신념을 잘 정리한 감사의 말을 첨부했다.

> 이 논문의 기초가 된 아이디어는 제프리 힌턴과의 토론을 거쳐 얻은 것이다. 그러나 힌턴은 방정식이 너무 많이 포함되어 있다는 이유로 이 논문의 공동저자가 되는 것은 거부했다.[12]

힌턴은 식사하는 것을 잊어버려서 얼마나 몸무게가 줄었느냐를 기준 삼아 아이디어의 가치를 평가했다. 힌턴의 어느 제자의 말에 따르면, 힌턴이 가족에게 받고 싶은 가장 큰 크리스마스 선물은 자신이 연구실로 돌아가서 좀 더 연구를 할 수 있도록 가족의 허락을 얻는 것이었다.

힌턴의 동료들이 종종 언급하기도 했는데, 힌턴에게는 평생

못 고치는 버릇이 하나 있었다. 갑자기 방으로 뛰어 들어와서 마침내 뇌의 작동 원리를 알아냈다며 새로 만든 가설을 설명하고는 왔던 대로 똑같이 재빨리 방을 나가곤 했다. 그런데 거기서 끝나지 않았다. 힌턴은 며칠 후면 되돌아와서 뇌에 관한 자신의 가설이 완전히 틀렸지만 다시 새로운 가설을 세웠다고 말했다.

장차 세계가 주목하는 연결주의 연구자이자 애플의 유능한 사원이 될 운명이었던 루스 살라쿠디노프Russ Salakhutdinov는 2004년에 토론토대학교에서 우연히 힌턴을 만났다. 그런데 당시 살라쿠디노프는 이미 인공지능 분야에서 발을 뺀 상태였다. 그때 살라쿠디노프는 힌턴에게 과거에 가능했던 것보다 훨씬 많은 데이터를 입력하면서 방대한 신경망을 한 번에 한 층씩 훈련하는 방식의 새로운 프로젝트에 관해 들었다. 힌턴은 이 신경망을 '심층 신뢰 신경망deep belief networks'이라고 칭하면서 살라쿠디노프를 끌어들이려고 애썼다. 다른 무엇보다도 바로 그 명칭이 살라쿠디노프의 마음을 끌었다.

나브딥 제이틀리Navdeep Jaitly라는 학생은 다른 교수를 만나러 갔다가 힌턴의 연구실 바깥에 수많은 학생이 줄지어 서 있는 것을 보고 힌턴의 연구실에 들어가기로 마음먹었다. 또 다른 학생 조지 달George Dahl은 머신러닝 분야 전반에 걸쳐 어떠한 공통된 점이 있음을 깨달았다. 달이 중요한 연구 논문이나 연구자를 조사할 때마다 힌턴의 이름이 따라 나온 것이다. 달은 "제프가 성공할 사람을 선택하는 것인지, 아니면 어떻게든 그들이 성공하도록 만드는 것인지 확실히는 모르겠어요. 하지만 제 경험상 후자인 것 같아요"라고 말했다.

영문학 교수의 아들인 달은 대학원 진학을 수도사가 되는 것에 비유할 정도로 진지하고 학구적인 이상주의자였다. 달은 "누구나 피할 수 없는 운명을 찾고 싶어 하잖아요. 믿음을 잃어서 어두운 시기를 헤쳐 나갈 수 있도록 이끌어주는 일종의 소명 같은 것 말이에요"라고 말하면서 자신에게는 제프리 힌턴이 바로 그 소명 같은 사람이라고 이야기했다.

그렇게 생각하는 사람은 달 혼자만이 아니었다. 달이 언젠가 앨버타대학교의 어느 머신러닝 연구팀을 찾아간 적이 있었는데, 그곳에 있던 블라드 므니Vlad Mnih라는 한 학생이 달이 토론토로 가지 말고 꼭 자신의 팀에 들어왔으면 좋겠다며 열심히 설득했다. 그런데 달은 그해 가을 토론토대학교를 선택했고, 대학 측이 비품 보관실을 개조해 자신의 책상을 들여 놓아준 방에 가보니 므니 역시 그곳에 있었다. 므니가 여름 방학 때 힌턴의 연구실로 옮겨온 것이었다.

"힌턴을 따르라!"

2004년, 신경망에 대한 학계의 관심이 시들해질 무렵 힌턴은 얼마 되지 않는 동료 연결주의자들과 꾸준히 교류하면서 연구에 가속도가 붙길 바라며 신경망 연구에 더욱 몰두했다. "제프팀의 좌우명은 언제나 똑같았어요. '오래된 것이 새로운 것이다.' 좋은 아이디어라고 확신한다면 20년은 도전해봐야지요. 될 때까지 시도해보는 겁니다. 첫 번째 시도에 성공하지 못했다고 해서 좋은 아이디어가 아닌 것은 아니니까요"라고 달은 말했다.

힌턴은 캐나다고등연구소Canadian Institute for Advanced Research로부터 1년에 40만 달러도 안 되는 지원금을 받아 '신경 계산 및 적응성 인지neural computation and adaptive perception'에 초점을 둔 새로운 단체를 만들었는데, 이 단체에서는 컴퓨터과학자, 전기공학자, 신경과학자, 심리학자 등 여전히 연결주의를 버리지 않고 있는 연구자들을 위한 학술모임을 연 2회 개최했다. 르쾽과 벤지오도 이러한 노력에 동참했으며, 바이두에 소속되기 전이었던 중국인 연구자 카이 유 또한 마찬가지였다.

후에 힌턴은 이 집단적 노력을 밥 우드워드Bob Woodward와 칼 번스타인Carl Bernstein이 워터게이트 사건을 뒤쫓으며 협력한 것에 비유했다. 새로운 신경망 학술모임으로 인해 연결주의자들이 아이디어를 공유할 수 있었으며, 토론토에서 이 오래된 신경망 기술에 새로운 이름을 붙이자는 아이디어가 나왔다.

힌턴은 자신의 60세 생일에 밴쿠버에서 개최된 NIPS에서 발표하면서 '딥러닝'이란 단어를 처음으로 주제로 내세웠다. 교묘한 명칭 변경일 뿐이었다. 힌턴의 발표는 다층신경망에 관한 것이었고, 새로운 내용이 있는 것은 아니었다. 딥러닝은 다시 한번 관심을 빼앗긴 인공지능 연구를 활성화하기 위해 기억을 불러일으키도록 고안된 용어였다. 힌턴이 발표 도중 나머지 것들은 모두 '얕은 학습'을 하고 있다고 말하자 청중이 한바탕 웃음을 터뜨렸고, 바로 그 순간 힌턴은 이름을 아주 잘 지었다고 생각했다.

장기적으로 봤을 때 이 작명은 훌륭한 선택이었다. 이 일로 즉시 학계의 비주류를 형성하고 있던 소규모 연구자들에 대한 평판이 높아졌다. 어느 해 NIPS에서 누군가가 한 사람씩 딥러닝을 받아들이는 모습을 사이언톨로지Scientology나 인민사원Peoples Temple과 같은 신흥 종교 집단에서 벌어지는 현상에 비유해 패러디 영상을 제작하기도 했다. 내용은 이런 식이었다.

"전 록 가수였어요. 그러다가 딥러닝을 알게 됐죠." 한 개종자가 말했다.

"우리의 지도자는 힌턴입니다. 힌턴을 따르라!" 또 다른 개종자가 외쳤다.

모두 사실이었기 때문에 재미있었다. 딥러닝은 수십 년이나 묵은, 그러면서도 그 가치를 충분히 입증하지 못한 기술이었다. 그래도 여전히 그것을 신봉하는 사람들이 있었다.

인공지능 운동이 개시된 1956년의 여름 학회 이후 50년이 지나서 마빈 민스키를 비롯해 과거 학회에 참여한 학자들이 기념일을 축하하려고 다트머스를 다시 찾았다. 이번에는 민스키가 단상에 올랐고, 관객석에서 다른 연구자가 일어났다. 힌턴과 함께 볼츠만 머신을 개발했던 테리 세즈노스키였다. 그는 동부의 볼티모어를 떠나 서부 샌디에이고로 갔다가 당시에는 솔크 연구소에 몸담고 있었다. 세즈노스키는 민스키가 쓴《퍼셉트론》의 여파로 신경망의 발전이 중단됐기 때문에 민스키를 악마처럼 여기는 인공지능 연구자들이 있다고 말했다.

"당신은 악마입니까?" 세즈노스키가 질문했다. 민스키는 그 질문은 일축하고, 신경망의 한계를 설명하며 약속한 성과를 보여주지 못했다고 지적했다. 세즈노스키는 다시 물었다. "당신은 악마입니까?"

마침내 화가 잔뜩 난 민스키가 대답했다. "그래요, 전 악마입니다."

4

돌파구

실리콘밸리 속으로

"구글이 원하는 일 말고,
네가 구글에서 하고 싶은 일을 해."

신경망, 음성을 인식하다

2008년 12월 11일, 리 덩은 밴쿠버 바로 북쪽 브리티시컬럼비아주 휘슬러의 산기슭에 있는 한 호텔로 걸어 들어갔다. 산의 정상은 눈으로 덮여 있었고, 이곳에서 이제 곧 2010년 동계올림픽 스키 경기가 열릴 예정이었다. 리 덩은 이곳에 스키를 타러 온 것이 아니라 과학 행사 때문에 온 것이었다.

매년 연구자 수백 명이 NIPS에 참석하려고 밴쿠버를 찾았다. 그리고 NIPS '학회'가 끝나면 대부분이 보다 캐주얼한 분위기인 NIPS '워크숍'을 위해 근방에 있는 휘슬러로 갔다. 양일간의 워크숍에서는 인공지능의 가까운 미래를 주제로 학술 발표와 소크라테스식 토론, 자유로운 대화가 이뤄졌다.

중국에서 태어나 미국에서 교육을 받은 덩은 캐나다 워털루대학교University of Waterloo에서 교수직을 맡다가 시애틀 근교 마이크로소프트의 핵심 R&D 연구소로 자리를 옮겨 음성 인식 소프트웨어 개발에 주력해온 인물이다. 마이크로소프트 같은 회사들은 이미 10여 년 전부터 PC나 노트북에서 자동 받아쓰기를 할 수 있는 음성 인식 소프트웨어를 팔고 있었다. 그러나 그 기술은 썩 훌륭하지 않아서 데스크톱 컴퓨터에 장착된 목이 긴 마이크에 대고 말을 했을 때 옳게 입력된 것보다 틀리게 입력된 것이 더 많았다.

당시 대부분의 인공지능 연구와 마찬가지로 이 기술도 발전 속도가 매우 느렸다. 마이크로소프트에서 덩은 동료들과 3년 동안 최신 음성 인식 시스템 개발에 매달렸고, 그 결과 최종 버전에서 정확성을 대략 5퍼센트 더 끌어올릴 수 있었다. 그런데 휘슬러에 있던 어느 날 저녁, 덩은 우연히 제프리 힌턴을 만났다.

덩은 캐나다에 있을 때부터 힌턴을 익히 알고 있었다. 1990년대 초반 연결주의에 짧은 부흥기가 찾아왔을 때 덩의 한 제자가 음성 인식 수단으로 신경망을 연구하며 학위 논문을 작성했는데, 그때 토론토대학교의 교수였던 힌턴이 논문심사위원회에 참석했다.[1] 그 이후 학계와 업계 모두에서 연결주의을 향한 관심이 식는 바람에 두 사람은 수년 동안 거의 보지 못했다. 비록 힌턴이 신경망 연구를 고집스럽게 붙잡고 있기는 했어도 음성 인식 분야는 주된 관심사가 아니었으므로 덩과 만나는 접점이 없었기 때문이다.

그랬던 두 사람이 힐턴 휘슬러 리조트 앤 스파에서 같은 방으로 걸어 들어갔다. 방 안에는 최신의 연구 현황에 대해서 누군가와 대화를 나누고 싶어 하는 몇몇 연구자가 기다리고 있었다. 덩과 힌턴은 곧 대화에 빠져들었다. 쉽게 흥분하고 수다스럽기까지 한 덩은 방 안에 있는 거의 모든 사람과 이런저런 이야기를 나눴다. 그런데 힌턴이 하고 싶은 대화 주제는 정해져 있었다.

"새로운 소식이 있나요?" 덩이 물었다. "딥러닝이요. 신경망이 음성 인식 훈련을 하기 시작했어요." 힌턴이 대답했다. 덩은 선뜻 믿지 못했다. 힌턴은 음성 인식을 연구하는 사람도 아니었고, 신경망은 아직 어떤 부분에서도 제대로 된 성과를 보여준 적이 없었기 때문이다. 덩은 마이크로소프트에서 자신만의 독특한 새 음성 인식 방식을 개발하고 있어서 잘 알려지지도 않은 알고리즘에 더는 낭비할 시간이 없었다.

그러나 힌턴은 집요했다. 자신의 연구가 그다지 주목받지 못하고 있지만, 과거의 기술보다 훨씬 많은 양의 데이터를 학습해 현재 최고의 음성 인식 기능을 갖추고 있는 심층 신뢰 신경망에 관한 여러 논문을 지난 수년간 제자들과 함께 발표했다고 이야기했다. "당신이 꼭 한 번 봐야 해요"라며 덩을 계속 설득했다. 덩은 그러겠노라 말했고, 두 사람은 서로 이메일 주소를 교환했다. 그리고 수 개월이 지났다.

여름 들어 잠시 여유가 생긴 덩은 과거 힌턴이 말했던 신경망 음성 인식에 관한 논문을 읽기 시작했다. 이 신경망의 성능에 흥미를 느낀 덩은 휘슬러에서 힌턴의 아이디어를 주제로 학술모임을 열자고 제안하는 이메일을 힌턴에게 보냈다. 그렇지만 당시 음성 인식 관련 학계의 인정을 받지 못하고 있던 이 기술의 장기 전망에 대해서는 여전히 회의를 품고 있었다. 힌턴의 신경망이 간단한 테스트에서 좋은 결과를 보여준 것은 맞지만, 그것은 기존의 다른 알고리즘 방식 역시 마찬가지였다.

약속한 회합일이 가까워지자 힌턴은 또다시 자신의 기술에 관해 더 자세하게 기술한 연구 논문의 초안을 첨부한 이메일을 덩에게 보냈다.[2] 힌턴의 신경망이 약 3시간 분량의 음성 데이터를 분석한 결과 기존 최고 수준의 음성 인식 기술과 겨뤄도 좋을 만큼 성능이 향상됐다는 내용의 논문이었다.

그러나 덩은 여전히 불신에 싸여 있었다. 토론토의 연구자들은 지독하게도 이해하기 어려운 방식으로 그들의 기술을 설명해 놓았고, 일상의 음성 자료가 아닌 실험실에서 녹음된 음성 데이터베이스를 가지고 그들의 시스템을 테스트한 것이었다. 힌턴과 그의 제자들이 익숙하지 않은 연구 영역에 발을 들여놓고 있음은 누가 보아도 명백했다.

리 덩은 "논문만 봐서는 전혀 모르겠더군요. 그냥 그 사람들이 나와 같은 연구 결과를 얻었다는 것이 믿기지 않았어요"라고 회상했다. 덩은 테스트 결과 데이터를 보내달라고 요청했다. 힌턴 측이 다시 보내온 데이터에서 그들의 성과를 직접 확인하고 나서야 비로소 덩은 의심이 풀리기 시작했다.

그해 여름 리 덩은 마이크로소프트 연구소에서 함께 시간을 보내자고 힌턴을 워싱턴주 레드먼드로 초대했다. 힌턴은 동의했지만, 그곳까지 갈 수 있을지가 걱정됐다. 이 무렵 힌턴의 허리 상태가 과연 연구를 계속할 수 있을지 걱정될 정도로 나빠졌기 때문이다. 힌턴은 40년 전 어머니 대신 벽돌을 가득 채운 난로를 옮기다가 허리를 다쳐 디스크를 앓게 됐는데, 세월이 갈수록 증세가 더 심해졌다. 이즈음에는 상체를 굽히거나 앉는 것조차도 힘들었다. 힌턴은 "인생에서 나쁜 일이 생길 때면 늘 유전적 원인과 어리석음, 불운이 모두 합쳐진 결과였어요"라고 말했다.

유일한 해결책으로 힌턴이 생각해낸 방법은 아예 앉지 않는 것이었다("단, '생물학적 불가피성' 때문에 하루에 한두 번 정도 한 번에 몇 분씩은 빼고요"라고 힌턴은 말했다). 토론토의 연구실에 있을 때는 고통을 가라앉히려고 자신의 책상 혹은 늘 벽 한쪽에 붙여둔 간이침대 위에 일자로 누운 상태로 제자들과 만나고 있었다. 즉, 힌턴은 운전을 하거나 비행기를 탈 수 없는 사람이었다.

그래서 2009년 가을, 힌턴은 지하철을 이용해 토론토 시내의 버스 정류장으로 가서 일찍부터 줄을 섰다. 버펄로행 버스의 뒷자리에 누워서 가기 위해서였다. 그러고는 잠든 척할 생각이었다. 그래야 누군가 와서 자리를 좀 비켜달라고 하지 않을 테니까. "캐나다에서는 그 방법이 잘 통해요." 힌턴이 말했다.

미국에서 캐나다로 돌아올 때는 그 방법이 통하지 않았다. 힌턴이 들려준 이야기는 이랬다. "갈 때와 마찬가지로 뒷좌석에 길게 누워서 자는 척하고 있었는데, 어떤 남자가 다가오더니 저를 발로 차더라고요." 아무튼 버펄로에 도착해서 힌턴은 우선 마이크로소프트 연구소에서 일하기 위해 비자 문제를 처리했다. 그러고 나서 시애틀로 가기 위해 거의 3일이나 걸리는 기차에 올라탔다. 덩은 힌턴이 긴 여행담을 들려줬을 때까지는 힌턴의 허리 문제를 몰랐다. 이야기를 전해 듣고서 힌턴이 탄 기차가 도착하기에 앞서 힌턴과 나란히 함께 일하려는 생각으로 연구실에서서 일할 수 있는 책상을 미리 주문했다.

마이크로소프트를 뒤흔든 괴짜들

힌턴이 택시 뒷좌석에 누운 채 시애틀과 이스트사이드 및 마이크로소프트의 그리 크지 않은 사무용 건물들이 위치한 작은 교외 지역인 레드먼드를 연결하는 워싱턴호를 가로질러 떠 있는 다리를 건너서 덩이 있는 곳에 도착한 때는 11월 중순의 어느 날이었다. 덩은 화강암과 유리로 지어진 마이크로소프트 빌딩 99의 3층에 있는 사무실에서 힌턴을 맞이했는데, 그곳이 R&D 연구소의 핵심부였다. 언어학자 크리스 브로켓이 공황 발작을 일으켰던 바로 그 장소로 마이크로소프트의 나머지 부서와는 달리 시장이나 돈 따위에는 전혀 신경 쓰지 않고 오직 미래의 기술에 전념하는 학구적 성격의 연구소였다.

마이크로소프트가 전 세계 소프트웨어 시장을 지배한 1991년에 문을 연 이 연구소의 주요 목표 중 하나는 음성 인식 기술을 개발하는 것이었다. 이후 15년 넘게 회사는 특별히 높은 보수를 지불하면서 리 덩을 비롯한 학계의 최고 실력자들을 고용해왔다. 그러나 힌턴이 레드먼드에 도착했을 때는 이미 마이크로소프트가 세계 시장에서 차지하던 위상이 흔들리고 있었다.

힘의 균형이 이 소프트웨어 공룡 기업으로부터 테크 산업의 다른 기업들로 옮겨가고 있었다. 구글과 애플, 아마존, 페이스북이 등장해 인터넷 검색, 스마트폰, 온라인 쇼핑, 소셜 네트워크 등 새로운 시장과 자본을 장악했다. 마이크로소프트가 대부분의 데스크톱 및 노트북에서 실행되는 윈도 운영체제를 발판 삼아 컴퓨터 소프트웨어 시장을 여전히 장악하고 있기는 했지만, 세계 초일류 기업 중 하나로 성장한 뒤 관료주의를 받아들이고부터는 사업 방향 전환이 지지부진해졌다.

거대한 아트리움과 작은 커피숍을 빙 둘러싸고 4개의 연구소, 회의실 및 사무실이 위치한 빌딩 99 안에서 힌턴과 덩은 신경망이 음성으로 된 단어를 인식하도록 훈련함으로써 토론토에서 진행한 연구에 기반한 시제품을 제작할 생각이었다. 이 일은 두 사람의 힘만으로 할 수 있는 프로젝트가 아니었다.

그런데 힌턴과 덩은 시작부터 난관에 부딪히고 말았다. 힌턴이 마이크로소프트의 컴퓨터 네트워크에 로그인하려면 암호가 필요했는데, 그 암호는 회사 내 전화를 통해서만 얻을 수 있었다. 그런데 회사 내 전화를 사용하려면 또 암호가 필요했다. 둘은 전화 사용에 필요한 암호를 얻으려고 회사 측에 수도 없이 이메일을 보냈지만 아무 소용이 없었고, 결국 덩은 힌턴을 데리고 4층에 있는 기술지원팀을 찾아갔다. 마이크로소프트는 방문자에게 단 하루만 사용할 수 있는 임시 네트워크 암호를 발급한다는 특별 규정을 두고 있었다. 한 기술지원팀 직원이 암호 하나를 알려줬다. 그런데 힌턴이 혹시 암호를 다음 날도 사용할 수 있도록 해줄 수 있는지 문의했더니 그 직원이 다음과 같이 말하며 암호를 도로 취소해버렸다. "하루 이상 회사에 머무시는 거라면 암호를 드릴 수 없어요."

일단 네트워크에 접속할 방법을 찾자 단 며칠 안에 두 사람은 프로젝트에 돌입했다. 한번은 힌턴이 자신의 데스크톱에 컴퓨터 코드를 타이핑하고 있었는데, 덩이 힌턴의 옆에서 타이핑하기 시작했다. 힌턴의 키보드로 말이다. 흥이 많은 덩다운 행동이었지만, 힌턴은 한 번도 그런 일을 겪은 적이 없었다. 힌턴은 "지금까지 서로 방해하는 사람들의 모습을 많이 봐왔지만, 남이 사용 중인 키보드로 타이핑하면서 성가시게 구는 사람은 처음이었죠"라며 그때의 기분을 토로했다.

아무튼 두 사람은 매트랩MATLAB이라는 프로그래밍 언어를 사용해 시제품을 제작했는데, 그것은 10페이지를 넘지 않는 컴퓨터 코드로 돼 있었고 대부분 힌턴이 작성한 것이었다. 힌턴이 수학자와 컴퓨터과학자로서의 자신의 능력을 늘 낮춰 말하곤 했기 때문에 덩은 능숙하게 코드를 작성하는 힌턴을 보고 깜짝 놀랐다. '아주 정확해. 한 줄 한 줄.' 덩은 속으로 생각했다.

그러나 덩이 감동한 것은 그러한 정확성 때문만이 아니었다. 두 사람이 드디어 마이크로소프트의 음성 언어 데이터를 시제품에 학습시켰더니 놀라운 결과를 보여준 것이었다. 당시 최고의 시스템 수준까지는 아니었지만 음성 인식 기술의 미래를 앞당길 수 있다고 확신하기에 충분했다. 상용 시스템들은 음성 인식을 위해 수작업 방식을 사용하고 있었고, 사실 제대로 작동한다고 말할 수는 없었다. 그러나 덩은 자신과 힌턴이 더 많은 데이터를 학습시키기만 하면 훨씬 강력해질 수 있는 시스템을 지금 만들어냈음을 알 수 있었다.

그들이 막 완성한 시제품에서 부족한 점은 이제 엄청난 양의 데이터를 분석하려면 정보처리능력이 뛰어나야 한다는 점뿐이었다. 토론토에서 힌턴이 사용하고 있던 것은 그래픽 처리 장치GPU, Graphics Processing Unit라고 불리는 매우 특수한 컴퓨터칩이었다. 엔비디아 같은 실리콘밸리의 칩 제조사가 본래 헤일로Halo나 그랜드 테프트 오토GTA, Grand Theft Auto 등의 유명 비디오 게임을 위한 빠른 그래픽 작업을 위해서 제작한 칩이었다. 그런데 어느 순간부터 딥러닝을 연구하는 이들이 GPU가 신경망을 뒷받침하는 수학적 계산에도 효과적임을 깨달은 것이었다.

힌턴과 덩이 음성 인식 기술의 시제품을 만들 예정인 마이크로소프트 연구소 소속의 개발자가 3인이 2005년에 그러한 아이디어를 적용해보았고,[3] 거의 같은 시기에 스탠퍼드대학교의 한 팀에서도 같은 기술적 응용을 시도했다.[4] 그래픽 칩은 신경망이 더 짧은 시간에 더 많은 데이터를 학습할 수 있게 만들었다.

1990년대 초반 벨 연구소에서 얀 르쿵이 하던 연구도 바로 그것이었다. 차이점은 GPU는 이제 바로 구할 수 있는 기성품이라는 사실이었다. 따라서 연구자들이 딥러닝의 발전을 가속화하려고 일부러 새 칩을 개발할 필요는 없었다. 그랜드 테프트 오토 같은 게임과 엑스박스Xbox 같은 게임 콘솔 덕택에 원하면 아무 때나 손쉽게 칩을 얻을 수 있게 됐으니 말이다. 토론토에서 힌턴과 그의 두 제자, 압델라만 무함마드Abdel-rahman Mohamed와 조지 달이 이 특수 용도의 칩을 사용해 그들의 음성 인식 시스템을 훈련했고, 그로 인해 그들의 시스템이 최신 기술을 다시 뛰어넘은 것이다.

힌턴이 마이크로소프트에서의 짧은 여정을 끝내자 덩은 힌턴의 두 제자 역시 빌딩 99를 방문해줄 것을 제안했다. 그러면서 앞으로 몇 달간 프로젝트의 진행에 차질이 없도록 무함마드와 달이 각자 따로따로 와줬으면 좋겠다고 말했다. 힌턴과 제자들은 연구를 계속하자는 덩의 제안을 받아들이면서 그들의 프로젝트가 성공하려면 1만 달러 이상의 GPU 카드를 비롯해 뛰어난 성능의 하드웨어가 반드시 있어야 한다고 설명했다. 처음에 덩은 비용 이야기에 주춤했다. 나중에 애플 아이폰의 디지털 비서 시리Siri의 총책임자가 된, 덩의 상사 알렉스 에이스로Alex Acero는 GPU는 게임용이지 인공지능 연구를 위한 것이 아니므로 불

필요한 지출이라고 말했다. 에이스로는 "돈 낭비하지 맙시다"라며 덩에게 엔비디아의 비싼 장비 대신 근처 프라이즈 일렉트로닉스 매장에서 일반 카드를 사라고 지시했다. 그러나 힌턴은 그런 저렴한 하드웨어로는 실험의 의도를 살릴 수 없다며 덩에게 밀어붙이라고 촉구했다. 신경망이 마이크로소프트의 음성 언어 데이터를 수일 이상 분석해야 할 텐데, 일반 카드는 그런 장시간의 작업을 버텨낼 수 없을 것이라는 게 힌턴의 생각이었다.

하지만 힌턴이 더 강하게 주장한 점은 그들의 신경망에 막강한 처리 능력을 갖춘 하드웨어가 필요하다는 점이었다. 따라서 덩은 1만 달러나 하는 GPU 카드 외에도 그 카드가 실행될 특수한 서버 등 다른 것도 준비해야 했다. 그러려면 GPU 카드 비용만큼의 비용이 또 추가로 필요했다. "아마 1만 달러 정도 더 써야 할 겁니다. 우리는 3개를 주문할 생각이거든요. 이제야 우리가 더는 가난한 소프트웨어 장사꾼이 아닌 풍부한 지원을 받고 있는 캐나다 대학의 연구팀이란 생각이 드는군요." 덩이 힌턴으로부터 받은 이메일에 그렇게 적혀 있었다. 결국 덩은 힌턴이 요구한 하드웨어를 모두 구매했다.

그해 마이크로소프트는 레드먼드 연구소의 신임 소장으로 피터 리Peter Lee라는 사람을 채용했다. 관리 능력과 연구 능력을 모두 갖춘 리는 카네기멜론대학교에 20년 이상을 보내며 컴퓨터과학과 학과장까지 지낸 사람이었다. 마이크로소프트로 직장을 옮긴 피터 리는 연구소 예산을 검토하다가 덩의 음성 인식 프로젝트 비용이 기재된 서류를 발견했다. 그 계획서에는 힌턴과 무함마드, 달에게 지불한 비용은 물론이고 휘슬러에서 열린 학술 모임 비용, GPU 비용 등이 적혀 있었다. 순간 리는 소스라치게 놀랐다. 서류의 내용을 보아하니 하나같이 무모하고 멍청한 계획들이 아닌가.

리는 1980년대 카네기멜론대학교에서 처음 힌턴을 만났고, 그때도 신경망은 말도 안 되는 소리라고 여겼다. 지금도 '이 사람들이 미쳤어'라고 생각했다. 그러나 그 프로젝트는 리가 레드먼드에 오기 전에 시작됐기 때문에 돌이키기에는 이미 늦은 일이었다. 나중에 리는 이런 말을 했다. "가끔 '마이크로소프트가 1년 일찍 나를 고용했더라면 어땠을까?'라는 생각이 들어요. 그랬다면 아마 이런 일은 시작도 하지 못했을 겁니다."

그해 여름 조지 달이 연구소를 방문했을 때 그들은 드디어 돌파구를 찾아냈다. 키가 크고 이목구비가 큼직큼직하고 작은 안경을 쓴 달은 대학교 2학년 때 평생의 업으로 삼고 머신러닝 연구에 뛰어들었다. 그때 달은 머신러닝을 컴퓨터 프로그래밍을 대체할 수 있는 것으로, 우리가 어떤 문제의 해결 방법을 정확히 모르더라도 해결하도록 만드는 무언가로 보고 있었다. 단지 머신이 학습하게만 하면 되니까 말이다. 달이 신경망에 열중해 있기는 했지만 사실 음성 인식 연구자는 아니었다. "제가 음성 인식 연구를 시작한 이유는 하나밖에 없어요. 제프의 연구실 사람들이 모두 비전 연구만 하고 있었거든요"라고 달은 종종 언급하곤 했다. 달은 자신들이 연구하는 신경망 아이디어가 단지 이미지만을 학습할 수 있는 것이 아님을 증명하고 싶었다. 그리고 마침내 해냈다. "조지는 음성 인식에 대해서는 아는 것이 많지 않았죠. 하지만 GPU는 잘 알고 있었어요"라고 덩은 말했다.

마이크로소프트로 온 달은 1만 달러짜리 카드를 이용해서 회사의 빙 음성 검색 서비스가 수집한 음성 단어들을 신경망이 학습하도록 함으로써 힌턴의 음성 인식 시제품을 당시 마이크로소프트가 개발 중이던 그 어떤 제품보다 뛰어난 것으로 만들어냈다. 달과 무함마드와 힌턴은 신경망이 갖가지 잡음이 섞여 있는 말 속에서 중요한 것, 즉 여태껏 인간 개발자로서는 정확히 콕 집어낼 수 없었던 어떤 패턴이라든가 혹은 소리나 단어 사이의 미묘한 차이를 가려내는 데 필요한 징후를 포착할 수 있음을 증명한 것이었다.

이 일은 인공지능의 오랜 역사에서 변곡점이라고 할 만한 사건이었다. 한 교수와 두 대학원생이 세계 초일류 기업이 10년 이상 매달렸던 기술을 불과 몇 달 만에 앞질렀으니 말이다. "달은 천재예요. 놀라운 일을 연달아 해내니까요"라고 덩이 말했다.

IBM과 구글까지 접수한 힌턴 사단

그로부터 몇 개월 뒤, 토론토에 있는 제프리 힌턴은 창밖으로 킹스칼리지 로드의 자갈길이 내려다보이는 자신의 연구실 책상 앞에 서서 전혀 모르는 누군가가 보내온 이메일을 확인했다. 이메일을 보낸 사람은 윌 네벳Will Neveitt으로 힌턴에게 캘리포니아 북부에 있는 구글 본사로 제자 하나를 보내줄 수 있는지 묻는 내용이었다.

힌턴과 제자들의 음성 인식 연구가 테크업계에서 연쇄반응을 일으키고 있었다. 마이크로소프트에서 새로운 음성 인식 프로젝트의 씨를 뿌린 뒤, 그들은 모두가 알 수 있도록 그 결과를 발표했다. 이어서 또 다른 빅테크 기업 IBM 앞에서도 놀라운 성과를 보여줬다. 그리고 마이크로소프트에서 작업한 지 9개월이 지난 2010년 가을에 압델라만 무함마드가 IBM의 토머스 제이 왓슨 연구소Thomas J. Watson Research Center와 함께 일하기 시작했다. 뉴욕시의 북쪽 구릉지에 있는 이 웅장한 분위기의 연구소 역시 에로 사리넨의 작품으로 외벽이 거울 같은 유리창으로 돼 있다. 자, 다음은 구글 차례였다.

무함마드는 아직 IBM과 일하고 있었고, 조지 달은 다른 연구를 하느라고 바빴다. 그래서 힌턴은 음성 인식 연구에 거의 관여하지 않았던 한 학생을 선택할 수밖에 없었다. 그의 이름은 나브딥 제이틀리Navdeep Jaitly로 캐나다로 이민 온 인도인의 아들이었으며, 몇 년간 계산생물학자로 활동하다가 최근에 인공지능 연구에 입문한 학생이었다. 제이틀리는 짧게 깎은 머리에 특히 성격이 밝은 학생으로 힌턴의 연구실이 있는 복도 끝 비품 보관실을 개조한 방을 달과 같이 썼다. 그리고 지금은 기업의 인턴십 기회를 찾고 있었다.

원래 힌턴은 제이틀리를 위해 스마트폰 블랙베리 제조사인 RIM에 자리를 마련해주려고 했는데, 이 캐나다 업체가 자사는 음성 인식 기술에 관심이 없다며 거절 의사를 보내왔다. 몇 년 전까지만 해도 키보드가 내장된 장치로 휴대폰 시장을 지배한 RIM은 이미 터치스크린이 장착된 스마트폰으로 도약할 기회를 놓쳤는데, 이 거절로 또다시 새로운 도약의 기회가 스쳐 지나갔다.

힌턴이 구글의 인턴십 자리를 제안하자 제이틀리는 처음에는 거절했다. 곧 아이가 태어날 예정이었고, 이미 미국의 영주권을 신청한 적이 있어서 구글에서 일하려면 필요한 비자를 받을 수 없었기 때문이다. 그러나 며칠 후에 제이틀리는 마음을 고쳐먹고는 힌턴에게 이메일을 보냈던 구글의 윌 네벳에게 GPU를 장착한 기계를 준비해달라고 요청했다.

제이틀리가 구글에서 인턴십을 시작하려고 할 때쯤 네벳은 회사를 떠났다. 네벳의 후임인 프랑스 태생의 개발자 빈센트 밴후크Vincent Vanhoucke는 무엇에 쓰는지도 모르는 어마어마한 GPU 기계와, 기계의 용도는 알아도 비자가 없어 기계가 있는 사무실에서 일할 수 없는 캐나다인 인턴을 떠맡아야 했다. 그래서 밴후크는 구글의 몬트리올 지사에 전화를 걸어 빈자리를 하나 요청했다. 그 자리에서 제이틀리가 여름 내내 고독하게 인터넷으로 커다란 GPU 기계를 조종하며 일할 예정이었다. 하지만 먼저 GPU 기계를 작동하고 밴후크도 만날 겸 캘리포니아 북부에 잠시 다녀와야 했다. 밴후크는 "제이틀리 말고는 그 육중한 기계를 다룰 줄 아는 사람이 없어서 어쩔 수 없었죠"라고 말했다.

제이틀리가 가서 보니 기계는 밴후크와 음성 인식팀의 사무실 복도 끝 구석에 처박혀 있었다. "저기 프린터 뒤에서 웅웅거리는 녀석입니다"라고 밴후크가 말했다. 밴후크는 이 기계를 사무실 안이나 일하고 있는 사람 가까이에 두고 싶지 않았다. GPU 카드마다 과열 방지를 위해 쉴 새 없이 돌아가는 팬이 달려 있었는데, 그 소음 때문에 짜증이 난 누군가가 아무것도 모르고 기계를 꺼버리지나 않을까 걱정한 것이다. 그래서 팬이 돌아가는 소음을 프린터가 내는 소리라고 착각하게끔 일부러 프린터 뒤에 갖다 놓았다.

이런 유형의 기계는 마이크로소프트에서도 그랬지만 구글에서도 낯설었다. 이유는 마이크로소프트와 달랐지만 말이다. 구글은 온라인 서비스 제국으로 성장하는 과정에서 수십만 대의 컴퓨터를 모아놓은 데이터센터를 전 세계 곳곳에 설치했다. 구글의 개발자들은 회사의 PC 혹은 노트북을 통해 그 방대한 컴퓨터망에 액세스할 수 있었다. 구글 직원들은 그런 방식으로 새로운 소프트웨어를 개발하고 테스트했다. 그들에게 프린터 뒤 구석에 박혀 있는 기계 같은 것은 전혀 필요치 않았다.

밴후크는 "누구나 데이터센터에 접근해 자신의 소프트웨어를 실행할 수 있도록 한다는 게 회사의 방침이거든요. 컴퓨터라면 이미 충분한데 누가 따로 컴퓨터를 또 사겠어요?"라고 말했다.

하지만 문제는 구글의 데이터센터에 있는 어떤 기계에도 CPU는 장착돼 있지 않다는 것이었다. 제이틀리에게는 CPU가 장착된 기계가 꼭 필요했다.

제이틀리가 하려는 일은 무함마드와 달이 마이크로소프트와 IBM에서 한 일과 다르지 않았다. 회사의 기존 음성 인식 시스템을 신경망을 가지고 재구축하는 일이었다. 하지만 제이틀리는 거기에 머무르지 않고 그 이상의 성과를 내고 싶었다. 마이크로소프트 및 IBM의 시스템 개발자들은 여전히 다른 기술들에 의지하고 있었지만, 제이틀리의 목표는 신경망의 학습을 늘리는 것이었다. 궁극적으로는 음성 언어를 분석함으로써 '모든 것'을 학습하는 시스템을 구축할 생각이었다.

제이틀리가 토론토를 떠나기에 앞서 달은 그에게 "구글이 원하는 일 말고, 네가 구글에서 하고 싶은 일을 해"라며 대기업이 하는 말에 신경 쓰지 말라고 조언했다. 그래서 제이틀리는 캘리포니아에서 밴후크 등을 만났을 때 더 큰 신경망을 구축하자고 제안했다. 제안을 듣고 처음에 그들은 주저했다. 작은 신경망 하나를 훈련하는 데도 보통 며칠씩 걸리는데, 구글의 방대한 데이터를 사용해 훈련하려면 그 기간이 수주로 늘어날 수도 있었다. 제이틀리는 여름 동안만 구글과 일하기로 돼 있었다.

한 구글 직원이 2천 시간 분량의 음성 데이터를 신경망에 훈련할 수 있는지 제이틀리에게 물었고, 이번에는 제이틀리가 바로 대답하지 못했다. 토론토에서 무함마드와 달은 3시간 분량의 데이터를 가지고 훈련했다. 마이크로소프트에서는 12시간 정도 됐다. 구글은 구글 검색을 비롯해 유튜브 등 인기 온라인 서비스를 통해 글과 소리 및 동영상을 손쉽게 확보할 수 있기 때문에 어마어마한 양의 데이터를 보유할 수 있었던 것이다.

제이틀리는 끝까지 자신의 주장을 고수했고, 회의가 끝나자마자 힌턴에게 이메일을 보냈다. "누구 2천 시간이나 되는 데이터를 학습시켜본 사람 있어요?" "아니, 그렇지만 안 될 이유는 없다고 보는데." 힌턴이 답장을 보냈다.

몬트리올에 도착한 제이틀리는 인터넷을 통해 GPU 기계를 조종하며 일주일 가까이 자신의 첫 번째 신경망 훈련에 매달렸다. 그러고 나서 새 시스템을 테스트해보니 21퍼센트의 단어 인식 오류율을 보여줬다. 주목할 만한 성과였다. 전 세계 안드로이드 스마트폰에서 실행되는 구글 음성 인식 서비스의 오류율은 23퍼센트를 벗어나지 못했다.

다시 2주가 지났을 때 제이틀리는 오류율을 18퍼센트까지 낮추는 데 성공했다. 제이틀리가 테스트를 시작하기 전까지만 해도 밴후크와 그의 팀원들은 이번 프로젝트를 흥미로운 실험 정도로 생각했다. 그들은 제이틀리의 실험 결과가 구글이 이미 구축한 수준에 근접도 하지 못할 것으로 예상했다. "그저 제이틀리와 우리는 서로 연구 분야가 다르다고만 생각했어요. 결국 그 생각이 틀렸다는 것을 알게 됐죠"라고 밴후크가 말했다.

시스템이 매우 훌륭한 성능을 보이자, 제이틀리는 초 단위로 유튜브 영상을 검색해 특정한 음성 단어를 찾아낼 수 있도록 훈련했다. 시스템에 '서프라이즈surprise'라는 단어를 찾아달라고 요청하면, 영상에서 그 단어가 들어간 부분을 정확하게 찾아낼 수 있었다. 구글도 이미 똑같은 기능을 수행하는 서비스를 개발했지만, 그 서비스의 단어 인식 오류율은 53퍼센트나 됐다.

여름철 막바지에 제이틀리의 시스템은 오류율을 48퍼센트로 낮추었다. 그리고 이 모든 성과를 거의 제이틀리 혼자서 이뤄냈다. 제이틀리는 몬트리올에서 일하게 된 것이 오히려 운이 좋았다고 생각했다. 누구의 방해도 받지 않고 맘껏 일할 수 있었기 때문이다. 자신의 한계조차 잊고 매일 밤 11시 내지 자정까지 일했다. 집에 돌아가면 아내가 아기를 그에게 안겨주곤 했다. 아기는 배앓이를 하느라고 밤새 잠을 자지 않는 때도 많았다. 그래도 다음 날 회사 업무가 힘들다고 여겨지지 않았다. 제이틀리는 "중독됐던 것 같아요. 매일매일 결과가 좋아지고 있었으니까요"라고 말했다.

제이틀리가 가족과 함께 토론토로 돌아간 후에 밴후크는 전 팀원을 이 프로젝트에 동원했다. 구글은 마이크로소프트와 IBM 역시 같은 기술을 연구 중이라는 사실을 알고 있었고, 그들보다 먼저 기술을 완성할 생각이었다. 문제는 제이틀리의 시스템이 인터넷상의 실시간 쿼리query(데이터베이스에 특정 정보를 보여달라는 사용자의 요청-옮긴이)를 처리하느라 10배쯤은 느리다는 것이었다. 그래서는 누구도 이용하지 않을 것이 뻔했다.

팀원들이 시스템의 덩치를 줄이기 시작했을 무렵에 회사 내에서 전혀 다른 업무를 하고 있던 팀이 이 프로젝트에 합류했다. 제이틀리가 몬트리올에서 고군분투하고 있을 때 힌턴의 또 다른 제자를 비롯해 몇몇 개발자는 캘리포니아 본사에서 딥러닝에 전념하는 연구소를 구축하고 있었다. 밴후크팀과 나란히 협력하면서 6개월도 지나지 않아 이 새 연구팀은 신경망 기술을 안드로이드 스마트폰에 적용했다.

처음 구글은 음성 인식 서비스에서의 발전 성과를 세상에 밝히지 않았다. 그리고 새로운 서비스가 가동되고 얼마 지나지 않아 밴후크는 최신 안드로이드폰에 칩을 공급하고 있던 작은 회사로부터 한 통의 전화를 받았다. 그 칩은 사용자가 스마트폰에 명령어를 말할 때 배경소음을 없애는, 즉 음성 인식 시스템이 더 쉽게 명령을 알아들을 수 있도록 소리를 깨끗하게 만드는 용도로 들어가는 것이었다. 그런데 그 회사가 밴후크에게 자사의 칩이 작동하지 않는 것 같다고 말하는 것이었다.

실제로 그 칩은 더는 음성 인식 서비스의 성능을 향상하지 않고 있었다. 밴후크가 그 회사의 전화를 받고 나서 원인을 알아내기까지는 그리 오랜 시간이 걸리지 않았다. 새 음성 인식 시스템의 성능이 너무 좋은 탓에 잡음 제거용 칩이 할 일이 없었던 거였다. 오히려 칩이 소리를 깨끗하게 하지 않았을 때 효과가 더 좋았다. 구글의 신경망이 잡음을 처리하는 법을 학습한 것이다.

5

증명
딥러닝 바이러스

"예전에 진공 상태에서 빛의 속도는 시속 약 56킬로미터였다.
그래서 제프 딘은 주말을 이용해 '물리학을 최적화'했다."

연결주의자로 전향한 젊은 기술자

구글 본사가 있는 거리에서 조금 떨어진 한 일식당에 앤드루 응이 래리 페이지Larry Page를 기다리며 앉아 있었다. 응의 예상대로 구글의 창업자이자 CEO인 래리 페이지는 약속 시각에 늦었다. 때는 2010년 말이었고, 최근 몇 년 사이에 구글은 규모는 작지만, 수익성이 엄청나게 좋은 온라인 검색 엔진과 이메일부터 온라인 동영상, 스마트폰까지 모든 것을 망라하는 기술제국으로 성장함으로써 인터넷 부문에서 최고 실력자로 우뚝 서 있었다.

근처에 있는 스탠퍼드대학교의 컴퓨터과학 교수인 응은 벽을 등지고 탁자 앞에 앉아 있었다. 식당 가운데에 앉아 있는 것보다 구석에 앉아 있는 편이 사람들이 페이지를 알아보고 말을 걸

확률이 낮을 것으로 여겼기 때문이다. 그가 기다리는 동안, 응의 스탠퍼드대학교 동료인 서배스천 스런Sebastian Thrun이 다가와 옆에 앉았다. 페이지는 최근에야 세상에 공개된 프로젝트에 스런을 끌어들였고, 그 뒤로 스런은 휴직을 결정했다. 그 프로젝트는 구글 자율주행차였다.[1] 지금 응은 스런을 중개자로 두고 페이지에게 새로운 아이디어를 소개하려는 참이었다.

34세의 응은 말투가 속삭이는 듯한 장신의 남성으로 자신의 아이디어를 설명하기 위해 노트북에 선그래프를 미리 작성해뒀다. 그러나 막상 페이지가 도착해서 자리에 앉자 구글의 CEO와 같이 오찬을 하는 도중에 가방에서 노트북을 끄집어내는 것은 무례한 행동 같았다. 그래서 대신 손을 사용해 아이디어를 설명했다. 선그래프가 우상향하는 모양을 그리면서.

신경망은 학습하는 대상이 이미지든 음성 또는 언어든 상관없이 데이터를 분석하면 할수록 그 정확도가 높아졌다. 그리고 구글은 구글 검색, 지메일, 유튜브 같은 서비스를 통해 수년 동안 축적된 사진, 동영상, 음성 명령, 텍스트 등의 데이터를 보유하고 있었다. 응은 스탠퍼드대학교에서 이미 딥러닝을 연구했다. 지금 그는 구글이 자신의 아이디어를 지원해주길 희망했다. 스런은 '문샷moonshot(달에 탐사선을 보내는 수준의 혁신적 생각-옮긴이)' 프로젝트를 추구하는 구글 X에서 자율주행차를 개발 중이었다. 두 사람은 딥러닝을 기반으로 또 다른 문샷을 계획했다.

런던에서 태어나 싱가포르에서 자란 응은 홍콩 출신 의사의 아들이었다. 그는 카네기멜론대학교, MIT, 캘리포니아 버클리대학교에서 컴퓨터과학, 경제학, 통계학을 전공했다. 이후 스탠퍼드대학교로 간 응이 처음 연구한 것은 자율비행 헬리콥터였다. 그리고 곧 전기전자기술자협회IEEE가 발행하는 잡지 〈IEEE 스펙트럼IEEE Spectrum〉에 컬러 사진이 포함된 약혼 기사를 발표하고 로봇공학 기술자와 결혼했다.[2]

한때 응은 많은 학생들 앞에서 신경망 기술로 세상을 이롭게 할 유일한 인물로 얀 르쿵을 꼽았지만 학계의 흐름이 바뀌는 걸 보고 그쪽으로 움직였다. 힌턴은 "응은 무슨 일이 벌어지는지 깨닫고 신경망 연구로 전향한 몇 안 되는 사람 중 하나였어요. 응의 박사 과정 지도교수는 그 친구를 배신자라고 생각했답니다"라고 말했다.

응은 힌턴이 '신경 계산'을 위해 캐나다 정부의 지원금을 받아 조직한 소규모 연구 단체에 자진해서 합류했다. 힌턴이 구글의 어느 한 팀에 자신의 기술을 선보이고 있을 때, 또 다른 팀에서 응이 움직이고 있던 것은 우연이 아니었다. 힌턴과 똑같은 관점에서 신경망 기술을 바라보고 있던 응 역시 그것의 향방을 꿰뚫고 있던 것이다. 그러나 응은 래리 페이지에게 자신의 아이디어를 피력함으로써 기술의 활로를 모색했다.

제프리 힌턴의 연구에서 영감을 얻었던 응은 실리콘밸리의 개발자 겸 기업가이자 독학으로 신경과학자가 된 제프 호킨스Jeff Hawkins가 2004년에 펴낸 《생각하는 뇌 생각하는 기계On

Intelligence》에서 지대한 영향을 받았다.[3] 제프 호킨스는 1990년대에 아이폰의 전신이라고 할 수 있는 팜파일럿PalmPilot을 발명한 인물이다. 그런데 제프 호킨스가 진정으로 하고 싶었던 일은 뇌 연구였다. 그는 책에서 신피질 전체가 하나의 생물학적 알고리즘에 의해 움직인다고 주장했다. 신피질은 뇌에서 시각, 청각, 언어 및 추리를 관장하는 부분을 말한다. 따라서 과학자들이 그 알고리즘을 재현할 수만 있다면 뇌를 재현할 수 있다고 믿었다.

응은 그 주장에 깊이 동감했다. 그리고 스탠퍼드대학교 대학원 강의 시간에 페럿의 뇌 실험에 대해 종종 언급했다. 페럿의 시신경을 뇌에서 시각을 관장하는 영역인 시각 피질에서 분리해 청각 피질에 부착해도 페럿은 여전히 볼 수 있다는 것이다. 그러면서 응은 시각 피질과 청각 피질이 똑같은 기초 알고리즘을 사용하고 있으며, 그 알고리즘이 기계에서 재현될 수 있다고 설명했다. 그런 관점에서 진행된 연구의 결과가 바로 딥러닝이라는 것이다.

"학생들이 제 연구실로 찾아와서 지능이 있는 기계를 만들고 싶다고 말하면 일부러 웃으면서 통계학 문제를 내곤 했어요. 하지만 이제는 제가 머지않아 지능이 재현될 수 있다고 믿고 있는 거죠"라고 응은 이야기했다.

래리 페이지와 일식당에서 점심 식사를 한 뒤 며칠 안에 응은 자신의 이러한 주장을 정리한 정식 기술 제안서를 구글 측에 보냈다. 그는 딥러닝이 이미지 인식, 기계 번역 및 자연어 이해를 가능하게 할 뿐 아니라 진정한 지능을 갖춘 기계를 만들어낼 수 있다고 페이지를 설득했다. 해를 넘기기 전에 응의 제안서는 받아들여졌다. 응의 제안은 마빈 민스키에게 경의를 표해 프로젝트 마빈Project Marvin이라고 명명됐다. 물론 순수한 의도였다.

구글의 천재 개발자들

구글의 본사는 샌프란시스코에서 남쪽으로 101번 고속도로를 따라 약 64킬로미터 떨어진 샌프란시스코만 남단의 캘리포니아주 마운틴 뷰에 있다. 구글은 고속도로 인근 언덕의 정상에 메인 캠퍼스를 조성해놓았다. 빨간색과 파란색, 노란색을 테마로 꾸민 건물들이 잔디로 무성한 안뜰을 둘러싸고 있으며, 안뜰에는 모래를 채운 배구장과 금속제의 공룡 동상이 있다.

2011년 초반에 구글에 들어간 앤드루 응은 그곳에서 일하지 않았다. 마운틴 뷰에 있는 다른 건물에 자리를 잡은 구글 X에서 일했는데, 캘리포니아 북부를 중심으로 흩어져 있는 구글의 건물 중에서도 주변부에 속했다.

응과 스런은 구글에 들어가자마자 구글 검색의 책임자를 만나기 위해 언덕 위에 있는 캠퍼스를 찾아갔다. 응의 아이디어를 연구하는 데 필요한 예산 및 기타 활동 자금을 얻기 위해 스런이 구글 내부의 주요 인사들과 면담 약속을 잡아놓은 것이다.

맨 처음 만난 사람은 아밋 싱할Amit Singhal이었는데, 10년 가까이 구글 검색 엔진을 책임지고 있는 인물이었다. 응은 래리 페이지에게 한 것처럼 싱할에게도 열심히 아이디어를 홍보했다. 다만 그에게 말할 때는 회사의 핵심 사업인 검색 엔진에 초점을 맞췄다. 구글 검색 엔진은 해를 거듭하면서 성공을 거둔 만큼 인터넷으로 통하는 세계의 주요 관문이 돼 있었다.

구글 검색 엔진의 답변 방식은 간단했다. 바로 키워드에 반응하는 것이었다. 5개의 단어로 이뤄진 질문을 검색한 후에 다시 단어들을 뒤섞어 검색해봐도 이전과 똑같은 결과가 표시될 확률이 높다는 뜻이다.

그러나 응은 딥러닝만의 고유한 방식으로 검색 엔진을 향상할 수 있다고 싱할을 설득했다. 신경망은 수백만 회에 달하는 구글 검색 결과를 분석해 사용자가 무엇을 클릭하고 또 무엇을 클릭하지 않았는지 그 패턴을 찾아냄으로써 사용자가 찾고자 하는 것에 훨씬 근접한 결과를 내보내는 학습을 할 수 있다는 것이었다. "그렇게 되면 사용자가 키워드를 입력하는 방식이 아닌 실제 질문을 할 수 있게 되는 겁니다"라고 응은 말했다.

싱할은 "사람들이 질문 형식으로 검색하진 않잖아요. 그냥 키워드를 입력하고 싶어 하지 않을까요?"라고 반문하며 흥미를 보이지 않았다. 그리고 "앞으로 질문 형식으로 검색하라고 하면 혼란스러워할 겁니다"라고 덧붙였다. 싱할은 설사 키워드에서 더 발전된 검색 방식에는 찬성한다고 해도 그렇게 대규모로 행동 학습을 수행하는 시스템 개발 아이디어에는 기본적으로 반대했다.

그는 신경망을 '블랙박스'처럼 생각했다. 즉, 신경망이 검색 결과를 내보일 때 정확히 어떤 이유로 그런 결과를 내놓았는지 알 길이 없다는 것이었다. 각각의 결과는 수일 혹은 심지어 수 주 동안 수십 개의 컴퓨터칩을 거쳐 처리된 계산을 토대로 나온 것이므로 인간의 머리로 신경망이 학습한 것을 전부 헤아리기는 불가능하다고 말이다. 게다가 신경망은 그 학습 결과를 변경해야 할 경우 새로운 데이터를 적용하느라고 또다시 시행착오의 과정을 거듭해야 할 수도 있으므로 절대 쉽지 않은 기술이라는 것이었다.

10년 동안 구글 검색 엔진을 총괄해온 싱할은 자신의 검색 엔진이 운용되는 방식에 대한 통제권을 잃고 싶지 않았다. 싱할과 동료 개발자들이 검색 엔진을 변경했을 때는 변경 방식을 정확히 알고 있었으며, 또 질문자에게 설명을 충실하게 할 수도 있었다. 하지만 신경망의 경우에는 그들이 그렇게 할 수 없을 터였다. 싱할은 분명하게 말했다. "더는 이야기하고 싶지 않군요."

응은 구글 이미지 검색 및 동영상 검색 서비스의 책임자와도 각각 미팅을 진행했지만, 역시 거절당했다. 사실 응이 협력자를 구하는 문제는 마이크로키친microkitchen에서 우연히 제프 딘과 마주치면서 해결됐다.[4] 마이크로키친이란 구글에서 사용되는 용어로 구글의 캠퍼스 곳곳에 존재하는 공용 공간을 말한다. 그곳에는 전자레인지 같은 간단한 주방 도구가 구비되어 있어 직원들이 간식이나 음료수를 마시면서 잠시 담소도 나눌 수 있었다.

그곳에서 응이 마주친 제프 딘은 구글의 전설적인 인물이었다.

하와이에서 열대 질환 연구가와 의료인류학자의 아들로 태어난 제프 딘은 부모님을 따라 세계 각지를 돌아다니며 성장했다. 딘은 중학교 시절 소말리아에서 난민 수용소의 운영을 돕기도 했다. 고등학교 3학년 때는 그의 아버지가 근무하는 질병통제예방센터CDC, Centers for Disease Control and Prevention가 위치한 조지아주 애틀란타에 있었다. 당시 딘이 CDC를 위해 연구자의 질병 데이터 수집을 돕기 위해 개발한 소프트웨어는 40년이 가까이 지난 지금도 여전히 개발도상국 전역에서 역학 조사에 주로 이용되고 있다.

대학원에서는 프로그램 코드를 컴퓨터가 이해할 수 있는 코드로 변환하는 '컴파일러compiler' 등 기초 수준의 컴퓨터과학을 공부했다. 대학원을 마치고 딘은 디지털이큅먼트코퍼레이션DEC, Digital Equipment Corporation에서 운영하는 실리콘밸리의 한 연구소에 들어가 실력을 인정받기도 했지만, 한때 컴퓨터업계의 실력자였던 회사의 영향력이 점차 시들해지자 DEC 연구원들은 이제 막 도약하기 시작한 구글로 이직했다.[5]

딘은 그중에서도 우수한 인재였다. 흔히 구글의 초기 성공은 래리 페이지가 개발한 검색 알고리즘인 페이지랭크PageRank 덕분이라고 알려져 있다. 참고로, 페이지랭크를 개발할 당시 래리 페이지와 공동창업자인 세르게이 브린Sergey Brin은 스탠퍼드대학교에서 대학원 과정을 밟고 있었다. 그러나 제프 딘 역시 구글의 급격한 성장에 페이지 못지않은, 아니 어쩌면 더 중요한 역할을 담당했다.

날씬하고 잘생긴 딘은 공손하면서도 숫기가 없고, 혀 짧은 소리를 내는 인물이었다. 그는 소수의 동료 개발자들과 함께 구글 검색 엔진을 뒷받침하는 소프트웨어들을 개발했다. 그 시스템들이 수천 개의 컴퓨터 서버 및 다수의 데이터센터에서 실행됨으로써 페이지랭크가 매 순간 수백만 명에게 즉각적인 서비스를 제공할 수 있게 된 것이다. 세바스천 스런은 "딘은 마치 1대처럼 작동하는 수백만 대의 컴퓨터에서 시스템을 구축하는 일에 전문가였어요. 컴퓨팅 역사상 그런 일을 해낸 사람은 딘뿐입니다"라고 말했다.

딘은 개발자들이 존경하는 몇 안 되는 실리콘밸리 출신의 명사 중 하나다. 케빈 스콧Kevin Scott은 "제가 젊은 개발자이던 시절, 존경하는 인물 이야기는 점심 식사 중에 나누는 대화에 흔히 등장하는 소재였어요. 동료들과 둘러앉아서 누가 더 대단한지 이야기를 나누곤 했죠"라고 말하며 그때를 회상했다.

스콧은 일찍이 구글의 직원이었으나 나중에는 마이크로소프트에서 최고기술책임자로 일했다. 이어서 그는 "딘에게는 매우 복잡하고 세세한 기술들을 흡수해 대단한 것을 만들어내는 신묘한 능력이 있어요"라고 말하기도 했다.

구글에는 초창기부터 매년 4월 1일 만우절 장난을 하는 전통이 있었는데, 어느 해엔가는 직원들의 네트워크에 '제프 딘에 관한 진실Jeff Dean Facts'이라는 제목을 단 홈페이지가 등장했다. 그 장난은 1980년대의 액션 영화 스타를 우스꽝스럽게 찬양하는 내용이 담긴 채 인터넷에 돌던 '척 노리스에 관한 진실Chuck Norris Facts'을 흉내 낸 것이었다. 그 홈페이지의 내용은 이랬다.

> 제프 딘은 1초도 안 돼 피보나치 수열의 203번째 숫자를 정확히 답하는 바람에 튜링 테스트에서 탈락했다.

> 제프 딘은 코드를 전송하기 전에 컴파일하고 실행해보는데, 이는 그저 컴파일러와 CPU에 버그가 있는지 확인해보기 위해서일 뿐이다.

> 제프 딘의 비밀번호는 원주율의 마지막 네 자리 숫자다.

> 예전에 진공 상태에서 빛의 속도는 시속 약 56킬로미터였다. 그래서 제프 딘은 주말을 이용해 '물리학을 최적화'했다(제프 딘의 특기가 시스템 최적화라는 점에 착안한 농담-옮긴이).

홈페이지를 본 구글 직원들이 이 장난에 고무돼 각자 또 다른 진실을 덧붙이기까지 했다. 홈페이지를 만든 사람은 켄턴 바르다Kenton Varda라는 젊은 개발자였다. 그가 자신의 정체가 드러나지 않도록 조심했음에도 딘은 구글 서버 로그파일에 저장된 몇 가지 디지털 힌트를 보고 바르다를 찾아내서 감사의 글을 남겼다. 이 이야기는 만우절 장난으로 시작돼 구글의 신화가 됐고, 회사 안팎에서 사람들 입에 오르내리곤 했다.

제프 딘이 프로젝트에 합류하면 최고 수준의 기술력은 물론이고 구글의 아낌없는 지원금까지 확보할 수 있다는 것을 응은 잘 알고 있었다. 제프 딘보다 뛰어난 실력을 갖춘 이는 찾기 힘들었으며, 딘이 가져다줄 지원금은 구글 내에서 응의 프로젝트가 결실을 얻는 데 큰 도움이 될 것이 분명했다.

그래서 딘이 특유의 속삭이는 목소리로 응에게 구글에서 무엇을 하고 있는지 물었을 때 신경망을 개발하고 있다고 대답했다. 마이크로키친에서 이루어진 두 사람의 만남은 또 하나의 역사적 순간이었다. 구글의 전설로 알려진 이 이야기에 따르면 그 우연한 순간이 구글 인공지능 연구소가 설립되는 계기가 됐다.

그러나 사실 딘은 그 만남이 있기 전에 이미 응에게 이메일을 보냈다. 그리고 응도 애초부터 제프 딘의 관심 여부에 따라 프로젝트의 성패가 달라질 것이라고 생각했다. 응은 어떻게 딘을 프로젝트에 끌어들일지 계속 고민 중이었다. 다만 응은 딘 역시 신경망과 인연이 있었다는 사실은 몰랐다.

응보다 거의 10년 연상인 딘은 1990년대 초 미네소타대학교 재학 시절 신경망을 연구했다. 그때는 연결주의 연구의 첫 부흥기였다. 졸업논문을 위해 딘은 64개의 프로세서가 장착된 '시저 caesar'라고 이름 붙였던 기계에 신경망을 훈련했다. 시저가 당시에는 매우 성능이 좋은 기계였지만 궁극적으로 신경망 기술을 성공시키기에는 역부족이었다. "64개의 프로세서에서 병렬로 연산 처리가 이뤄지도록 하면 흥미로운 결과를 얻을 수 있을지도 모른다고 생각했어요. 하지만 그건 좀 순진한 생각이었죠"라고 딘은 회상했다.

그에게는 60배 정도가 아닌 100만 배는 더 연산능력이 뛰어난 기계가 필요했다. 그래서 딘은 응이 신경망을 연구하고 있다고 말하자마자 그게 무슨 의미인지 즉각 알아챌 수 있던 것이다. 사실 구글에서는 신경과학자 그레그 코라도Greg Corrado를 포함한 개발자 2인이 이미 신경망 아이디어를 연구했다.

원래 직설적인 딘은 "구글에는 컴퓨터가 많잖아요. 함께 정말 거대한 신경망을 훈련해보면 어때요?"라고 응에게 제안했다. 그런 일은 딘의 전문 분야였다. 수백, 수천 대의 기계로부터 연산능력을 끌어모아 단 하나의 문제에 집중시키는 것 말이다. 그해 겨울, 결국 딘은 구글 X에 책상을 하나 더 마련하고 자신의 시간 중 20퍼센트 정도를 응의 프로젝트에 투자했다.

구글은 직원들이 일주일에 하루는 별도의 프로젝트에서 일하도록 했다. 마빈 프로젝트의 시작은 응과 딘, 코라도가 따로 관심을 두고 있던 또 하나의 실험에 불과했다.

그들은 2010년대 초반에 인간의 습성과 아주 유사한 시스템을 만들어냈다. 이 시스템은 유튜브 동영상 속에서 고양이를 찾아낼 수 있었다. 구글 데이터센터에 존재하는 1,600개가 넘는 컴퓨터칩의 성능에 힘입어 수백만 개의 동영상을 분석해 스스로 고양이를 인식하는 법을 학습한 것이었다.[6] 이 시스템은 당시의 최신 이미지 인식 소프트웨어만큼 정확하지는 않았지만 60년 역사의 신경망 연구가 한 단계 더 진보했다는 사실만은 분명했다.

다음 해 여름, 응과 딘, 코라도는 자신들의 연구 성과를 논문으로 발표했다.[7] 이 논문을 인공지능 전문가들은 '고양이 논문'이라고 일컫는다. 〈뉴욕 타임스〉에 실린 기사는 그들의 프로젝트를 "인간의 두뇌를 시뮬레이션한 것"이라고 표현했다.[8] 그 문구는 당시 그들의 시스템을 바라보는 연구자들의 시각을 잘 나타낸 것이었다.

딘과 코라도는 결국 응의 프로젝트에 헌신하기로 마음먹었다. 또한 프로젝트가 구글 X를 떠나 구글 브레인Google Brain이라는 인공지능 연구 조직으로 옮겨가게 됨에 따라 그들은 스탠퍼드대학교 및 토론토대학교로부터 연구원들을 추가로 고용했다.

그때까지만 해도 업계 사람들은 물론이고 구글 브레인 내 일부 연구원들조차 앞으로 어떤 일이 펼쳐질지 정확히 인식하지 못했다. 그들의 연구가 그처럼 중요한 순간에 도달했을 무렵, 앤드루 응은 떠나기로 마음먹었다.

구글 브레인의 실수

응에게는 그가 심혈을 기울여야 할 다른 프로젝트가 있었다. 응은 코세라Cousera라는 스타트업 창업을 준비 중이었다. 이 스타트업은 인터넷상에서 대학 교육을 제공하는 MOOCsMassive

Open Online Courses(대규모 개방형 온라인 강좌) 전문 회사였다. 기업가와 투자자 그리고 언론인은 모두 2012년에 설립한 이 회사가 세상을 완전히 바꾸리라고 확신했다.

같은 시기에 서배스천 스런 역시 유다시티Udacity라는 비슷한 종류의 스타트업을 설립했다. 그러나 스타트업 2곳 모두 곧 구글 브레인 안에서 펼쳐질 것과는 상대도 안 되는 것들이었다.

응의 탈퇴는 간접적으로 프로젝트를 촉진하는 계기가 됐다. 응이 떠나면서 자신을 대체할 사람으로 제프리 힌턴을 추천했기 때문이다. 수년 뒤에 프로젝트 관련자 모두가 힌턴의 개입을 당연한 수순으로 여기게 됐다. 힌턴이 응의 스승이기도 했지만, 애초에 그가 1년 전 나브딥 제이틀리를 구글로 보낸 순간 연구소의 첫 커다란 성공을 위한 씨앗을 뿌린 것이나 마찬가지였으니 말이다. 힌턴이 수십 년 동안 키워온 기술이 이제 실현되기 시작한 것이다.

그러나 2012년 봄, 구글의 연락을 받았을 때 힌턴은 토론토대학교를 떠날 생각이 전혀 없었다. 이미 64세가 된 종신 교수였으며, 수많은 대학원생과 박사 후 연구원을 지도하고 있었기 때문이다. 그래서 힌턴은 여름 동안만 새 연구소에 참여하는 것에 동의했다. 구글의 독특한 고용 방침 덕분에 힌턴은 여름방학 동안 제자 수십 명을 데리고 구글의 인턴으로 들어갔다.[9] 일주일간의 오리엔테이션이 진행되는 동안 힌턴은 마치 자신이 이방인처럼 느껴졌다.

구글의 컴퓨터 네트워크에 접속하는 수단인 LDAP Lightweight Directory Access Protocol(경량 디렉터리 액세스 프로토콜)를 모르는 사람은 힌턴밖에 없었다. "몇 분도 지나지 않아 그들은 강사 넷 중 한 사람을 골라 제 옆에 붙어 있게 했답니다"라고 힌턴은 그때를 회상했다.

그런데 오리엔테이션이 진행되는 동안 힌턴은 자기 말고도 어딘가 그 장소에 어울려 보이지 않는 사람들이 눈에 띄었다. 몇 명의 간부직 인물과 그들의 비서처럼 보이는 사람들이었는데, 하나같이 아주 즐거워 보였다. 어느 날 점심 식사 시간에 힌턴은 그들에게 다가가 오리엔테이션에 참가하게 된 연유를 물었다. 그들은 구글에 자신들의 회사가 인수됐다고 대답했다. 힌턴은 '회사를 구글에 파는 일이 활짝 웃을 만큼 좋은 일이구나' 하고 생각했다.

그해 여름, 구글 브레인은 래리 페이지 등 경영진이 근무하는 건물과 안뜰을 공유하는 맞은편 건물로 이사했다. 그리고 연구원 10여 명을 충원해 몸집을 키웠다. 힌턴은 새로 고용된 연구원 가운데 한 사람을 알고 있었다. 그는 마크오렐리오 랜자토 Marc'Aurelio Ranzato라는 인물로 과거 토론토대학교에서 박사 후 연구원으로 일하기도 했다. 랜자토는 제프 딘에게 감명받았다.

그는 딘을 영국의 고전 전쟁 영화 〈댐 버스터The Dam Busters〉에 등장하는 20세기 과학자 겸 발명가 반스 윌리스Barnes Wallis에 비유했다. 그 영화에는 월리스 박사가 한 정부 관료에게 웰링턴 폭격기를 요청하는 장면이 나온다. 박사는 물속에서 터지는 폭탄을 테스트할 방법을 찾는다. 하지만 그 폭탄이 성공하리라 예상하는 사람은 아무도 없다. 정부 관료도 "그 폭격기가 얼마나 귀한 것인 줄 아세요?"라며 전쟁 중임을 이유로 박사의 요청을 거절한다. 그러나 윌리스 박사가 자신이 웰링턴 폭격기를 만든 장본인임을 고백하자 정부 관료는 박사의 요청을 들어준다.[10]

그해 여름 힌턴이 인턴으로 일하던 기간에 한 프로젝트가 구글이 제공할 수 있는 컴퓨팅 파워의 한계로 더는 앞으로 나아가지 못하게 된 일이 있었다. 그래서 연구원들이 그 사실을 제프 딘에게 알렸고, 딘은 곧장 200만 달러 상당의 장비를 고위층에 요구한 것이다. 딘은 구글의 인프라를 구축한 사람이었고, 이는 곧 딘이 원할 때 원하는 것을 할 수 있다는 의미였다. 힌턴은 그 일을 두고 이렇게 말했다. "딘은 브레인팀이 잘 돌아갈 수 있도록 일종의 지붕이 돼줬어요. 그래서 우리는 아무것도 걱정할 필요가 없었죠. 필요한 게 있으면 제프에게 부탁했고, 그러면 제프가 반드시 구해다 줬으니까요."

다만 힌턴이 이상하게 여겼던 점은 그 정도로 영리하고 힘있는 사람이라면 자기중심적이기 마련인데 딘은 그렇지 않다는 점이었다. 딘은 언제나 기꺼이 협력하는 사람이었다. 힌턴은 딘이 뉴턴과 닮았다고 생각했다. 뉴턴이 재수 없는 인간이었다는 점만 빼고. 이어서 힌턴은 "뉴턴처럼 똑똑한 사람들은 대부분 욕을 먹기 마련이잖아요. 제프 딘은 성격도 아주 좋은 것 같더군요"라고 말하기도 했다.

하지만 아이러니하게도 구글 브레인의 접근법은 모두 틀렸다. 그들은 잘못된 유형의 컴퓨팅 시스템 및 신경망을 사용했다. 나브딥 제이틀리의 음성 인식 시스템은 CPU를 사용함으로써 성공적인 학습이 가능했다. 그러나 딘과 브레인팀은 구글의 전 세계 데이터센터 네트워크를 뒷받침하는 기계들로 시스템을 훈련했다. 그리고 그 기계들에는 GPU가 아닌 수천 개의 중앙 처리 장치, 즉 CPU가 장착돼 있었다.[11]

한때 서배스천 스런이 회사의 인프라를 담당하는 책임자에게 데이터센터 안에 GPU 기계를 설치해달라고 졸랐지만, 데이터센터의 운영이 복잡해지고 비용이 상승할 것이라는 이유로 거절당하고 말았다.

제프 딘의 팀이 한 대규모 인공지능 콘퍼런스에서 실험 방식을 공개했을 때, 당시 몬트리올대학교에 재학 중이던 이안 굿펠로가 청중석에서 일어나 왜 GPU를 사용하지 않았느냐고 질책한 적도 있었다. 물론 굿펠로는 이내 자신이 그렇게 분별없이, 그것도 공개적으로 제프 딘을 비난한 것을 후회했다. "전 그 사람이 누구인지 몰랐죠. 지금은 오히려 제프 딘을 숭배하는 편입니다"라고 굿펠로는 말했다.

디스트빌리프DistBelief라는 명칭의 그 시스템은 또한 잘못된 신경망을 실행했다. 일반적으로 개발자는 신경망 훈련에 사용될 이미지에 레이블링 작업을 해야 한다. 예를 들어, 각 동물의 이미지를 둘러싼 디지털 '경계 상자bounding box'를 그릴 때 고양이 이미지를 고양이라고 확인해주는 것이다. 그러나 구글의 고양이 논문은 레이블링이 되지 않은 비가공 이미지로부터 고양이 및 기타 객체 인식을 학습할 수 있는 시스템을 설명했다.

딘과 동료 개발자들이 이미지에 레이블링 작업을 하지 않고도 시스템을 훈련할 수 있음을 보여주기는 했지만, 신경망은 레이블링이 된 데이터를 받았을 때 훨씬 정확하고 효율적이라는 사실이 드러났다.

그해 가을, 구글에서의 짧은 인턴 생활을 마치고 토론토대학교로 돌아온 힌턴이 두 제자와 함께 구글의 실험이 잘못됐다는 것을 명확히 입증한 것이다. 세 사람은 레이블링이 된 이미지를 분석해서 객체 인식을 학습할 수 있는 시스템을 구축했는데, 이 시스템은 정확도에서 기존에 구축돼 있던 모든 기술을 훨씬 앞섰다. 그리고 인간이 올바른 방향을 알려줄 때 기계가 더 효율적으로 작동한다는 사실을 보여주기도 했다. 신경망은 고양이가 정확히 어디에 있는지 알려줬을 때 더 월등한 학습 능력을 보여줬다.

힌턴의 수제자들

2012년 봄, 제프리 힌턴은 캘리포니아 버클리대학교 교수 지텐드라 말릭에게 전화를 걸었다. 그는 딥러닝이 컴퓨터 비전의 미래라고 주장하는 앤드루 응을 공개적으로 비판한 인물이다. 음성 인식 분야에서 딥러닝이 뛰어난 성과를 거뒀음에도 말릭과 그의 동료들은 과연 딥러닝이 이미지 인식 기술을 완벽히 습득할 수 있을지 의문을 품고 있었다.

전화벨이 울리면 일단 '또 무언가를 팔려고 하는 판매원이겠지'라는 생각부터 하는 말릭은 힌턴의 전화를 받고 깜짝 놀랐다. 힌턴이 "듣자 하니 딥러닝이 마음에 들지 않는다면서요"라고 말을 꺼냈다. 말릭은 그렇다고 대답했다. 힌턴이 이유를 묻자 말릭은 딥러닝이 기존 컴퓨터 비전 관련 기술을 능가한다는 주장을 뒷받침할 만한 과학적 증거는 없다고 대답했다. 힌턴은 딥러닝이 수차례에 걸친 검증 실험에서 성공적으로 객체를 식별했음을 밝힌 최근의 논문들을 반례로 들었다.

말릭은 데이터 세트data set가 너무 구식이라고 반박했다. 그 부분을 신경 쓰는 사람은 아무도 없었다. 말릭은 "그런 것들로 교수님의 주장에 동감하지 않는 사람을 납득시킬 수는 없어요"라고 응수했다. 그래서 힌턴은 어떻게 하면 말릭이 의심을 거둘 것인지 물었다.

말릭은 딥러닝이 파스칼PASCAL이라는 유럽의 데이터 세트를 가지고도 실험에 성공해야 할 것이라고 대답했다. "파스칼은 너무 작은데. 제대로 하려면 훈련용 데이터가 많아야 해요. 이미지넷ImageNet은 어떤가요?"라고 힌턴이 물었다. 말릭이 좋다고 대답했다. 이미지넷은 버클리에서 남쪽으로 약 64킬로미터 떨어진 스탠퍼드대학교 연구소에서 매년 개최하는 국제 대회였다.[12] 그 연구소는 개, 꽃, 자동차 등 레이블링 작업을 거친 방대한 이미지 데이터베이스를 수집했다. 이미지넷은 누가 가장 많은 이미지를 인식할 수 있는 시스템을 개발하는지 겨루는 대회였다.

힌턴은 이미지넷에서 탁월한 성과를 보이면 딥러닝의 성능 논쟁에 종지부를 찍을 수 있으리라 생각했다. 하지만 힌턴이 말릭에게 알려주지 않은 사실이 있었다. 힌턴의 연구실에서는 이미 다가올 대회를 위해서 신경망 구축 작업에 착수했다. 그리고 제자인 일리야 수츠케버Ilya Sutskever와 알렉스 크리제브스키Alex Krizhevsky 덕분에 그 작업은 완성을 목전에 두고 있었다.

수츠케버와 크리제브스키는 인공지능 연구의 국제적 특성을 잘 보여주는 본보기다. 두 사람 모두 소련 태생으로 이스라엘을 거쳐 토론토로 왔다. 그러나 그것 말고는 공통점이 전혀 없는 사람들이었다.

야심이 많고 성격이 급한 데다 강압적이기까지 한 수츠케버는 9년 전에 힌턴의 연구실 문을 두드렸다. 당시 수츠케버는 생활비를 벌기 위해 패스트푸드점에서 감자를 튀기며 토론토대학교에 다니고 있었다. 문이 열리자마자 그는 동유럽 특유의 센 억양으로 힌턴의 딥러닝 연구실에 들어갈 수 있는지 물었다.

"나중에 따로 약속을 잡고 제대로 이야기를 나누도록 하지"라고 힌턴이 대답했다. "좋습니다. 그럼, 지금은 어떤가요?"라고 수츠케버는 다시 물었다. 그래서 힌턴은 수츠케버에게 들어오라고 말했다.

이야기를 몇 분 나눠보니 꽤 영리한 학생 같았다. 힌턴은 수학과 전공생인 수츠케버에게 역전파에 관한 논문을 주면서 읽고 다시 오라고 말했다. 25년 전 심층신경망의 잠재력을 마침내 세상에 알린 논문이었다. 며칠 뒤 수츠케버가 다시 힌턴을 찾아왔다.

"이해가 잘 안됩니다"라고 수츠케버가 말했다.

"그냥 간단한 미적분인데." 힌턴이 놀라고 실망한 기색으로 대꾸했다.

"아니요, 제가 이해가 안 되는 건 교수님께서 왜 도함수를 이용해 함수 최적화를 시도하지 않으셨을까 하는 거예요." 수츠케버가 다시 말했다.

'나는 그걸 생각해내는 데 5년이나 걸렸는데'라고 힌턴은 속으로 생각했다.

힌턴은 다시 21년 전에 썼던 논문을 건넸다. 일주일 뒤 다시 힌턴을 찾아온 수츠케버는 "이해가 잘 안되네요"라고 말했다.

"뭐가 말인가?" 힌턴이 물었다.

"교수님께서는 어떤 문제 해결을 위해 신경망을 훈련하시고, 다른 문제가 생기면 다시 새 신경망을 준비해 그 새로운 문제를 풀도록 훈련하셨잖아요. 그냥 모든 문제를 하나의 신경망에 훈련하시는 게 어떨까요?"라고 수츠케버가 대답했다.

힌턴은 경험 많은 개발자도 몇 년이 걸려서야 알아낸 해결책을 수츠케버가 척척 찾아내는 걸 보고 그를 연구실에 합류시켰다. 처음 연구에 참여했을 때 수츠케버의 지식은 연구실의 다른 학생들보다 꽤 뒤처져 있었다. 힌턴은 그가 연구실에 적응하는 데 아마 수년 정도는 걸릴 것으로 예상했다. 그러나 수츠케버는 단 몇 주 만에 동료들을 따라잡았다. 힌턴은 제자 중에서 자신보다 좋은 아이디어를 더 많이 가지고 있는 학생으로 수츠케버를 유일하게 인정하게 됐다. 그리고 까만 머리카락을 바짝 깎은 채 늘 찡그린 표정을 하고 다니는 수츠케버는 자신의 아이디어에 가히 광적이라고 할 만한 에너지를 불어넣었다.

그는 조지 달과 한 아파트에서 같이 살고 있었는데, 대단한 아이디어가 떠오를 때면 방 한가운데 물구나무를 서서 팔굽혀펴기를 하면서 "당연히 성공이지"라고 말하곤 했다. 2010년 스위스에서 위르겐 슈미트후버의 연구소가 발표한 논문을 읽은 수츠케버는 연구실 밖 복도에서 동료들과 이야기하다가 앞으로 신경망 기술이 컴퓨터 비전 분야를 지배할 것이며 남은 건 누가 먼저 그 일을 해내느냐는 것뿐이라고 장담하기도 했다.

신경망으로 이미지넷 대회에 도전할 수 있는 법을 생각해낸 힌턴과 아이디어맨 수츠케버에게 알렉스 크리제브스키는 꼭 필요한 인재였다. 과묵하고 내성적인 크리제브스키는 기발한 아이디어를 내는 사람은 아니었지만 신경망 구축 기술이 뛰어난 소프트웨어 개발자였다. 크리제브스키 같은 개발자 유형은 경험과 직감, 그리고 약간의 행운을 토대로 끝없는 시행착오를 거쳐 시스템을 구축하는 사람들이다.

그는 힌턴과 수츠케버 두 사람의 능력으로는 해낼 수 없는 컴퓨터 연산 작업에 수 시간 혹은 심지어 수일을 매달려 결국 결과를 도출해내곤 했다. 세 사람은 수십 개의 디지털 뉴런에 아주 세밀한 수학적 작업을 할당하고, 수천 장의 개 사진을 인공신경망에 입력했다. 그리고 신경망이 수 시간에 걸친 연산 작업을 수행한 후 개를 식별할 수 있게 되기를 희망했다. 실패하면 수치를 조정해 제대로 될 때까지 실험을 거듭했다.

크리제브스키는 이른바 '어둠의 기술'의 대가였다. 하지만 무엇보다도 그에게는 CPU들을 장착한 기계로부터 최대한의 성능을 끌어내는 특별한 능력이 있었다. 당시 CPU는 인공지능 연구자들에게 낯선 종류의 컴퓨터 하드웨어였다. 힌턴은 그를 이렇게 평가했다. "크리제브스키는 훌륭한 신경망 연구자입니다. 하지만 엄밀히 말하면 아주 놀라운 재능을 갖춘 소프트웨어 개발자예요."

크리제브스키는 수츠케버에게 듣기 전까지 이미지넷에 대해 전혀 몰랐다. 계획을 전해 들었을 때도 수츠케버만큼의 열정은 생기지 않았다. 수츠케버는 수 주일 동안 데이터를 다루기 쉽게 가공하는 작업에 매달렸다. 한편 힌턴은 크리제브스키에게 신경망의 성능을 1퍼센트 향상할 때마다 논문 제출 시한을 일주일 연장해주겠다고 말했다. 그 논문은 크리제브스키의 중요한 학교 과제로 이미 몇 주나 제출이 지연된 상태였다(크리제브스키는 "교수님 말씀은 농담이었어요"라고 말했지만 힌턴은 전혀 다르게 말했다. "크리제브스키는 농담이라고 생각했을지 몰라도 난 진심이었죠").

부모님과 함께 살고 있던 크리제브스키는 자신의 침실에 있는 컴퓨터에서 신경망을 훈련했다. 그는 몇 주째 GPU 카드 2개를 장착한 컴퓨터의 성능을 계속 끌어올리고 있었다. 이는 곧 신경망에 더 많은 데이터를 입력할 수 있음을 의미했다. 힌턴은 그 덕분에 토론토대학교가 전기료를 아낄 수 있었다며 흐뭇해했다.

이미지넷 대회를 제패한 알렉스넷

크리제브스키는 매주 자신의 침실에서 훈련 작업을 개시하고 매시간 컴퓨터 화면에서 진척 상황을 확인했다. 까만 컴퓨터 화면에 가득한 하얀 숫자들이 모두 상승값을 나타내고 있었다. 그리고 한 주가 끝나면 새로운 이미지 데이터로 시스템의 성능을 점검했다. 아직 완성 단계로 보기에 부족하면 GPU 코드를 수정하고 뉴런의 가중치를 조정하면서 다시 일주일간 훈련했다. 그렇게 한 주, 또 한 주를 반복했다.

힌턴의 역할은 자신의 연구실에 모인 제자들을 지도·감독하는 일이었다. 그들의 모임은 마치 퀘이커교도의 모임과 유사하게 진행됐다. 누군가 자신이 하고 있는 작업과 그 진척 상황을 발표하려고 마음먹을 때까지 나머지 사람들은 그저 앉아서 기다릴 뿐이었다. 크리제브스키는 좀처럼 먼저 나서서 말을 하는 사람이 아니었지만, 힌턴이 억지로라도 그를 앞으로 끌어내면 누구보다도 흥미진진하게 이야기를 쏟아내곤 했다.

당시 연구실의 일원이었던 알렉스 그레이브스는 그때의 일을 회상하며 다음과 같이 말했다. "교수님은 매주 크리제브스키가 조금이라도 더 많이 말하게 하려고 애쓰셨어요. 그렇게 하는 게 얼마나 중요한지 잘 알고 계셨죠." 가을이 되자 크리제브스키의 신경망은 기존 연구 수준을 뛰어넘었다. 당시 세계에서 두 번째로 뛰어난 시스템보다 2배 가까이 정확한 성능을 보여줬다. 그리고 그는 이미지넷에서 우승을 차지했다.[13]

크리제브스키와 수츠케버, 힌턴은 자신들의 시스템에 알렉스넷AlexNet이란 이름을 붙이고 논문 발표를 서둘렀다. 크리제브스키는 10월 말 이탈리아 피렌체에서 열린 컴퓨터 비전 학회에서 알렉스넷을 공개했다. 그는 연구자 100여 명 앞에서 특유의 부드럽고 조심스러운 어조로 자신의 프로젝트를 설명했다.

발표가 끝나자 회의장 안은 들썩이기 시작했다. 앞쪽에 앉아 있던 버클리대학교 교수 알렉세이 에프로스Alexei Efros가 자리에서 일어나 "이미지넷 대회 우승만으로 컴퓨터 비전에 관한 검증을 마쳤다고 할 수 없어요. 그 대회는 실제 세상과 달라요"라고 반박했다.

계속해서 그는 알렉스넷이 이미지넷에 있는 수백 장의 티셔츠 사진을 식별했다고 해도 그 사진 속의 티셔츠들은 모두 주름 하나 없는 상태로 정갈하게 탁자 위에 놓인 것들이지 실제 사람들이 입는 것과는 차이가 있다고 말했다. 그러면서 "당신의 시스템이 아마존의 쇼핑 목록에서 티셔츠를 찾아낼 수는 있겠지만, 실생활에 사용되는 티셔츠를 인식하는 데는 별 도움이 되지 않을 겁니다"라고도 주장했다.

에프로스의 버클리대학교 동료인 지텐드라 말릭은 감명받았다고 하면서도 자신은 신경망 기술이 다른 데이터 세트에 대해서도 같은 성능을 보여줄 때까지 판단을 보류하겠노라고 말했다. 말릭은 일전에 힌턴에게 신경망이 이미지넷에서 우승하면 딥러닝에 대한 자신의 생각을 바꾸겠다고 약속한 인물이다. 크리제브스키는 알렉스넷에 대해 옹호할 기회도 얻지 못했다.

그런데 얀 르쾽이 딥러닝의 옹호자 역할을 맡고 나섰다. 자리를 박차고 일어난 르쾽은 알렉스넷이 컴퓨터 비전의 역사에 확실한 전환점을 마련했다고 주장하며 "바로 지금 보고 있는 것이 그 증거입니다"라고 회의장이 쩌렁쩌렁 울릴 만큼 큰 목소리로 외쳤다.

르쾽이 옳았다. 신경망에 대한 회의론적 전망을 수년간 견뎌낸 후에야 르쾽은 명예를 회복할 수 있었다. 힌턴과 제자들은 이미지넷 우승 당시 르쾽이 1980년 말에 개발한 합성곱 신경망의 수정본을 사용했다. 르쾽의 연구실 제자 중에는 그 일로 실망하는 이도 있었다. 힌턴과 제자들이 알렉스넷 논문을 발표하자 르쾽의 연구실 제자들은 자신의 발등을 찍고 싶었다. 30년간의 노력이 마지막 장애물을 넘지 못해 물거품이 된 것이나 마찬가지였으니 말이다.

크리제브스키의 논문 발표가 있던 날 밤, 르쾽은 에프로스와 말릭과 더불어 그 논문를 두고 토론을 벌이다가 다음과 같은 말을 꺼냈다고 했다고 한다. "토론토대학교 학생들이 뉴욕대학교 학생들보다 동작이 빠르구먼."

이후 몇 년간 힌턴은 딥러닝 이론을 대륙 이동설에 비유하곤 했다. 대륙 이동설은 1912년에 알프레트 베게너Alfred Wegener가 처음으로 주장한 이래 수십 년간 지리학계로부터 외면당한 이론이다.[14] 외면당한 이유 중에는 베게너가 지리학자가 아니라는 사실도 있었다. "베게너는 증거도 가지고 있었지만, 기후학자라는 게 문제였죠. 즉, '우리 사람이 아니다', 이거였어요. 그런 이유로 베게너는 비웃음만 사고 말았죠. 신경망 이론도 마찬가지였어요"라고 힌턴은 말했다. 신경망이 여러 작업을 할 수 있다는 증거가 차고 넘쳤지만 학계에서 자신이 비주류라는 이유만으로 무시받았다는 것이었다.

이어서 힌턴은 "사람들은 무작위의 가중치로 시작하라는 둥 더 많은 데이터를 입력하라는 둥 혹은 경사법을 따르라는 둥 그 모든 요구 조건을 충족한다면 기꺼이 찬사를 보내겠다고 이야기했어요. 천만의 말씀. 그저 희망 사항인 거죠"라고 말하기도 했다.

훗날 알프레트 베게너의 명예는 회복됐지만, 그는 그 기쁨을 누릴 수 없었다. 베게너는 그린란드 탐험에 나섰다가 사망했기 때문이다. 신경망의 개척자 중에서도 그처럼 기쁨의 순간을 누리지 못하고 먼저 삶을 마감한 이가 있었다. 바로 데이비드 러멜하트다.

러멜하트는 1990년대에 퇴행성 뇌 질환으로 판단력을 잃어갔다. 픽병이라는 진단을 받기 전 이미 길고 행복한 결혼 생활 끝에 아내와는 이혼한 상태였으며, 다니던 직장도 그만두고 인공지능과 관계없는 일에 종사했다. 종국에는 미시간으로 옮겨가 자신의 형제의 보살핌을 받다가 2011년에 생을 마감했다.[15] 알렉스넷이 세상에 등장하기 불과 1년 전이었다. 힌턴은 "러멜하트가 살아 있었다면 이 분야의 권위자가 됐을 겁니다"라고 말했다.

알렉스넷 논문은 컴퓨터과학의 역사에서 가장 영향력 있는 논문 중 하나가 됐다. 이 논문은 다른 과학자에 의해 무려 6만 회 넘게 인용됐다. 힌턴은 자신의 논문이 자신의 아버지가 쓴 논문들보다 5만 9천 회 더 많이 인용됐다고 말하는 걸 즐기며 "그런데 그런 숫자는 누가 세는 겁니까?"라는 농담도 곁들였다.

알렉스넷은 딥러닝에만 전환점이 된 것은 아니었다. 전 세계 기술 산업 또한 알렉스넷으로 인해 대전환을 맞이했다. 알렉스넷은 신경망이 음성 인식뿐 아니라 다양한 영역에서 성공할 수 있다는 사실, 그리고 그 성공을 위해서는 GPU가 꼭 필요하다는 사실을 보여줬다. 그로 말미암아 소프트웨어 및 하드웨어 시장에 변화가 일어났다. 바이두의 CEO 로빈 리Robin Li는 딥러닝 연구자 카이 유로부터 이러한 사실을 전해 들은 후 그 중대성을 인식했다. 마이크로소프트 역시 리 덩이 부사장인 치 루Qi Lu의 지원을 받으면서 현실의 급속한 전환을 직시했다. 물론 구글도 마찬가지였다.

힌턴이 DNN리서치를 설립한 때는 그처럼 중대한 시기였다. 그리고 DNN리서치는 그해 12월 타호호의 호텔 방에서 개최된 경매를 통해 4,400만 달러에 팔렸다. 경매의 수익을 나눌 때, 원래 계획은 세 사람이 공평하게 나누는 것이었지만 힌턴의 두 제자는 힌턴이 마땅히 더 많은 지분, 즉 40퍼센트를 가져야 한다고 말했다. 그런 제자들에게 힌턴은 "자네들 지금 얼마나 엄청난 돈을 양보하려는 것인지 알고는 있나? 어서 각자 방으로 돌아가 잠부터 자게"라고 조언했다.

다음 날 아침 다시 돌아온 제자들은 여전히 힌턴이 더 많은 몫을 가져가야 한다고 고집을 부렸다고 한다. 힌턴은 "이 이야기를 들으니 제 제자들이 어떤 사람인지 알겠죠? 물론 제가 어떤 사람인지는 모르겠지만 말이에요"라고 말했다.

6

야망
딥마인드의 목표

"정말 크게 성공해봅시다."

구글의 다음 타깃

앨런 유스터스에게 DNN리서치 인수는 그저 시작일 뿐이었다. 구글의 기술개발책임자로서 유스터스는 세계적으로 유능한 딥러닝 연구자들을 선점할 방안을 궁리하느라 여념이 없었다. 인재를 최대한 많이 확보할 생각이었다.

몇 달 전, 구글의 CEO 래리 페이지는 남태평양에 있는 어느 섬에서 간부들과 전략 회의를 했다. 그 회의에서 결정된 최우선 목표는 유능한 인재 확보였다. 페이지는 간부들에게 딥러닝이 산업에 일대 전환을 일으키려 하는 지금 구글이 가장 먼저 목적지에 도달해야 한다고 강조하며, 마지막에는 이렇게 말했다. "정말 크게 성공해봅시다."

회의실 안에서 페이지의 말을 제대로 이해한 사람은 유스터스뿐이었다. "다들 놀랄 뿐이었지만, 저는 달랐죠"라고 유스터스는 그때를 회상했다. 그 순간, 페이지는 유스터스에게 이제 막 싹을 틔웠을 뿐인 분야의 최고 연구자들을 영입할 수 있는 권한을 준 것이다.

유스터스는 수백 명의 새로운 인재를 채용할 계획이었으며, 이미 토론토대학교의 힌턴과 수츠케버, 크리제브스키를 영입한 상황이었다. 그리고 2013년이 며칠 남지 않은 시점에 딥마인드를 목표로 런던으로 날아갔다.

구글 브레인과 거의 같은 시기에 설립된 딥마인드는 그야말로 원대한 목표에 전념하는 스타트업이었다. 딥마인드의 목표는 소위 '범용 인공지능AGI, Artificial General Intelligence'의 구축이었다. AGI란 인간의 뇌가 할 수 있는 것은 무엇이든 그 이상을 할 수 있는 기술을 말한다.

이 수준의 기술이 완성되려면 앞으로 수년 혹은 수십 년, 아니 어쩌면 수백 년이 더 지나야 할지도 모른다. 그러나 이 자그마한 회사의 창업자들은 언젠가 그런 날이 오리라는 확신에 차 있었다. 그리고 앤드루 응을 비롯한 낙천적 연구자들이 그랬듯이, 토론토대학교의 연구실 등에서 무르익고 있는 갖가지 아이디어가 강력한 원동력이 될 수 있다고 믿었다. 그래서 딥마인드는 다른 경쟁자에 비해 자금력이 턱없이 부족한데도 힌턴의 회사를 얻기 위한 경매에 참여했다.

딥마인드는 이미 세계에서 가장 젊고 유능하다고 할 만한 인공지능 연구원들을 다수 확보한 상태였다. 구글이 빠르게 충원하고 있던 새로운 직원들과 비교해도 절대 뒤지지 않는 인재들이었다. 인재를 영입하는 밀렵꾼이 되고자 한 딥마인드는 결과적으로 구글의 가장 강력한 라이벌인 페이스북과 마이크로소프트 등 다른 밀렵꾼들의 표적이 돼버렸다. 이러한 사정이 유스터스로 하여금 여행을 서두르게 만들었다.

유스터스와 제프 딘, 구글의 다른 두 직원은 런던 중심가 러셀 스퀘어Russel Square 근처에 있는 딥마인드 사무실에서 이틀을 보내며 그 연구소의 기술과 역량을 자세히 살펴볼 계획이었다. 그런데 그들은 구글의 직원 한 사람이 꼭 동반하길 원했다. 바로 제프리 힌턴이었다.

힌턴은 인재 영입을 위한 대서양 횡단 여행에 함께 해달라는 유스터스의 부탁을 허리 문제를 꺼내며 거절했다. 비행기가 이착륙하는 동안에 착석해야 할 텐데, 자신은 더는 앉지 못한다고 말했다. 유스터스는 일단 알았다며 자신이 어떻게든 해결책을 찾아보겠다고 말했다.

유스터스는 단순한 개발자가 아니었다. 무테안경을 즐겨 끼고, 늘씬한 몸매에 자세가 꼿꼿한 그는 비행기 조종사이자 스카이다이버였다. 또한 컴퓨터칩을 개발할 때와 마찬가지로 냉철한 이성으로 언제나 새로운 스릴을 추구하는 다재다능한 사람이기도 했다. 조만간 유스터스는 우주복을 입은 채 지상으로부터 약

40킬로미터 높이의 성층권을 비행하는 열기구에서 뛰어내려 스카이다이빙 세계기록을 세우겠다는 계획도 하고 있었다.[1] 그리고 바로 얼마 전에는 다른 스카이다이버 몇 사람과 함께 사상 처음으로 걸프스트림Gulfstream 제트기에서 낙하산을 타고 뛰어내리기도 했다.

그런 그에게 힌턴을 런던으로 이동시킬 묘안이 떠올랐다. 스카이다이빙 시에는 먼저 제트기의 뒤쪽 출구를 개방해야 한다. 그때 낙하자는 점프할 준비가 되기 전에 제트기 바깥으로 떨어지지 않도록 기다란 줄이 2개 달린 등반용 전신 하네스를 착용하고, 그 두 줄을 제트기의 내벽에 박힌 금속 고리에 걸고 있어야 한다.

유스터스의 아이디어는 이랬다. 구글이 전용 제트기를 빌리면, 그 제트기에 연결한 하네스를 힌턴이 착용하는 것이었다. 그리고 힌턴이 누울 수 있는 유스터스와 힌턴 일행은 침대를 제트기 바닥에 설치할 생각이었다.

그는 정말로 그렇게 했다. 그들은 전용 걸프스트림 제트기를 타고 런던을 향해 출발했다. 팽팽한 두 줄에 의지한 힌턴은 좌석 2개를 평평하게 접어서 만든 임시 침대 위에 누워서 갔다. 힌턴은 "다들 저를 반가워했죠. 저와 함께 가면 전용기를 탈 수 있었으니까요"라고 말했다.

캘리포니아주 새너제이San Jose 사업소에 있던 이 전용기를 종종 구글이나 여타 실리콘밸리의 빅테크 기업이 빌리곤 했는데,

전용기를 빌려온 기업들은 자신들의 로고에 맞게 그때그때 실내 조명 시스템을 바꿀 수 있었다. 2013년 12월의 어느 일요일, 구글에서 온 고객들을 태운 전용기는 파란색과 빨간색, 노란색 빛으로 반짝였다.

힌턴은 도대체 하네스가 자신의 안전과 무슨 상관인지 의아했지만 '최소한 이착륙 시 이리저리 구르다가 다른 동료를 머리로 박는 불상사는 막아주겠지'라고 생각했다. 전용기는 그날 저녁 런던에 도착했고, 다음 날 아침 힌턴은 딥마인드로 걸어 들어갔다.

보드게임 세계 챔피언과 개츠비 연구소 연구원

딥마인드는 여러 수재가 공동으로 경영하고 있었다. 그중 데미스 하사비스와 데이비드 실버David Silver는 케임브리지대학교에서 만났다. 그러나 이들이 처음 마주친 장소는 영국 동부 연안에 있는 실버의 고향 마을 근처에서 개최된 유소년 체스 대회였다. 실버는 "데미스 하사비스가 저를 알기 전에 전 이미 그 친구를 알고 있었어요. 저는 하사비스가 우리 동네에 나타나 우승을 하고 가는 것을 지켜봤거든요"라고 말했다.[2]

하사비스는 런던 북부에서 장난감 가게를 운영하는 중국계 싱가포르인 어머니와 그리스계 키프로스인 아버지 사이에서 태어났다. 그는 한때 세계 14세 미만 체스 대회에서 2위에 오르기도 했다. 그러나 그의 재능은 체스에 그치지 않았다. 케임브리지대학교 컴퓨터과학과를 수석 졸업했으며, 두뇌 게임 대회에 나가기만 하면 1등을 거의 놓치지 않았다.

21세였던 1998년에는 런던 로열 페스티벌 홀Royal Festival Hall에서 개최된 펜타마인드Pentamind 대회에 출전했는데, 전 세계에서 모인 선수들이 체스, 바둑, 스크래블Scrabble, 백개먼backgammon, 포커 등 다양한 게임 중에서 5종을 선택해 겨루는 대회였다. 하사비스는 압도적인 실력으로 승리를 거머쥐었고, 그 이후 5년 동안 연속으로 4회 더 우승을 차지했다. 그가 우승하지 않은 해는 대회에 참가하지 않았던 때였다.

그 대회에서 두 번째 우승을 차지한 후 하사비스는 자신의 온라인 일기장에 "마인드 스포츠는 일반인에게 거의 알려지지 않았지만 다른 스포츠 경기들처럼 경쟁이 치열하다. 모든 부문에서 최고 수준의 경쟁이 펼쳐진다. 야유, 탁자 흔들기, 온갖 종류의 속임수는 기본이다. 내가 참가한 유소년 체스 대회에서는 선수들이 서로를 발로 차지 못하도록 탁자 아래를 나무판으로 막아놓기도 했다. 속지 말 것. 전쟁이나 마찬가지니까"라고 기록했다.[3]

후에 제프리 힌턴은 하사비스가 역대 가장 위대한 두뇌 게임 선수라고 내세울 만하다고 평했다. 그러면서 하사비스가 여러 대회에서 보여준 출중한 기량은 그가 뛰어난 지적 능력뿐 아니라 극단적이고 승부욕을 강한 사람이라는 증거라고 날카롭게 꼬집었다.

펜타마인드를 제패한 후 하사비스는 디플로머시Diplomacy 세계 단체 선수권대회에서도 우승했다.[4] 디플로머시는 제1차 세계대전 발발 전 유럽을 시대 배경으로 한 외교 전쟁 보드게임으로, 승리하려면 협상과 회유 및 공모에 필요한 술책은 물론이고 체스 선수로서의 분석력과 전략적 기술이 필수였다. 힌턴은 "하사비스는 3가지를 전부 갖췄어요. 아주 영리하고, 경쟁심이 강한데다 사회성도 뛰어나요. 그런 사람은 위협적이죠"라고 말하기도 했다.

하사비스는 2가지에 집착했다. 하나는 컴퓨터 게임 개발이었다. 그는 고등학교를 졸업하자마자 영국의 유명한 게임 개발자 피터 몰리뉴Peter Molyneux를 도와 '테마파크Theme Park'를 개발했다.[5] 테마파크는 플레이어가 대관람차와 롤러코스터가 있는 놀이공원을 마음대로 구축하고 운영할 수 있는 시뮬레이션 게임이다. 대략 1천만 개 넘게 팔린 이 게임은 거대한 물리적 세계를 디지털로 재현해낸 게임 '심즈Sims'가 만들어지는 자극제가 되기도 했다.

다른 하나는 인공지능이었다. 그는 언젠가는 자신이 두뇌를 모방할 수 있는 기계를 만들어낼 수 있다고 믿었다. 하사비스가 집착한 컴퓨터 게임과 인공지능은 그가 딥마인드를 설립하고 몇 년 지나지 않아 다른 사람들은 조금도 예상하지 못한 방식으로 합쳐질 터였다.

하사비스는 케임브리지대학교에서 만난 친구 데이비드 실버에게 동질감을 느끼고 있었다. 두 사람은 대학을 졸업 후 엘릭서Elixir라는 컴퓨터 게임 회사를 설립했다. 런던에 이 스타트업을 창업하면서 하사비스는 회사 안팎의 생활을 기록하는 온라인 일기를 쓰기 시작했다(주로 회사 안에서 일어난 일을 적긴 했지만).[6]

이 일기는 회사와 게임을 향한 관심을 불러일으키려는 홍보 수단으로 회사 직원 중 한 명이 대신 쓴 것이었다. 하지만 일기를 보다 보면, 하사비스가 너무 정직해서 자신의 괴짜 같은 매력이라든가 교묘한 술책 혹은 승리에 대한 강한 집념을 도무지 감추지 못한다는 사실을 알 수 있다.

한번은 영국의 유명한 게임배급사 에이도스Eidos와의 일화가 공개되기도 했다. 에이도스는 엘릭서가 처음 개발한 게임의 유통을 맡기로 한 회사였다. 하사비스에 따르면 게임 개발자에게는 배급사와 공고한 신뢰관계를 맺는 일이 매우 중요하다. 그는 자신의 런던 사무실에서 에이도스 측과 장시간 회의를 하면서 성공적으로 그러한 신뢰관계를 구축했다고 생각했다.

에이도스의 회장 이안 리빙스턴Ian Livingstone은 후에 게임 산업에 대한 그의 공로를 인정받아 대영제국 지휘관 훈장CBE, Honorary Commander of Most Excellent Order of the British Empire을 받았다.

그런데 회의가 끝나자 이안 리빙스턴이 사무실 한쪽에 있던 테이블축구대를 발견하고는 하사비스에게 대결해보자고 제안했다.

하사비스는 아주 잠깐 자신의 배급사 회장을 기분 좋게 만들기 위해 게임에 져주어야 할지 고민했다. 그러나 이내 생각을 바꿨다. 하사비스는 그날의 게임을 이렇게 회상했다. "이안은 평범한 선수가 아니에요. 그가 한때 스티브 잭슨Steve Jackson과 함께 헐대학교Hull University 복식 우승자였다는 소문이 있었거든요. 그래도 아무튼 제 입장에서는 지독하게 난처한 상황이었죠. 에이도스 회장의 월등한 테이블축구 실력에 밀려 지는 것이 제가 딱 원하는 결과였어요. 그래도 처참하게 질 수는 없다고 생각했죠. 게임은 게임이니까요. 결국 제가 6대 3으로 이겼죠."

일기를 보면 하사비스는 엘릭서를 넘어 이미 다음 모험을 염두에 두고 있었던 듯하다. 첫 번째 기록은 그가 자신의 집에서 푹신한 의자에 앉아 SF영화 〈블레이드 러너Blade Runner〉 OST의 12번째 트랙인 〈빗속의 눈물Tears in Rain〉을 반복해 듣는 것으로 시작한다. 스탠리 큐브릭 감독이 1960년대 말 청년 얀 르쾽에게 영감을 줬듯이 리들리 스콧Ridley Scott 역시 1980년대 초반 청년 하사비스의 상상력을 사로잡은 듯하다. 그 영화에는 인간처럼 행동하는 기계를 만들어내는 과학자가 등장한다.

소규모 게임 개발사들이 시장에서 밀려남에 따라 하사비스도 엘릭서를 접고 또 다른 스타트업을 차리기로 마음먹었다. 이번에야말로 자신의 전공인 컴퓨터과학과 SF로 돌아가 이전보다 훨씬 야심 찬 포부를 펼쳐야겠다고 결심했다. 바로 인간의 지능을 재현한 기계를 만드는 회사를 세우는 일이었다.

하사비스는 작은 첫걸음이라도 내디디려면 적어도 몇 년은 필요하다고 생각했다. 그래서 회사를 창업하기에 앞서 유니버시티 칼리지 런던UCL, University College London에서 신경과학 박사 과정을 밟기 시작했다. 두뇌를 더 잘 이해하고 난 다음에 두뇌의 재현을 시도하고 싶었다. 하사비스는 "학교와 내 인연은 늘 일시적이었죠"라고 말했다.

데이비드 실버 역시 학교로 돌아갔지만 그는 신경과학자의 길로 가지 않았다. 그는 캐나다에 있는 앨버타대학교에서 다른 유사 분야를 탐구하기 시작했다. 바로 인공지능이었다.[7] 두 사람이 딥마인드로 다시 의기투합하기 전까지 각자 다른 전공을 탐구한 것을 보면 신경과학과 인공지능이 밀접하게 관련돼 있음을 짐작할 수 있다. 적어도 오늘날 인공지능 분야에 커다란 변화를 일으킨 연구자들 사이에서는 말이다. 그 이전까지는 과학자들이 두뇌를 제대로 이해하지 못했던 탓에 그것을 재현할 수도 없었다. 하지만 몇몇 사람은 그 두 분야가 협력하면 궁극적으로 큰 결실을 얻을 거라고 믿었다. 하사비스는 당시의 상황을 '선순환virtuous circle'이라고 표현했다.

UCL에서 하사비스는 뇌의 기억과 상상의 교차점을 탐구했다. 그는 뇌에 손상을 입은 뒤 기억 상실증에 걸린 사람들을 연구했는데, 그들이 과거의 기억뿐 아니라 쇼핑센터에 가거나 해변에서 휴가를 즐기는 것과 같은 새로운 상황을 상상하는 것 역시 힘들어한다는 사실을 알아냈다. 그리고 그 사실을 논문으로 정리

했다. 이미지의 인지, 저장 및 회상이 결국엔 이미지 생성과 관련 있다는 내용이었다.[8]

세계적인 학술지 〈사이언스Science〉는 2007년 하사비스의 논문을 그해의 10대 과학 성과 중 하나로 선정했다.[9] 그러나 그 논문은 하나의 디딤돌에 불과했다. 하사비스는 UCL의 개츠비 연구소Gatsby Unit에서 박사 후 연구원으로 일하기 시작했다. 영국의 '슈퍼마켓 왕' 데이비드 새인즈버리David Sainsbury의 후원으로 신경과학 분야와 인공지능 분야의 협력 연구가 진행되는 곳이었다. 그 연구소를 처음 설립한 사람은 바로 제프리 힌턴이었다.

힌턴은 그마저도 3년 만에 토론토대학교의 교수로 돌아갔는데, 그때는 하사비스가 엘릭서를 운영하고 있을 때였다. 두 사람이 만나려면 아직 몇 년이 더 흘러야 했다. 그마저도 스쳐 지나가는 만남이었지만 말이다.

대신 하사비스는 개츠비 연구소에서 동료 셰인 레그Shane Legg를 만나 협력하게 됐다. 훗날 하사비스는 개츠비 연구소 같은 곳에서조차 진지한 과학자들은 AGI를 공식 토론 주제로 받아주지 않았다고 당시를 회상했다.

"AGI는 기본적으로 과학자들이 불신하는 영역이었어요. AGI를 입에 올렸다가는 잘하면 괴짜, 못하면 망상에 취한 비과학적인 연구자 취급을 받았죠." 그러나 뉴질랜드 출신으로 컴퓨터과학과 수학을 전공한 레그는 하사비스와 생각이 같았다. 그는 취미로 발레를 하고 있기도 했다. 레그의 꿈은 인간 두뇌의 능력을 뛰어넘는 기술, 즉 '초지능superintelligence'을 개발하는 것이었다. 비록 언젠가 초지능을 갖춘 기계가 인류의 미래를 위태롭게 만들까 봐 한편으론 걱정했지만 말이다.

레그는 자신의 학위 논문에서 초지능이 전례 없는 부와 기회를 가져다줄 수 있지만 자칫 인류의 실존 자체를 위협하는 '최악의 시나리오'로 이끌 수도 있다고 경고했다. 초지능의 개발 가능성이 희박한데도 레그는 연구자들이 그 결과까지도 미리 고려해야 한다고 생각한 것이다. 다음은 그의 논문에 나오는 글이다.

> 진정한 지능을 갖춘 머신의 영향력이 엄청나다는 사실, 그리고 가까운 미래에 그러한 머신이 등장할 가능성이 조금이라도 있다는 사실을 인정한다면, 사전에 대비를 해두는 것이 마땅하다. 인공지능 머신의 등장을 눈앞에 두고 고민하기 시작한다면 너무 늦을 것이다. 그러므로 지금 그 문제를 심각하게 논의해야 한다.[10]

무엇보다 레그는 두뇌 자체가 초지능 개발을 위한 지도라고 확신했다. 그가 개츠비 연구소에 들어간 것도 그 때문이었다. "저는 당연히 그 연구소에 들어가야 한다고 생각했습니다. 개츠비 연구소는 '두뇌와 머신러닝의 연관성'을 연구할 수 있는 곳이니까요"라고 레그는 말했다.

수년 뒤, 제프리 힌턴은 셰인 레그에 관해 알려달라는 질문에 데미스 하사비스와 그를 비교한 적이 있다. "셰인 레그는 하사비스만큼 영리하지 않고, 경쟁심이 강하지도 않아요. 또 사회성도 좀 뒤떨어지죠. 하지만 거의 모든 사람이 그렇죠." 그렇지만 장래에 레그의 아이디어는 하사비스의 아이디어 못지않게 주목받게 된다.

딥마인드의 탄생

하사비스와 레그는 같은 야망을 품고 있었다. 두 사람이 한 말에 따르면 둘 다 '지능 문제를 해결'하는 것이 목표였다. 그러나 해결 방법을 두고는 의견이 달랐다. 레그는 '학계에서 시작'하자고 제안했고, 하사비스는 자신들의 거대한 목표에 필요한 자원을 마련하려면 반드시 '업계에서 시작'해야 한다고 주장했다.

하사비스는 학계를 잘 알았고, 엘릭서를 경영해본 덕택에 업계의 물정에도 밝았다. 그는 창업 자체를 목적으로 스타트업을 시작하고 싶지 않았다. 장기적 목표와 연구에 필요한 독자적 설비를 갖춘 회사를 창업하고 싶었다.

하사비스는 교수가 돼 연구지원서를 쓸 때보다 창업을 해 투자를 유치할 때 훨씬 많은 자금을 조달할 수 있으며, 또 그래야 대학이 제공할 수 없는 고성능의 하드웨어도 마련할 수 있다고 설득했다. 결국 레그도 동의하게 됐다. 하사비스는 "우리의 계획을 개츠비 연구소의 다른 동료들에게 말한 적은 없어요. 미친 사람 취급을 받을 게 뻔했으니까요"라고 말했다.

박사 후 연구원으로 일하면서 두 사람은 무스타파 술레이만

Mustafa Suleyman이라는 기업가 겸 사회활동가와 자주 만났다. 세 사람이 딥마인드를 설립하기로 마음먹었을 때 자체 연구가 가능한 회사가 될 수 있도록 수익 창출 방안을 고민하는 역할은 술레이만이 맡았다.

그들은 2010년 가을에 딥마인드를 설립했다. 딥마인드는 딥러닝과 신경과학, 그리고 영국의 SF소설《은하수를 여행하는 히치하이커를 위한 안내서The Hitchhiker's Guide to the Galaxy》에서 삶의 궁극적 질문에 대한 답을 계산해낸 '깊은 생각Deep Thought' 이라는 슈퍼컴퓨터에 착안해 지은 사명이었다. 하사비스와 레그, 술레이만은 회사에서 각자 자신만의 독특한 견해를 구현하고자 했다. 다시 말하면, 인공지능의 새 지평을 여는 일과 단기적 문제를 해결하는 일, 또 인공지능 기술이 현재 및 미래에 불러일으킬 위험을 공개적으로 제기하는 일이었다.

딥마인드의 사업 계획서에 제일 먼저 등장하는 공식 목표는 AGI 개발이었다. 그러나 그들은 언제나 잠재적 투자자 등 외부 인사에게 자신들의 연구가 안고 있는 위험성을 반드시 덧붙여 설명했다. 또한 자신들은 그 기술을 결코 군사 목적으로는 제공하지 않을 것이라고 밝히면서 레그의 학위 논문에서와 마찬가지로 초지능이 인류의 실존에 위협이 될 수도 있음을 경고했다.

세 사람은 회사를 설립하기 전부터 딥마인드에 가장 큰 투자자가 될 것으로 꼽은 거물급 인사에게 접근했다. 최근 몇 년 전부터 레그는 특이점 회의Singularity Summit라는 미래주의자 연례 회의에 참석했다. '특이점'이란 이론상 인류가 제어할 수 없는 정도로 기술이 발전한 순간을 의미한다. 이 소규모 회의는 이미 특이점의 시대가 도래했다고 믿는 비주류 학자나 기업가 등 다양한 사람들에 의해 생겼다. 그들은 인공지능뿐 아니라 생명 연장 기술이나 줄기세포 연구, 미래주의의 본질부터 다른 각종 요소를 탐구하는 데 전념했다.

철학을 독학한 미래학자 엘리저 유드코스키Eliezer Yudkowsky도 특이점 회의의 일원이었다. 그는 2000년대 초반 뉴욕에 있는 인텔리젠시스Intelligensis라는 스타트업에서 함께 일하고 있던 레그에게 초지능이라는 아이디어를 소개한 인물이었다. 그러나 특이점 회의의 창설자 중에서 하사비스와 레그가 눈여겨보고 있던 사람은 피터 틸Peter Thiel이었다.

2010년 여름, 하사비스와 레그는 특이점 회의에서 연설할 계획을 세웠다.[11] 그들은 틸이 회의의 연설자를 샌프란시스코에 있는 자신의 타운하우스에서 여는 파티에 초대한다는 사실을 알았다.

틸은 온라인 결제 서비스인 페이팔PayPal의 창업자 중 하나로, 이후 페이스북과 링크드인LinkedIn, 에어비앤비Airbnb의 초기 투자자로서 엄청난 부와 명성을 얻었다. 하사비스와 레그는 틸의 타운하우스에 방문해 틸에게 딥마인드를 소개하고 투자를 요청할 생각이었다.

틸은 거부이기도 했지만 언제든 투자할 준비가 돼 있는 사람이었다. 그는 아이디어가 대단할수록 마음에 들어 했는데, 실리콘밸리의 벤처 투자자 가운데 틸보다 더 과감하게 투자하는 사람은 드물었다. 그가 특이점 회의를 후원하는 것만 봐도 그의 성향을 알 수 있다. 또한 실리콘밸리의 여느 거물들과는 달리 도널드 트럼프Donald Trump의 전폭적인 지지자이기도 했다.

레그는 "AGI 회사에 투자할 만큼 제정신이 아닌 사람이 필요했습니다. 틸은 투자 성향이 남들과 정반대인 사람이잖아요. 사람들 대부분이 우리가 성공할 수 없다고 했지만, 틸은 극단적인 역투자자이니 우리와 잘 맞을지도 모른다고 생각했죠"라고 말했다.

게임에 인공지능을 더하다

샌프란시스코 시내의 한 호텔에서 열린 특이점 회의의 첫째 날, 하사비스는 인공지능 개발을 위한 최선책은 뇌의 작동 원리를 모방하는 것임을 주장하는 내용의 연설을 했다. 그는 개발자가 기술 설계 시 두뇌를 모방하는 방식을 '생물학적 접근법'이라고 칭했다.[12] 그 기술이 신경망이든 다른 디지털 창작물이든 상관없이 말이다.

"인간이 AGI로 해결하고자 하는 문제를 두뇌가 해결할 때 작동하는 알고리즘을 찾아내 바로 그 알고리즘의 수준에 집중해야 합니다." 하사비스의 이러한 주장은 딥마인드의 창립 목적을 단적으로 보여줬다.

둘째 날에는 셰인 레그가 연설에 나섰다. 레그는 인공지능 연구자는 반드시 자신의 발전 상황을 추적해야 하며, 그러지 않으면 자신이 올바른 길을 가고 있는지 알 수 없다며 이렇게 말했다. "저는 우리가 어디로 가고 있는지 알고자 합니다. 우리는 지능이 무엇인지 개념을 정립하고 측정 수단을 마련해야 합니다."[13] 하사비스와 레그는 딥마인드의 운영 방식에 관해서는 언급하지 않았다. 그들이 한 연설의 주목적은 틸에게 접근하는 것이었으므로.

베이커 거리에 있는 틸의 타운하우스는 거의 100년 전에 미술 전시를 위해 세워진 석조 성으로, 오리들이 떠다니는 호수가 내려다보이는 전망이 일품이었다. 하사비스와 레그가 현관을 지나 거실로 들어갔을 때 체스판이 눈에 들어왔다. 흰색 말과 검은색 말이 당장이라도 누군가 게임을 시작하길 기다리는 듯 잘 정렬돼 있었다.

그들은 먼저 유드코스키를 발견했다. 그리고 유드코스키가 그들을 틸에게 소개했다. 그러나 두 사람은 바로 회사 이야기를 꺼내지는 않았다. 하사비스는 체스 이야기로 말문을 열었다. 그는 틸에게 자신도 체스 선수였노라고 말했다.[14]

대화는 고전 게임의 변함없는 인기에 관한 토론으로 이어졌다. 하사비스는 체스가 기사와 주교 사이의 긴장감, 즉 두 말의 기술과 약점을 두고 벌어지는 끈질긴 심리전 때문에 수 세기 넘게 살아남을 수 있었다고 주장했다. 틸은 두 사람을 마음에 들어

했고 다음 날 그들을 다시 집에 초대했다.

다음 날 아침 하사비스와 레그가 투자 이야기를 꺼낼 생각을 품고 다시 틸을 만났을 때, 틸은 막 아침 운동을 끝냈는지 땀에 젖은 반바지와 티셔츠 차림이었다. 세 사람이 식당으로 가 식탁에 앉으려는 찰나 집사가 틸에게 다이어트 콜라를 가져다줬다. 하사비스는 드디어 본론을 꺼내기 시작했다. 자신은 단순한 체스 선수가 아니라 신경과학자로 인간의 뇌를 모방한 AGI를 개발하고 있다고 설명했다. 계속해서 자신과 레그는 이 장기적 도전을 위해 먼저 게임하는 법을 학습하는 시스템을 개발할 생각이며, 현재 기하급수적으로 향상되는 컴퓨팅 성능을 바탕으로 최고 수준의 기술을 개발할 자신이 있다고 강조했다.

아무리 피터 틸이라고 해도 이 갑작스러운 기업 홍보에는 깜짝 놀랐다. "좀 당황스럽군요"라고 틸이 입을 열었다. 그러나 대화를 중단하지는 않았다. 그들은 이후 몇 주 동안 계속 대화를 이어갔다. 틸의 벤처 캐피털 회사인 파운더스 펀드Founders Fund의 동업자들도 대화에 참여했다.

최종적으로, 틸이 가장 걱정한 점은 지나치게 포부가 큰 회사의 목표가 아니었다. 그는 회사가 런던에 있다는 게 마음에 들지 않았다. 자신이 투자처를 살피는 데 지장이 있다는 것이었다. 실리콘밸리의 벤처 투자자라면 으레 염려하는 사항이었다.

그렇지만 틸은 딥마인드의 창업에 필요한 시드머니 200만 파운드 가운데 140만 파운드를 투자했다.[15] 이후 몇 개월, 몇 년 사이에 일론 머스크Elon Musk와 같은 실리콘밸리의 거물들이 투자에 가세했다. 일론 머스크는 로켓 개발 회사 스페이스XSpaceX와 전기자동차 회사 테슬라Tesla를 설립하기 전에 틸과 함께 페이팔의 창업을 도왔다. "특별한 투자자들이 모였습니다. 머스크는 투자를 결심한 억만장자 중 하나였죠"라고 레그는 말했다.

그때부터 딥마인드는 몸집을 키워갔다. 하사비스와 레그는 힌턴과 르쾽에게 기술 자문을 부탁하고, 전도유망한 연구자들부터 채용하기 시작했다. 토론토대학교 힌턴의 연구실에 있던 블라드 므니, 뉴욕대학교에서 르쾽의 지도를 받았던 터키 출신 연구자 코레이 카부크쿠오글루Koray Kavukcuoglu, 힌턴 밑에서 박사 후 과정을 밟기 전 스위스에서 위르겐 슈미트후버의 지도를 받았던 알렉스 그레이브스 등이 그들이었다.

하사비스가 피터 틸에게 말한 대로 딥마인드가 처음으로 도전한 사업 분야는 게임이었다. 1950년대에 컴퓨터과학자들이 자동 체스 플레이어를 처음 개발한 이후로 컴퓨터 게임은 인공지능의 실험장으로 활용됐다.[16] 연구자들은 1990년에 세계 최고의 체커Checker 선수를 이긴 치누크Chinook라는 기계를 개발함으로써 전환점을 마련했다.

그로부터 7년 뒤에는 IBM의 슈퍼컴퓨터 딥블루Deep Blue가 체스 세계 챔피언 가리 카스파로프Garry Kasparov를 꺾었다. 그리고 2011년에는 IBM이 개발한 또 다른 기계 왓슨Watson이 TV 퀴즈쇼 〈제퍼디!Jeopardy!〉에서 역대 최고의 참가자들과 맞붙어 승리했다.[17] 그리고 이제 므니가 이끄는 딥마인드의 연구팀이 스페이스 인베이더Space Invaders, 퐁Pong, 브레이크아웃Breakout 등 아타리Atari의 고전 게임을 할 수 있는 시스템 개발에 착수했다.

하사비스와 레그는 인공지능의 발전 상황을 면밀하게 측정하면서 개발에 임해야 한다는 입장을 확고히 했다. 그래야만 예상치 못한 위험에 대비할 수 있다고 생각했다. 게임은 바로 그 측정 장치였다. 절대적인 수치로 점수가 측정되고, 결과는 명확하다. 하사비스는 "게임 개발로 우리는 깃발을 꽂을 생각이었어요. '다음에는 어디로 갈까? 다음 정상은 어디지?' 그런 식으로 말이죠"라고 설명했다. 게다가 게임을 하는 인공지능은 매우 훌륭한 데모 프로그램이기도 했다. 데모 덕분에 소프트웨어가 팔리지만, 때로 회사가 팔리기도 했다. 2013년 초에 그것은 현실이 됐다.

브레이크아웃은 플레이어가 작은 패들을 이용해 컬러 벽돌로 이뤄진 벽에 공을 튕기는 게임이다. 공이 부딪친 벽돌은 사라지고, 그러면 점수를 획득한다. 그러나 공이 패들을 지나치는 상황이 반복되면 게임은 종료된다.

딥마인드에서 므니와 동료 개발자들은 시행착오를 반복하며 브레이크아웃을 플레이하는 법을 학습한 심층신경망을 개발했다. 그들의 신경망은 게임을 수백 번 반복하며 무엇이 효과가 있고 없는지를 면밀하게 추적했다. 그러한 식의 학습을 '강화 학습'이라고 한다.[18]

이 신경망은 2시간 남짓 걸려 게임을 완전히 마스터할 수 있었다. 첫 30분 만에 패들을 공이 떨어지는 방향으로 움직여 공이 벽돌에 부딪히도록 조종한다는 기본 개념을 어느 정도 학습했다. 1시간이 지나자 모든 공을 받아칠 정도로 능숙해져서 한 번의 실수도 없이 공을 튀길 때마다 점수를 획득했다. 2시간이 경과한 후에는 신경망이 게임을 깰 수 있는 묘수를 학습했다. 공을 벽돌 벽의 뒤편으로 튕겨 보내 공이 패들로 다시 떨어지지 않고 계속 튕기면서 연속적으로 벽돌을 부수게 만들어 순식간에 점수를 쌓아갔다. 결국 그들의 시스템은 어떤 인간도 따라잡을 수 없는 속도와 정확도로 게임을 플레이하게 됐다.

구글과 딥마인드의 탐색전

므니의 팀이 이 시스템을 개발하자 딥마인드는 곧 파운더스 펀드의 투자자들에게 동영상을 찍어 보냈다. 루크 노섹Luke Nosek도 투자자 중 하나였다. 노섹은 피터 틸과 일론 머스크와 함께 이른바 '페이팔 마피아'로 불리는 페이팔 창립 멤버로 유명해졌다. 나중에 노섹이 한 지인에게 들려준 이야기에 따르면, 그는 딥마인드가 보낸 아타리 게임을 하는 인공지능 동영상을 받고 나서 얼마 후 머스크와 전용기를 타게 됐다. 물론 노섹은 머스크에게도 동영상을 보여줬고 둘이서 딥마인드에 관한 대화를 나눴다.

그런데 당시 그 전용기에는 또 다른 실리콘밸리 억만장자가 타고 있었다. 바로 래리 페이지였다. 그렇게 페이지가 딥마인드를 알게 됐고, 결국 걸프스트림 제트기를 런던으로 보내게 된 것이다. 페이지는 딥마인드를 사고 싶었다. 이 회사가 아직 신생 단계였음에도 말이다. 그러나 하사비스는 얼른 결정을 내리지 못했다. 그는 줄곧 자기 회사를 가져야겠다고 생각했고, 직원들에게도 그렇게 말해왔기 때문이다. 하사비스는 딥마인드가 최소 20년 동안은 독립성을 유지할 것이라고 말했다.

힌턴을 위시한 구글 직원들이 딥마인드의 사무실로 가기 위해 탄 엘리베이터가 올라가다 갑자기 멈춰 섰다. 조치를 기다리는 동안 힌턴은 도착 시각이 늦어져 딥마인드의 직원들이 초조해하고 있을 것 같아 걱정됐다. 그중에는 힌턴이 익히 아는 이가 많았다. '당황스러워하겠군.' 힌턴은 생각했다.

잠시 후 엘리베이터가 다시 움직이기 시작했고, 구글 측 인사들은 맨 꼭대기 층에서 내렸다. 마중을 나온 하사비스가 그들을 긴 회의용 탁자가 놓여 있는 방으로 안내했다. 하사비스는 긴장하기는 했지만 당황하지는 않았다. 다만 딥마인드를 제치고 단독으로 인공지능 연구를 가속화할 수 있을 만큼 엄청난 자원을 보유하고 있는 구글에 연구 정보가 노출되지 않도록 신경을 썼다.

하사비스는 회사를 팔 결심이 서고 또 구글의 의사가 확실해질 때까지는 딥마인드의 핵심 기술을 노출하고 싶지 않았다. 구글 측 사람들이 모두 자리를 잡자 하사비스는 딥마인드의 사명을 설명하기 시작했다. 이어서 딥마인드의 개발자 몇몇이 현재 진행 중인 연구를 구체적인 부분부터 이론적인 부분까지 극히 일부만 공개했다. 돈 이야기가 시작되는 순간은 평소처럼 블라드 므니가 브레이크아웃을 설명할 때였다.

므니가 발표를 하는 동안 기운이 빠진 제프리 힌턴은 다른 이들이 앉아 있던 탁자의 옆 바닥에 그대로 누웠고 이따금 질문이 있으면 한쪽 팔을 들었다. 그 모습을 보고 므니는 힌턴과 함께한 토론토대학교 시절을 떠올렸다.

발표가 끝나자 제프 딘은 므니의 시스템이 정말로 브레이크아웃 게임의 묘수를 학습해낸 것인지 물었다. 므니가 그렇다고 대답했다. 므니의 시스템은 점수를 가장 많이 획득할 수 있는 특정 전략을 파고들었다. 구글은 므니가 적용한 '강화 학습'이란 방식을 연구하고 있지 않았지만, 딥마인드는 주된 연구 기법으로 삼고 있었다.

셰인 레그는 박사 후 연구원 시절에 자신의 지도교수가 우리 뇌는 강화 학습에 따라 작동한다고 주장하는 논문을 발표한 이후 그 개념을 받아들였다. 따라서 딥마인드 역시 그 아이디어를 전문으로 하는 개발자를 여럿 채용했다. 데이비드 실버도 그중 하나였다. 앨런 유스터스는 강화 학습 덕택에 딥마인드가 AGI를 실제로 처음 적용한 시스템을 개발할 수 있었다고 여겼다. 그는 "그 시스템은 플레이하는 게임의 절반 정도에서 인간을 능가하는 성능을 보여줬습니다. 어떤 경우에는 경이롭기까지 했고요. 그 기계는 킬러 수준의 전략을 개발하고 있었어요"라고 말했다.

아타리 게임에 관한 설명이 끝나고 셰인 레그가 자신의 박사 학위 논문을 소개하는 발표를 이어갔다. 레그의 논문은 어떤 환경에서도 새로운 과업을 학습할 수 있는 아주 정확한 에이전트agent를 다뤘다. 블라드 므니의 연구팀은 브레이크아웃이나 스페이스 인베이더 등의 게임 속에서 새로운 행위를 학습할 수 있는 에이전트를 구축한 것이었다. 그리고 레그가 제안한 것은 그러한 구축 작업을 게임 외부 영역으로, 즉 현실 세계는 물론이고 더 복잡한 디지털 영역으로까지 확장하는 일이었다. 소프트웨어 에이전트software agent가 브레이크아웃에서 해결책을 학습한 것과 똑같이 로봇이 거실에서 발생할 수 있는 문제의 해결책을 학습하고, 자동차가 주변 상황에 대한 대처법을 학습할 수 있도록 말이다. 혹은 유사한 방식으로 에이전트가 영어를 학습할 수도 있을 것이었다.

물론 그것들은 훨씬 어려운 일이기는 했다. 게임은 보수가 명확히 정해져 있는 한정된 세계였다. 점수와 최종 도달 지점이 분명했다. 현실 세계는 훨씬 복잡하고 보수를 정하기도 어렵지만, 딥마인드가 스스로 계획한 길은 바로 그 현실 세계였다. 유스터스는 "그들이 하고자 하는 일의 핵심은 셰인의 논문에 잘 나와 있었습니다"라고 말했다.

아직 갈 길이 먼 미래의 목표이긴 했다. 작은 단계들을 숱하게 거쳐야 목표 지점에 도달할 수 있다. 그러나 각 단계에 도달하는 데는 긴 시간이 걸리지 않으며, 그때마다 실생활에 바로 적용할 수 있는 기술 발전이 이뤄진다. 구글 측이 지켜보는 가운데 알렉스 그레이브스는 그 기술 하나를 시연했다. 바로 '손 글씨'를 쓰는 시스템이었다.

그레이브스의 부모는 스코틀랜드 출신의 미국인이다. 신경망은 객체를 규정하는 패턴을 분석함으로써 객체 식별법을 학습할 수 있었다. 신경망이 그러한 패턴을 이해한다면, 객체의 이미지를 생성할 수도 있을 것이다. 그레이브스의 시스템은 손 글씨 모음을 분석한 후에 '손 글씨 이미지'를 생성할 수 있었다. 이 기술의 목표는 시스템이 개 혹은 고양이 사진을 분석함으로써 개 사진이나 고양이 사진을 생성하는 것이었다. 개발자들이 '생성 모델generative models'이라고 명명한 이 기술 또한 딥마인드의 주요 연구 주제였다.

글로벌 기업인 구글은 자사의 개발자에게 수십만 달러의 보수를 지급하는 반면, 딥마인드는 그레이브스 같은 개발자에게 10만 달러도 안 되는 연봉을 지급했다. 당시 딥마인드가 감당할 수 있는 최고 수준의 금액이었다. 창업한 지 3년이 지났지만, 이 작은 회사는 여전히 수익을 내지 못했다. 술레이만이 이끄는 팀은 인공지능을 활용해 사람들이 최신 유행 패션을 살피는 데 도움을 주는 모바일 앱을 개발 중이었고(그런 까닭에 패션 에디터와 작가가 종종 인공지능 연구자들이 근무하는 러셀 스퀘어의 사무실에 방문했다), 또 다른 팀이 개발한 새로운 인공지능 비디오 게임이 애플 앱 스토어에 출시 직전에 있기는 했지만 아직 벌어들이는 돈은 없었다. 그레이브스를 비롯한 소속 연구원들이 구글 측에 그들이 하는 연구 내용을 설명하는 동안 하사비스는 변화가 필요함을 절감했다.

기술 시연이 끝나자 제프 딘은 하사비스에게 회사의 컴퓨터 코드를 좀 봐도 되겠냐고 물었다. 하사비스는 잠시 망설이는 기색을 보였지만 이내 승낙했다. 딘은 토치Torch의 책임자인 카부크쿠오글루와 나란히 한 기계 앞에 앉았다. 토치는 딥마인드가 자사의 머신러닝 모델을 구축하고 훈련하기 위해 사용하는 소프트웨어였다.

약 15분간 코드를 확인한 딘은 딥마인드가 구글과 조화를 이룰 회사라고 판단했다. "확실히 전문가의 손길이 느껴졌어요. 딥마인드의 문화가 구글의 문화와 양립할 수 있겠다는 생각이 들었죠"라고 딘은 말했다. 그 순간에 구글의 딥마인드 인수는 결정됐다.

근래 마크 저커버그Mark Zuckerberg의 페이스북도 이런 방식의 인재 영입에 눈을 돌려 구글과 마이크로소프트, 바이두 간의 경쟁에 뛰어들었고, 구글은 선두를 놓칠 생각이 없었다. 늘 직원들에게 딥마인드가 독립성을 잃지 않도록 하겠다고 약속했던 하사비스였지만 이제는 회사를 매각할 수밖에 없었다. 팔지 않는다면, 회사 문을 닫아야 할지도 몰랐다.

셰인은 "우리 회사가 보유한 최고 인재들을 영입하려고 혈안이 된 1천억 달러 규모의 공룡 기업들을 도저히 이길 수 없었죠. 운 좋게 우리 회사에 많은 인재가 포진해 있었지만, 언제까지 그들을 지켜낼 수 있을지 불분명했어요"라고 설명했다.

그러나 구글과 딥마인드 매각 협상 과정에서 하사비스가 직원들에게 약속한 사항 중 일부는 지켜낼 수 있었다. 딥마인드는 20년은커녕 앞으로 3주 안에 그 독립성을 상실할 운명이었지만, 하사비스와 레그, 술레이만은 계약서에 자신들의 이상을 지킬 수 있는 2가지 조항을 반드시 포함해야 한다고 강조했다.

첫째는 구글이 딥마인드의 기술을 군사 목적으로 사용해서는 안 된다는 것이었다. 둘째는 구글이 딥마인드 AGI 기술 사용을 감독할 독립적인 윤리위원회를 두어야 한다는 것이었다. 물론 AGI 기술이 언제 개발될지는 미지수였다. 당시 매각 협상에 참여한 구글 측 인사 중에는 그런 조건이 꼭 필요한지 의문을 품은 이도 있었으며, 훗날 인공지능 연구자 다수는 그 조건들이 딥마인드의 몸값을 올리기 위해 고안된 전략이라고 평가하기도 했다. 즉, "기술의 위험성을 주장하면 더 강력한 기술처럼 보이게 마련이죠. 그럼, 더 큰 요구를 할 수도 있겠죠"라는 의견이었다. 그러나 딥마인드의 창업자들은 자신들의 요구가 받아들여지지 않는다면 계약은 성사될 수 없다며 단호한 입장을 고수했고, 그들은 수년간 이상을 향한 싸움을 이어갔다.

캘리포니아에서 걸프스트림 제트기에 탑승하기 전에 힌턴은 캐나다로 돌아갈 때는 기차를 이용하겠다고 말했다. 런던 여행을 비밀에 부치려는 속셈이었다. 돌아가는 제트기는 힌턴을 내려주기 위해 캐나다까지 가는 길에 좀 더 우회해 힌턴이 원래 타려고 한 기차가 도착할 시간에 맞춰 토론토에 착륙했다.

어쨌든 힌턴이 의도한 대로 결과가 나왔다. 1월이 되자, 구글은 딥마인드를 소속 직원 50명을 포함해 6억 5천만 달러에 인수했다고 공표했다.[19] 사실 그 인수는 간발의 차이로 거머쥔 승리였다. 당시 페이스북 역시 딥마인드 창업자 각각에게 구글이 제시한 인수 가격의 2배를 제시하며 접촉을 시도했다.

II

누가 인공지능의 주인이 될 것인가

THE GENIUS MAKERS

7

경쟁
인재 영입 대작전

"안녕하세요. 저는 페이스북의 마크입니다."

후발주자 페이스북의 등판

2013년 11월 말, 클레망 파라베는 침실 1개가 딸린 브루클린의 아파트에서 소파에 앉아 노트북으로 코딩 작업을 하고 있었다. 그때 그의 아이폰이 울렸다. 화면에는 '캘리포니아 멘로파크'라는 문구가 떴다. 파라베가 전화를 받자 수화기 너머로 "안녕하세요, 저는 페이스북의 마크입니다"라는 목소리가 들렸다.

파라베는 뉴욕대학교의 딥러닝 연구소 소속 연구원이었다. 몇 주 전 페이스북의 한 임원으로부터 소문으로만 듣던 갑작스러운 연락을 받긴 했지만, 마크 저커버그가 직접 전화를 걸리라고는 전혀 생각지 못했다. 저커버그가 특유의 직설적이고 소탈한 말투로 NIPS 참석차 타호호로 가는 중인데 네바다에서 만나 이야기를 나눌 수 있는지 물었다. NIPS까지는 일주일도 채 남지 않았고, 그해에는 NIPS에 참석할 계획이 없었지만 파라베는 학회 바로 전날 하라스 호텔 앤 카지노의 펜트하우스에서 저커버그와 만나기로 약속을 잡았다.

전화를 끊자마자 파라베는 서둘러 비행기 표와 숙소를 알아보기 시작했다. 그러나 네바다에 도착해 하라스의 펜트하우스로 걸어 들어가면서도 도무지 이 만남의 의도를 알 수 없었다. 페이스북의 창업자 겸 CEO의 뒤편 소파에 앉아 있는 누군가를 발견하기 전까지는 말이다. 그 사람은 얀 르쾽이었다.

저커버그는 신발을 신고 있지 않았다. 그는 인공지능을 "페이스북의 다음 계획"이라고 일컬으며 양말만 신은 채 벌써 30분 넘게 방 안을 서성거리고 있었다. 구글 측이 딥마인드와 접촉하기 위해 런던으로 날아가기 일주일 전이었다. 페이스북은 직접 딥러닝 연구소를 설립해 며칠 전에 연구소의 책임자로 르쾽을 채용한 상태였다. 저커버그와 르쾽, 그리고 방 안에 있는 또 한 사람인 페이스북의 최고기술책임자 마이크 슈레퍼Mike Schroepfer는 그 새로운 벤처 사업을 위해 한창 인재를 영입하는 중이었다.

리옹 태생의 이미지 인식 전문가인 파라베는 다년간 신경망 훈련용 컴퓨터칩 개발에 매진해온 인물로 그날 오후 저커버그를 만나려고 하라스의 펜트하우스를 찾은 수많은 연구자 중 하나였다. 파라베는 "저커버그는 기본적으로 전문가라면 전부 다 채용할 생각인 것 같았어요. 이 분야의 연구자들 이름을 죄다 꿰고 있더라고요"라고 회상했다.

그날 밤 페이스북은 호텔 연회장에서 비공개 파티를 열었다.[1] 지나다니는 사람들이 내려다보이는 발코니가 딸린 복층의 연회장에 수십 명의 개발자, 컴퓨터과학, 학자가 모여들었다. 르쾽은 자신의 뉴욕대학교 연구실에서 멀지 않은 맨해튼에 페이스북 인공지능 연구소가 들어설 예정이라는 사실을 공표했다. 이어서 "하늘이 맺어준 완벽한 한 쌍, 아니 뉴욕시가 맺어준 인연이라고 해야 할까요. 마크와 슈렙Schrep을 위해"라고 말하며 건배를 들었다. '슈렙'은 페이스북 사람들이 슈레퍼에게 지어준 별명이었다.

페이스북은 이미 새 연구소에서 르쾽과 함께 일할 또 한 다른 뉴욕대학교 교수를 영입했다. 연구소의 정식 명칭은 페이스북 인공지능 연구소FAIR, Facebook Artificial Intelligence Research로 정했다. 그리고 곧 핵심 인재 몇 사람이 더 합류할 예정이었다. 그중에는 구글에서 스카우트를 해온 연구자 세 사람도 있었다. 그러나 르쾽과 같은 프랑스인이면서 오랜 기간 연구를 함께한 클레망 파라베는 마지막까지 합류하지 않았다.

파라베는 동료 몇 사람과 함께 매드비츠Madbits라는 딥러닝 스타트업 설립을 진행 중이었던 터라 그 계획을 그대로 추진하기로 결정했다. 6개월 후, 파라베의 작은 스타트업은 첫 제품을 출시하기도 전에 실리콘밸리의 SNS 거물인 트위터Twitter에 인수됐다. 이미 불이 붙은 인재 영입 경쟁이 더욱 치열해지고 있었다.

실리콘밸리에 있는 페이스북의 본사 캠퍼스는 디즈니랜드를 연상시킨다. 벽화가, 조각가, 실크스크린 작가 등 상주 예술가들이 건물과 사무실은 물론이고 복도와 로비를 정성 들여 장식한 덕분에 다채로우면서도 화려한 인상을 풍긴다. 캠퍼스 내 여기저기 자리 잡은 식당들도 그에 못지않은 특색을 자랑하며 가게를 홍보하고 있다. 한쪽 모퉁이에는 빅 토니스 피자Big Tony's Pizza가 있으며, 다른 쪽 모퉁이에는 버거 쉑Burger Shack도 있다.

그해 초, 마크 저커버그는 테디스 나초 로열Teddy's Nacho Royale 인근 빌딩에서 딥마인드의 창업자들과 함께 앉아 있었다. 그들 사이에는 딥마인드의 최초 투자자 겸 페이스북의 이사인 피터 틸이라는 중요한 연결 고리가 있었다. 아직 저커버그는 런던의 이 작은 스타트업에 대한 결정을 내리지 못하고 있었다. 최근 들어 저커버그는 인공지능이라고 불리는 기술의 개발을 약속하는 스타트업을 여럿 만나고 있었다. 이 자리도 그중 하나였다.

회의가 끝나자 페이스북의 개발자 루보미르 부르데브Lubomir Bourdev는 저커버그에게 자신들이 들은 이야기가 과장만은 아닌 것 같다며, 하사비스와 레그가 그 기술 개발에 성공할 확률이 높다고 말했다. 그러면서 "그 사람들은 진짜예요"라고 강조했다. 컴퓨터 비전 전문가인 부르데브는 페이스북에 올라온 사진과 동영상에서 자동으로 객체를 인식하는 서비스를 구축하기 위해 새로운 기술 개발을 주도했다.

2012년 알렉스넷의 등장으로 딥러닝이 다른 개발자들이 수년간 애써 개발한 시스템들의 성능을 단번에 능가하는 것을 목격한 여느 사람들과 마찬가지로 부르데브도 신경망이 디지털 기술 구축 방식을 바꿀 것이라고 확신했다. 그래서 저커버그에게 딥마인드야말로 페이스북이 반드시 인수해야 할 회사라고 건의한 것이다.

2013년만 해도 부르데브의 주장은 엉뚱하게 들렸다. 페이스북의 대다수 개발자와 임원을 비롯해 테크업계에 몸담은 이들 대부분은 딥러닝의 존재를 몰랐기 때문에 딥러닝의 잠재적 가치가 얼마나 클지도 알 턱이 없었다. 더군다나 페이스북은 SNS 기업이 아닌가. 페이스북은 현재를 위한 인터넷 기술을 구축할 뿐 '인공지능'이나 수년 내로 상용화할 수 없을 것 같은 기술에 매달리는 기업이 아니었다.

페이스북은 '빠르게 움직여 깨부수라Move Fast and Break Things' 라는 사훈을 작은 실크스크린 표지판으로 만들어 회사 캠퍼스 내 벽 곳곳에 붙여놓고 있다. 전 세계에 걸쳐 10억 명 이상의 사용자를 확보한 페이스북은 자사의 서비스를 최대한 급속히 확대 및 확장하는 방향에 집중하는 기업이었다. 딥마인드가 목표로 삼고 있는 것, 즉 빠르게 움직여 깨부수는 것이 아닌 새로운 개척지를 탐구하는 연구 같은 것에는 신경 쓰고 있지 않았다. 그러나 이제 세계 초일류 기업 중 하나로 성장한 만큼 저커버그는 구글, 마이크로소프트, 애플, 아마존 등 다른 기업들과 다가올 큰 변화에 대비하기 위한 경쟁에 열을 올리고 있었다.

그것이 테크업계의 작동 원리다. 초일류 기업들은 무엇이 됐든 그다음 대전환을 불러올 기술을 향한 끝도 없는 경쟁에 갇히기 마련이다. 각자 1등으로 목표에 도달하려고 기를 쓰다가 다른 기업에 뒤처지면, 더 늦지 않게 목적지에 도달해야 한다는 훨씬 큰 압박감에 시달리게 된다.

구글은 제프리 힌턴의 스타트업을 인수함과 동시에 딥러닝이라는 기술을 먼저 손에 넣었다. 비록 1등은 아니었지만, 2013년 중반에 저커버그 역시 그 기술을 서둘러 확보하기로 결심했다.

저커버그에게 페이스북이 원래 SNS 기업이라는 사실은 중요치 않았다. 딥러닝이 자신의 회사에서 홍보 및 이미지 인식을 제외하고 어떠한 부분에서 도움이 될지 분명하지 않다는 사실은 중요치 않았다. 페이스북은 실제로 장기 연구를 해본 적이 없다는 사실도 중요치 않았다. 저커버그는 딥러닝 연구를 페이스북에 유치할 생각에만 몰두했다. 저커버그가 '슈렙'이라고 불리는 사람에게 명령한 일도 바로 그 일이었다.

마이크 슈레퍼는 5년 전 저커버그의 하버드대학교 룸메이트이자 공동창업자인 더스틴 모스코비츠Dustin Moskovitz가 수석개발자 자리에서 물러난 이후 그 직책을 맡으며 페이스북에 합류했다. 검은 테 안경을 낀 그는 저커버그와 비슷한 짧은 헤어스타일을 한 남성이다. 저커버그보다 10년 정도 연상인 슈렙은 실리콘밸리의 전문가들이 대개 그러하듯 스탠퍼드대학교 출신이다.

슈렙은 2000년대 초반 인터넷 익스플로러라는 웹브라우저로 시장을 독점하고 있던 마이크로소프트에 도전장을 내밀었던 모질라Mozilla에서 최고기술책임자를 맡으며 사회에 첫발을 내디뎠다. 페이스북으로 옮겨와 맡은 주요 업무는 페이스북 사용자가 1억 명에서 10억 명 이상으로 증가함에 따라 발생하는 하드웨어 및 소프트웨어 과부하를 처리하는 일이었다. 그러나 2013년에 최고기술책임자로 승진하면서 주요 업무가 다시 변경됐다. 이제 슈렙의 책무는 딥러닝을 시작으로 페이스북을 완전히 새로운 기술적 경지에 올려놓는 것이었다. 훗날 슈렙은 "딥러닝은 마크가 꽤 정확히 미래를 예측한 다수의 사례 중 하나였죠"라고 말했다. 다만 구글이 먼저 똑같은 결론에 도달했다는 사실은 언급하지 않았다.

결국 저커버그와 슈레퍼는 구글에 밀려 딥마인드를 인수하는 데 실패했다. 하사비스는 동료들에게 저커버그에게는 매력을 못 느낀다며 페이스북 창업자가 딥마인드로 무엇을 할 생각인지 알 수가 없고 자신의 연구소가 페이스북의 성장주의 기업 문화에는 어울리지 않을 거라고 말했다.

그러나 하사비스와 레그, 술레이만이 더 큰 걸림돌로 여겼던 것은 가깝든 멀든 인공지능의 등장으로 생길 윤리적 문제에 대한 자신들의 염려에 저커버그가 공감하지 못한다는 사실이었다. 저커버그는 독립적인 윤리위원회가 딥마인드의 기술을 감독해야 한다는 조항을 계약서에 추가하는 것에 동의하지 않았다. 레그는 "우리가 단지 돈만 생각했다면, 더 많은 돈을 벌 수도 있었어요. 하지만 우린 그러지 않았죠"라고 말했다.

당시 페이스북이 채용한 연구자 중에 곧 자신의 분야에서 크게 이름을 날릴 몬트리올대학교의 대학원생 이안 굿펠로가 있었다. 그는 페이스북의 본사에서 만난 저커버그가 매우 장시간 딥마인드에 관해 이야기하는 걸 보고 깜짝 놀랐다. 이안 굿펠로는 "그 순간 저커버그가 딥마인드 인수를 고려 중이라는 느낌을 받았던 것 같아요"라고 말했다. 그러나 구글과 똑같은 미래 기술에 주목하고 있던 페이스북은 닭이 먼저냐, 달걀이 먼저냐 하는 문제에 직면했다. 즉, 페이스북은 연구소가 없기 때문에 정상급 연구자를 끌어들일 수 없었고, 정상급 연구자를 끌어들이지 못했기 때문에 연구소를 만들 수 없었다.

그런데 마크오렐리오 랜자토라는 인물이 문제 해결의 돌파구가 됐다.

학계와 업계의 경계에서

이탈리아 파도바 출신으로 과거 바이올리니스트였던 랜자토는 음악가로서는 먹고살기 힘들다는 이유로 오디오 개발자가 되기로 마음먹고 기술업계에 발을 들였다. 그리고 어느 순간부터 음성 및 이미지 관련 인공지능에 심취했다. 목소리 톤이 가늘고 상냥한 랜자토는 뉴욕대학교에서 르쿵의 지도를 받고, 토론토대학교에서는 힌턴 밑에서 수학하며 힌턴이 2000년대 말에 조직한 신경 계산 학회에 정기적으로 참가했다.

구글 브레인이 설립되자 앤드루 응이 첫 번째로 고용한 이들 중에는 랜자토도 있었다. 랜자토는 고양이 논문을 작성하고 새 안드로이드 음성 서비스를 개발한 연구자 중 하나였다. 그리고 2013년 여름, 페이스북 관계자가 랜자토에게 전화를 걸었다.

그해 페이스북은 실리콘밸리 출신 컴퓨터 비전 연구자들의 연례 모임인 베이에어리어비전회의BAVM, Bay Area Vision Meeting를 개최했다. 이 소규모 심포지엄을 조직한 사람은 저커버그에게 딥마인드 인수를 권한 페이스북의 개발자 루보미르 부르데브였다. 부르데브는 페이스북의 한 동료가 회의의 완벽한 기조연설자로 랜자토를 추천하자 이 젊은 이탈리아인 연구자와 구글 본사에서 오찬을 같이 하기로 약속을 잡았다.

구글 본사는 페이스북의 캠퍼스에서 남쪽으로 101번 고속도로를 따라 약 11킬로미터 떨어져 있다. 랜자토는 처음에 부르데브가 구글의 일자리를 노리고 접근한 것으로 짐작했는데, 식사를 하다 보니 오히려 자신을 BAVM의 기조연설자로 원할 뿐 아니라 페이스북으로 데려가고 싶어 한다는 것을 알게 됐다. 하지만 랜자토는 스카우트 제의를 거절했다. 비록 구글 브레인에서 자신이 선호하는 창의적 연구보다 엔지니어링에 종사하는 시간이 길어 여러모로 흡족한 상황은 아니었지만 페이스북으로 간다고 해서 상황이 나아질 것 같지는 않았다. 페이스북에는 인공지능 연구소가 없지 않은가. 그럼에도 이후 몇 주 동안 부르데브는 전화와 이메일로 끈질기게 랜자토를 설득했다.

랜자토는 대학원 시절의 은사인 얀 르쿵에게 전화를 걸어 페이스북의 제안에 관해 조언을 구했다. 르쿵은 찬성하지 않았다. 2002년에 르쿵 역시 비슷한 상황에 맞닥뜨린 적이 있었다. 당시 창업한 지 4년밖에 되지 않은 구글이 르쿵에게 수석연구원 자리를 제안한 것이다. 르쿵은 구글의 연구 역량을 확신할 수 없어 그 제안을 거절했다. 당시 구글의 직원은 600여 명에 불과했다.

르쿵은 "구글이 성공 궤도를 그리고 있던 것은 분명했어요. 하지만 제 연구를 감당할 수 있는 규모는 아니었어요"라고 설명했다. 더군다나 구글은 장기 계획보다는 단기 성과에 더 집중하는 듯 보였다. 많은 사람이 그러한 점을 구글의 큰 장점 중 하나로 생각했다. 그 장점 때문에 구글은 딥러닝 음성 인식 기술을 불과 6개월 만에 안드로이드폰에 도입해 마이크로소프트나 IBM보다 음성 인식 인공지능 시장을 선점할 수 있었다.

르쿵은 페이스북이 즉각적 결과에 집중했던 2012년의 구글과 거의 같은 방식으로 운영되는 것 같아 염려됐다. 르쿵은 "페이스북은 연구를 하는 기업이 아니야. 실제 연구를 할 수 있는지 반드시 확인하도록 하게"라고 랜자토에게 당부했다.

랜자토는 이번에는 페이스북의 본사에서 부르데브와 다시 만났다. 두 사람의 미팅이 끝나갈 즈음 부르데브는 랜자토에게 함께 만나봤으면 하는 사람이 있다고 말을 꺼냈다. 둘은 캠퍼스를 가로질러 다른 건물로 걸어 들어갔다. 유리 벽으로 된 회의실로 들어가자 마크 저커버그가 눈에 들어왔다. 며칠 후 랜자토는 페이스북에 합류하기로 마음먹었다.

저커버그는 장기 연구를 위한 연구소를 만들겠다고 약속하며 자신의 책상 바로 옆에 랜자토의 책상을 마련했다. 이 결정이 차후 수년간 저커버그와 랜자토가 페이스북의 IT 기술력을 딥러닝부터 가상현실까지 밀어붙이는 데 구심점이 됐다. 이제 회사의 대표 옆에 새로운 연구부서가 자리 잡게 됐다.

처음에 이러한 변화는 회사 내에 일부 반발을 불러일으켰다. 페이스북의 참모진은 저커버그 옆에 설립된 연구소가 '빠르게 움직여 깨부수라'는 회사의 문화와 상충되며 일반 사원들의 분노를 일으키는 원인이 될 것이라고 판단했다. 그러나 페이스북의 주인은 저커버그였다. 저커버그는 창업자이자 CEO이며 이사회에서 과반수의 의결권주를 움직일 수 있는 인물이었다.

한 달 뒤 얀 르쿵은 저커버그로부터 전화 한 통을 받았다. 저커버그는 회사가 하고 있는 일을 설명하며 도움을 요청했다. 특히 저커버그가 르쿵의 연구 논문을 읽어보았다고 말하자 르쿵은 우쭐해졌다. 그러나 르쿵은 뉴욕대학교의 교수직에 만족하고 있기에 자신은 약간의 자문을 제공하는 정도 이상의 역할은 맡을 수 없다고 대답했다. "상담은 해줄 수 있습니다. 하지만 그게 다예요."

과거에도 르쿵은 슈렙과 같은 사안으로 이야기를 나눈 적이 있었다. 그때도 지금과 같은 입장이었다. 그렇지만 저커버그는 집요했다. 페이스북이 또다시 궁지에 몰린 것이다. 이미 슈렙이

앤드루 응부터 요슈아 벤지오까지 이 분야의 선도자 몇 사람과 접촉했지만, 아직 연구소를 이끌 인재를 구하지 못한 형편이었다. 연구소를 이끌 인물은 세계 최고의 연구자들을 끌어들이는 데 영향력을 미칠 만큼 비중 있는 인물이어야 했다.

그 뒤 11월 말, 랜자토는 NIPS에 참석할 예정이라고 저커버그에게 보고했다. "NIPS가 뭡니까?" 저커버그가 물었다. 랜자토는 수백 명의 인공지능 연구자가 타호호에 있는 호텔과 카지노로 모여든다고 설명했고, 저커버그는 자신이 따라가도 되는지 물었다. 랜자토는 저커버그가 대중적인 인지도가 높은 만큼 조금 곤란한 상황이 벌어지지 않겠냐고 반문했다가, 저커버그가 타호호에서 연설한다면 예고 없이 나타나도 회의장이 어수선해지지 않을 거라고 제안했다. 그래서 저커버그는 학회의 조직위와 연설 일정을 잡았는데, 사실 그것 말고 계획이 하나 더 있었다. NIPS가 열리기 일주일 전에 실리콘밸리의 한 학술모임에 참석할 예정인 르쿵을 팰로앨토에 있는 자신의 집에 초대한 것이다.

저커버그의 자택은 스탠퍼드대학교 인근 깔끔하게 정비된 지역의 나무들 사이에 있는 식민지풍의 하얀 미늘 벽 판잣집이다. 두 사람만을 위해 준비된 저녁 식사를 하면서 저커버그는 르쿵에게 페이스북에서 인공지능을 실현하겠다는 자신의 원대한 포부를 밝혔다. 미래에는 스스로 작업을 수행할 만큼 강력한 기술이 SNS상의 상호작용을 주도하게 될 것이라고 설명했다. 가까운 미래에 그러한 기술이 사진 속 얼굴을 식별하고, 음성 명령을 인식하며, 또 외국어를 번역할 것이라고 말했다. 좀 더 먼 미래에는 '지능형 에이전트intelligent agents' 혹은 '봇bots'이 페이스북의 디지털 세상을 순찰하고, 필요에 따라 지시받은 작업을 수행할 것이라고도 말했다.

저커버그는 "비행기 예약이 필요할까요? 봇에게 부탁해요. 아내를 위한 꽃을 주문할 때는? 그것도 봇이 할 수 있어요"라며 열심히 설명했다. 르쾽이 페이스북의 관심 밖에 있는 인공지능 연구 영역이 있는지 묻자 저커버그는 "아마 로봇공학이 아닐까요?"라고 대답했다. 그러나 그 밖에 디지털 영역에 속하는 분야는 모두 페이스북의 관심 대상이었다.

더 중요한 문제는 저커버그가 기업의 연구 '철학'에 대해 어떻게 생각하느냐였다. 르쾽은 '개방성'을 추구하는 사람이었다. 다시 말해, 개념과 알고리즘 및 방법론은 다양한 연구자 사이에서 공유돼야 하지 하나의 회사나 대학의 전유물이 돼서는 안 된다고 생각했다. 르쾽은 자유로운 정보 교환이 전체 연구의 발전을 가속화한다고 믿었다. 모든 연구자는 다른 사람의 연구를 발판으로 삼을 수 있다는 것이다.

개방적 연구는 이 분야의 학자들 사이에서는 기본이지만, 대개 빅테크 기업들은 자사의 가장 중요한 기술을 기업 비밀로 취급하며 외부에 노출하지 않도록 세세한 부분까지 지키기에 급급했다.

저커버그는 페이스북은 절대 그렇지 않다고 반박했다. 페이스북은 인터넷에서 자유롭게 공유되는 오픈소스 소프트웨어 시대에 성장해 이미 자사의 기술 전반에 그 개념이 있다고 주장했다. 심지어 전 세계에 페이스북 서비스를 가능케 한 방대한 컴퓨터 데이터센터 내부의 맞춤형 하드웨어 설계마저 공유하고 있다고도 했다.[2]

저커버그는 페이스북의 가치는 소프트웨어나 하드웨어가 아닌 자사의 SNS 서비스 사용자들에게 있다고 믿었다. 누구도 가공되지 않은 재료만으로는 가치 있는 무언가를 구현할 수 없지만, 페이스북이 그 원재료를 공유한다면 누군가가 그것을 향상하도록 도울 수 있다고 믿었다. 르쾽과 저커버그 사이에 공통점이 생겼다.

다음 날 르쾽은 페이스북 본사를 방문해 저커버그, 슈렙, 그리고 '아쿠아리움The Aquarium'에 있던 다른 이들과 대화를 나눴다. 아쿠아리움은 페이스북 CEO가 회의를 소집하는 유리 벽으로 된 회의실을 말한다.

이때 저커버그는 "우리는 교수님이 페이스북 인공지능 연구소를 맡아주셨으면 합니다"라고 솔직히 털어놓았다. 르쾽은 2가지 조건이 있다고 대답했다. "저는 뉴욕을 떠날 생각은 없습니다. 또 뉴욕대학교를 그만두지도 않을 거고요." 저커버그는 즉시 2가지 조건에 모두 동의했다.

이어 며칠 안에 페이스북은 뉴욕대학교 교수 롭 퍼거스Rob Fergus도 영입했다. 롭 퍼거스는 바로 얼마 전에 젊은 대학원생 매트 제일러Matt Zeiler와 함께 이미지넷 대회에서 우승을 거머쥔 인물이었다.

그러고 나서 저커버그는 NIPS로 날아갔다. 학회 전날 밤에 열린 페이스북의 비공개 파티에서 자사의 새 연구소 설립을 먼저 공표한 저커버그는 다음 날 주 NIPS 연설을 통해 세상에 그 소식을 전했다.

제프리 힌턴은 자신의 회사를 구글에 팔 당시 토론토대학교의 교수직을 유지하기로 했다. 제자들이 있는, 이제 고향이나 다름없는 그곳을 떠나고 싶지 않았다. 그것은 힌턴에게만 주어진 특권이었다. 과거 구글은 학자를 고용할 때면 늘 휴직을 시키거나 대학을 완전히 떠나게 했기 때문이다. 그러나 힌턴은 이를 받아들이지 않았다. 구글의 배려가 힌턴에게는 오히려 경제적으로 손해였지만 말이다.

힌턴은 "알고 보니 토론토대학교에서 제가 받고 있는 보수가 제 연금 액수보다도 적지 뭐예요. 학생들을 계속 가르칠 수 있게 해줘 고맙다고 제가 오히려 대학에 대가를 치르고 있는 셈이죠"라고 말했다. 힌턴의 스타트업인 DNN리서치에 들어간 비용 가운데 가장 큰 지출은 구글과 협상하려고 고용한 변호사 수임료로 40만 달러 정도였다. 힌턴의 계약 사례는 뒤이어 업계로 들어온 르쿵 및 학계에 본보기가 됐다. 비록 분배 배율은 달랐지만 르쿵도 힌턴과 마찬가지로 시간을 쪼개 뉴욕대학교와 페이스북 양쪽을 오갔다. 일주일에 하루는 대학에서 보냈고, 4일은 페이스북에서 보냈다.

구글이나 페이스북 같은 기업에서 일하는 선도적 연구자 대부분은 학자 출신이었는데, 부분적으로라도 학자 신분을 유지하는 이들이 늘어났다. 그런 까닭에 얀 르쾽의 이상인 연구의 개방성이 어느새 당연해졌다. 르쾽은 "개방적이지 않고, 즉 다른 이들과 연구를 공유하지 않고 어떻게 연구를 할 수 있겠어요. 비밀을 유지하는 한 연구의 질은 떨어질 수밖에 없습니다. 최상의 결과를 끌어낼 수 없단 말입니다. 자신의 연구에 혁신을 불어넣을 누군가를 만날 수 없을 테니까요"라고 말했다. 심지어 기업의 기밀 유지 문화에 익숙한 제프 딘 같은 전문가도 개방성의 이점을 깨달았다.[3]

구글도 페이스북이나 여타 빅테크 기업처럼 자사의 최신 기술에 관한 연구 논문을 발표하거나 소프트웨어의 소스 프로그램을 공유하기 시작했다. 이러한 흐름은 기술 발전을 가속화할 뿐 아니라, 연구 속도를 한층 끌어올릴 수 있는 정상급 연구자들을 영입하는 데도 큰 도움이 됐다.

추월당한 마이크로소프트

이렇듯 급변하는 새로운 세상에서 마이크로소프트는 패배자로 전락했다. 힌턴과 그의 제자들이 리 덩과 협력해 음성 인식 연구를 진행할 당시 딥러닝의 등장을 직접 목격한 마이크로소프트는 미국 및 중국에 있는 자사의 음성 인식 연구소가 즉시 그 기술을 도입하도록 했다.

2012년 말, 구글이 안드로이드폰에 새 음성 인식 엔진을 추가하자 마이크로소프트의 수석연구원 릭 라시드Rick Rashid는 중국에서 열린 한 행사에서 음성을 듣고 다른 언어로 번역할 수 있는 시제품을 공개하며 자사의 음성 인식 연구를 과시했다. 릭 라시드는 행사장에서 자사의 시제품 성능을 직접 목격한 많은 사람이 눈물을 흘렸다며 기쁘게 말했다.[4]

그 후 2013년 가을에 오랜 기간 마이크로소프트에서 비전 연구원으로 일한 래리 지트닉Larry Zitnick은 딥러닝에 집중할 새 컴퓨터 비전 연구소를 구축하기 위해 버클리대학교 대학원생인 로스 거식Ross Girshick을 영입했다.

래리 지트닉은 힌턴과 그의 제자들이 지난 12월에 공개한 것보다 뛰어난 음성 인식 시스템에 관한 로스 거식의 강연을 듣고 감동했다. 유사한 기술을 언어에 적용하기 시작한 메그 미첼Meg Mitchell이라는 젊은 연구자도 그들의 연구소에 합류했다. 캘리포니아 남부 출신으로 스코틀랜드에서 전산언어학을 전공한 미첼은 후에 〈블룸버그 뉴스Bloomberg News〉와의 인터뷰 중에 인공지능이 '사내들만 득실거려' 곤란을 겪고 있다고 말해 사회적 이슈를 불러일으켰다. 미첼의 주장은 딥러닝을 구축하는 이들이 거의 전부 남성 연구자들이어서 가망 없는 기술이 될지 모른다는 이야기였다. 이러한 젠더 문제는 마이크로소프트 등 빅테크 기업들을 끈질기게 괴롭힐 터였다.

이들 세 연구자는 사진을 읽고 자동으로 자막을 생성할 수 있는 시스템 구축 작업을 했다. 그들의 연구실은 실리콘밸리 스타일에 따라 탁 트인 공간에 책상들을 나란히 배치했는데, 마이크로소프트 연구소에서는 아직 익숙하지 않은 풍경이었다. 그들이 그렇게 시대의 흐름에 맞춰 변화하려고 노력했음에도 연구에 별다른 진척이 없었다. 원인 중 하나는 그들이 책상 밑에 있는 저성능의 GPU 기계에서 신경망을 훈련했다는 점이다. 또 다른 원인은 그들이 '잘못된' 소프트웨어를 사용했다는 점이다.

1990년대에 전 세계 소프트웨어 산업을 장악하고 있던 마이크로소프트의 힘의 원천은 윈도 운영체제였다. 당시 90퍼센트 이상의 가정용 및 기업용 PC에 그 시스템이 적용됐으며, 세계 곳곳의 데이터센터에서 온라인 응용 프로그램을 전송하는 서버들의 대다수에서도 마찬가지였다. 그러나 2014년까지 윈도에 전념한 마이크로소프트의 사업 방식은 회사를 짓누르는 부담으로 작용하고 있었다.

빅테크 기업과 컴퓨터과학자는 윈도를 사용하지 않는 방향으로 변화하고 있었다. 그들은 사용 및 수정이 자유로운 오픈소스 운영체제인 리눅스Linux를 사용했다. 리눅스를 사용하면 인터넷 시대의 거대 분산 시스템을 더 저렴하고 편리하게 구축할 수 있었다. 딥러닝 같은 고성능 시스템을 개발할 때 전 세계 인공지능 연구자들은 리눅스 기반의 빌딩 블록들을 자유롭게 교환했다. 그런데 마이크로소프트의 연구원들은 리눅스가 마이크로소프트의 운영체제에서 실행되도록 하는 인터페이스를 찾는 데 대부분의 시간을 보내며 윈도에 매달려 있었다.

그런 까닭에 페이스북이 열심히 스카우트 제안 전화를 돌리고 있을 때, 마이크로소프트는 경쟁에서 밀려나고 있었다. 페이스북은 새로운 인공지능이 더 빨리 개발돼 시장에 나갈 기회를 만들었다. 그리고 결정적으로 구글과 여타 기업 및 대학 연구실에서 먼저 진행한 모든 연구가 서로 연결되도록 했다. 이는 1990년대에 마이크로소프트가 최신 무기를 독식하다시피 한 군비 경쟁이 아니었다. 비유하자면, 각 기업이 (다는 아니더라도 꽤 많은) 무기를 양보한 군비 경쟁이었다.

마이크로소프트는 앞날을 먼저 보았지만, 경쟁사에 우위를 빼앗겼다. 거식과 지트닉 두 사람은 페이스북으로, 메그 미첼은 구글로 자리를 옮겼다.

또 하나의 문제는 정상급 연구자들을 영입하고 유지하는 데 막대한 비용이 들었다는 점이었다. 마이크로소프트만의 이야기가 아니었다. 인공지능 분야에는 인재가 매우 드물어서 대기업들은 개발자 영입 때마다 4년 내지 5년 계약에 연봉, 보너스. 자사 주식을 포함하여 수백만 혹은 수천만 달러까지 감수해야 했다. 구글이 DNN리서치와 딥마인드를 인수한 후부터 그러한 관행이 생겼다.

딥마인드의 어느 해 재무회계에 따르면, 불과 700명의 직원 임금으로 총 2억 6천만 달러가 들었다.[5] 1인당 37만 1천 달러에 해당하는 금액이다. 심지어 대학원을 갓 졸업한 젊은 박사도 50만 달러의 연봉을 받을 수 있고, 유명 연구자라면 그 이상을 부를 수 있었다. 연구 실력이 뛰어나서이기도 했지만 그의 네임 밸류만으로 유능한 다른 연구자를 끌어들일 수 있기 때문이었다.

마이크로소프트의 부사장 피터 리는 〈블룸버그 비즈니스위크 Bloomberg Businessweek〉와의 인터뷰에서 인공지능 연구자 영입 비용이 NFL National Football League(미국의 프로 풋볼 리그-옮긴이) 쿼터백을 영입하는 비용과 맞먹는다고 밝혔다.[6] 이런 경쟁을 더욱 부추긴 것은 또 다른 선수들의 등장이었다. 페이스북이 자사 연구소 설립을 공표하고, 구글이 딥마인드를 인수한 후에 앤드루 응은 실리콘밸리 및 베이징에 바이두의 연구소를 설립할 예정이라고 발표했다.[7]

8

과대 선전

끝 모를 성공 궤도

"성공이 보장된다."

무모한 스카이다이버의 과감한 하드웨어 투자

2012년, 앨런 유스터스는 항공기 안에서 앞 좌석 뒷면에 꽂혀 있는 무료 잡지를 들춰보다가 오스트리아의 스카이다이버 펠릭스 바움가르트너Felix Baumgartner에 관한 기사를 발견했다. 바움가르트너가 팀을 꾸려 성층권에서 낙하할 계획이라는 내용이었다. 그 계획을 실현하려고 바움가르트너를 자신을 우주 비행사처럼 하늘로 태우고 갈 새로운 캡슐을 개발 중이라고 했다. 유스터스는 속으로 '바움가르트너가 우주 비행사보다는 스쿠버다이버에서 힌트를 얻는 편이 나을 텐데'라며 그들의 접근 방식이 완전히 잘못됐다고 생각했다.

그는 인간이 공기가 희박한 상공에서 살아남는 데 필요한 모든 것을 갖추려면 스쿠버 슈트를 착용하는 편이 더 영리한 선택이라고 확신했다. 그로부터 얼마 후, 펠릭스 바움가르트너는 약 38킬로미터 상공에서 캡슐 밖으로 낙하함으로써 스카이다이빙 세계 신기록을 세웠다.[1] 그러나 이미 유스터스는 그 기록을 깨버릴 작정이었다. 다음 2년 동안 그는 민간 개발 회사와 협력해 고공비행에 적합한 스쿠버 슈트를 비롯해 바움가르트너의 기록을 깨는 데 필요한 모든 것을 개발하는 데 여가를 할애했다.

그는 2014년 가을 뉴멕시코주 로즈웰의 어느 버려진 활주로 상공에서 낙하할 예정이었다. 그러나 그에 앞서 유스터스는 구글과 마지막 대형 프로젝트를 도모했다.

유스터스는 힌턴의 DNN리서치를 4,400만 달러에, 딥마인드를 6억 5천만 달러에 사들임으로써 유능한 딥러닝 연구자를 먼저 확보하는 데 사실상 성공했다. 그러나 아직 구글은 최고의 연구자들이 야심 차게 자신의 능력을 십분 발휘하며 연구를 가속화는 데 필요한 하드웨어가 부족했다.

힌턴과 두 제자는 이 사실을 금방 알아챘다. CPU 전용 코드 덕분에 이미지넷에서 우승을 차지한 크리제브스키가 마운틴 뷰에 도착해보니, 구글의 신경망은 보이치에흐 자렘바Wojciech Zaremba라는 개발자가 설계한 일반 칩을 사용 중이었던 것이다. 신경망 구축을 위해 구글이 특별 제작한 하드웨어 및 소프트웨어 시스템 디스트빌리프DistBelief에서 구축한 다른 모든 신경망도 마찬가지였다.

힌턴은 프로젝트의 명칭을 자렘바의 이름을 딴 보이넷WojNet이라고 부르는 것에 반대하고 그 대신 알렉스넷AlexNet이라는 이름을 붙였는데, 그 명칭은 그대로 전 세계 인공지능 연구자에게 알려졌다. 크리제브스키는 구글의 기술에 반대했다. 즉, 구글이 신경망을 실행하려고 수 개월을 투자해 개발한 시스템을 사용할 생각이 전혀 없었다.

구글에 처음 출근한 날 크리제브스키는 회사 밖으로 나가 근처 전자 상가에서 GPU 장치를 사 오더니 자신이 근무하는 층에 있는 '나만의 캐비닛'에 넣고 회사의 네트워크에 연결했다. 그리고 그 하드웨어 하나만으로 자신의 신경망을 훈련하기 시작했다. 다른 연구원들은 GPU 장치를 책상 아래 아무렇게나 방치하고 있었다. 그 모습은 크리제브스키가 토론토에 있을 때 자신의 침실에서 작업하던 모습과 별반 다르지 않았다. 이번에는 구글이 전기료를 낸다는 사실만 제외하면 말이다.

다른 이들은 회사의 방대한 데이터센터 네트워크를 통해 소프트웨어를 개발하고 실행했다. 이는 곧 세계에서 가장 큰 개인용 컴퓨터들로 작업할 수 있음을 의미했다. 하지만 크리제브스키는 훨씬 작은 장비에 만족해야 했다. 회사의 데이터센터를 통제하는 구글 직원들이 GPU를 구비할 이유가 없다고 여겼기 때문이다.

전통적인 사고방식에 갇혀 있던 그들은 딥러닝이 미래의 핵심 기술이라는 사실을 알아보지 못했고, 따라서 GPU가 일반 컴퓨터칩이 할 수 없는 속도로 이 신생 기술을 가속화할 수 있다는 사실도 몰랐다. 이런 일은 빅테크 기업 내에서 비일비재하다. 중소기업도 다를 건 없지만 말이다.

대부분의 사람은 눈앞에 보이는 사건 너머를 보지 못한다. 앨런 유스터스는 사건의 본질을 파악하려면 자신의 주변에 낡은 기술로는 풀 수 없을 것처럼 보이는 문제에 새로운 기술을 적용할 줄 아는 이들이 포진되도록 해야 한다고 믿었다. 유스터스는 "사람들은 대개 특정 견해와 특정 시각, 특정 이력으로 특정 문제를 바라보곤 하지요. 상황을 바꿀 전문 기술들의 교차점을 볼 줄 모르는 거예요"라고 말했다.

성층권에서 뛰어내리겠다는 그의 결심도 그 같은 철학에서 비롯됐다. 유스터스가 낙하를 계획했을 때, 그의 아내는 그를 말렸다. 그러면서 살아 돌아오지 못할 경우 자식들에게 보여줄 수 있도록 유스터스가 위험을 무릅쓰는 이유를 설명하는 동영상을 찍어달라고 부탁했다. 유스터스는 동영상을 남기긴 했으나 아내에게 자신이 죽을 확률은 0에 가깝다고 말했다. 유스터스와 그의 팀은 새로운 낙하 방식을 찾아냈다. 비록 다른 사람들이 이해하지 못할지라도 유스터스는 그 방식이 성공할 줄 알았다.

그는 "사람들이 저에게 '당신은 무모한 사람인가요?'라고 자주 물어요. 하지만 전 오히려 정반대의 인간이죠. 가장 실력이 좋은 사람들을 고용해 그들과 함께 발생 가능한 모든 위험 요소를 제거하고 테스트해서 겉으로 보기에 매우 위험해 보이는 것이 사실상 매우 안전해지도록 바꿉니다"라고 말하기도 했다.

크리제브스키와 같은 층 사무실을 쓰는 제프 딘은 구글의 하드웨어에 변화가 필요하다는 사실을 알고 있었다. 구글이 GPU를 중심으로 디스트빌리프를 재구축하지 않는다면 딥러닝의 성능을 최대치로 끌어올릴 수 없을 것이었다. 그래서 제프 딘은 2014년 봄에 구글의 인공지능 부문 책임자인 존 지아난드레아 John Giannandrea와 만났다.

회사에서 'J.G.'라고 불리는 지아난드레아는 구글 브레인과 그 자매팀을 총괄하고 있었는데, 인공지능 전문가로 이뤄진 그 자매팀이 결성되기까지 수년간 고생을 마다하지 않았다. 그는 크리제브스키 같은 연구자가 자신의 책상 밑이나 복도의 캐비닛에 GPU가 더 필요할 때마다 찾아가는 사람이었다. 그런 그와 제프 딘이 회사의 거대한 데이터센터에 얼마나 많은 그래픽 칩을 구비하면 크리제브스키 같은 연구자가 추가 요청을 그만둘까 하는 사안을 의논하기 위해 함께 앉아 있었다.

두 사람이 처음 생각한 수량은 2만 개였다. 그러나 이내 너무 적다는 결론에 도달했다. 최종적으로 그들은 4만 개가 필요하다고 결정했다. 그러나 구글의 회계 담당자는 두 사람의 요청을 듣자 단박에 거절했다. 4만 개의 GPU를 추가로 장만하려면 약 1억 3천만 달러가 필요했다. 구글은 정기적으로 자사의 데이터센터 하드웨어에 같은 규모의 어마어마한 돈을 투자하고 있기는 했지만, GPU 같은 하드웨어에는 한 번도 투자한 적이 없었다.

그래서 딘과 지아난드레아는 앨런 유스터스를 찾아가 간곡히 부탁했다.

성층권에서의 낙하를 앞두고 있던 유스터스는 그들의 의견에 공감했다. 그는 그들의 요청을 래리 페이지에게 전달했고, 스쿠버 슈트를 입고 바움가르트너의 스카이다이빙 기록을 깨기 직전에 그래픽 칩 구매에 사용될 1억 3천만 달러를 확보해줬다.[2] 4만 개의 그래픽 칩은 설치된 지 한 달도 안 돼 무수한 신경망을 훈련하면서 24시간 쉬지 않고 작동했다.

자율주행차와 딥러닝의 컬래버레이션

그 무렵, 구글의 알렉스 크리제브스키는 전혀 다른 부서에서 일하고 있었다. 2014년 12월, 휴가를 맞아 토론토에 있는 부모님 댁에 있던 크리제브스키에게 아넬리아 안젤로바Anelia Angelova라는 여성이 이메일을 보냈다. 구글의 자율주행차 연구를 도와달라는 내용이었다.

원래 그녀는 자율주행차를 연구하는 사람이 아니었다. 크리제브스키와 함께 구글 브레인의 일원이었다. 그러나 안젤로바는 구글 브레인이 진행 중인 컴퓨터 비전 연구가 결국 회사의 자율주행차 개발 방식을 바꿔놓으리라고 생각했다. 그리고 그 컴퓨터 비전 연구는 토론토대학교에서 크리제브스키가 심혈을 기울였던 연구의 연장선 위에 있었다. 구글 내부에서 쇼퍼Chauffeur라고 불린 자율주행차 프로젝트는 거의 5년째 진행 중이었다. 이 말은 곧 구글이 딥러닝의 도움 없이 자율주행차를 개발하면서 5년을 보냈다는 뜻이다.

1980년대 말, 카네기멜론대학교의 딘 포멀루는 신경망을 활용해 자율주행차를 설계했다. 그러나 거의 20년이 지난 뒤 구글이 자율주행차 연구를 시작했을 때는 구글이 고용한 카네기멜론 출신 연구자를 비롯해 이 분야의 핵심 연구자들이 이미 신경망 아이디어를 포기한 지 오래였다. 과거 신경망이 자동차가 텅 빈 거리를 스스로 운전하는 데 도움이 되긴 했으나 그 이상의 발전은 없었다. 그때 연구는 호기심이었지, 인간 운전자가 하듯이 실제 자동차로 붐비는 도로를 주행할 수 있는 차량을 개발하는 것이 목적은 아니었다.

그렇지만 안젤로바는 그런 상황을 인정할 수 없었다. 연말 휴가를 맞아 텅 빈 구글의 건물 안에서 그녀는 홀로 자동차가 도로를 건너거나 보도블록을 걷는 보행자를 탐지할 수 있게 하는 방법으로서 딥러닝을 만지작거리기 시작했다. 이런 연구는 처음 해보는 것이었기 때문에 안젤로바는 자신이 '딥 네트워크의 대가'로 부르던 크리제브스키에게 연락한 것이다. 그는 돕겠다고 대답했다. 그래서 두 사람은 휴가 동안 수천 장의 거리 사진을 분석함으로써 보행자를 식별할 방법을 학습하는 시스템을 구축했다.

새해 연휴가 끝나고 회사가 다시 문을 열자 그들은 자신들이 만든 시제품을 자율주행차 프로젝트의 책임자들에게 선보였다.

시제품의 성능이 꽤 훌륭해 두 사람은 쇼퍼팀의 초청을 받았다. 훗날 쇼퍼팀은 구글에서 분사된 후 웨이모Waymo라는 사명을 내건다. 구글 브레인팀은 결국 크리제브스키의 책상을 어느 인턴에게 줘버렸다. 크리제브스키가 그 책상을 거의 사용하지 않았기 때문이다. 그는 늘 쇼퍼팀에 가 있었다.

쇼퍼팀의 개발자들은 크리제브스키를 '인공지능과 속삭이는 사람the AI whisperer'이라고 불렀고, 곧 프로젝트에 크리제브스키의 방식을 도입했다.[3] 딥러닝을 구글 자동차가 정지 신호나 거리 표지 및 다른 차량 등 도로상에 있는 객체를 인식하도록 만드는 방법으로 채택한 것이다. 크리제브스키는 이에 대해 "별로 어렵지 않았다"고 말했다.

다음 몇 해 동안 크리제브스키와 그의 동료들은 이 기술을 차량 항법 시스템의 다른 영역에도 적용했다. 올바른 데이터로 훈련된 딥러닝은 진행 경로를 예측하거나 계획할 때도 도움이 될 수 있었다. 수작업으로 자동차의 작동을 코딩하며 지난 5년을 보낸 쇼퍼팀은 이제 스스로 작동을 학습하는 시스템을 만들어낼 수 있었다. 한 번에 한 줄씩 코드를 쓰면서 보행자가 어떤 모습인지 정의하기 위해 애쓸 필요 없이 수천 장의 길거리 사진을 이용해 수일 만에 시스템을 훈련할 수 있었다. 이론적으로 구글이 충분한 데이터, 즉 자동차가 도로에서 마주칠 수 있는 모든 시나리오를 보여주는 이미지를 수집해 거대한 신경망에 주입할 수만 있다면, 이 단일 시스템만으로도 모든 운전이 가능했다. 아무리 빨라도 앞으로 수년은 더 걸리겠지만, 어쨌든 2014년 말에 구글이 방향을 전환한 것만은 분명하다.

맥 트럭 프로젝트

그 무렵 구글 내부에서는 훨씬 큰 전환이 이뤄지고 있었다. 신경망이라는 단 하나의 아이디어가 구글이 물리적 세상부터 디지털 세상까지 커져만 가는 제국 전반에 걸쳐 기술을 구축하는 방식에 일대 변혁을 일으켰다. 구글은 4만 개의 CPU에 만족하지 않고 곧이어 칩을 추가하며 데이터센터를 정비했다. 일명 맥 트럭Mack Truck 프로젝트였다.

이 프로젝트의 도움으로 딥러닝은 구글 포토Google Photos 앱을 필두로 모든 부문에 적용되기 시작했다. 딥러닝은 구글 포토의 수많은 이미지 속에서 지시받은 객체를 즉시 식별했고, 지메일에서는 사용자가 타이핑하려는 단어를 예측해 도움을 줬다. 또한 560억 달러에 달하는 구글의 연간 수익의 대부분을 차지하는 온라인 광고 시스템인 애드워즈AdWords가 한층 원활하게 돌아가도록 만들었다.[4]

딥러닝은 사람들이 과거에 어떤 광고를 클릭했는지 보여주는 데이터를 분석함으로써 앞으로 무엇을 클릭할지 예측하는 데 도움을 줬다. 더 많은 클릭 횟수는 더 많은 돈을 의미했다. 구글은 CPU 구매에 수억 달러를 지출하고, 딥러닝 연구자 영입에 또다시 수백만 달러를 썼지만 이미 그만큼의 돈을 벌어들이고 있었다.

2011년 앤드루 응과 서배스천 스런이 찾아왔을 때 딥러닝을 격하게 비판한 구글 검색 엔진 책임자 아밋 싱할은 인터넷 기술이 변하고 있음을 인정했다. 그리고 자신이 움켜쥐고 있던 검색 엔진의 구축 방식에 대한 권한을 넘겨줬다. 구글이 2015년에 공개한 랭크브레인RankBrain이라는 시스템은 검색 결과 선택을 돕는 신경망을 사용했다.[5]

랭크브레인은 구글의 검색 쿼리를 약 15퍼센트 끌어올렸으며, 사람들이 무엇을 클릭할지 예측하는 경우에 베테랑 검색 엔지니어보다 대체로 정확했다. 몇 달 뒤 싱할은 성희롱 혐의로 회사를 떠났고, 구글 검색 엔진의 책임자 자리는 인공지능 부문 책임자 존 지아난드레아에게 넘어갔다.[6]

런던의 데미스 하사비스는 곧 딥마인드가 브레이크아웃을 깨려고 사용한 기술을 적용해 구글의 데이터센터 네트워크에서 전력소모량을 줄이는 시스템을 개발했다고 발표했다. 이 시스템은 각각의 컴퓨터 서버 내에 있는 냉각 팬을 언제 켜고 끌지, 추가적 냉각을 위해 데이터센터의 창문을 언제 여닫을지 등을 결정했다. 게다가 서버의 성능 유지를 위해 언제 냉방장치 및 냉각탑을 사용할지도 판단할 수 있었다.[7]

하사비스는 구글의 데이터센터가 대단히 크고, 딥마인드의 기술이 매우 효율적이어서 이미 구글이 수억 달러를 절감하고 있다고 설명했다. 이는 이 시스템이 딥마인드 인수 비용에 상응하는 성과를 올리고 있음을 의미했다.

구글의 GPU 클러스터의 강점은 수많은 기술을 대규모로 실험할 수 있게 해준다는 점이었다. 신경망 구축 작업은 시행착오를 거듭하는 일인데, 마음껏 사용할 수 있는 수만 개의 CPU 덕분에 연구자들은 더 짧은 시간에 더 많은 실험을 할 수 있었다.

구글의 GPU 사용은 또한 급속히 다른 기업들에 활력을 불어넣었다. 구글에 1억 3천만 달러어치의 그래픽 칩을 판매한 일을 계기로 엔비디아는 광대한 시장 확대를 꿈꾸며 딥러닝 아이디어를 중심으로 회사를 재편성했다. 그리고 곧 단순히 인공지능 연구를 위한 칩 판매에 머물지 않고, 독자적 연구를 진행하면서 이미지 인식 및 자율주행차의 경계를 탐색하기 시작했다. 바이두는 앤드루 응의 주도로 새로운 광고 시스템부터 데이터센터 내 하드드라이브가 언제 먹통이 될지 예측하는 기술에 이르기까지 전 부문을 탐색했다. 가장 큰 변화는 음성 인식 디지털 비서의 등장이었다.

인공지능 붐과 혼돈

구글 어시스턴트Google Assistant는 검색 엔진처럼 웹브라우저에 입력된 키워드를 받아들여 몇몇 인터넷 링크를 내보이는 기능을 수행할 뿐 아니라, 사용자의 질문 내지 명령을 듣고 마치 사람이 하듯이 음성으로 대답할 수도 있었다. 구글 어시스턴트가 애플 시리의 성능을 능가하자 그 기술이 산업 전반에 확산됐다.

2014년에는 아마존이 알렉사Alexa를 공개하며 이 기술을 스마트폰에서 거실의 탁자 위로 이동시켰고, 다른 기업들도 재빨리 그 뒤를 따랐다. 구글 어시스턴트는 스마트폰과 탁자 위에 두는 기기 모두에서 실현됐다. 바이두와 마이크로소프트, 심지어 페이스북까지 고유의 음성 인식 디지털 비서를 개발했다.

수많은 빅테크 기업의 마케팅 부서가 급속히 보급된 이들 제품을 과대 선전하면서 '인공지능'은 장안의 화제로 떠올라 웹 사이트 및 뉴스 기사에서 무한 반복됐다. 하지만 이 단어는 과장된 용어였다.

대중에게 '인공지능'은 대화가 가능한 컴퓨터나 지각을 갖춘 기계, 인간을 닮은 로봇 같은 SF소설 속 인공물에 대한 기억을 되살렸다. 그것들은 인간이 할 수 있는 것은 무엇이든 할 수 있고 종국에는 자신들의 창조자를 파괴할 수도 있는 존재로 그려진다. 언론이 기술의 새 물결을 알리기 위해 표제, 사진, 기사에 〈2001: 스페이스 오디세이〉 혹은 〈터미네이터Terminator〉 같은 영화를 언급하는 것은 도움이 되지 않았다. 프랭크 로젠블라트의 퍼셉트론 사례를 답습하는 것과 다름 없었다.

딥러닝이 전면 공개되면서 자율주행차라는 개념도 세상에 모습을 드러냈다. 그리고 거의 동시에 옥스퍼드대학교의 한 연구팀은 자동화 기술이 조만간 인간의 일자리를 대거 파괴할 것으로 예측하는 연구 결과를 발표했다.[8] 어찌 된 일인지 매우 현실적인 기술 진보의 실상, 근거 없는 과대 선전, 억측에 가까운 어두운 미래 전망이 전부 합쳐져 모순 덩어리를 이뤘다. '인공지능'은 그 모든 것을 가리키는 용어였다.

언론은 인공지능 기사에 등장할 영웅이 필요했다. 대체로 구글과 페이스북의 홍보 능력 덕분에 힌턴과 르쾽, 벤지오, 그리고 종종 응이 언론에 언급됐다. 1990~2000년대에 유럽 루가노호 인근에서 신경망 연구를 계속한 독일인 연구원 위르겐 슈미트후버는 언론의 관심을 받지 못했다.

슈미트후버를 비롯해 일각에서 그 사실을 문제 삼았다. 2005년에 슈미트후버와 후에 딥마인드에 합류한 연구원 그레이브스는 장단기 메모리 신경망에 기반을 둔 음성 인식 시스템을 설명하는 논문을 발표했다. 힌턴은 '미치광이 슈미트후버가 한 일이긴 하지만 제대로 작동하잖아'라고 혼잣말을 내뱉었다. 그 기술은 이제 구글이나 마이크로소프트 같은 기업의 음성 인식 서비스 강화에 기여하고 있었고 슈미트후버는 그에 합당한 대우를 받고 싶어 했다.

힌턴과 르쾽 및 벤지오가 〈네이처〉에 딥러닝의 등장에 관한 논문을 발표하자 슈미트후버는 "그 캐나다인들"은 예상외로 영향력 있는 사람들이 아니며, 그들의 연구는 유럽 및 일본 연구자들을 따라 한 것에 불과하다고 주장하는 비평을 썼다. 거의 같은 시기 이안 굿펠로가 곧 업계 전반에 반향을 일으킬 GANs에 관한 논문을 발표했을 때는 슈미트후버가 청중석에서 일어나 1990년대 스위스에서 유사한 연구가 진행된 사실을 인용하지 않았다며 비난을 가했다. 슈미트후버가 그 같은 행동을 수시로 했기 때문에 그의 이름 자체가 동사화되어 "당신도 슈미트후버 당했군요"라는 말이 통용되기에 이르렀다.[9]

그러나 당시 자신의 공로를 인정해달라고 요구한 사람이 슈미트후버밖에 없었던 것은 아니다. 수년이 지나고 나서야 딥러닝 연구자 대다수가 기술 혁명에 이바지한 숨은 공신들을 제대로 알려야 한다고 생각하게 됐다. 힌턴은 "누구든 내면에는 작은 트럼프가 있기 마련이죠. 당신 안에서도 찾을 수 있어요. 그것을 자각하고 있다는 건 나쁜 게 아니죠"라고 말했다.

알렉스 크리제브스키만은 예외였다. "그 사람은 내면에 트럼프가 없는 편이죠"라는 힌턴의 말대로 쇼퍼팀에 있던 크리제브스키는 당시의 인공지능 붐의 중심에 있었지만 자신의 역할을 그렇게 대단하게 여기지 않았다. 그는 어느 것도 진정한 의미의 인공지능으로 여기지 않았다. 그에게 딥러닝은 딥러닝일 뿐이었다. 그리고 단순한 수학적 패턴 인식 혹은 그가 이름 붙인 대로 '비선형 회귀'일 뿐이었다.

이러한 기술은 이미 수십 년 전부터 존재했다. 자신과 같은 사람은 단지 운 좋게 성공에 필요한 충분한 데이터와 충분한 컴퓨터 성능이 마련된 최적의 시기를 잘 만났을 뿐이라고 생각했다. 자신이 구축한 기술은 조금도 지능적이지 않다고도 생각했다. 그 기술은 아주 특정한 상황에서만 제대로 작동했기 때문이다. 크리제브스키는 "딥러닝은 인공지능이라고 할 수 없어요. 제가 대학원에 간 이유는 커브 설정 때문이지 인공지능 때문이 아니에요"라고 말했다.

크리제브스키가 구글 브레인팀과 자율주행차 프로젝트에서 제일 먼저 한 일은 새로운 상황에 수학을 적용하는 일이었다. 뇌를 재현하려는 기존 시도와는 전혀 다른 접근법이었다. 그리고 그에게는 언젠가 인간이 기계를 통제하지 못하게 될지도 모른다는 모호한 두려움도 없었다. 단지 컴퓨터과학일 뿐이었다. 다른 이들도 그의 생각에 동의했지만, 언론은 그런 견해를 기사로 쓰지 않았다. 크리제브스키의 토론토대학교 연구실 옛 동료 일리야 수츠케버는 그와 정반대의 목소리를 내고 있었다.

수츠케버의 번역기

수츠케버는 토론토대학교에 다니고 있던 시기인 2011년에 딥마인드 면접을 보러 런던으로 날아갔다. 그는 러셀 스퀘어 인근에서 데미스 하사비스와 셰인 레그를 만났다. 면접 도중 하사비스와 레그는 딥마인드에서 하려는 일을 설명했다. 그들은 게임을 할 줄 아는 시스템을 시작으로 AGI, 즉 범용 인공지능을 개발할 계획이었다.

그들의 설명을 들은 수츠케버는 현실성이 없다고 생각했다. AGI는 연구자들이 진지하게 받아들이는 분야가 아니었다. 그래서 그들의 동업 제안을 거절하고 대학으로 돌아갔다. 하지만 수츠케버는 곧 구글에 합류했고 인공지능 연구의 트렌드가 완전히 달라졌음을 깨달았다. 대학 연구실에서 한두 명이 신경망을 만지작거리던 시대는 끝났다. 이제는 고성능 컴퓨터로 가득 찬 최첨단 시설에서 대규모 연구진이 공통의 큰 목표를 향해 달려가고 있었다.

구글 브레인에 들어가자 아이디어 뱅크로 유명한 수츠케버의 창의력은 더욱 빛을 발했다. 대서양을 사이에 두고 떨어져 있는 구글 브레인과 딥마인드의 협력 연구 때문에 런던 연구소에서 2개월을 보낸 뒤, 그는 진정한 진보를 달성하려면 닿을 수 없는 듯 보이는 것에 손을 뻗어야만 한다고 믿게 됐다. 수츠케버는 인간의 생각을 뛰어넘는 기계라든가 스스로 또 다른 데이터센터를 구축할 수 있는 컴퓨터 데이터센터 등을 언급하며 바로 눈앞에 장밋빛 미래가 펼쳐져 있는 듯 묘사했다. 더 많은 데이터와 더 뛰어난 처리 능력을 갖춘 하드웨어만 있으면 시스템이 '모든 것'을 해내도록 훈련할 수 있다고 말이다.

그가 꿈꾸는 것은 자율주행차보다 더 복잡한, 읽고 말하고 심지어 생각할 수 있는 시스템이었다. 당시 구글에서 수츠케버와 함께 일한 로봇공학자 세르게이 러빈Sergey Levine은 "수츠케버는 실패 가능성을 두려워하지 않는 사람이에요. 겁이 없는 사람은 많죠. 하지만 수츠케버는 특히 더 겁이 없어요"라고 말했다.

수츠케버가 구글에 합류했을 때는 이미 딥러닝이 구글이 음성 및 이미지 인식 기술을 개선한 후였다. 다음 단계는 주어진 언어를 즉시 다른 언어로 번역할 수 있는 기술, 즉 '기계 번역machine translation'이었다. 이는 훨씬 어려운 과제였다. 사진 속의 개처럼 단일 객체 확인에서 끝나는 문제가 아니었다.

이 기술은 연속적 대상(문장을 이루는 단어들)을 인식해 또 다른 연속적 대상(번역된 문장)으로 전환할 수 있는지에 관한 것이었다. 여기에는 전혀 다른 유형의 신경망이 필요할 것 같았지만, 수츠케버는 해결책이 멀리 있지 않다고 믿었고, 혼자도 아니었다. 구글 브레인의 동료 둘도 그와 같은 생각이었다. 그리고 바이두와 몬트리올대학교 같은 곳에도 그들과 같은 길을 걷기 시작한 이들이 있었다.

구글 브레인은 이미 '워드 임베딩word embeddings'을 탐구하고 있었다. 이 기술의 용도는 신경망을 사용해 문장 속 단어들의 관계를 학습하기 좋은 뉴스 기사, 위키피디아 항목, 자비출판 도서 등 방대한 텍스트를 분석함으로써 언어의 수학적 지도를 구축하는 것이었다.[10]

그 지도는 인간의 상상을 초월하는 것이었다. 도로 지도 같은 2차원이나 비디오 게임 같은 3차원의 지도가 아니었다. 인류가 여태껏 본 적 없는, 아니 앞으로도 보지 못할 것 같은 수천 차원의 지도였다. 지도에서 단어 '하버드'는 언어학적으로 아무런 관련이 없음에도 '대학교' '아이비리그' '보스턴'과 가까웠다. 워드 임베딩 시스템은 단어 하나하나에 다른 단어와의 관계를 정의하는 수학적 값을 부여하는데, 이를 '벡터vector'라고 한다. '하버드'의 벡터는 '예일'의 벡터와 매우 유사하지만 똑같지는 않다. '예일'은 '대학교' '아이비리그'와는 가깝지만 '보스턴'과는 멀었다.

수츠케버의 번역 시스템은 이 아이디어를 확장한 것이었다.[11] 수츠케버는 슈미트후버와 그레이브스가 개발한 장단기 메모리 방식을 사용해 수많은 영어 텍스트를 프랑스어 번역문과 '함께' 신경망에 주입했다. 신경망은 원문과 번역문을 분석해 영어 문장을 벡터화하는 법을 학습한 후 프랑스어 번역문에 유사한 벡터로 매핑mapping한다. 사용자가 프랑스어를 전혀 몰라도 수학의 힘을 확인할 수 있었다.

'메리는 존을 흠모한다Mary admires John'의 벡터는 '메리는 존과 사랑에 빠졌다Mary is in love with John' '메리는 존을 존경한다Mary respects John'의 벡터와 유사했고, '존은 메리를 흠모한다John admired Mary'의 벡터와는 달랐다. '그녀가 정원에서 나에게 카드를 줬다She gave me a card in the garden'의 벡터는 '나는 정원에서 그녀에게 카드를 받았다I was given a card by her in the garden' 및 '정원에서 그녀는 나에게 카드를 줬다In the garden, she gave me a card'의 벡터와 일치했다.

수츠케버와 그의 동료들이 구축한 시스템은 기존의 모든 번역 기술의 성능을 능가했다. 적어도 그들이 테스트에 사용한 영어 및 프랑스어 번역에서는 말이다.

수츠케버는 2014년 12월 몬트리올에서 열린 NIPS에서 자신의 연구 논문을 발표했다. 그는 자신들이 개발한 시스템의 장점은 단순성이라고 강조했다. "우리는 최소한의 혁신으로 최대의

결과를 이끌어냈습니다"라고 말하자 청중의 박수갈채가 쏟아졌고, 열띤 반응에 수츠케버도 깜짝 놀랐다.[12]

수츠케버는 인간이 데이터를 주입하면 스스로 행위를 학습한다는 점이 신경망의 강점이라고 설명했다. 이러한 수학적 시스템을 훈련하는 일은 때때로 흑마술처럼 느껴지기 마련인데 자신들의 프로젝트는 전혀 그렇지 않다며 "시스템이 작업 수행을 원했습니다"라고 말했다. 시스템은 데이터를 받아들여 훈련실수 없이 완벽한 결과를 내놓았다는 것이다.

그러나 수츠케버는 이 시스템을 단순히 번역용으로만 보지 않았다. 자동으로 사진에 자막을 넣는 일부터 뉴스 기사를 순식간에 한두 문장으로 요약하는 일까지, '시퀀스sequence'와 관련된 모든 인공지능 문제를 돌파할 수 있는 묘책으로 보았다. 그는 인간이 1초 만에 할 수 있는 일은 무엇이든 신경망도 할 수 있다며, 단지 올바른 데이터가 필요할 뿐이라고 말했다. 이어 수츠케버는 청중을 향해 결론을 이야기했다. "방대한 데이터 세트와 대규모 신경망만 있다면 성공이 보장됩니다."

제프리 힌턴은 회의장 뒤편에서 이 연설을 지켜보고 있었다. 힌턴은 수츠케버가 "성공이 보장된다"고 말했을 때 속으로 '본인한테나 그렇겠지'라고 생각했다. 수츠케버의 대담한 주장에 발끈하는 이도 있었으나 대체로 마치 홀린 듯이 그의 연설을 경청했다. 어쨌든 수츠케버는 상대가 반감이 들지 않게 연설을 이어갔다.

수츠케버는 그런 사람이었다. 다른 사람이 말한다면 허풍으로 들릴 이야기도 수츠케버가 말하면 묘하게 진실처럼 여겨졌다. 수츠케버의 말이 옳기도 했다. 적어도 번역에 한해서는 그렇다. 이후 18개월에 걸쳐 구글 브레인은 이 시제품을 수백만 명이 사용할 수 있는 상업용으로 발전시켰다. 3년 전 나브딥 제이틀리의 음성 인식 시제품과 마찬가지로 말이다. 이번에는 일리야 수츠케버를 비롯해 많은 이들의 야망을 더 확장하면서 동시에 또 한 번 박수갈채를 받을 만한 방식으로 상황을 전환했다.

"또 다른 구글이 필요해요." 제프 딘이 구글 데이터센터를 총괄하는 스위스 태생의 과학자 우르스 회즐Urs Hölzle에게 말했다. 구글이 일부 안드로이드폰에 새 음성 인식 서비스를 배포한 지 몇 달 만에 딘은 문제가 생겼음을 깨달았다. 앞으로 구글이 전 세계 10억 대가 넘는 안드로이드폰으로 그 서비스를 확대할 경우 그 10억 대의 스마트폰이 하루에 3분씩만 사용된다고 해도 회사는 별도의 트래픽을 처리하려면 지금의 2배로 데이터센터를 늘려야 했다.

구글은 이미 캘리포니아에서부터 핀란드 및 싱가포르에 이르기까지 데이터센터를 15개 넘게 운영했다.[13] 데이터센터 1개를 구축하는 데는 수억 달러가 들었다. 그러나 제프 딘은 회즐 및 구글의 데이터센터 인프라 전문가 몇 사람과 미팅을 진행하면서 하나의 대안을 제시했다. 바로 신경망 전용 컴퓨터칩을 개발하자는 것이었다.

구글은 오래전부터 독자적 데이터센터 하드웨어를 구축해왔다.[14] 거대한 데이터센터는 전력소모량도 엄청나서 회즐팀은 더 저렴하고 효율적인 컴퓨터 서버, 네트워킹 장비 및 기타 장치를 설계하면서 수년을 보냈다.

구글이 HP, 델Dell, 시스코Cisco 같은 상업용 하드웨어 제조사를 약화하고 종국에는 그들 기업의 핵심 사업에서 상당한 부분을 빼앗았다는 사실은 대외적으로 잘 알려지지 않았다. 구글을 따라 페이스북, 아마존 등이 하드웨어를 자체 제작하면서 이들 빅테크 기업들이 컴퓨터 하드웨어 부문에서 그림자 산업을 형성한 것이다.[15] 그러나 구글은 독자적으로 컴퓨터칩을 개발하는 수준까지 가지는 않았다. 경쟁사들도 마찬가지였다. 그러려면 무리한 규모의 물적·지적 투자가 필요했기 때문이다. 인텔이나 엔비디아같이 엄청난 규모로 칩을 생산하는 하드웨어 전문사를 구글이 따라잡을 수도 없었으며, 또한 그들이 생산한 칩이 구글에 필요한 기능을 제대로 수행하기도 했다.

딥러닝의 등장을 뒷바침하고, 안드로이드 음성 인식 서비스 같은 시스템을 훈련한 데 쓰인 CPU는 엔비디아의 제품이었다. 그러나 이제 딘은 새로운 문제에 직면했다. 서비스를 훈련한 후 '실행'할 때, 즉 인터넷에 서비스를 제공해 전 세계에 전달할 때 더 효율적인 제품이 필요했다. GPU 혹은 일반 프로세서로도 서비스 실행에는 지장이 없었지만 둘 다 딘이 원하는 만큼 효율적이지는 않았다.

그래서 딘과 그의 팀은 신경망의 실행만을 위한 새로운 칩을 개발했다. 그들은 검색 엔진 그룹을 비롯해 구글 주변의 각종 그룹으로부터 자금을 조달받았다. 이때쯤에는 모두 딥러닝의 잠재력을 잘 알고 있었다.

뜻밖의 성과

구글은 위스콘신주 매디슨에 있는 반기밀semi-secret 연구소에서 수년간 데이터센터 하드웨어를 설계했다. 다이아몬드 귀걸이와 희끗희끗한 짧은 머리카락이 트레이드마크인 컴퓨터과학자 회즐은 자신의 일을 회사의 경쟁 우위 전략의 핵심으로 보고 페이스북이나 아마존 같은 경쟁사에 들키지 않도록 빈틈없는 경계를 게을리하지 않았다.

매디슨의 연구소는 외진 곳에 있지만, 위스콘신대학교 출신 공학도들이 끊임없이 모여들었다. 이제 딘과 회즐는 새로운 칩 프로젝트를 위해 그 인재들을 활용함과 동시에 HP 같은 실리콘밸리 기업 출신의 숙련된 칩 개발자를 영입했다. 그 결과물이 텐서 처리 장치TPU, tensor processing unit였다. 신경망을 뒷받침하는 수학적 도구인 텐서를 처리하도록 설계한 것이었다. 일반 프로세서보다 계산이 '덜 정확'하다는 것이 바로 묘수였다. 신경망이 수행하는 계산의 수는 대단히 방대했으며 각각의 계산이 정확할 필요는 없었다. TPU는 부동 소수점 수가 아닌 정수를 취급했다. 즉, '13.646 곱하기 45.828'는 소수점 아래 값을 버리고 '13 곱하기 45'로 처리했다. 이는 곧 TPU가 초당 수조 개의 추가 계산을 수행할 수 있었다.[16] 정확도보다 양. 이는 정확히 딘과 그의 팀이 음성 인식 서비스 및 번역 서비스 부문에서 바라던 성과였다.

수츠케버가 이전에 만들어낸 칩은 연구용이지 보급용이 아니었다. 그의 시스템은 상용어 번역에는 효과적이었지만 더 광범위한 어휘들에 대해서는 그렇지 못해 구글이 10년 넘게 제공해온 기존 번역 서비스에 한참 못 미쳤다. 구글의 기존 서비스는 구식이긴 해도 꽤 괜찮은 규칙과 통계 자료에 따라 작동됐다.

그러나 수츠케버가 축적해둔 데이터는 구글이 훨씬 큰 신경망을 훈련하는 데 큰 도움이 됐다. 물론 그 신경망은 수츠케버와 동료 연구자들이 시연한 방식으로 훈련받았지만 구글의 데이터세트는 수츠케버가 자신의 시스템 훈련에 사용한 것보다 수백에서 수천 배는 더 방대했다. 따라서 2015년에 딘은 개발자 3인과 함께 그 모든 데이터로부터 학습할 수 있는 시스템을 개발하기 시작했다.

구글의 기존 번역 서비스는 원문을 조각조각 나눠 다른 언어 조각으로 전환한 다음 다시 그 조각들을 이치에 맞는 하나의 문장으로 연결하는 방식으로 작동했다. 이에 심야 TV 진행자 지미 팰런Jimmy Fallon은 구글 번역Google Translate의 앞뒤가 맞지 않고 일관성이 부족한 문장을 가지고 농담을 하곤 했다.

영어와 프랑스어의 경우, 번역 성능을 측정하는 표준 방식인 BLEU 점수가 20점대 후반이었는데, 그렇게 좋은 성적은 아니었다. 그마저도 4년에 걸쳐 3점 이상 향상된 결과였다. 딘의 팀은 단 몇 달 만에 기존 시스템보다 7점이 높은 신경망을 개발했다. 모든 딥러닝 방식이 그렇듯이 그 기술의 최대 강점은 단독으로 학습된 작업이라는 것이었다. 문장을 조각조각 쪼갤 필요가 없었다. 기존의 시스템 개발팀을 이끄는 맥더프 휴스Macduff Hughes는 "이해할 수 없었던 것들을 갑자기 이해할 수 있게 됐어요. 마치 누군가가 불을 켠 것처럼요"라고 말했다.

그러나 문제가 하나 있었다. 10개의 단어로 구성된 문장을 번역하는 데 10초나 걸린 것이다. 그래서는 사람들이 이용할 리 없었다. 휴스는 시스템이 신속하게 번역할 수 있는 정도로 향상되려면 3년은 걸릴 것으로 내다봤다. 그러나 딘의 생각은 달랐다. 딘은 샌프란시스코에 있는 어느 호텔에서 진행된 구글의 회의 도중 휴스에게 "마음만 먹으면 연말까지 해낼 수 있습니다"라고 말했다. 휴스는 그의 말이 믿기지 않았지만 자신의 팀에 연말까지 새 서비스를 준비하라고 지시했다. 휴스는 "내가 어떻게 제프 딘이 속도 문제를 해결할 수 없다고 말할 수 있겠어"라고 말했다.

그들은 바이두와 경쟁했다. 바이두는 몇 달 앞서 유사한 연구를 설명하는 논문을 발표했다. 그리고 그해 여름, 구글 브레인 내부에서 개발된 시스템과 동등한 성능을 보여주는 논문을 하나 더 발표했다.

제프 딘의 팀은 구글 번역의 새 버전을 개발하면서 영어와 중국어 서비스부터 출시하기로 결정했다. 두 언어가 언어학적으로 현격히 다르기 때문에 딥러닝을 가장 크게 향상할 수 있는 조합이라고 생각했다. 또한 장기적으로 글로벌 시장에서 가장 큰 이익을 가져올 번역 조합이기도 했다. 어쨌든 이 두 언어는 세계 경제 규모가 1, 2위인 국가의 언어이지 않은가.

결국 구글의 개발자들은 딘이 지시한 마감 시한보다 3개월 일찍 목표를 달성했다. TPU 덕분이었다. 2015년 2월 일반 하드웨어로 10초나 걸렸던 문장 번역이 새로운 구글 칩의 덕택에 수 밀리초millisecond(1천분의 1초)밖에 걸리지 않았다. 그들은 노동절이 지나자마자 새로운 서비스를 출시했다. 바이두보다 훨씬 빨랐다. 힌턴은 "서비스가 그렇게 잘 작동하는 걸 보고 놀랐어요. 그들이 그렇게 빠르게 해내리라고는 아무도 기대하지 않았으니까요"라고 말했다.

구글이라는 울타리 안에서 제프리 힌턴과 제프 딘은 그들이 '증류Distillation'라고 명명한 프로젝트를 시작했다. 이 프로젝트는 회사 내에서 훈련하고 있는 거대 신경망 중 하나를 가져와서 그 신경망이 학습한 모든 것을 구글이 온라인 서비스에서 실제 사용할 수 있는 크기로 축소한 다음 전 세계 사용자에게 그 기술을 즉각적으로 전달하는 방식이었다.[17] 또한 힌턴의 신경망 연구 경력과 딘의 글로벌 컴퓨팅global computing 연구 경력의 결합이기도 했다.

힌턴은 딥러닝보다 획기적이고도 더 복잡한 연구를 염두에 두고 있었다. 그것은 힌턴이 1970년대 말에 처음 구상한 '캡슐 네트워크capsule network'였다. 구글이 딥마인드를 인수한 후 힌턴은 런던의 연구소에서 여름을 보낼 계획을 세웠다. 그리고 그 3개월 동안 '오래되고 새로운' 아이디어를 연구하기로 마음먹었다.

힌턴은 뉴욕에서 출발해 영국 사우샘프턴Southampton으로 가는 퀸 메리Queen Mary 2호 탑승권 2장을 샀다. 힌턴과 그의 아내 재키 포드를 위한 것이었다. 그는 첫 번째 아내 로절린드가 난소암으로 사망한 후 1990년 말에 미술사가였던 포드와 재혼했다. 두 사람은 어느 일요일에 뉴욕에서 배를 탈 예정이었다. 그런데 그들이 토론토를 떠나기 직전 목요일에 재키가 췌장암 말기 진단을 받았다. 의사는 포드에게 앞으로 살날이 1년 정도밖에 남지 않았다며 즉시 화학 요법을 시작하자고 권했다.

재키는 치료 가능성이 없다는 것을 알고 나서 일단 영국 여행을 떠났다가 가을에 토론토로 돌아와 치료를 시작하기로 마음먹었다. 영국에는 가족과 친구들이 있었고 이번이 그들을 볼 수 있는 마지막 기회일지도 몰랐다. 그래서 재키와 힌턴은 예정대로 퀸 메리 2호에 탑승했다. 힌턴은 그해 여름 캡슐 네트워크를 연구했지만, 큰 진전을 이루지는 못했다.

9

지나친 우려

브레이크의 필요성

"실수로 사악한 것을 만들어낼 수도 있어요."

핵무기보다 더 위험한 것

2014년 11월 14일, 일론 머스크는 웹 사이트 에이지Edge.org에 글 하나를 올렸다. 딥마인드 같은 연구소들에서 인공지능이 급속하게 발전하고 있다는 내용이었다.

여러분은 그 속도를 짐작도 할 수 없을 것입니다. 인공지능의 발전 속도는 기하급수적이라고 할 만합니다. 앞으로 5년 안에 정말 위험한 일이 생길지도 모릅니다. 아무리 길게 잡아도 10년이고요.

잘 알지도 못하면서 거짓 경고를 날리는 게 아닙니다. 이건 저 혼자만의 걱정도 아니고요. 첨단 인공지능 기업들은 안전 확보를 위해 훌륭한 조치를 마련해왔습니다. 그들은 위험을 인정하면서도 디지털 초지능을 개발하고 통제할 수 있다고 믿고 있습니다. 나쁜 일들이 인터넷상에서 퍼지지 않도록 막을 수 있다고 말입니다. 하지만 그건 두고 봐야 알겠지요….[1]

1시간도 지나지 않아 그 글은 삭제됐다. 그러나 그 글의 내용은 지난 몇 달간 머스크가 사적, 공적인 자리를 막론하고 줄곧 주장해온 이야기와 다르지 않았다.

이 일이 있기 1년 전, 실리콘밸리에서 〈블룸버그 비즈니스위크〉 기자 애슐리 반스Ashlee Vance와 저녁 식사를 시작하자마자 머스크는 래리 페이지가 인류를 파멸로 이끌 수도 있는 인공지능 로봇 군대를 만들어낼까 봐 걱정이 크다는 말부터 꺼냈다. 페이지에게 나쁜 의도가 있다는 뜻은 아니었다. 머스크와 페이지는 가까운 친구 사이이다. 머스크는 종종 페이지의 집 소파에서 잠을 자기도 한다. 문제는 페이지가 구글이 개발하는 것은 무엇이든 세상에 이로울 것이라는 가정하에 회사를 운영한다는 것이었다

머스크는 "페이지가 실수로 사악한 것을 만들어낼 수도 있어요"라고 말했다. 이 일화는 수년 동안 공개되지 않다가 반스가 머스크의 전기 《일론 머스크, 미래의 설계자Elon Musk》를 출판하면서 세상에 알려졌다.[2] 그러나 머스크는 반스와의 저녁 식사 이후 TV 방송 및 SNS를 통해 줄곧 같은 메시지를 내왔다. CNBC에 출연해 "이 이야기를 다룬 영화도 있어요"라며 〈터미네이터〉

를 언급한 적도 있다.[3] 트위터에서 인공지능을 "잠재적으로 핵무기보다 더 위험한" 것으로 표현하기도 했다.[4]

머스크는 같은 트위터에서 자신의 팔로어에게 옥스퍼드대학교의 철학자 닉 보스트롬Nick Bostrom의 《슈퍼 인텔리전스Superintelligence: Paths, Dangers, Strategies》를 읽어보라고 권했다. 딥마인드의 창업자 셰인 레그처럼 보스트롬도 초지능이 인류의 미래를 보장할 수도 파괴할 수도 있다고 믿었다. 그의 책에는 "인류가 직면한 가장 중차대하고도 가장 어려운 도전이 될 것이다"라든지 "성공이든 실패든 우리가 마주할 최후의 도전이 될 것이다"라고 적혀 있다. 보스트롬은 과학자들이 언젠가 인류 전체에 파멸을 불러올 수도 있다는 자각 없이 우리 삶의 특정 부분을 완성해줄 시스템 개발에만 매진하는 것에 우려를 표했다. 그는 가급적 많은 클립을 생산하도록 설계된 시스템을 비유로 들곤 했다. 그 시스템은 "일단 지구 전체를, 그리고 나중에는 우주까지도 차차 클립 제조 시설로 전환해간다."[5]

그해 가을, 머스크는 뉴욕시에서 개최된 〈배너티 페어Vanity Fair〉(미국의 패션·문화 잡지-옮긴이) 콘퍼런스 무대에 올라 월터 아이작슨Walter Isaacson에게 '순환적 자기 개선'을 위해 설계된 인공지능의 위험성을 경고했다. 개발자가 스팸 메일에 대응하도록 설계한 시스템이, 종국에는 인류가 멸종되는 것이 스팸 메일을 없애는 가장 좋은 방법이라고 결정할 수도 있다고 예를 들기도 했다. 아이작슨이 스페이스X 로켓을 이용해 그 살인 로봇으로부터 도망갈 것인지 묻자 머스크는 "대재앙의 날이 찾아온다면 살인 로봇이 지구 밖까지 쫓아오겠죠"라며 불가능할 것이라고 대답했다.[6]

몇 주 뒤 머스크는 에이지 사이트에 또 글을 올렸다. 이 사이트의 운영단체는 새로운 과학적 아이디어를 탐구하면서 머스크나 래리 페이지, 세르게이 브린, 마크 저커버그 같은 명사들이 속한 억만장자의 만찬Billionaires' Dinner이라는 연례 모임을 개최하는 곳이다. 주요 후원자인 억만장자 제프리 엡스타인Jeffrey Epstein이 성매매 혐의로 체포된 뒤 감옥에서 자살하자 논란에 휩싸이기도 했다.[7]

머스크는 이번 포스팅에서 과거보다 더 확고한 의사를 표명했다. 세상이 초지능을 향해 질주하고 있다는 증거로 딥마인드를 지목한 것이다. 머스크는 5년 내지 10년 내에 위험이 닥칠 것이라고 말했다. 자신이 투자자 중 한 사람으로서 딥마인드 내부에서 직접 문제의 불씨를 목격했으며, 그 런던의 연구소를 구글이 갑작스레 인수했다고도 전했다.[8] 머스크가 다른 이들은 보지 못한 무엇을 본 것인지는 불분명했다.

머스크가 그 글을 올린 날은 금요일이었다. 그리고 며칠 뒤 수요일에 마크 저커버그와 저녁 식사를 하게 됐다. 그날은 두 사람이 처음 만난 날이었다. 저커버그가 머스크를 팰로앨토에 있는 자신의 하얀 판잣집으로 초대한 것이다. 이 남아프리카공화국 출신의 기업가가 말하는 초지능의 위험성이 타당하지 않다고 설득할 생각이었다.

딥마인드의 창업자들이 독립적 윤리위원회가 AGI를 감독하도록 보장하지 않는다면 연구소를 팔지 않겠다고 주장했을 때 주저한 바 있는 저커버그는 이제 머스크가 TV 방송과 SNS를 통해 그 비슷한 메시지를 퍼뜨리자 입법자들 및 정책 입안자들이 갑자기 인공지능에 뛰어든 페이스북 같은 기업들이 세상에 해를 끼칠 수 있다고 생각하게 될까 봐 걱정됐다. 그는 자신의 주장을 뒷받침하기 위해 얀 르쾽과 마이크 슈레퍼는 물론이고 새로 만든 페이스북 연구소에서 르쾽과 함께 일하는 뉴욕대학교 교수까지 초대한 참이었다.

페이스북 관계자들은 식사 내내 머스크의 견해가 극소수에 의해 왜곡된 것임을 설명하느라고 애를 썼다. 닉 보스트롬의 철학적 사색은 머스크가 딥마인드나 기타 인공지능 연구소에서 목격한 것과 조금도 관련이 없다고 말이다. 신경망이 초지능으로 발전하려면 아직도 갈 길이 멀다고도 했다. 그리고 딥마인드가 개발한 시스템은 '퐁' '스페이스 인베이더' 같은 게임에서 총점을 계산하는 일 따위에 쓰일 뿐 다른 영역에서는 아무짝에도 쓸모없으며, 자동차 시동을 끄듯 그 게임도 쉽게 종료할 수 있다는 점을 강조했다.

그러나 머스크는 어떤 말에도 아랑곳하지 않았다. 인공지능이 너무 급속히 발전하고 있다는 사실이 걱정이라면서 이 기술이 아무도 눈치채지 못하는 사이 한계치를 넘어 위험한 것으로 변할 가능성이 있다고 말했다. 머스크는 트위터와 TV 프로그램, 그 밖에 각종 공개 석상에서 자신의 주장을 이어갔고, 그의 발언을 들은 이들은 머스크가 정말로 그렇게 믿고 있는 건지 아니면 다른 꿍꿍이가 있어서 일부러 그런 척하는 건지 분간할 수 없었다. 머스크는 "난 정말로 이 기술이 위험하다고 생각해요"라고 말했다.

며칠 뒤 일론 머스크는 얀 르쾽에게 전화를 걸었다. 자신이 테슬라에서 자율주행차를 개발하고 있다며 도움을 요청했다. 르쾽은 머스크가 자율주행차 프로젝트를 진행하려면 반드시 영입해야 할 인물이었다. 같은 주에 머스크는 페이스북의 다른 개발자 몇 명에게 같은 요청을 했고, 결국 마크 저커버그가 분노했다.

르쾽은 머스크에게 우르스 뮐러Urs Muller에게 연락해보라고 말했다. 르쾽의 벨 연구소 옛 동료인 뮐러는 딥러닝으로 자율주행차를 개발하는 스타트업을 설립한 인물이었다. 그러나 머스크보다 먼저 뮐러를 영입한 사람이 있었다. 머스크의 전화를 받고 며칠 뒤 르쾽은 엔비디아의 창업자 겸 CEO 젠슨 황Jensen Huang에게 똑같은 이직 제안을 받았고, 똑같은 대답을 했다. 그리고 젠슨 황은 곧바로 르쾽의 말대로 움직였다. 엔비디아는 자율주행차의 한계에 도전하는 동시에 CPU 판매를 늘리겠다는 야심에서 연구소 설립을 목표로 삼았다.

머스크는 인공지능을 둘러싼 경쟁이 우리 모두를 파멸로 이끌지도 모른다고 경종을 울리는 한편 자신도 그 경쟁에 뛰어든 것이다. 당시 머스크는 자율주행차라는 아이디어를 좇고 있었으나 얼마 지나지 않아 직접 AGI 연구소를 설립하면서 딥마인드처럼 장대한 이상을 추구하게 됐다. 머스크에게 이미지 인식과 번역, 자율주행차, AGI는 모두 사실상 하나의 기술이었다.

머스크 외에도 초지능을 추구하는 동시에 그 위험성을 경고하는 연구자, 경영자, 투자자는 점점 증가했다. 딥마인드의 창업자들과 초기 후원자들을 비롯해 적지 않은 사상가들이 인공지능 위험론에 동조했다.

그러나 외부 전문가들에게 그러한 경고는 터무니없는 것처럼 비쳤다. 초지능이 곧 현실에 등장할 것이라는 증거는 어디에도 없었다. 당시의 자율주행차는 신뢰할 만한 성능을 보여주지 못했고, 기계 번역 역시 원활한 의사소통을 할 수 없었다. 비유하자면, 이제 막 중학교 2학년 수준의 과학 시험에 통과하려고 도전하는 단계에 있다고 할 수 있었다. 설사 AGI의 실현이 멀지 않다고 하더라도 머스크 같은 기업가의 태도는 모순적이라고 지적했다. 그들은 의문을 품었다. "그 기술이 우리 인간의 생명을 앗아갈지도 모른다면서 왜 개발하려고 하는 겁니까?"

그러나 머스크와 같은 생각을 하는 소수의 사람들은 자신이 특별히 중요하게 생각하는 기술의 위험성을 고려하는 것이 당연하게만 느껴졌다. 초지능을 개발하려고 한다면 의도치 않은 결과에 대비하면서 개발하는 것이 최선이라는 것이었다.

인공지능을 어떻게 제어할 것인가?

셰인 레그는 2008년에 작성한 학위 논문에서 이러한 태도에 관해 설명했는데, 위험성이 큰 만큼 잠재적인 보상도 크다고 주장했다. 그의 논문에는 "절대적인 힘에 필적하는 무언가가 있다면, 그것은 초지능을 지닌 기계일 가능성이 크다. 그 기계는 광범위한 영역에서 매우 다양한 목표를 달성할 것"이며 "우리가 신중하게 앞일을 대비한다면, 재앙을 막을 뿐 아니라 지금껏 경험하지 못한 번영의 시대를 맞이할 수도 있을 것이다"라고 적혀 있다.[9]

레그는 이러한 태도가 지나쳐 보일 수 있다고 인정하면서도 자신과 유사한 신념을 가진 이들이 더 많이 있다고 언급했다. 그와 하사비스는 딥마인드를 설립할 당시 그러한 입장을 견지하는 사람들을 찾아갔다.

그들은 특이점 회의를 통해 피터 틸에게 접근했다. 인터넷 전화 서비스 스카이프Skype의 창업자 중 하나인 얀 탈린Jaan Tallinn에게서도 투자를 끌어냈다. 얀 탈린은 곧이어 여러 학자와 함께 인공지능이 초래할 실존적 위험을 탐구하는 생명의 미래 연구소Future of Life Institute를 설립했다. 그리고 하사비스와 레그는 계속해서 인공지능 위험론을 새로운 사람들에게 전파했다. 그중 하나가 머스크였고, 페이스북과 구글 역시 딥마인드를 인수하려고 애쓰는 와중에 인공지능 위험론을 접하게 됐다.

회사의 투자자나 인수자가 될 사람들을 대상으로 구애하는 과정에서 레그는 자신의 미래관을 숨김없이 드러냈다. 앞으로 10년 안에 초지능이 출현할 것이며 이 때문에 인류가 위험에 처할 수 있다고 밝혔다. 딥마인드의 기술력을 원했을 뿐인 마크 저커버그는 그러한 생각에 동의하지 않았지만, 래리 페이지와 구글은 레그의 신념을 수용했다.

술레이만과 레그는 딥마인드가 구글 소속이 되자마자 연구소의 기술이 인류에 해가 되지 않도록 보장하고자 '인공지능 안전AI safety' 전담팀을 구성했다. 술레이만은 "기술이 미래에 성공적으로 사용되려면 도덕적 책임을 고려해 기술을 설계해야 합니다. 시스템 개발을 시작하는 순간부터 윤리적 문제를 함께 고려해야 하는 거죠"라고 말했다. 딥마인드에 투자하면서 그들과 뜻을 같이하게 된 일론 머스크는 이런저런 근심을 토로하며 자신도 직접 이 기술 경쟁에 뛰어들었다. 그리고는 그것을 극단으로 몰고 갔다.

2014년 가을, 아직 설립된 지 1년이 되지 않은 생명의 미래 연구소는 인공지능 위험론에 공감하는 사람들을 푸에르토리코에서 열리는 비밀회의에 초대했다.[10] MIT의 우주론자이자 물리학자 맥스 테그마크Max Tegmark가 주도한 이 회의는 1975년 아실로마 회의Asilomar conference와 결을 같이하는 사람들의 모임 결성을 목표로 했다. 아실로마 회의는 세계 유수의 유전학자들이 유전자 편집이 인류를 파국으로 몰고 갈 것인지를 논한 중요한 회의다.

연구소가 보낸 초대장에는 사진이 2장 포함돼 있었다. 하나는 산후안San Juan의 해변 사진이었고, 나머지 하나에는 어느 추운 지역에서 폭스바겐 비틀 위로 수북이 쌓인 눈더미를 삽으로 힘겹게 치우고 있는 사람이 찍혀 있었다(즉, "푸에르토리코의 1월 초는 여러분을 훨씬 행복하게 만들 것입니다"). 또한 연구소는 회의에 언론사를 초대하지 않기로 약속했다(즉, "〈터미네이터〉를 들먹이는 기사 등을 의식하지 않고 인공지능의 미래에 관한 당신의 우려를 자유롭게 표현할 수 있습니다").

이 비밀회의의 명칭은 '인공지능의 미래: 기회와 도전'이었다. 데미스 하사비스와 셰인 레그는 물론이고 일론 머스크도 회의에 참석했다. 마크 저커버그와 저녁 식사를 한 날로부터 6주가 지난 2015년의 첫 번째 일요일에 머스크는 단상에 올라 인공지능이 갑자기 전문가조차 예상치 못한 수준에 이르는 순간인 '지능 폭발'의 위협에 대해 논의했다. 머스크는 그것은 대단히 심각한 위험으로, 아무도 정확히 깨닫지 못하는 사이 기술이 갑작스레 경계선을 넘어 위험한 경지로 접어들 수 있다고 말했다.[11] 보스트롬 역시 푸에르토리코 회의에 참석해 같은 이야기를 했지만, 머스크에게는 메시지를 증폭시키는 특유의 언어 감각이 있었다.

얀 탈린은 생명의 미래 연구소에 연간 10만 달러를 후원하겠다고 약속했다.[12] 푸에르토리코에서 머스크도 인공지능 안전을 탐구하는 프로젝트에 1천만 달러를 지원하기로 서약했다. 그러나 막상 자신의 새로운 기부 소식을 발표하려니 혹시나 그 소식이

스페이스X 로켓을 발사해 태평양에 있는 드론선drone ship으로 착륙시키려는 계획을 향한 대중의 관심을 분산할 까 봐 염려됐다.

누군가가 그에게 당시 회의에는 기자들이 없었고, 회의 참석자는 푸에르토리코에서 논의한 사항을 누설하지 않기로 한 채텀하우스 규칙Chatham House Rules을 따라야 한다고 알려줬지만, 머스크는 여전히 조심스러웠다. 그래서 금액은 제외하고 기부 계획을 발표했다. 며칠 뒤 로켓이 착륙 시도 중에 추락하자 머스크는 트위터를 통해 1천만 달러라는 후원금 액수를 공개했다.[13] 머스크에게 초지능의 위협은 그저 수많은 관심사 중 하나일 뿐이었다. 머스크가 가장 신경 쓰는 것은 사람들의 관심을 최대한 끌어모으는 일인 듯했다.

탈린은 "머스크는 매우 바쁜 사람이에요. 문제의 미묘한 차이를 깊이 파고들 여력이 없는 사람입니다. 하지만 그 문제에 관해 대강의 이해는 하고 있어요. 또한 자신의 선전용 트위터 글을 그대로 옮겨 적는 언론의 관심을 정말 즐기고 있죠. 일론과 언론의 공생 관계는 많은 인공지능 연구자들의 심기를 불편하게 하고, 사회에 부담을 주기도 합니다"라고 말했다.

회의 당시 테그마크는 푸에르토리코에 모인 사람들의 공통의 신념을 문서로 남기기 위해 공개 서한을 작성했다. 그 공개 서한은 "우리는 인공지능 시스템이 강력하면서 유익한 것으로 만들기 위한 연구가 중요하며 시의적절하다고 믿는다"라고 시작해 노동 시장 예측부터 인공지능 기술의 안전성과 신뢰성을 보장할

수 있는 도구의 개발까지 모든 영역을 망라한 권고 사항을 담고 있었다.[14]

테그마크는 참석자들에게 복사본을 나눠주며 서명을 촉구했다. 그 서한은 신중하면서도 직설적인 어조로 주로 상식적인 문제를 다뤘고, 인공지능 안전을 이상으로 삼는, 최소한 레그나 탈린, 머스크 같은 사람들의 경고에 기꺼이 귀 기울이는 이들에게 지침이 되기에 충분했다.

회의에 참석한 사람 중에 구글의 최고법무책임자인 켄트 워커Kent Walker는 서한에 서명하지 않았다. 당시 구글이 캘리포니아의 구글 브레인과 런던의 딥마인드 양쪽에서 인공지능 개발에 박차를 가하고 있었으므로 워커는 푸에르토리코 회의에서 참석자보다 참관인에 가까웠다. 그러나 참석자 대부분은 서한에 서명했으며, 그중에는 구글 브레인의 수석연구원 일리야 수츠케버도 있었다.

나중에 맥스 테그마크는 초지능이 인류 및 우주 전체에 미치는 잠재적 영향에 관한 책을 펴냈다. 책의 도입부에는 푸에르토리코 회의가 끝나고 열린 어느 만찬회에서 일론 머스크와 래리 페이지 사이에서 있었던 일화가 소개된다.

캘리포니아 내파밸리에서 식후 칵테일을 즐긴 페이지는 테그마크의 '디지털 유토피아니즘digital utopianism'을 옹호하고 나섰다. 테그마크는 그것을 "디지털 생활은 우주의 진화 과정에서 자연스럽고 바람직한 발전 단계이며, 디지털 사고를 통제하거나 노예화하기보다 자유롭게 풀어주는 편이 분명 우리에게 이로울 것"이라고 설명했다.

페이지는 인공지능의 출현에 대한 병적인 불안감이 삶을 현실 밖 세상으로 확대할 수 있는 디지털 유토피아를 지연할 것이라고 우려했다. 머스크는 페이지에게 어떻게 초지능이 인류의 파멸을 가져오지 않을 거라고 확신할 수 있는지 물으며 반박에 나섰다. 페이지는 머스크가 실리콘으로 만들어진 새로운 종보다 탄소 기반 생명체를 더 중시한다며 '종 차별주의자'라고 비난했다. 테그마크에게 심야의 칵테일 파티에서 벌어진 이 논쟁은 테크 산업의 한가운데서 대립하는 양쪽 입장을 잘 보여주는 사건이었다.[15]

기업의 간섭을 받지 않는 연구소

푸에르토리코 회의로부터 약 6개월 뒤 그레그 브로크만Greg Brockman은 실리콘밸리에서 규모가 가장 큰 벤처 캐피털 회사 50여 개가 늘어서 있는 짧은 아스팔트 도로 샌드힐로드Sand Hill Road를 걷고 있었다. 그는 로즈우드Rosewood로 가고 있었다. 도시적인 캘리포니아 단층 주택 양식의 고급 호텔 로즈우드는 기업가들이 주요 벤처 투자자에게 회사를 홍보할 때 자주 이용하는 곳이었다.

브로크만은 시간에 쫓기고 있었다. MIT를 중퇴한 이 26세 청년은 유명한 온라인 결제 서비스 스타트업 스트라이프Stripe의 최고기술책임자 직을 그만두고 지금 일론 머스크와 저녁 식사를 하기 위해 바삐 이동하는 중이었다. 이미 약속 시각은 지났다. 그런데 브로크만이 식당의 예약 룸에 들어섰을 때 머스크는 아직 도착 전이었다. 테슬라와 스페이스X의 창업자 겸 CEO인 이 거물급 투자자는 보통 약속 장소에 1시간 이상 늦게 나타났다. 그러나 또 다른 실리콘밸리 유명 투자자는 이미 도착해 있었다. 스타트업 액셀러레이터인 와이 콤비네이터Y Combinator의 대표 샘 알트만Sam Altman이었다.

알트만은 브로크만에게 인사하고는 그를 팰로앨토의 서쪽 언덕이 내려다보이는 테라스로 데려가 먼저 도착해 있던 인공지능 연구자들에게 소개했다. 그 가운데 일리야 수츠케버가 있었다.

그들이 실내로 이동해 저녁 식사를 하기 위해 자리에 앉자 머스크가 특유의 활달한 성격을 뽐내며 식당으로 들어왔다. 그러나 나머지 일행과 마찬가지로 머스크도 그들이 거기서 무엇을 하려는지 정확히 몰랐다. 알트만은 빅테크 기업들이 급속히 내부 연구소의 규모를 팽창해가는 것을 보고, 그에 대적할 만한 새로운 인공지능 연구소를 설립하기 위해 그들을 불러 모았다. 하지만 그중 누구도 실현 가능성에 대해서는 확신이 없었다.

와이 콤비네이터가 컨설팅한 가장 성공적인 스타트업 중 하나인 스트라이프를 그만둔 브로크만은 연구소 설립을 원했다. 그는 인공지능을 연구한 적이 없었지만(얼마 전 자신의 첫 번째 GPU를 장만해 신경망을 딱 한 번 훈련한 게 전부였다), 몇 주 전 알트만에게 말했듯이 이 새로운 움직임에 동참하려는 열의가 있었다. 구글과 딥마인드 내부에서 딥러닝의 성장세를 직접 본 머스크도 마찬가지였다. 그러나 아무도 실리콘밸리에서 가장 성공한 기업들이 선점한 인공지능 분야에 성공적으로 진입하려면 어떻게 해야 할지 확신이 서지 않았다.

앤드루 응을 수석과학자로 영입한 후 새로운 활력을 얻은 바이두와 근래 주목할 만한 딥러닝 스타트업을 둘이나 인수한 트위터는 물론이고 구글과 페이스북에서 수많은 실력자가 엄청난 돈을 벌어들이고 있었다. 알트만은 연구소 설립이 성공할지 예측하는 데 도움이 되리라 생각해 수츠케버를 비롯한 연구자 몇 사람을 로즈우드로 초대했는데, 그들은 답을 주기는커녕 질문만 하면서 시간을 흘려보냈다.

브로크만은 그날을 이렇게 회고했다. "그 사람들은 이런 질문을 했어요. '아무리 최고의 인재를 데리고 연구소를 시작한다고 해도 지금은 너무 늦지 않았을까요?' 혹은 '그게 가능할까요?' 불가능하다고 말하는 사람은 아무도 없었죠. 대신 이런 말들을 했어요. '정말 어려운 일입니다.' '우선 최소한의 조건을 갖춰야 해요, '최고의 실력자들을 영입해야 합니다.' '생각해놓은 방법은 있습니까?' '이건 닭이 먼저냐 달걀이 먼저냐의 문제군요.' 제 귀에는 불가능하지는 않다고 들렸죠."

그날 밤 알트만과 함께 차를 타고 집으로 돌아온 브로크만은 새로운 연구소를 기필코 설립하기로 마음먹었다.[16] 저녁 식사를 함께한 사람들 모두 연구소 설립을 바라는 듯했다. 그는 제프리 힌턴, 얀 르쿵과 나란히 딥러닝 연구의 활성화에 기여한 몬트리올대학교 교수 요슈아 벤지오를 비롯해 이 분야의 선도자들에게 전화를 거는 일부터 시작했다.

그러나 요슈아 벤지오는 계속 학계에 남겠다는 뜻을 명확히 밝혔다. 벤지오는 대신 전도유망한 젊은 연구자 몇 사람을 알려줬고, 브로크만은 그들을 포함해 다른 연구자들과 접촉을 계속해 인공지능의 위험성을 염려하는 머스크의 주장에 조금이라도 공감하는 몇몇 연구자의 마음을 사로잡았다.

그들 가운데 일리야 수츠케버를 포함한 5인은 근래 딥마인드에서 일한 이들이었다. 그들은 빅테크 기업의 간섭을 받지 않는 연구소라는 말에 마음이 끌렸고, 자신들을 몰아치는 이윤 추구 동기에서부터 벗어나고자 했다. 그들은 그 아이디어야말로 인공지능이 안전한 방식으로 발전하도록 보장하기 위한 최선책이라고 믿었다.

브로크만의 연락을 받은 연구자 중 하나인 보이치에흐 자렘바는 "자신이 하는 연구의 장기적 결과에 대해 숙고하는 과학자는 극히 드물어요. 인공지능이라는 지적 퍼즐은 놀라울 만큼 큰 성취감을 주는 것이기는 하지만, 이 세상에 부정적 영향을 끼칠 수도 있음을 연구소가 진지하게 고려했으면 합니다"라고 말했다.

그러나 그 연구자 중 누구도 선뜻 새 연구소 설립에 동참하겠다고 나서지 않았다. 브로크만은 이러한 교착 상태의 타개책으로 자신이 원하는 연구자 10인을 샌프란시스코 북부 내파밸리의 와인 농장에 초대해 가을 오후를 함께 보내기로 했다. 수츠케버는 물론이고 구글에 잠시 몸담았다가 페이스북으로 자리를 옮긴 자렘바도 거기에 포함됐다.

브로크만은 자신의 샌프란시스코 아파트에서 출발해 와인 농장까지 그들을 태우고 갈 전세 버스를 예약했다. 버스 제공과 같은 사소한 배려가 그들의 원대한 계획을 공고히 하는 데 도움이 될 수 있다고 생각했다. 그는 "지금 시대에는 사람들을 모으면서 신경 쓰지 않은 듯한 인상을 심어줘서는 결코 원하는 목적지에 빨리 도달할 수 없어요. 일단 목적지에 도착해야 대화를 나눌 수도 있습니다"라고 자기 생각을 밝혔다.

내파에서 그들은 새로운 가상 세계에 관해 의견을 나눴다. 디지털 놀이터로도 볼 수 있는 그 세계에서 인공지능 소프트웨어 에이전트는 개인용 컴퓨터에서 인간이 할 수 있는 모든 것을 학습할 수 있었다. 그 세계는 브레이크아웃 같은 게임뿐 아니라 웹브라우저부터 마이크로소프트 워드에 이르기까지 '모든 응용 소프트웨어' 안에서 딥마인드 스타일의 강화 학습이 더욱 발달할 게 분명했다. 그들은 그러한 세계를 구축하는 것이 진정한 지능을 갖춘 기계 개발로 가는 길이라고 믿었다.

어쨌든 웹브라우저는 모든 기계와 인간에게 인터넷으로 향하는 관문이 됐다. 그리고 웹브라우저를 탐색하려면 전산 능력뿐 아니라 언어 능력도 필요했다. 새로운 가상 세계를 구축하는 일은 최고의 빅테크 기업조차도 모든 자원을 쏟아야 할 만큼 지난한 과업이었지만, 그들은 대기업의 뒷받침 없이 한번 도전하기로 뜻을 모았다. 그들은 기업의 간섭을 전혀 받지 않는 비영리 연구소를 마음속에 그렸다. 그리고 누구나 구글 및 페이스북과 겨룰 수 있도록 연구소의 모든 연구 성과를 외부에 공유할 생각이었다.

오픈AI의 설립

그 주의 주말이 지나가기 전 브로크만은 연구자 10인에게 3주의 말미를 주면서 새 연구소에 합류해달라고 요청했다. 3주 뒤 9인이 동참을 결정했다. 새 연구소의 명칭은 오픈AI OpenAI 로 정해졌다. 수츠케버는 "딱 제가 원하는 도전처럼 느껴졌어요. 전 평소 가능한 한 가장 과감한 일에 뛰어드는 것을 좋아해요. 이 일이야말로 제가 할 수 있는 가장 과감한 일 같았죠"라고 말했다.

그러나 오픈AI 설립을 세상에 알리기에 앞서 자렘바, 수츠케버 등의 연구자들은 먼저 이 사실을 페이스북이나 구글에 알려야 했다. 자렘바는 구글 브레인 및 페이스북의 인공지능 연구소에서 근무 중이었지만 딥마인드에 몸담은 적도 있었다. 그런 그가 오픈AI에 합류하겠다고 말하자 두 빅테크 기업은 자사에 잔류하는 대가로 '선을 넘은 미친' 금액을 요구했다. 자렘바가 기존에 받던 보수의 2~3배 정도의 액수였다. 구글이 수츠케버에게 제시한 액수에 비하면 턱없이 적었다. 구글은 수백만 달러에 달하는 연봉을 제안한 것이다.

두 사람 모두 제안을 거절했지만, 이후 더 큰 금액으로 제안이 왔다. 심지어 그때는 그들이 오픈AI 연구소 설립을 발표하기 위해 NIPS가 개최되는 몬트리올로 날아갔을 때였다. 한때 연구자 수백 명 만이 참여한 이 학회는 이제 4천 명에 가까운 사람들을 끌어들이는 행사로 변모했다. 최고의 학자들이 최고 수준의 논문을 발표하는 강연장에는 청중이 꽉꽉 들어찼고, 방마다 수많은 기업이 세계에서 가장 유능한 실력자를 모셔가기 위한 만남을 주선하느라 분주했다. 마치 골드러시 시대의 서부 광산촌을 보는 것 같았다.

수츠케버는 몬트리올에 도착하자마자 제프 딘과 만났는데, 딘은 수츠케버를 구글에 묶어두기 위해 또 다른 제안을 내놓았다. 수츠케버는 고민했다. 구글이 오픈AI에서 약속한 보수의 2~3배를 제안했기 때문이다. 첫해만 해도 거의 200만 달러에 달하는 큰돈이었다.[17]

머스크와 알트만, 브로그만은 수츠케버의 결정을 기다리면서 연구소 설립 발표를 미룰 수밖에 없었다. 수츠케버는 토론토의 부모님께 전화를 걸기도 하고, 장단점을 따져보며 고심하느라 쉽사리 결정을 내리지 못했다. 그런 그에게 브로크만은 오픈AI를 선택할 것을 종용하며 수시로 문자를 보냈다.

그런 상태로 며칠이 흘렀다. 마침내 학회가 끝나는 금요일이 찾아왔고, 브로크만 일행은 수츠케버가 동참하든 말든 연구소 설립을 공표하는 게 좋겠다고 결론을 내렸다. 발표 시간은 오후 3시였다. 하지만 발표 없이 그 시간이 지나갔다. 수츠케버는 그 때까지도 결정을 내리지 못했다. 하지만 결국 브로크만에게 합류하겠다는 문자를 보냈다.

머스크와 알트만은 빅테크 기업들이 초래할 위험에 대한 대비책으로서 오픈AI를 키워갈 생각이었다.[18] 구글, 페이스북, 마이크로소프트가 여전히 일부 기술을 꽁꽁 숨긴 반면, 머스크와 피터 틸 등으로부터 10억 달러가 넘는 자금을 지원받은 비영리 연구소인 오픈AI는 미래의 기술을 무제한으로 대중에 공개할 작정이었다. 그렇게 되면 인공지능은 부유한 대기업만의 전유물이 아닌 지구상의 모든 사람이 자유롭게 누리는 기술이 될 터였다.

그런데 머스크와 알트만도 인정했듯이, 오픈AI에서 연구 결과를 숨김없이 공개한다면 선의의 사용자뿐 아니라 악한 의도를 품은 이들도 그 결과에 접근할 수 있다. 그 말인 즉 오픈AI에서 군사용 인공지능을 개발한다면 누구든 그 인공지능을 살상 무기로 사용할 수 있다는 의미였다. 그러나 머스크와 알트만은 자신들의 기술이 모든 사람에게 공개된다는 바로 그 사실 때문에 사악한 인공지능이 등장할 위험성이 줄어들 거라고 항변했다.

알트만은 "어쩌다 악한 행위자가 나타나더라도 수없이 많은 인공지능이 그런 자를 저지할 확률이 높다고 생각해요"라고 말했다. 그러한 생각은 결국 매우 비현실적인 것으로 입증될 이상주의적 공상에 불과했지만, 어쨌든 그들이 그렇게 믿은 것만은 사실이다. 그리고 그들이 영입한 연구자들도 마찬가지였다. 그들의 원대한 비전의 실현 가능성과는 관계없이, 머스크와 알트만은 적어도 세상에서 가장 앞날이 유망해 보이는 기술의 중심에 더 가까이 다가가고 있었다. 그들의 연구소에 최고의 연구자들이 모여 있었기 때문이다.

뉴욕대학교에서 얀 르쾽과 연구를 함께한 자렘바는 '선을 넘은 미친' 금액 제안에도 흔들리지 않았다고 고백했다.[19] 오히려 그 제안은 자렘바의 마음을 오픈AI로 확실히 밀어붙이는 계기가 됐다. 자렘바는 대기업이 단지 그를 붙잡고 싶다는 이유만으로 그런 큰 금액을 제시했다고 보지 않았다. 즉, 새로운 연구소가 설립되는 것을 막으려는 의도였다는 것이다. 수츠케버의 생각도 다르지 않았다.

머스크와 알트만 같은 이들이 설파한 이상주의에 모든 사람이 공감한 것은 아니었다. 딥마인드의 하사비스와 레그는 자신들의 회사에 투자한 머스크와 오픈AI에 동참한 연구자들에게 배신감을 느끼며 격분했다. 오픈AI의 연구원 중 5인이 딥마인드에서 일한 경험이 있었다. 하사비스와 레그는 위험한 결과를 초래할 수도 있는 인공지능 머신을 개발하는 과정에서 새 연구소가 불건전한 경쟁을 유발할 것으로 생각했다.

연구소들이 새로운 기술을 놓고 서로 경쟁하게 되면, 잘못된 길로 들어서도 깨닫기 어려우리라는 것이었다. 하사비스와 레그는 계속해서 몇 달 동안 수츠케버와 브로크만에게 불만을 표했다. 심지어 수츠케버는 오픈AI 설립이 발표되고 몇 시간 후 페이스북이 주최한 파티에 참석했다가 더 혹독한 말까지 들었다. 파티가 열린 날 저녁, 막 집에 돌아가려는 수츠케버에게 얀 르쿵이 다가왔다.

르쿵은 탁 트인 호텔 로비의 한쪽 끝에 있는 엘리베이터 근처에 수츠케버에게 지금 실수하는 거라며, 이유를 10가지 넘게 들었다. 우선, 오픈AI의 연구원들이 너무 젊다고 했다. 그 연구소에 자신처럼 경험이 많은 학자가 없다는 것이었다. 또한 구글이나 페이스북처럼 자금 사정이 넉넉지도 않다고 했다. 비영리 연구소이기 때문에 자금을 유치하기 힘들 거라는 이야기였다. 그리고 연구소가 이미 몇몇 훌륭한 연구자를 영입하기는 했지만 장기적으로 인재 경쟁에서 승리할 수 없다는 말도 했다. 게다가 모든 연구를 공유하겠다는 연구소의 아이디어도 알고 보면 오픈AI만의 장점이 아니라고 했다. 페이스북은 이미 연구의 대부분을 공유하고 있으며, 구글도 그 같은 움직임에 동참하기 시작했다고 말이다. 끝으로 르쿵은 수츠케버에게 이런 말을 남겼다. "당신은 실패할 겁니다."

10

폭발

알파고 쇼크

"그 사람은 오펜하이머가 맨해튼 프로젝트를 이끈 것처럼
알파고 프로젝트를 이끌었어요."

페이스북의 중대 발표

2015년 10월 31일, 디즈니랜드를 연상시키는 페이스북의 본사 내부. 최고기술책임자 마이크 슈레퍼가 회의실을 가득 채운 기자들 앞에서 발표를 시작했다.[1] 벽면에 설치된 디스플레이에 나타난 슬라이드를 가리키며 드론, 위성, 가상현실, 인공지능 등 회사의 최신 연구 프로젝트를 설명하는 참이었다. 사전에 신중하게 계획되는 행사가 흔히 그러하듯 발표 내용의 대부분은 새로울 것이 없었다.

그러나 페이스북의 연구원들이 뉴욕 및 캘리포니아의 사무실에서 신경망에 바둑을 가르치고 있다는 사실이 언급되자 분위기는 반전됐다. 수십 년 전부터 기계는 체커, 체스, 백개먼, 오델로

Othello 등의 게임은 물론이고 심지어 퀴즈 쇼 〈제퍼디!〉에서도 세계 최고 실력을 갖춘 인간을 꺾고 승리했다. 하지만 바둑은 기계가 정복할 수 없는 인간의 지능을 겨루는 시합이었다.

바로 얼마 전 잡지 〈와이어드〉는 10년 동안 세계 최고의 바둑 기사에게 도전장을 내밀 인공지능을 구축하려고 노력해온 프랑스의 컴퓨터과학자에 관한 특집 기사를 실었다.[2] 전 세계 대다수 인공지능 연구자와 마찬가지로 그 컴퓨터과학자도 최고의 바둑 인공지능을 구축하려면 아직 10년은 더 걸릴 거라고 믿었다.

그러나 수많은 기자 앞에서 슈레퍼가 밝힌 바에 따르면, 페이스북의 연구원들은 딥러닝을 이용해 그 기간을 훨씬 앞당길 수 있다고 자신했다.[3] 그들이 성공한다면, 인공지능 대도약의 시대가 열릴 게 분명했다.

바둑은 19×19 격자 위에서 두 플레이어가 서로 겨루는 경기다. 플레이어는 바둑판의 일정 영역을 에워싸기 위해 교대로 격자의 교차점에 돌을 놓는데, 그 과정에서 상대방의 돌을 획득해 나간다. 체스는 지상전과 비슷하고, 바둑 경기는 냉전과 유사하다. 바둑 한 수가 바둑판 전체에 파급 효과를 가져와 경기의 판세를 미묘하게, 때로는 놀랄 만큼 크게 흐름을 바꿔놓는다.

체스 플레이어는 자신의 차례에 약 35가지 경우의 수를 고려해 선택하면 된다. 바둑에서는 경우의 수가 200가지로 늘어난다. 그러니 체스와는 비교되지 않을 정도로 대단히 복잡하다. 2010년대 중반까지 아무리 뛰어난 성능의 기계라고 할지라도 바둑 한 수의 모든 경우의 수를 제한된 경기 시간 안에 계산하지 못했다.

그러나 슈레퍼는 딥러닝이 상황을 바꾸어놓을 거라고 장담했다. 수백만 장의 사진 속 수백만 명의 얼굴 분석을 통해 신경망은 형제들과 함께 찍은 사진 속에서 내 얼굴을, 혹은 많은 사람 속에서 내 룸메이트를 찾아내는 법을 학습했다. 슈레퍼는 페이스북의 연구원들이 그러한 신경망 기술을 적용해 프로 바둑 기사의 수를 흉내 내는 기계를 개발할 수 있다고 말했다. 신경망에 수백만 가지의 바둑 수를 입력함으로써 어떤 움직임이 좋은 수인지 훈련할 수 있다는 것이었다.

"최고의 바둑 기사는 직관적으로 좋은 수와 나쁜 수를 이해할 수 있게 되기까지 시각적 바둑 기보를 보면서 수련합니다. 그래서 우리도 바둑 시스템이 둘 수 있는 수를 선택하는 데 도움이 되도록 바둑판의 패턴, 즉 시각적 녹화 시스템을 사용하고 있습니다."

슈레퍼는 언뜻 페이스북이 단순히 기계에게 바둑 두는 법을 가르치는 것으로 보일 수도 있지만 사실상 페이스북의 운명을 바꿀 수 있는 인공지능을 향해 나아가는 과정임을 분명히 했다. 딥러닝은 페이스북의 SNS에서 광고 타기팅 방식을 개선하고 있었다. 시각 장애인을 위해 사진을 분석해 자막을 생성하고, 회사에서 개발 중인 스마트폰 디지털 비서 페이스북 M을 구동했다.[4] 페이스북의 연구원들은 바둑 인공지능 실험에 적용된 것과 동일한 기술을 사용해 단순히 음성을 인식하기만 하는 것이 아닌 인간의 언어를 진정으로 이해하는 시스템 개발을 목표로 삼았다.

슈레퍼는 얼마 전 페이스북의 한 연구팀이 개발한 인공지능이 톨킨Tolkien의 《반지의 제왕The Lord of the Rings》 3부작을 읽고 인물, 장소, 등장인물의 공간적 관계를 묻는 복잡한 질문에 답했다고 밝혔다.[5] 또한 페이스북의 기술이 바둑을 정복하고, 나아가서 인간의 언어를 진정으로 이해하려면 앞으로 몇 년이 더 걸리겠지만, 이미 이 2가지 미래로 향하는 길은 닦여 있다고도 했다. 지난 수십 년 동안 바로 그 일을 해온 컴퓨터과학자들은 과하게 허풍을 떨었던 것에 비해 세상에 내놓은 실용적 기술의 양은 얼마 되지 않았다. 슈레퍼는 이제 인공지능 기술이 마침내 대단한 아이디어로서 진가를 발휘하기 시작했다고 말했다.

딥마인드의 비장의 무기

슈레퍼는 다른 기업들도 같은 길을 걷고 있다는 사실은 기자들에게 언급하지 않았다. 바둑을 정복하려는 페이스북의 노력을 다룬 기사가 나가고 며칠 지나지 않아 한 기업이 반응을 보였다. 홀로 카메라 앞에 선 데미스 하사비스를 촬영한 온라인 동영상이 공개된 것이다.[6] 딥마인드의 창업자인 그가 그런 모습으로 나타난 것은 드문 일이었다. 딥마인드는 보통 〈사이언스〉나 〈네이처〉 같은 저명 학술지를 통해 발표하는 편이었고, 그것도 중요한 돌파구를 마련했을 때나 세상에 소식을 전하곤 했다.

동영상 속의 하사비스는 연구소 안에서 진행 중인 바둑 관련 프로젝트를 넌지시 언급하며, "아직 밝힐 수 있는 단계는 아니지만, 앞으로 몇 달 안에 꽤 놀라운 소식을 전해드릴 수 있을 것 같습니다"라고 말했다. 언론의 관심을 모으려는 페이스북의 노력이 그 최대 라이벌을 자극한 셈이었다.

하사비스가 동영상을 통해 모습을 드러내고 몇 주 뒤 한 기자가 얀 르쾽에게 혹시 딥마인드가 정상급 바둑 기사를 꺾을 수 있는 시스템을 개발한 것은 아닌지 물어왔다. 르쾽은 "아닙니다"라고 수차례 대답했다. 그런 시스템의 개발은 매우 어려운 일이기도 했고, 사실 아무것도 들은 내용이 없었기 때문이다. 그만큼 이 세계는 좁았다.

르쾽은 "딥마인드가 정상급 바둑 기사를 꺾었다면 벌써 제 귀에 그 소식이 들렸을 겁니다"라고 장담했다. 하지만 르쾽이 틀렸다.

며칠 뒤 하사비스의 딥마인드가 개발한 알파고AlphaGo가 무려 세 번이나 유럽 바둑 선수권 대회를 제패한 바둑 기사를 꺾었다는 소식이 〈네이처〉 표지를 장식했다.[7] 이미 지난 10월 비공개 대국에서 벌어진 일이었다.

르쾽과 페이스북은 뉴스가 나가기 하루 전에야 뒤늦게 낌새를 알아챘다. 생각지도 못한 불운에 빠진 저커버그는 그날 오후 선제적 홍보 활동에 돌입했다. 그래서 저커버그와 르쾽 모두 페이스북이 진행 중인 바둑 관련 연구가 여러 형태의 인공지능 구축을 위한 길이라고 인터넷에 글을 게재해 언론에 알렸다.

그러나 구글과 딥마인드가 선두를 차지했다는 사실에는 변함이 없었다. 알파고는 유럽 챔피언인 중국계 프랑스인 판 후이를 상대로 다섯 번의 비공개 대국에서 전부 승리했다. 6주 뒤에는 서울에서 지난 10년간 세계 최고의 바둑 기사 자리를 지켜온 이세돌에게 도전할 예정이었다.

구글이 딥마인드를 인수하고 몇 주 뒤 데미스 하사비스는 딥마인드의 연구원 몇 사람을 데리고 새로운 모회사의 중역들 앞에서 연구소가 브레이크아웃을 대상으로 진행한 딥러닝 실험이 성공적이었음을 입증하고자 캘리포니아 북부로 날아갔다.[8]

회의가 끝나고 서로 흩어져 자유롭게 대화를 나누는 가운데 하사비스는 세르게이 브린과 이야기를 나눴다. 대화 도중 두 사람은 서로에게 공통의 관심사가 있음을 알았다. 바둑이었다. 브린은 스탠퍼드대학교에서 페이지를 만나 구글을 창업하는 과정에서 자신이 바둑에 푹 빠지는 바람에 회사 창업이 무산될까 봐 페이지가 매우 걱정했다는 이야기를 들려줬다. 하사비스는 자신과 동료들이 그럴 마음만 있었다면 세계 챔피언을 꺾을 수 있는 시스템 개발도 가능했다고 장담했다. "그건 불가능한 일 아닌가요?"라고 브린이 되물었다. 그 순간 하사비스는 불가능에 도전하기로 마음먹었다.

제프리 힌턴은 데미스 하사비스를 제2차 세계대전 당시 원자폭탄을 만들어낸 맨해튼 프로젝트의 지휘자 로버트 오펜하이머

Robert Oppenheimer에 비유했다. 그는 세계적 물리학자로서 자신에게 주어진 막중하고도 난해한 과학적 과업에 열중했다.

그러나 오펜하이머의 능력은 그것만이 아니었다. 자신의 밑에서 일하는 과학자들에게 동기를 부여하고, 대규모 프로젝트가 성공할 수 있도록 그들 각자의 다양한 장점을 조합하면서 동시에 약점도 포용할 줄 아는 인물이었다. 즉, 사람을 움직이는 방법을 알고 있었다(그중에는 제프리 힌턴의 사촌인 조앤 힌턴도 있었다).

힌턴은 하사비스도 똑같은 능력의 소유자라고 생각했다. 그래서 "그 사람은 오펜하이머가 맨해튼 프로젝트를 이끈 것처럼 알파고 프로젝트를 이끌었어요. 다른 사람이 주도했다면 그렇게 신속하게, 그것도 훌륭하게 성공시킬 수 없었을 거예요"라고 평하기도 했다.

케임브리지대학교 시절부터 하사비스와 함께 해온 데이비드 실버와 또 다른 딥마인드의 연구원 아자 황Aja Huang은 이미 바둑 프로젝트를 연구하고 있었다. 두 사람은 곧 캘리포니아 북부에서 프로젝트에 시동을 건 일리야 수츠케버, 크리스 매디슨Chris Maddison이라는 구글의 인턴과 힘을 합쳤다.

연구원 4인은 2014년 중반에 자신들의 초기 연구를 바탕으로 논문을 발표했다.[9] 이후 프로젝트에 더 공을 들여 다음 해에 유럽 바둑 챔피언 판 후이를 상대로 승리를 거둔 것이다. 이 소식이 전해지자 세계 바둑계와 인공지능 연구자들은 충격에 휩싸였다. 뒤이은 알파고와 이세돌의 대결 소식은 훨씬 큰 파장을 예고했다.

1997년 맨해튼 웨스트사이드의 한 고층 건물에서 IBM의 슈퍼컴퓨터 딥블루가 체스 세계 챔피언 가리 카스파로프를 상대로 승리한 일은 컴퓨터과학계에 획기적 사건으로 기록됐으며, 전 세계의 언론이 그 일을 앞다퉈 보도했다. 그러나 그 사건은 서울에서 열릴 경기에 비하면 그렇게 큰 일도 아니었다. 바둑은 일본이나 중국은 말할 것도 없고 한국에서도 대중적으로 인기 있는 취미다. 슈퍼볼 시청자 수의 2배에 해당하는 2억 명 이상이 알파고와 이세돌의 대국을 지켜볼 예정이었다.[10]

알파고 vs. 이세돌

다섯 차례의 대국을 앞두고 열린 기자회견에서 이세돌은 4대 1 혹은 5대 0의 승리를 장담했다. 바둑 기사 대부분도 그렇게 예상했다. 알파고가 판 후이를 이기면서 확실히 기계가 인간을 넘어서는 플레이어라는 인상을 남기긴 했지만, 판 후이와 이세돌은 같은 수준의 기사가 아니었다. 바둑 랭킹 시스템인 ELo 순위를 보면 이세돌은 세계 최정상급 프로 기사였다.[11]

그러나 하사비스는 전혀 다른 결과가 나올 것으로 확신했다. 다음 날 오후 첫 번째 대국이 시작되기 2시간 전 기자 몇 사람과의 점심 식사 자리에 나타난 하사비스의 손에는 살굿빛의 일간지 〈코리아 헤럴드〉가 들려 있었다. 1면 상단에 이세돌과 하사비스의 사진이 있었다. 이렇게까지 뜨거운 반응은 예상치 못했다.

소년처럼 왜소한 체구에 앞머리가 살짝 벗겨진 39세의 영국인 하사비스는 "관심이 클 거라고는 생각했어요. 하지만 이 정도일 줄은 몰랐죠"라고 말했다. 이어서 점심 식사로 나온 만두, 김치, 불고기에는 손도 대지 않은 채 "조심스럽게 승리를 자신한다"고 이야기했다. 그러면서 지난 10월의 대국 이후로도 알파고가 계속 기량을 연마해왔다는 사실을 바둑 전문가들이 간과하고 있다고 설명했다.

하사비스의 연구팀은 본래 심층신경망에 3천만 개의 수를 입력해 기계가 바둑을 두도록 학습시켰다.[12] 이후로 알파고는 자체적으로 경기를 반복하면서 내내 어떤 수가 성공했고, 어떤 것이 실패했는지 집중적으로 파악해갔다. 딥마인드가 고전 아타리 게임을 위해 개발한 시스템과 거의 같은 방식이었다. 판 후이를 이기고 몇 달 만에 혼자서 수백만 차례나 더 경기를 치른 셈이었다. 알파고는 어떤 인간보다도 더 빠른 속도로 스스로 바둑을 학습했다.

포시즌스호텔의 최상층에서 경기 전 식사를 하는 동안 하사비스의 맞은편에 앉은 구글 회장 에릭 슈미트Eric Schmidt는 거드름을 피우며 딥러닝의 장점을 늘어놓았다. 그때 누군가가 슈미트를 개발자라고 지칭하자. 슈미트는 "난 개발자가 아니에요. 컴퓨터과학자라고 해주세요"라고 정정했다.

그러는 사이 문득 자신이 컴퓨터과학자로서 한창 연구에 매진하던 1970년대에 엄청난 미래를 약속해줄 것만 같았던 인공지능이 1980년대를 지나 1990년대가 되도록 뚜렷한 성과를 보이지 못한 기억이 떠올랐다. 이제 그 약속이 실현되려 했다. 슈미트는 "이 기술은 너무 강력해서 가슴이 뛰죠"라며, 인공지능이 단지 사진에만 마법을 부리는 기술은 아니라고 말했다. 헬스케어를 비롯해 수없이 많은 산업 부문은 물론이고 750억 달러 구글 인터넷 비즈니스의 미래가 인공지능에 달려 있었다.[13]

잠시 뒤 대국을 관전하려고 몇 층 아래로 자리를 옮긴 하사비스와 슈미트 옆에는 제프 딘도 함께 있었다. 슈미트와 딘이 모두 참석한 것만 봐도 구글에 이 대결이 얼마나 중요한 의미인지 알 수 있었다. 사흘 뒤 대국의 분위기가 절정에 이르렀을 무렵에는 세르게이 브린이 서울로 왔다.[14]

하사비스는 첫 번째 대국이 진행되는 내내 개인용 관전실에 가만히 있질 못하고 같은 층에 있는 알파고 통제실을 들락거렸다. 통제실은 태평양 너머 구글 데이터센터 내 컴퓨터 수백 대에서 실행 중인 서비스를 활용하는 PC, 노트북, 평판 디스플레이로 가득했다.[15]

일주일 전 구글의 개발자들은 안정적인 인터넷 접속을 위해 통제실에 초고속 광섬유 케이블도 설치했다.[16] 나중에 알려진 바에 따르면, 사실 통제실에서는 할 일이 별로 없었다. 수 개월 동안 훈련을 거친 알파고는 인간의 도움 없이 전적으로 혼자서 바둑을 둘 수 있었다. 그리고 하사비스나 그의 팀이 돕고 싶다고 해서 도울 수 있는 형편도 아니었다. 그들 가운데 바둑 고수라고 할 만한 사람이 없었다. 그저 지켜보는 것 말고 그들이 할 일은 없었다.

실버는 "말로 설명할 수는 없지만, 정말 긴장되는군요. 어떤 것을 믿어야 할지 잘 모르겠네요. 해설자의 중계를 들으면서 또 한편으로는 알파고의 자체 평가를 보고 있는데, 둘의 견해가 일치하지 않아요"라고 말했다.

첫 번째 대국 날, 슈미트와 딘 등 구글의 VIP들과 관전자들은 기계가 승리하는 모습을 지켜봤다. 경기 후 전 세계의 기자 수백 명이 모인 기자회견장에 통역사와 함께 모습을 드러낸 33세의 이세돌은 충격을 받았다며 "알파고가 이토록 완벽하게 바둑을 둘 수 있으리라고는 생각지 못했어요"라고 말했다.[17]

4시간 넘게 진행된 대국을 통해 알파고는 세계 최고의 바둑 기사와 대등한 실력을 갖추고 있음을 입증했다. 이세돌은 알파고의 허를 찌르는 공격에 당했다며 두 번째 대결에서는 다른 방식으로 접근하겠다고 말했다.

2국이 시작되고 1시간 정도 흐른 뒤 이세돌이 자리에서 일어나 대국장 밖으로 나갔다. 전용 발코니에서 담배를 피우기 위해서였다. 이세돌이 자리를 비운 사이 대만 출신 딥마인드 연구원 아자 황이 바둑판의 오른쪽에 홀로 자리 잡은 백돌의 대각선 아래에 흑돌 하나를 올려놓았다. 아자 황은 대국장에서 이세돌의 맞은편에 앉아 알파고를 대신해 바둑돌을 움직이는 중이었고, 이제 37수를 둔 참이었다.

서양인으로서는 유일하게 바둑의 최고 단수인 9단에 오른 마이클 레드먼드Michael Redmond는 멀지 않은 곳에서 해설을 하고 있었는데, 순간 두 눈을 의심했다. "알파고의 지금 수는 묘수인지 악수인지 정말 모르겠군요." 온라인으로 관전 중인 200만 명 이상의 영어권 시청자에게 해설했다. 레드먼드와 함께 공동 해설을 맡은 바둑 전문 온라인 잡지의 베테랑 편집자이자 미국바둑협회의 부회장이기도 한 크리스 갈록Chris Garlock은 "저는 실수라고 생각합니다"라고 말했다.

다시 돌아온 이세돌은 또다시 몇 분 동안 가만히 바둑판을 응시했다. 다음 수를 둘 때까지는 거의 15분이나 걸렸는데, 경기 중 각 기사에게 주어진 1차 제한 시간이 2시간이라는 것을 고려하면 상당히 긴 시간을 사용한 셈이었다. 게다가 그 응수가 반드시 묘수라고 할 수도 없었다. 4시간 이상이 흐르고 이세돌이 기권했다. 승부는 2대 0이 됐다.

인공지능의 묘수

알파고의 37수를 보고 판 후이 역시 깜짝 놀랐다. 몇 달 전 알파고에 완패를 당한 이후 판 후이는 딥마인드에 합류해 알파고가 이세돌과의 대결을 준비하는 동안 연습 상대가 돼줬다. 딥마인드의 인공지능을 이길 수는 없었지만, 알파고와의 만남으로 판 후이는 바둑을 두는 새로운 방식에 눈을 떴다.

실제로 알파고에 패배한 뒤 몇 주 동안 최고 실력의 '인간' 경쟁자를 상대로 6연승을 거두면서 세계 랭킹에서 퍼스널 베스트 순위를 달성했다. 이제 그는 포시즌스호텔 7층에 마련된 중계실 바깥에 서서 알파고의 37수 이후 몇 분 만에 그 기묘한 수의 효과를 목격한 것이다. 판 후이는 "이건 인간의 수가 아니에요. 이렇게 바둑을 두는 인간은 한 번도 본 적이 없어요. 정말 아름답군요"라고 말했다. 그러고도 "아름다워요"를 연발했다.

다음 날 아침 데이비드 실버는 알파고가 37수를 두기 전에 내린 결정을 검토하려고 통제실로 들어갔다. 인간 바둑 기사의 수천만 가지 수를 학습한 알파고는 경기 중 인간이 어떤 특정의 수를 선택할 확률을 계산했다.

37수의 경우, 그 확률은 1만분의 1이었다. 물론 알파고는 프로 바둑 기사라면 37수 같은 수를 택하지 않으리라는 것을 알았다. 그렇지만 인간을 상대로 하지 않고 홀로 수련한 수백만 회의 대국을 바탕으로 37수를 선택했다. 그것이 묘수임을 알아낸 것이다. 실버는 "알파고가 스스로 발견한 것입니다"라고 말했다.

좋기도 하면서 씁쓸하기도 한 순간이었다. 판 후이가 37수의 아름다움에 환호하는 바로 그 순간 포시즌스호텔, 아니 대한민국 전역은 충격에 빠졌다. 중국 기자 프레드 저우Fred Zhou는 경기 후 기자회견장으로 향하는 도중에 취재차 미국에서 온 〈와이어드〉 기자와 우연히 대화를 나눴다.

저우는 다른 기자들이 이 대결을 운동 경기 다루듯 한다고 불평하면서 기술에 관심을 둔 동료 기자를 만나게 돼 정말 반갑다고 말했다. 그는 언론이 기사로 다뤄야 하는 것은 인공지능임을 지적했다. 그러나 다음 순간 그의 어조가 달라졌다. 알파고가 첫 대국에서 승리했을 때 자신도 흥분했으나 이제는 깊은 절망감을 느낀다는 것이다. 그러면서 감정을 주체하지 못하고 자신의 가슴을 쾅쾅 쳤다.

다음 날, 한국에서 스타트업 인큐베이터를 운영하는 권오형 역시 안타까움을 느꼈다고 밝혔다. 이세돌이 한국인이어서가 아니라 인간이기 때문에 그렇다는 것이다. 함께 있던 동료 몇 사람이 동의한다는 듯 고개를 끄덕이자 권오형은 말을 이어갔다. "인간이라면 잘될 때도 있고, 잘 안될 때도 있는 게 당연해요. 이번 대결로 인공지능이 정말 우리 가까이에 왔고 위험할 수도 있겠구나 싶었죠."[18]

주말 동안 분위기는 더욱 가라앉았다. 세 번째 대국에서도 이세돌이 지면서 전체 승부가 패배로 결정됐다.[19] 3국을 마치고 기자회견장에 나타난 이세돌은 미안해하면서 "오늘은 무슨 말을 해야 할지 모르겠네요. 하지만 먼저 죄송하다는 말씀을 드려야 할 것 같군요. 경기의 승패나 내용 면에서 여러분의 기대에 부응하지 못했습니다"라고 말했다.[20]

몇 분 뒤 기술상의 패배를 인정할 줄도 알아야 한다고 생각한 마크 저커버그는 페이스북에 글을 올려 데미스 하사비스와 딥마인드의 성과를 축하했다. 얀 르쾽도 같은 행동을 취했다. 그러나 이세돌의 옆자리에 앉아 있는 하사비스는 남은 두 차례의 대

국에서 이세돌이 한 차례라도 승리하기를 바라고 있었다.[21]

77수까지 진행된 네 번째 대국에서 이세돌은 다시 얼어붙었다. 두 번째 대국 때와 똑같은 광경이었다. 이번에는 다음 수를 결정하기까지 심지어 더 오랫동안 고민했다. 목덜미에 손을 얹은 채 앞뒤로 몸을 흔들며 20분 가까이 바둑판의 중심부에 자리 잡은 흑돌과 백돌을 응시했다.

마침내 이세돌이 자신의 백돌을 바둑판 한가운데 있는 두 흑돌 사이에 놓았다. 알파고는 갑자기 혼란에 빠졌다. 알파고는 경기 진행 중에 끊임없이 자신의 승률을 계산해 통제실의 평판 디스플레이에 표시했다. 이세돌의 78수 이후 알파고는 악수로 응대해 곧바로 승률이 곤두박질쳤다. 하사비스는 "그때까지 알파고가 계획하고 있던 것들이 쓸모없게 됐어요. 새로 계획을 짜야 했죠"라고 설명했다.

그 순간 이세돌은 바둑판에서 시선을 떼고 아자 황을 바라봤다. 알파고가 아닌 아자 황을 상대로 승기를 잡은 듯이 말이다. 그때부터 알파고의 승률은 계속해서 떨어졌고, 대국 시작 5시간 만에 알파고는 기권했다.

이틀 뒤 하사비스는 포시즌스호텔 로비를 걸어가면서 알파고의 패배 원인을 설명했다. 알파고는 78수를 인간이 두지 않을 수로 예상했다. 알파고가 계산한 확률은 1만분의 1이었다(앞에서도 한 차례 본 수치). 앞서 알파고가 그랬던 것처럼 이세돌 역시 새로운 경지에 도달한 것이다.

대국의 마지막 날 하사비스와 사적으로 만난 자리에서 이세돌은 그렇게 말하면서 알파고와의 대국을 계기로 바둑에 대한 그의 열정이 되살아났을 뿐 아니라 새로운 아이디어까지 떠올랐다고 이야기했다. 며칠 전 판 후이도 그와 비슷한 이야기를 했다. 이후 이세돌은 최고 실력의 인간 바둑 기사들을 상대로 9연승 행진을 이어갔다.

알파고와 이세돌의 대국은 인공지능이라는 새로운 기술이 대중의 머릿속에 강렬하게 박히는 계기가 됐다. 그리고 인공지능 연구자와 빅테크 기업뿐 아니라 대중에게도 획기적인 사건으로 기억됐다. 미국에서 그러했고, 특히 바둑 강국인 한국과 중국에서는 더욱 그러했다.

기술이 인류를 더 높은 차원으로 이끌 수도 있음을 분명히 드러낸 이 바둑 경기를 계기로 사람들은 기술의 힘을 인식했으며, 낙관적인 순간을 맞이하기도 전에 그 힘이 언젠가 인류를 제압할지도 모른다는 두려움을 갖게 됐다.

앞서 일론 머스크가 그 같은 위험성을 경고하기는 했지만, 그 순간에도 대중은 인공지능을 매우 유망한 기술로만 인식했다. 이 대국 소식을 접한 후 플로리다 출신 45세의 컴퓨터 프로그래머 조르디 엔사인Jordi Ensign은 몸에 문신 2개를 새겼다. 오른팔 안쪽에는 알파고의 37수를, 왼팔 안쪽에는 이세돌의 78수를 새겼다.

11

확장
진격의 구글

"조지는 용어조차 모르는 상태에서
그 분야를 제패한 거죠."

병원 속으로 스며든 인공지능

아라빈드 안과병원Aravind Eye Hospital은 인도 최남단에 있는 인구 밀도가 높고 광활한 고대 도시 마두라이Madurai에 있다. 매일 인도 전역은 물론이고 세계 각지에서 2천 명이 넘는 사람들이 이 병원을 찾아 물밀듯이 들어온다. 이 병원은 예약을 했든 안 했든, 돈이 있든 없든 찾아온 모든 환자를 진료한다.

매일 아침 흰 가운을 입은 기술자 수십 명이 안구 뒤쪽 망막 사진을 찍는 작은 방 안으로 들어갈 순서를 기다리며 4층 대기실과 복도에서 줄을 선다. 당뇨성 실명 여부를 확인하려는 것이다. 인도에서는 거의 7천만 명이 당뇨를 앓고 있으며 그들 모두 실명 위기에 처해 있다.[1] 당뇨성 망막 병증이란 병으로 초기에 발견해 치료하면 진행을 멈출 수 있다. 매년 아라빈드 같은 병원에서 의사들이 수백만 명의 망막을 촬영한 사진을 들여다보며 아주 작은 병변이나 출혈, 미세한 변색 등과 같은 실명으로 진행될 징후가 있는지 살핀다.

문제는 인도에 의사가 부족하다는 것이다. 인구 100만 명당 의사 수가 11명에 불과하고, 지방으로 가면 그 비율은 훨씬 줄어든다.[2] 국민 대부분이 검사조차 받을 수 없는 형편이다. 그러나 2015년에 구글의 개발자 바룬 굴샨Varun Gulshan은 이러한 상황을 개선하고 싶었다

인도 태생으로 옥스퍼드대학교에서 수학한 그는 구글이 인수한 실리콘밸리의 스타트업에서 일했고, 공식적으로는 구글 카드보드Google Cardboard라고 불리는 가상현실 장비를 연구했다. 하지만 자신의 '연구 기간 중 20퍼센트'를 당뇨성 망막 병증 탐구에 할애하기 시작했다. 바룬 굴샨은 사람들이 이 병을 앓고 있는지 의사의 도움 없이 자동으로 검사해 치료가 필요한 환자들을 의사보다 훨씬 많이 찾아낼 수 있는 딥러닝 시스템을 구축할 생각이었다.

굴샨은 아라빈드 안과병원과 접촉했으며, 자신의 시스템을 훈련하는 데 필요한 디지털 망막 스캔 사진 수천 장을 사용해도 좋다는 허가를 얻었다.

굴샨은 혼자서는 스캔 사진들을 이해할 수 없었다. 그는 컴퓨터과학자이지 의사가 아니었기 때문이다. 그러므로 굴샨과 그의

상사는 마침 구글 검색 엔진에서 일하고 있는 숙련된 내과 의사이자 의공학자인 릴리 펭Lily Peng을 설득해 데려왔다.

과거에도 망막 스캔 사진을 자동으로 해독할 수 있는 시스템을 구축하려는 시도가 있었지만 숙련된 의사의 실력에는 한참 못 미쳤다. 굴샨과 펭은 딥러닝을 이용한다는 점에서 그들과 차별성이 있었다.

두 사람은 아라빈드 안과병원이 보유한 수천 장의 망막 스캔 사진을 신경망에 입력해 시스템이 당뇨성 실명의 징후를 인식하도록 훈련했다. 그런 식으로 그들은 성공을 거뒀고, 제프 딘은 딥마인드가 바둑과 씨름할 때와 비슷한 시기에 두 사람을 구글 브레인 연구소로 데려왔다. 펭과 그의 의료팀 동료들은 자신들이 브레인팀으로 전이된 암 같다며 농담을 주고받곤 했다. 그다지 유쾌한 농담은 아니었지만, 틀린 비유도 아니었다.

3년 전인 2012년 여름, 세계 최대 제약사 중 하나인 머크Merck&Co.는 캐글Kaggle이라는 웹사이트에서 경연 대회를 개최했다. 어떠한 기업이든 상금을 걸고 해결하고 싶은 과제를 캐글에 올려 컴퓨터과학자들을 대상으로 경연을 열 수 있었다. 4만 달러를 상금으로 내건 머크는 특정 분자의 작용에 관한 방대한 데이터를 제시하면서 그 분자들이 인체 내 타 분자들과 어떻게 상호작용을 하게 될지 경연 참가자들이 예측하도록 했다.[3]

두 달간 진행될 예정인 이 경연의 목적은 신약 개발의 가속화였으며, 총 236개 팀이 참가했다. 기차를 타고 시애틀에서 포틀랜드로 가는 중에 이 경연 소식을 접한 힌턴의 제자 조지 달도 참가를 결심했다.

그런데 달이 이 분야 전체의 미래를 바꿔놓은 시스템을 개발하기 전 음성 인식 분야의 경험이 전무한 것과 마찬가지로, 신약 개발도 그에게 생소한 분야였다. 그리고 힌턴이 자신의 경연 참여를 달가워할 것인지도 의문이었다. 그러나 당시 힌턴은 제자들이 자신이 찬성하지 않을 무언가에 몰두했으면 좋겠다고 말하곤 했다.

달은 "그건 괴델의 완전성Gödel completeness 정리와 같은 겁니다. 교수님께서 찬성하지 않으신 것을 우리가 하는 데 찬성하신다면 어떨까요? 그게 정말 찬성하지 않으신 것일까요? 제프 교수님은 자기 능력의 한계를 잘 아세요. 그런 걸 지적 겸손이라고 하죠. 교수님은 언제나 놀랄 준비가 돼 있고, 모든 가능성에 마음을 열고 계시죠"라고 설명했다.

토론토로 돌아온 달은 힌턴을 만났다. "무엇을 하고 있나?"라고 묻는 힌턴에게 달은 머크에 대한 이야기를 전했다.

"기차를 타고 포틀랜드에 다녀왔어요. 그리고 지금 그다지 똑똑치 않은 신경망을 머크의 데이터로 훈련하고 있어요. 제가 한 일은 별로 없는데, 이미 7위에 올랐더라고요."

"경연 기간이 얼마나 남았나?" 힌턴이 물었다.

"2주요." 달이 대답했다.

"그렇군. 꼭 우승해야 하네." 힌턴이 다시 말했다.

그는 사실 달이 우승하리라고 확신하지 않았다. 이 프로젝트에 크게 신경을 쓰지 않았던 것이다. 그러나 힌턴은 완강했다. 당시는 아직 바둑에서 승리를 맛보기 전이었지만 음성 인식 기술로 딥러닝을 성공시킨 일로 의기양양해 있던 때로, 힌턴은 신경망이 다방면에 활용 가능한 기술임을 입증하고 싶었다. 급기야 힌턴은 신경망이 도전장을 내는 모든 분야를 압도하리라 확신하며, 신경망을 드레드넷dreadnets이라고 불렀다(20세기 초의 전함 드레드노트dreadnoughts에서 착안한 언어유희).

달은 일리야 수츠케버가 즐겨 말한 러시아 농담이 떠올랐다. 자본주의 적을 향한 사격을 하는 도중 소련군에 총탄이 떨어지자 총탄 부족 문제를 제기하는 병사에게, 소련의 장군은 "총탄이 부족하다니 무슨 말인가? 자네는 공산주의자잖아!"라고 말하고 군대는 사격을 계속한다는 이야기다.

힌턴이 반드시 경연에서 우승해야 한다고 말했기 때문에 달은 나브딥 제이틀리를 비롯해 토론토대학교 연구실의 딥러닝 연구자 몇 사람에게 협조를 요청했다. 그리고 달의 팀은 우승했다.

이 경연은 QSAR 혹은 정량적 구조-활성 상관관계quantitative structure-activity relationship라는 신약 개발 기법의 연구와 관련된 것으로 달은 머크의 데이터로 경연에 뛰어들 때까지 그 용어를 들어본 적도 없었다. 힌턴은 "조지는 용어조차 모르는 상태에서 그 분야를 제패한 거죠"라고 말했다. 머크는 멀고도 험한 신약 개발 과정에 이 기법을 적용했다.

구글의 급속 성장과 내부 균열

구글의 최고경영자 겸 회장을 지낸 에릭 슈미트는 "인공지능은 인간이 볼 수 없는 패턴을 보는 거대한 수학 문제라고 생각하면 됩니다"라며 "과학과 생물학의 여러 영역에는 인간이 보지 못하는 패턴이 존재하는데, 그 패턴들이 인간에게 발견되기만 한다면 지금보다 우수한 신약 및 치료제를 개발할 수 있을 것입니다"라고 말했다.

달의 성공으로 수많은 기업이 신약 개발에 더욱 적극적으로 뛰어들었다. 대다수가 조지 달의 토론토대학교 연구실 동료가 설립한 샌프란시스코의 한 회사를 비롯한 스타트업이었다. 나머지는 머크 같은 거대 제약사였는데, 이들은 새로운 신약 개발 기법이 제약 사업을 근본적으로 바꿀 것이라고 대대적으로 홍보했다.

회사의 규모와 관계없이 신약 개발은 매우 난해하고 긴 시간이 소요되는 일이어서 사업 전반을 완전히 개편하려면 수년이 필요했다. 달의 발견은 획기적 대전환이라기보다는 약간의 수정에 가까웠다. 그렇지만 신경망의 잠재력은 의료 분야 전반에 걸친 연구에 급속히 활기를 불어넣었다.

일리야 수츠케버는 '시퀀스 투 시퀀스Sequence to Sequence 논문'으로 알려진 기계 번역 관련 논문을 발표하면서 그 논문이 사실은 번역에 관한 것이 아니라고 설명했다. 논문을 읽은 제프 딘과 그레그 코라도는 수긍했다. 그들은 논문이 헬스케어 기록을 분석하는 이상적 수단과 연관됐다고 주장했다. 연구자들이 수년간의 의료 기록을 논문에 사용된 것과 같은 유형의 신경망에 입력한다면, 신경망이 진행 중인 병의 여러 징후를 인식하는 법을 학습할 수 있을 거라고 확신한 것이다.

딘은 "의료 기록에 관한 데이터를 정렬하면 예측하고자 하는 시퀀스처럼 보이잖아요. 예를 들어 '이 특정 단계에 있는 환자의 경우 앞으로 12개월 안에 당뇨가 발병할 가능성이 얼마나 될까?' 혹은 '환자를 돌려보냈을 때 일주일 안에 다시 병원을 찾게 될까?' 같은 질문의 답을 찾을 수 있겠다 생각했죠"라고 말했다. 딘과 코라도는 곧바로 그러한 의문을 탐구하기 위해 구글 브레인 내부에 새로운 팀을 꾸렸다.

릴리 펭의 실명 예방 프로젝트는 이러한 환경에서 출범해 연구소 내부에 헬스케어 전담 부서가 설치되기에 이르렀다. 펭의 팀은 아라빈드 안과병원을 비롯한 여러 곳에서 수집한 약 13만 장의 디지털 망막 스캔 사진을 50여 명의 미국 안과 의사에게 보내 어떤 사진에 당뇨성 실명의 징후인 미세한 병변이나 출혈이 보이는지 구별할 수 있도록 레이블링 작업을 요청했다. 그리고 그 사진들을 신경망에 입력했다. 그러자 신경망이 스스로 질병의 징후를 인식하는 법을 학습해냈다.[4]

2016년 가을에 펭의 팀은 〈미국의사협회저널Journal of the American Medical Association〉에 실린 논문을 통해 숙련된 의사만큼 정확하게 당뇨성 실명의 징후를 알아낼 수 있는 시스템을 공개했다. 이 시스템의 정확도는 90퍼센트를 넘어, 최소 80퍼센트 이상을 요구하는 미국 국립보건원의 권장 표준을 상회했다.[5] 펭의 팀은 이 기술이 앞으로 수년간 넘어야 할 규제 및 보급상의 장애물이 많다는 것을 인정하면서도 임상 실험 준비를 서둘렀다.

그들은 한 임상 실험을 아라빈드 안과병원에서 진행했다. 단기적으로 구글의 시스템은 병원 안으로 계속 밀려드는 환자들을 대처하는 데 도움이 될 터였다. 그러나 그것 말고도 아라빈드는 안과 의사가 거의 없는 지방에서 운영 중인 '안센터' 40여 개소에 이 기술을 보급하고 싶었다.

아라빈드는 인도에서 '닥터 V'로 알려진 상징적 인물 고빈다파 벤카타스와미Govindappa Venkataswamy가 1970년대 후반에 설립한 병원이다. 그는 인도 전역에서 맥도날드 프랜차이즈처럼 운영되는 병원 및 안센터 네트워크를 구축해 인도 국민에게 저렴한 비용으로 안과 진료를 체계적으로 제공하려는 꿈을 꿨다. 실제 구글의 기술이 자리를 잡으면 그 꿈에 제대로 기여할 수도 있었다.

이 기술의 보급은 웹사이트나 스마트폰 앱을 보급하는 일과는 성격이 달랐다. 대체로 그 일은 인도뿐 아니라 수많은 사람이 유사한 기술을 연구 중인 미국 및 영국에서도 설득의 문제였다. 헬스케어 전문가와 규제 당국 사이에 신경망을 '블랙박스'처럼 여기는 우려가 폭넓게 퍼져 있었다. 과거의 기술과는 달리 병원이 질병의 진단을 내리게 된 이유를 설명할 길이 없어질 거라는 것이다. 일부 연구자는 그런 문제가 해결되도록 새로운 기술들을 구축할 수 있다고 주장했다.

그러나 그렇게 간단한 문제는 아니었다. 제프리 힌턴은 헬스케어 분야에 대두한 딥러닝을 다룬 〈뉴요커〉의 대대적 특집 기사에서 "그런 주장을 하는 사람이 누구든 믿지 마세요"라고 당부했다.[6]

그러나 힌턴은 구글이 당뇨성 망막 병증에 관한 연구를 계속하고, 다른 이들이 엑스레이, MRI 및 기타 의료 스캔 판독 시스템을 연구하면서 딥러닝이 업계를 근본적으로 바꿔놓을 거라고 믿었다. 그는 언젠가 토론토의 한 병원에서 했던 강의에서 "전방사선 전문의로 일하는 사람을 만화 속에 나오는 와일 E. 코요테Wile E. Coyote 같다고 생각합니다"라며 "이미 벼랑 끝에 서 있지만 아직 아래를 보지 못한 사람이요. 밑에는 땅이 없죠"라고 말하기도 했다.

힌턴은 데이터의 추가 입력으로 신경망은 계속해서 향상되기 때문에 장차 숙련된 의사의 실력을 앞지를 것으로 전망하며 블랙박스처럼 여기는 우려가 있지만 그건 자연스럽게 인간이 안고 가야 할 문제라고 주장했다. 그러한 우려를 불식하려면 그것이 문제점이 아니라고 세상을 설득해야 하는데, 그 일은 실험, 즉 비록 인간이 그 안을 들여다볼 수 없을지라도 신경망은 인간이 시킨 일을 해낸다는 입증을 통해서 가능하다고 언급했다.

힌턴은 궁극적으로 의사와 공조하는 머신이 이제껏 불가능한 것으로 여겨졌던 수준의 헬스케어를 제공할 것이라고 믿었다. 머지않아 신경망 알고리즘이 엑스레이, CAT 스캔 및 MRI를 판독하게 될 것이라고 주장하면서 시간이 더 흐르면 자궁경부암 도말 검사를 판독하거나 심장의 잡음을 확인하고, 정신질환의 재발을 예측하는 등 병리 진단을 내릴 수도 있다고 말했다.

힌턴은 "이 방면에는 학습할 것이 훨씬 많아요"라고 기자에게 말하며 살짝 한숨을 내쉬었는데, "초기에 정확한 진단을 내리기는 쉽지 않죠. 우리는 더 잘할 수 있고요. 인간이 기계의 도움을 받으면 안 된다는 법이라도 있나요?"라며 흥분을 감추지 못했다. 자신의 아내가 치료할 수 있는 단계가 지나서야 췌장암 진단을 받은 적이 있어 이 문제는 자신에게 특히 중요하다고 설명했다.

한편, 한국에서의 알파고 승리를 계기로 구글 브레인 직원들은 딥마인드에 반감을 품게 되면서 두 연구소 사이에 근원적인 분열이 생겼다. 제프 딘이 이끄는 구글 브레인은 음성 인식, 이미지 인식, 번역, 헬스케어 등 실용적이면서 즉각적 반응을 일으키는 기술의 구축에 집중했다. 반면 AGI를 표방하는 딥마인드는 여러 게임을 플레이하도록 시스템을 가르치면서 북극성을 좇았다.

수익성이 좋은 구글 브레인이 구글 직속 부서였던 반면, 딥마인드는 자체 규율에 따라 운영되는 독립적인 연구소였다. 런던 세인트팽크러스St. Pancras역 인근의 구글의 새 사무실들이 들어선 건물에서 딥마인드는 엄격히 출입이 통제된 장소였다. 출입증을 소지한 딥마인드의 직원은 어느 곳이든 출입할 수 있었지만, 구글 직원은 딥마인드가 있는 층에 출입이 금지됐다.

래리 페이지와 세르게이 브린이 구글에서 몇몇 프로젝트를 독자적 사업으로 분리해 새로 설립한 알파벳Alphabet이란 지주사의 산하에 둔 이후로 분열은 더욱 심해졌다.[7] 그렇게 독자적 실체를 갖추게 된 사업 중 하나가 바로 딥마인드였다. 구글 브레인과 딥마인드 간의 갈등이 깊어지자 결국 두 연구소는 상황 개선을 위해 캘리포니아 북부에서 일종의 비공개 정상회담을 열었다.

술레이만의 딥마인드 헬스 프로젝트

'무스Moose'로 불리는 무스타파 술레이만은 딥마인드의 창업자 중 한 사람이었으나 구글 브레인에 더 어울릴 것 같은 인물이었다. 주변 사람에게 술레이만은 먼 미래가 아닌 현재를 위한 기술 개발을 원했다. 그는 게이머나 신경과학자가 아니었고, 인공지능 연구자는 더더욱 아니었다.

시리아 태생의 런던 택시 운전사의 아들로 옥스퍼드대학교를 중퇴한 술레이만은 무슬림 청년을 위한 전화 상담 서비스를 개설하고, 인권 문제 해결을 위해 런던 시장을 돕기도 했다. 인공지능을 연구하는 사람들에게서 흔히 찾아볼 수 있는 내성적이거나 괴짜 같은 면모가 그에게는 없었다. 오히려 유행에 민감한 사람으로 어두운색 곱슬머리에 수염을 짧게 깎고 왼쪽 귀에는 스터드 귀걸이를 착용해 하사비스나 레그보다 더 눈에 띄었다. 또한 런던과 뉴욕에 있는 최고의 바와 음식점을 모두 알고 있다는 사실에 자부심을 느꼈으며, 양해를 구하지 않고 할 말을 다 하는 성격이었다.

일론 머스크가 오리엔트 급행열차 안에서 자신의 40세 생일 파티를 열었을 때도 그 떠들썩한 술잔치에 딥마인드의 창업자로서 참석했다. 술레이만은 자신과 하사비스가 런던 북부에서 함께 성장하던 시기에 자신은 괴짜가 아니었다는 말을 곧잘 했다. 두 사람은 친한 사이가 아니었다. 한번은 술레이만이 젊은 시절 자신과 하사비스가 어떻게 세상을 바꿀까를 두고 토론을 나눴을 때 서로 생각이 매우 달랐던 일을 떠올리기도 했다.

하사비스는 먼 미래의 언젠가 세계 최대의 사회 문제를 해결할 수 있는 세계 금융 시스템이라는 복잡한 시뮬레이션을 제안했지만, "우리는 지금 현재, 현실 세계와 교류해야 해"라고 말하는 술레이만의 구상은 현재에 머물러 있었다.[8]

딥마인드의 직원 중에는 술레이만이 자신과 달리 하사비스와 레그가 과학자라는 사실에 시기심과 억울함을 크게 느껴 자신도 그 두 사람만큼 딥마인드에서 중요한 존재임을 입증하려고 애쓰고 있다고 보는 사람도 있었다. 어떤 직원은 그들이 공동으로 한 회사를 설립했다는 사실이 믿기지 않는다고 말하기도 했다.

다른 구글 브레인 직원들과 마찬가지로 술레이만도 나중에는 알파고에 분개했다. 그러나 처음에는 딥마인드의 바둑 두는 기계를 자신의 소중한 프로젝트를 한층 빛나게 할 따뜻한 햇살이 라고 여겼다.

알파고가 유럽 챔피언인 판 후이에게 이겼다는 사실을 딥마인드가 공표하고 3주가 지나서 술레이만은 딥마인드 헬스 DeepMind Health라는 프로젝트를 공개했다.[9] 술레이만이 런던 킹스크로스King's Cross 인근에서 성장할 당시 그의 어머니는 영국 거주자에게 70년간 무료 의료 서비스를 제공해온 정부 기관인 국민건강서비스NHS, National Health Service 소속 간호사였다. 이제 술레이만의 목표는 NHS를 비롯해 세계의 의료 서비스를 재편할 수 있는 인공지능을 구축하는 것이었다. 이 프로젝트를 다룬 기사들은 하나같이 딥마인드가 무슨 일을 하고 있는지 알고 있다는 증거로 알파고를 거론했다.

술레이만이 처음으로 계획한 거대 프로젝트의 목표는 급성 신 손상을 예측하는 시스템의 개발이었다. 매년 병원에 입원한 환자 중 5분의 1이 이 질환을 앓는데, 이 병에 걸리면 신장이 갑자기 정상 기능을 하지 못하면서 혈액 순환을 통해 독소를 적절히 제거할 수 없게 된다. 이 질환으로 환자는 신장에 영구 손상을 입거나 때로 죽음에 이른다. 그러나 이 병을 조기에 발견하기만 한다면 병의 진행을 멈추고 최악의 상황을 막을 수 있다.

술레이만은 딥마인드 헬스 프로젝트를 통해 혈액 검사, 바이털사인vital signs(맥박, 호흡, 체온, 혈압 등의 생명 징후), 과거 병력 등 환자의 건강 기록을 분석한 후 급성 신장 질환을 예측하는 시스템을 구축하고자 한 것이다. 그러려면 자료가 필요했다.

새 프로젝트를 공개하기에 앞서 딥마인드는 영국 내 몇몇 병원을 운영하는 정부 신탁기관인 로열프리런던NHS신탁재단Royal Free London NHS Foundation Trust과 계약을 체결했다.[10] 이 재단은 딥마인드에 환자들의 자료를 제공했고, 딥마인드의 연구원들은 신경망에 그 자료를 입력해 급성 신손상의 징후인 패턴 식별을 학습하도록 했다.

이 프로젝트가 공개된 이후 알파고가 한국에서 이세돌에게 승리했다. 그러자 한줄기 햇살처럼 여겨졌던 바둑 두는 기계는 더욱 눈부시게 빛났다. 그런데 그로부터 몇 주 뒤 〈뉴사이언티스트New Scientist〉가 딥마인드와 로열프리런던NHS신탁재단 사이의 계약으로 정확히 얼마나 많은 자료가 연구소에 제공됐는지 폭로했다. 계약상 딥마인드는 지난 5년간 3곳의 런던 병원을 다녀간 160만 명의 환자 기록에 접근할 수 있었는데, 그 기록에는 약물과다 복용, 낙태, 에이즈 검사, 병리 검사, 방사선 스캔부터 특수한 내원 기록까지 담겨 있었다.

계약이 만료된 후에는 딥마인드가 그 자료를 삭제하기로 돼 있었으나 디지털 프라이버시를 특히 중시하는 영국에서 그 폭로 기사는 앞으로 몇 년 동안 딥마인드 헬스와 무스타파 술레이만을 쫓아다니게 될 유령을 만들어내기에 충분했다. 이듬해 7월 영국 규제 당국은 로열프리런던NHS신탁재단이 불법으로 딥마인드와 자료를 공유했다고 판단했다.[11]

12

꿈속에서
매너리즘에 빠진 마이크로소프트

"구글 직원이 남과 다른 물을 마신다는 게 아닙니다."

거꾸로 핸들을 돌릴 시간

2016년 봄, 치 루는 자전거로 벨뷰Bellevue 시내의 공원을 가로지르고 있었다. 균형을 잡으려 애쓰면서 산책로를 비틀거리는 치 루의 머리 위로 유리 빌딩들이 보였다. 그 자전거는 평범한 자전거가 아니었다. 핸들을 왼쪽으로 꺾으면 자전거가 오른쪽으로 움직이고, 오른쪽으로 꺾으면 자전거는 왼쪽으로 움직였다. 반대로 생각해야만 이 자전거를 탈 수 있었으므로 치 루는 '거꾸로 두뇌 자전거backwards brain bike'라고 불렀다.

'자전거 타는 법은 절대 잊어버리지 않는다'라는 말을 흔히 하지만, 오히려 수십 년 전 어린 시절에 상하이에서 자전거를 처음 배운 치 루는 그때 배운 모든 것을 싹 지우고 자신의 머릿속에 완전히 새로운 행동 방식을 새기고 싶었다. 그러면 자기 회사가 성공으로 나아갈 수 있는 길을 볼 수 있게 되리라 믿었다.

루는 2009년 마이크로소프트에 합류한 뒤로 구글의 독점적 검색 엔진에 대응하기 위한 수십억 달러 규모의 사업인 빙Bing의 출시를 지휘했다. 7년 뒤 시애틀에서 동쪽으로 약 16킬로미터 떨어진 벨뷰 시내의 공원에서 마이크로소프트 본사 바로 아래쪽을 향해 거꾸로 자전거를 타고 비틀거리며 가는 치 루는 회사에서 가장 영향력이 막상한 중역 중 한 사람으로서 최근에 추진 중인 인공지능 프로젝트를 주도했다. 그러나 마이크로소프트는 뒤쫓는 입장이었다.

마이크로소프트가 이미 수년 전부터 새로운 시장에서 새로운 기술로 앞서 나가고자 발버둥치고 있다는 사실을 치 루도 잘 알고 있었다. 마이크로소프트는 10년 가까이 스마트폰 시장에서 주도권 싸움을 벌였다. 애플 아이폰 및 수많은 구글 안드로이드 폰과의 경쟁을 위해 윈도 운영체제를 재설계했으며, 구글 브레인이 내놓은 음성 인식 기술에 대한 도전으로 음성 인식 디지털 비서를 개발했다. 또한 수십 년간 모바일 소프트웨어 설계 및 판매 경험을 축적해온 노키아Nokia를 인수하느라 76억 달러 이상을 지출하기도 했다. 그러나 그중 어느 것도 성공한 것은 없었다.[1]

마이크로소프트의 휴대전화는 여전히 구식 PC 같다는 이미지에서 벗어나지 못했고, 결국 마이크로소프트는 시장 장악에 실패한 것이나 다름없었다. 루는 시대착오적인 방식으로 새로운 사업에 접근하는 것이 마이크로소프트의 문제점이라고 생각했다. 그의 회사는 더는 존재하지 않는 시장을 위해 기술을 설계 및 홍보하고 있다는 것이다.

루는 오래된 기업의 약점을 철저히 분석한 다수의 하버드대학교 경영대학원 에세이를 읽고 나서 마이크로소프트를 여전히 개발자, 경영진, 중간 관리자의 머릿속에 새겨진 절차에 의존해 움직이는 기업으로 인식하게 됐다. 그 절차 기억은 인터넷이나 스마트폰, 오픈소스 소프트웨어, 인공지능이 등장하기 전인 1980년대와 1990년대에 그들이 처음 컴퓨터 사업을 공부한 시기의 것이다.

마이크로소프트 경영진은 사고방식을 쇄신할 필요가 있었고, 루는 자신의 거꾸로 자전거를 통해 그것이 가능하다는 것을 보여주고 싶었다. 이 자전거는 마이크로소프트 동료 빌 벅스턴Bill Buxton이 친구 제인 커리지Jane Courage와 함께 제작한 것이다. 루가 이 직관에 반하는 장비를 시운전하고 있을 때 그 둘도 함께 있었다.

키가 작고 짧은 검은색 머리에 금속테 안경을 낀 루가 벨뷰 시내의 공원을 가로지르며 정자나무와 거울 같은 연못, 폭포를 지나가는 동안 벅스턴과 커리지는 아이폰으로 그 주행 영상을 찍었다. 한 사람은 루의 앞쪽에서, 또 한 사람은 뒤쪽에서. 마이크로소프트의 나머지 경영진과 이 경험을 공유해 그 가능성을 확인하게 하고, 종국에는 그들(총 35명)도 이 자전거를 타게 만들 생각이었다. 그래서 그들도 사고의 전환이란 어떤 느낌인지 알 수 있도록 말이다.

루는 새 자전거를 배우려면 몇 주는 걸릴 거라고 예상했다. 그리고 일단 새 자전거를 익히고 나면, 더는 일반 자전거를 타는 데 필요한 기억 같은 것은 남아 있지 않을 것이라는 사실도 잘 알았다. 그러나 자신이 모범을 보임으로써 마이크로소프트가 미래를 향해 나아가기를 희망했다.

20분 가까이 자전거를 타고 중심을 잡기 위해 애쓴 루는 마지막으로 한 번 더 산책로를 따라 자전거를 출발시켰다. 그런데 거꾸로 자전거를 탄 루는 핸들을 꺾는 순간 넘어졌고, 엉덩이뼈가 골절됐다.

전통 강호의 잃어버린 10년

4년 전인 2012년 가을, 리 덩은 마이크로소프트 리서치Microsoft Research 연구소의 심장인 빌딩 99 안 자신의 책상 앞에 앉아 새 구글 브레인 연구팀이 신경망 훈련에 사용한 광범위한 하드웨어 및 소프트웨어 시스템에 관한 미공개 논문을 읽고 있었다. 구글이 디스트빌리프라고 명명한 시스템이었다.[2]

덩은 다가올 NIPS에서 공개될 논문을 검토하는 소위원회의 일원으로서 다른 사람들보다 몇 주 먼저 새로운 기술의 청사진을 볼 수 있었다. 제프리 힌턴과 그 제자들을 마이크로소프트 리서치 연구소로 데려와 이례적인 정확도로 음성을 인식할 수 있는 신경망을 개발하게 한 덩이지만, 이후에는 멀리서 구글이 똑같은 기술로 마이크로소프트를 제치고 시장을 선점하는 것을 지켜볼 수밖에 없었다. 덩은 지금 보고 있는 이 기술이 음성 인식 기술을 훨씬 뛰어넘는 것임을 깨달았다. "저는 그 논문을 읽자마자 구글이 무엇을 하고 있는지 깨달았어요"라고 말하며 덩은 그 때의 기억을 떠올렸다.

마이크로소프트는 세계 정상급 연구자들에게 거액을 지불하며 20년 넘게 인공지능에 투자해왔다. 그 때문에 마이크로소프트는 딥러닝이 주목받자 불리한 처지에 놓였다. 수십 년이 흐르는 동안 학계는 서로 다른 분파들로 나뉘었다. 워싱턴대학교 교수 페드로 도밍고스Pedro Domingos는 인공지능의 역사를 기술한 《마스터 알고리즘The Master Algorithm》에서 각 분파를 가리켜 '부족tribes'이라고 칭했다.[3]

각 부족은 고유의 철학을 발전시키면서 때로는 다른 부족의 철학을 무시하기도 했다. 딥러닝을 추종하는 연결주의자들이 한 부족을 이루었고, 기호주의 방법론을 추종하는 기호주의자도 한 부족을 구성했다. 나머지 부족들도 통계적 분석주의에서 자연도태를 모방한 '진화 알고리즘evolutionary algorithms'에 이르기까지 여러 이상을 추종했다.

마이크로소프트는 연결주의자를 최고의 연구자로 인정하지 않던 시기에 인공지능에 투자했다. 이 회사는 다른 부족에 속한 연구자들을 영입했다. 즉, 다른 기술들이 성공하지 못한 영역에서 딥러닝이 성공을 거두기 시작한 바로 그 순간 마이크로소프트를 이끄는 수석연구원 다수가 신경망 아이디어에 대해 뿌리 깊은 편견에 빠져 있었다는 말이다. 치 루는 "솔직히 말해 마이크로소프트 리서치의 고위직 전부가 신경망을 신뢰하지 않았죠. 그런 환경이었어요"라고 설명했다.

마이크로소프트의 확고부동한 기업 문화를 염려한 사람이 치 루 한 사람밖에 없었던 것은 아니다. 힌턴 역시 커다란 의심을 품고 있었다. 구글의 연구원들과 달리 마이크로소프트의 연구원들은 상업화에 대한 부담 없이 독립적으로 연구를 수행하고 있었는데, 힌턴은 그러한 방식에 의문을 품은 것이다.

힌턴은 "나도 학자이기만 했을 때는 그걸 훌륭하다고 생각했어요. 개발에 뛰어들어 내 손을 더럽힐 필요가 없었으니까요. 하지만 실제 10억 명에게 기술을 제공한다는 면에서 구글이 훨씬 효율적이에요"라고 말했다. 힌턴은 또한 "마이크로소프트의 잃어버린 10년"이란 표제의 〈배너티 페어〉 기사에 대해서도 우려를 표했다. 마이크로소프트 전현직 임원의 눈에 비친 최고경영자 스티브 발머Steve Ballmer의 10년 재임을 다룬 기사였다.[4]

그 기사가 폭로한 이야기 중 하나는 발머가 이끄는 마이크로소프트가 '스택 랭킹stack ranking'이란 기법을 사용해 직원들의 업무 수행을 평가하고 실제 성과 및 가능성과 관계없이 직원의 일정 비율을 회사에서 내쫓았다는 것이다. 마이크로소프트가 힌턴의 스타트업 경매에서 손을 뗀 후, 힌턴은 덩에게 자신은 그런 기업에는 절대 들어갈 수 없었을 거라고 말했다. 그러면서 "돈 때문이 아니에요. 평가 시스템 때문이죠. 영업사원에게는 적합할 수도 있겠죠. 하지만 연구원에게는 그렇지 않아요"라고 말했다.

아무튼 마이크로소프트에는 딥러닝에 회의적인 사람이 많았다. 이 회사의 연구 부문 부사장 피터 리는 리 덩이 레드먼드로 데려온 제프리 힌턴이 딥러닝을 이용해 음성 인식을 획기적으로 개선하는 것을 눈으로 보면서도 믿지 않았다. 피터 리의 눈에는 그 성과가 일회성 사건으로만 보였다.

딥러닝이 다른 연구 분야에서도 성공할 것이라고 생각할 만한 이유가 없었다. 이후 피터 리는 미국 컴퓨터과학과 학과장 회의 참석차 유타주 스노버드Snowbird로 날아갔다. 카네기멜론대학교의 학과장 자리에서 물러난 뒤에도 최신 학술 동향을 파악하기 위해 이 연례 학회에 꾸준히 참석하고 있던 피터 리는 제프 딘이 그해 유타에서 열린 학회에 참석해 딥러닝에 대해 발표하는 모습을 지켜봤다.

회사로 돌아오자마자 리는 빌딩 99 내 작은 회의실에서 덩과 면담을 했는데, 도대체 딘이 그토록 흥분한 이유가 무엇인지 설명을 듣기 위해서였다. 덩은 "그 회사는 큰돈을 쏟아붓고 있어요"라고 말하며, 마이크로소프트의 주요 경쟁 상대인 구글이 새로운 미래를 위해 인프라를 구축하고 있다는 설명과 함께 구글의 더 큰 야망을 보여주는 디스트빌리프 논문에 관한 이야기를 꺼냈다.

그러나 미공개 논문에 대해 발설해선 안 된다는 NIPS 규칙을 알고 있던 리는 "그건 학술 논문이잖아요. 나한테 알려줘선 안 돼요"라며 덩의 말을 끊었다. 덩은 더는 논문에 관해서는 언급하지 않았지만, 구글과 마이크로소프트, 그리고 그 기술의 향방에 관한 이야기는 계속했다.

덩의 설명이 다 끝났을 때도 리는 여전히 구글의 야망이 틀렸다고 생각했다. 그에게는 음성 인식과 이미지 인식이 별개 분야였고, 둘 다 기계가 갖춰야 할 기능의 일부에 불과했다. 피터 리는 "나는 그저 돌아가는 상황에 대해 알고자 했을 뿐이에요"라고 말했다. 그러나 곧 덩에게 연구소의 아이디어 회의에 참석해달라고 요청했다.

회의는 본사 캠퍼스 건너편 건물의 훨씬 넓은 회의실에서 열렸다. 24명의 연구원 및 임원진이 참석한 가운데 연탁 앞에 선 덩은 발표를 하는 중간중간 그래프나 도표 혹은 사진을 곁들일 생각으로 자신의 뒤쪽 벽에 설치된 평면 스크린에 노트북을 연결했다

그런데 덩이 마이크로소프트의 음성 인식 연구를 시작으로 상승세를 탄 딥러닝이 산업 전반으로 확산되기에 이르렀다는 설명을 시작한 순간 회의실 한쪽에 앉아 있던 누군가가 갑자기 끼어들었다. 그 사람은 회사에서 중요한 역할을 담당하는 컴퓨터 비전 전문가 폴 비올라Paul Viola였다.

"신경망은 성공한 적이 없어요." 비올라가 외쳤다. 덩은 그의

이의 제기를 인정하고는 다시 하던 이야기로 돌아갔다. 그러나 비올라는 또다시 끼어들었다. 이번에는 아예 자리에서 일어나 회의실 앞으로 걸어 나오기까지 했다. 그러고는 벽에 걸린 평면 스크린에서 덩의 노트북과 연결된 선을 뽑더니 자신의 노트북을 거기에 연결했다.

스크린에 책 한 권의 표지가 나타났다. 주황색 바탕에 보라색 소용돌이 무늬가 그려져 있었고, 한 단어로 된 제목은 작은 흰색 글자로 인쇄돼 있었다. 바로 마빈 민스키의 《퍼셉트론》이었다. 비올라는 이미 수십 년 전에 민스키와 페퍼트가 신경망이 근본적으로 결함이 있어 수많은 연구자가 약속한 최고봉에는 도달할 수 없다는 사실을 증명했다고 주장했다. 결국에는 덩이 발표를 이어갔으나 비올라는 계속해서 덩의 말을 가로막았다. 너무 자주 방해하다 보니 조용히 하라고 소리치는 사람까지 나타났다. "지금 발표하는 사람이 리 씨인가요, 아니면 당신인가요?" 치 루였다.

상하이에서 온 열정적인 컴퓨터과학자

치 루는 인공지능 분야가 국제적 특성을 띠고 있음을 보여주는 산증인이다. 반면 치 루의 배경을 보면 그는 이 분야에서 가장 보기 드문 연구자 중 하나였다. 문화 대혁명이 한창인 시기에 가난한 시골 마을에서 할아버지의 손에 자란 치 루가 밥상에서 고기를 구경하는 건 1년에 딱 한 번 춘절뿐이었다.[5] 치 루가 다닌

학교는 선생님 한 사람이 학생 400명을 가르치는 곳이었다. 그렇지만 치 루는 그 모든 선천적 불리함을 극복하고 상하이에 있는 푸단대학교Fudan University에서 컴퓨터과학 학위를 취득했다. 그리고 1980년대 말에 마침 카네기멜론대학교에 필요한 인재를 스카우트하기 위해 중국에 와 있던 미국의 컴퓨터과학자 에드먼드 클라크Edmund Clarke가 치 루에게 관심을 보였다.

어느 일요일, 클라크는 푸단대학교에서 강의할 예정이었다. 루는 일요일이면 보통 자전거를 타고 시내를 가로질러 부모님 댁을 방문했지만, 그날은 폭우가 쏟아져 집에 있었다. 그날 오후, 누군가 치 루의 현관문을 두드렸는데, 그는 비가 내린 탓에 청중이 너무 없으니 클라크의 강의에 참석해 자리를 좀 채워달라고 부탁했다. 그래서 루가 강의를 듣게 됐고, 청중석에서 루가 한 질문들이 클라크에게 깊은 인상을 남겼다. 결국 클라크는 카네기멜론대학교에 지원해달라며 루를 초청했다. 루는 그 당시를 회상하며 "운이 좋았죠. 비가 오지 않았다면, 부모님을 뵈러 갔을 텐데 말이에요"라고 말했다.

카네기멜론대학교에서 박사 과정을 시작할 당시 루는 영어에 서툴렀다. 나중에는 마이크로소프트에서 함께 일하는 동료 사이가 되지만, 당시에 피터 리는 루를 지도하는 여러 교수 중 하나였다.

루가 카네기멜론대학교에 입학한 첫해의 어느 날, 리는 강의를 하다 학생들에게 "자연이 부를nature calls(관용어로 '화장실에 가고 싶다'는 의미-옮긴이)" 때 컴퓨터과학대 건물 어느 지점에서든 가장 빠르게 화장실까지 갈 수 있는 경로를 찾아내는 코드를 작성하라는 시험 문제를 낸 적이 있다. 시험을 치르는 도중 치 루가 리에게 다가와 "자연이 부른다는 게 무슨 뜻인가요? 전 한 번도 들어본 적이 없는 표현이라서요"라고 물었다고 한다.

이렇듯 언어 장벽이 있었음에도 리는 루가 컴퓨터과학자로서 보기 드문 실력을 갖추고 있다는 점을 의심치 않았다. 졸업 뒤 루는 야후!를 거쳐 마이크로소프트에서도 승진을 거듭했다. 리덩이 빌딩 99에서 발표를 하고 있던 당시 루는 마이크로소프트 리서치와 긴밀히 협력하며 빙 검색 엔진 및 회사 내 여러 부문을 두루 이끌었다.

루는 자기 자신을 드물게 기술에 정통한 기술 부문 중역이자 전략가, 시스템 아키텍트systems architect, 세계 유수 연구소들에서 나온 연구 논문들을 섭렵한 선지자로 여겼다. 그리고 루는 자신의 아이디어를 예리하면서 약간 기묘한 기술적 문장으로 표현하는 재주가 있다. 예를 들면 다음과 같다.

- 컴퓨팅이란 정보를 목적에 맞게 조작하는 것이다.
- 데이터가 주요한 생산 수단이 되고 있다.
- 딥러닝은 새로운 기판상의 연산이다.

빌딩 99에서 회의가 열리기 전 루는 이미 산업 동향을 파악했다. 그 근래 루도 피터 리처럼 컴퓨터과학자들의 어느 비공개 모임에 참석했는데, 거기서 구글 브레인의 설립자 중 한 사람이 딥러닝의 성공을 자랑했다. 행사 진행 도중 참가자들이 직접 의제를 정하는 '언콘퍼런스unconference'로 유명한 실리콘밸리 연례 모임인 푸 캠프Foo Camp에서 루는 앤드루 응이 고양이 논문에 관한 아이디어를 설명하는 것을 들은 것이다.

힌턴과 그의 제자들이 마이크로소프트에서 새로운 음성 인식 기술을 선보였던 사실을 루도 알고 있었지만, 사태가 어떻게 돌아가는지 정확히 파악한 것은 응을 만나고 나서였다. 루가 이끄는 빙의 개발자들은 마이크로소프트의 검색 엔진에 일일이 공을 들여 사람 손으로 작업하고 있던 반면, 구글의 설명에 따르면 응의 개발자들은 스스로 하나하나 학습할 줄 아는 시스템을 개발했다.

다음 몇 주 동안 루는 늘 하던 대로 뉴욕대학교나 토론토대학교 등에서 발표한 연구 자료를 읽었다. 덩이 딥러닝의 성공을 발표한 그날, 루는 진지하게 경청하고 질문했다. 그래서 덩은 다시 몇 주 뒤 제프리 힌턴이 바이두로부터 1,200만 달러를 제안받은 사실을 밝히며 이메일을 보냈을 때 자신이 누구를 찾아가야 할지 알고 있었다.

덩은 치 루에게 그 사실을 알렸다. 그리고 힌턴과 그 제자들을 영입하기 위한 경매에 참가하도록 마이크로소프트 리서치의 경영진을 설득한 사람은 치 루였다. 그러나 마이크로소프트 리서치의 경영진은 여전히 회의적이었다.

벨뷰 공원에서 엉덩이뼈를 다친 지 몇 달이 지나 치 루는 회사로 복귀했지만 여전히 지팡이에 의지하는 신세였다. 그사이 알파고가 이세돌에게 승리를 거둬 테크업계는 일종의 인공지능 열풍에 휩싸여 있었다. 심지어 엔비디아, 트위터, 우버처럼 규모가 그리 크지 않은 실리콘밸리 기업들조차 그 하나의 목표를 향한 경주에 뛰어들었다.

페이스북의 제안을 거절한 뉴욕대학교 출신 연구자 클레망 파라베가 설립한 매드비츠를 트위터가 인수한 후, 우버는 지오메트릭 인텔리전스Geometric Intelligence라는 스타트업을 인수했다.[6] 그 회사는 뉴욕대학교 심리학자 개리 마커스Gary Marcus가 설립한 곳으로 다수의 학자를 확보했다. 딥러닝 기술과 딥러닝 연구자는 당시의 가상화폐였다. 그러나 마이크로소프트는 상황이 불리했다. 이 회사는 빅테크 기업이기는 하지만 스마트폰이나 자율주행차를 만드는 회사도 아니었다. 사실상 인공지능으로 새로운 무언가를 개발하고 있지 않았다.

첫 번째 엉덩이 수술을 받고 회복한 루는 마이크로소프트의 핵심 참모들에게 자율주행차 사업을 건의했다. 이미 수많은 빅테크 기업들과 자동차제조사들이 자율주행차 사업에서 유리한 위치를 선점하고 있었고, 루도 마이크로소프트가 갈수록 경쟁이 치열해지는 그 시장에 어떻게 진입해야 할지 막막했다. 그러나 그것은 중요치 않았다. 루는 마이크로소프트가 자율주행차를 팔아야 한다고 주장하는 것이 아니었다. 마이크로소프트가 자율주행차를 '개발'해야 한다는 것이 그의 주장이었다. 그럼으로써 회사가 다른 수많은 분야에서 성공하는 데 필요한 실력과 기술 및 통찰력을 갖추게 될 것이었다.

구글이 그토록 많은 시장을 점유하게 된 원인은 아무도 경험하지 못한 수준으로까지 인터넷이 확장되는 시기에 검색 엔진을 개발했기 때문이라고 루는 믿었다. 제프 딘 같은 개발자들이 누구도 개발해본 적 없는 기술들을 개발할 수밖에 없었고, 그 기술들이 이후 수년에 걸쳐 지메일부터 유튜브와 안드로이드까지 모든 것의 추진력이 됐다.

루는 "구글 직원들이 남들과 다른 물을 마신다는 게 아닙니다. 그 검색 엔진이 그들에게 일련의 기술적 도전 과제를 던져준 것입니다. 우리는 컴퓨팅의 미래를 볼 수 있는 위치에 자리 잡아야 합니다"라고 말했다. 루는 자율주행차 개발이 검색 엔진이 그랬듯 마이크로소프트의 미래를 풍요롭게 해줄 거라고 확신했다.

루의 아이디어는 허황돼 보였지만, 마이크로소프트의 최대 경쟁 상대들을 움직이는 아이디어들에 비하면 아무것도 아니었다. 힌턴과 그의 제자들을 영입하는 데 4,400만 달러를 들인 구글의 행동은 허황하기 이를 데 없었다.

그로부터 몇 달도 지나지 않아 다른 기업들이 유사한 영입 활동에 훨씬 큰 금액을 쏟아붓자 구글의 행동은 오히려 훌륭한 사업처럼 여겨졌다. 한국에서는 알파고가 가능성으로 가득한 완전히 새로운 영역의 입구를 활짝 연 것처럼 보였고, 이제 산업 전체가 음성 인식과 이미지 인식 및 기계 번역을 제외한 다른 분야에서는 이 기술의 미래가 여전히 불분명했음에도 마치 모든 것의 해답인 것처럼 이 기술을 쫓고 있었다.

루는 자율주행차를 개발하도록 마이크로소프트의 참모들을 설득하지는 않았지만, 산업 전체가 광풍에 휩싸인 이때 적어도 뭔가를 해야만 한다고 설득했다.

딥러닝 혁명에서 가장 중요한 인물들은 이미 한창 경쟁에 열을 올리고 있었다. 힌턴과 수츠케버, 크리제브스키를 확보한 구글에는 하사비스와 레그, 실버도 있었다. 페이스북에는 르쾽이 있었고 바이두에는 앤드루 응이 있었다. 그러나 앞날의 변화를 이해하고, 새로운 기술을 개발하며, 최고의 실력자들을 끌어들이는 것뿐 아니라 무엇보다도 회사의 브랜드를 홍보하기 위한 수단으로서 힌턴이나 하사비스 같은 인물이 마치 귀한 상품이 되다시피 한 세상인데도 마이크로소프트는 그런 상품을 단 하나도 확보하지 못했다.

기업이 포섭하지 못한 마지막 학자

이제 치 루가 선택할 수 있는 유일한 사람은 요슈아 벤지오뿐이었다. 딥러닝의 세 번째 창시자인 벤지오는 힌턴과 르쾽이 토론토와 뉴욕에서 분투하고 있을 때 몬트리올대학교 연구실을 이끌고 있었다. 힌턴이나 르쾽과 달리 벤지오의 전공은 인간이 단어를 조합하는 자연적 방법을 정복하기 위한 시스템, 즉 자연어 이해였다.

벤지오와 제자들은 새로운 기계 번역 기술을 개발함으로써 구글과 바이두와 함께 차세대 혁신의 중심에 있었다. 다만 르쿵과 마찬가지로 한때 벨 연구소에 몸담고 있던 요슈아 벤지오가 학문적 자유를 매우 중시하는 사람이라는 것이 문제였다. 2016년 여름까지 먼저 벤지오에게 손을 내밀었던 미국의 빅테크 기업은 모두 퇴짜를 맞았다.

하지만 루는 아직 벤지오를 마이크로소프트로 데려올 수 있다는 확신을 버리지 않았다. 그리고 마이크로소프트도 기꺼이 비용 부담을 감수할 생각이었다. 그해 가을의 어느 아침, 신임 최고경영자 사티아 나델라Satya Nadella의 지지를 받으며 루는 리덩과 연구원 한 사람을 더 데리고 몬트리올로 향하는 비행기에 올랐다.

세 사람은 대학 내 벤지오의 연구실로 찾아갔다. 책으로 가득한 그 연구실은 네 사람이 앉을 자리도 부족했다. 벤지오는 곧장 아무리 많은 돈을 준다고 해도 자신은 마이크로소프트로 가지 않겠노라 말했다. 눈썹이 짙고, 희끗희끗한 곱슬머리에 프랑스식 억양이 약간 섞인 영어를 구사하는 벤지오는 진지했다. 그 모습이 매력적이면서도 조금은 위협적으로 느껴졌다.

그는 자신의 모국어인 프랑스어가 통용되는 몬트리올에서의 생활이 더 편하며, 업계와 달리 개방적 학술 연구가 보장되는 학계를 떠나고 싶지 않다고 말했다. 그러나 네 사람의 대화가 거기서 중단되지는 않았다. 대학에서의 연구와 병행해 몇몇 벤처 기업을 지원 중인 벤지오가 자신의 시간 일부를 할애해 캐나다의 신생 스타트업인 회화 시스템 전문 업체 말루바Maluuba에 자문을 해주고 있다는 말을 했을 때 루에게 또 다른 묘수가 떠올랐다. 루는 마이크로소프트가 말루바를 인수한다면 벤지오가 마이크로소프트에 시간을 할애해 자문할 수 있지 않겠냐고 물었다.

다음 날 날이 밝기 전, 나델라와 이메일을 주고받은 루는 구두로 그 스타트업에 인수 제안을 했다. 그리고 나델라는 상대방이 매각에 동의하는 경우 바로 그날 저녁 벤지오와 말루바의 창업자들이 시애틀로 날아와 자신과 미팅을 하도록 조정하겠다고 말했다.

두 창업자가 대학 근처 카페에서 그들과 점심 식사를 했지만, 시애틀로 날아가지는 않았다. 설립된 지 몇 달밖에 되지 않은 말루바는 아직은 성장에 집중할 필요가 있다며 인수 제안을 거절했다. 루가 계속 설득했지만, 두 창업자는 꿈쩍도 하지 않았다. 벤지오도 마찬가지였다. 그는 아예 사업 이야기를 하고 싶지 않아 인공지능 이야기로 화제를 돌렸다.

그들이 인공지능 및 로봇공학과 그 향방를 두고 토론하는 중에 문득 벤지오가 미래의 로봇은 잠을 자야 한다고 주장을 펼쳤다. 로봇이 꿈을 꿔야 하기 때문에 그렇다는 것이다. 요컨대, 인공지능 연구의 미래는 사진과 음성을 인식할 뿐 아니라 '직접 생성'할 수도 있는 시스템이라는 것이다. 꿈을 꾸는 행위는 인간의 학습에 반드시 필요하다. 인간은 잠을 자면서 하루 중 겪은 일을 되짚어 그 기억을 뇌에 새긴다. 언젠가 똑같은 일이 로봇에게도 일어날 것이라는 주장이었다.

점심 식사가 끝나자 루는 창업자들이 원하기만 한다면 자신의 제안은 언제나 유효하다고 전했다. 그러고는 지팡이를 짚고 절뚝거리며 식당을 나갔다. 1년 뒤 말루바가 매각에 동의하면서 벤지오가 마이크로소프트에서 자문을 맡게 됐다. 그런데 그 무렵 루는 이미 회사를 떠났다.

루의 1차 엉덩이 수술이 완전히 성공한 것이 아니었다. 척추가 어긋나 전신에 통증을 유발한 것이다. 몬트리올에서 회사로 돌아와 의사로부터 2차 수술이 필요하다는 말을 들은 루는 나델라에게 자신이 더는 마이크로소프트에 머무르기 어렵게 됐다고 전했다. 건강이 회복되려면 꽤 긴 시간이 걸릴 것이므로 본분을 다해 회사에 헌신할 수 없었다. 마이크로소프트는 2016년 9월에 치 루의 사퇴를 발표했다.[7] 5개월 뒤 중국으로 돌아간 치 루는 최고운영책임자로서 바이두에 합류했다.[8]

III

유용하고 위험한 양날의 검

13

속임수

진짜보다 진짜 같은 가짜 이미지

"이런, 정말 실사 같은 얼굴 이미지를
만들어낼 수 있어요."

신경망, 이미지를 생성하다

2013년 가을, 이안 굿펠로는 딥마인드에 대한 마크 저커버그의 철학을 들으며 페이스북의 캠퍼스 안뜰을 거닐고 있었다. 페이스북의 면접을 보는 중이었다. 이후 굿펠로는 저커버그를 마다하고 구글 브레인에 들어가기로 마음먹었다. 그러나 당장은 취업을 보류하기로 했다. 한동안 몬트리올에 머무를 생각이었다.

페이스북이 인공지능 연구소 신설을 공표하기 직전, 굿펠로는 얀 르쿵에게 심사위원이 돼달라고 부탁하는 실수를 저질러 아직도 자신의 박사 학위 논문의 심사위원 소집을 기다리고 있었다. 그리고 이제 막 데이트를 시작한 여성과 어떤 관계로 발전하게 될지 궁금하기도 했다. 또 딥러닝에 관한 교과서를 한 권 집필

중이었지만 그다지 진척은 없었다. 굿펠로는 주로 아기 코끼리를 그려 인터넷에 올리면서 빈둥거리고 있었다.

그러한 표류 생활도 굿펠로의 대학 연구실 동료 중 하나가 딥마인드에 취직해 나머지 연구실 동료들이 몽루와얄 거리 바로 아래의 어느 바에서 송별회를 마련하자마자 끝이 났다. 바의 상호는 '3인의 양조업자Les 3 Brasseurs'였는데, 예고 없이 20명 정도가 들어가 탁자 몇 개를 붙여 앉아 수제 맥주를 마음껏 마시기 좋은 장소였다.

동료들이 실사 이미지를 생성할 수 있는 기계를 개발하기 위한 최선의 방식에 대해 논쟁을 벌이기 시작할 때쯤 굿펠로는 이미 약간 취한 상태였다. 실사 이미지란 완벽한 실물처럼 보이지만 사실 존재하지 않는 개, 개구리, 얼굴 등의 사진을 말하는 것이었다. 당시 연구실 동료 몇 사람이 그 기계를 개발하려고 애쓰고 있었다. 그들이 알고 있는 방법은 신경망이 이미지를 인식하도록 훈련한 다음 역으로 이미지를 '생성'하도록 하는 것이었다.

딥마인드 연구원 알렉스가 손 글씨를 생성할 수 있는 시스템 개발에 사용한 방식이 바로 그것이었다. 그러나 이 방법은 매우 세밀하고 사진이나 다름없는 이미지에 한해서만 성공적이었다. 결과물은 언제나 납득하기 어려운 수준이었다.

그러나 굿펠로의 연구실 동료들에게는 계획이 있었다. 신경망이 만들어낸 각 이미지를 통계학적으로 분석할 생각이었다. 즉, 각 픽셀의 해상도, 밝기 및 픽셀 간의 연관성을 확인하는 것이다. 그런 다음 그 확인 결과를 실제 사진을 분석한 결과와 대조하면 신경망이 어떤 부분이 잘못됐는지 알아낼 수 있을 터였다. 다만 이 모든 과정에 필요한 수십억 회에 달하는 통계 분석을 시스템에 훈련할 코딩 작업을 할 수 있는 사람이 없다는 게 문제였다. 굿펠로는 동료들에게 그 문제는 극복할 수 없다며 "추적해야 할 통계 데이터가 너무 많잖아. 이건 프로그래밍 문제가 아니라 알고리즘 설계 문제야"라고 말했다.

대신 굿펠로는 근본적으로 다른 해결책을 내놓았다. 바로 '다른 신경망으로부터' 학습할 줄 아는 신경망을 구축하자는 것이었다. 원리는 다음과 같았다. 첫 번째 신경망은 이미지를 생성해 두 번째 신경망이 그것을 실제 이미지라고 믿도록 속인다. 두 번째 신경망은 첫 번째 신경망이 어디서 틀렸는지 정확히 찾아낼 것이다. 그러면 첫 번째 신경망은 다시 시도한다. 그리고 이 과정이 계속 반복된다. 그렇게 양 신경망 사이의 대결이 충분히 길어진다면 실제처럼 보이는 이미지를 생성할 수 있을 거라고 했다.

굿펠로의 동료들은 수긍하지 않았다. 오히려 굿펠로의 아이디어가 자신들의 원래 계획보다 좋지 않다고 반박했다. 그러면서 굿펠로가 살짝 취하지만 않았어도 자신들과 같은 결론에 도달했을 거라고 말했다.[1] 취하지 않은 굿펠로라면 "신경망 하나 훈련하는 것도 충분히 힘들어. 다른 신경망의 학습 알고리즘 내에서 또 다른 신경망을 훈련하는 건 불가능해"라고 말했을 거라는 것이다. 그러나 바로 그 순간 굿펠로는 자신의 생각이 성공할 것 같은 확신이 들었다.

그날 밤 늦게 굿펠로가 자신의 원룸으로 돌아왔을 때 그의 여자 친구는 이미 자고 있었다. 그녀는 잠결에 인사하더니 다시 잠에 빠졌다. 아직 취기가 가시지 않은 굿펠로는 어둠 속에서 침대 옆 책상으로 가 앉았다. 노트북 화면의 불빛에 그의 얼굴이 환하게 빛났다. "그 친구들이 틀렸어!" 굿펠로는 그렇게 몇 번이고 되뇌면서 과거 다른 프로젝트에 사용한 코드를 이용해 자신의 양방향 신경망을 구축했다. 그리고 이제 깊이 잠든 여자 친구 곁에서 방금 새로 구축한 장치에 수백 장의 사진을 입력해 훈련했다.

몇 시간 뒤 새 장치는 굿펠로의 예상대로 작동했다. 생성된 이미지들이 엄지손톱보다 크지 않은 아주 작은 크기에 약간 흐릿하기는 했으나 정말 사진처럼 보였다. 나중에 굿펠로는 뜻밖의 행운이었다며 "그때 성공하지 못했다면 이 아이디어를 그냥 포기했을지도 몰라요"라고 말했다

굿펠로는 이 아이디어를 설명한 논문을 작성하며 자신이 구축한 신경망을 'GANs(생성적 적대신경망)'라고 명명했다. 전 세계 인공지능 연구자 사이에서 굿펠로는 'GANs의 아버지'로 불렸다.

2014년 여름, 구글에 합류할 무렵 이안 굿펠로는 인공지능의 발전을 가속화할 방법으로 GANs를 홍보했다. 그리고 자신의 아이디어를 설명할 때면 종종 리처드 파인먼을 언급하곤 했는데,

언젠가 파인먼의 강의실 칠판에 다음과 같은 글귀가 적혀 있었다고 한다. "창조할 수 없는 것은 이해할 수 없다."

굿펠로의 몬트리올대학교 지도교수였던 요슈아 벤지오도 자신을 영입하려고 찾아온 마이크로소프트의 대표단과 대학 근처 카페에서 대화를 나누다가 그 같은 주장을 했다. 힌턴과 마찬가지로 벤지오와 굿펠로는 파인먼의 격언이 인간뿐 아니라 기계에도 똑같이 적용된다고 믿었다. 즉, '인공지능이 창조할 수 없는 것은 이해할 수 없다'는 것이다. 그들은 창조 행위로써 기계가 주변 세상을 더 잘 이해할 수 있다고 주장했다.

이에 대해 굿펠로는 "인공지능이 사실 그대로 세상을 상상할 수 있다면, 즉 실제 이미지와 실제 소리를 상상하는 법을 학습한다면, 그 학습이 다시 인공지능을 자극해 실존 세계의 구조를 학습하게 만들어요. 인공지능이 보이는 이미지 혹은 들리는 소리를 이해하는 데 도움이 되는 겁니다"라고 설명했다. 음성 인식과 이미지 인식 및 번역 기술과 마찬가지로 GANs는 딥러닝 분야에서 또 한 번의 도약이었다. 적어도 딥러닝 연구자는 그렇게 생각했다.

얀 르쾽은 2016년 11월 카네기멜론대학교에서 강연 중에 GANs를 "지난 20년 이래 가장 근사한 딥러닝 아이디어"라고 칭찬했다.[2] 이 소식을 들은 제프리 힌턴은 마치 GANs가 역전파보다는 근사하지 않음을 확인이라도 하듯 연도를 거꾸로 세어보는 시늉을 했다. 곧 르쾽의 주장이 진실에 가깝다는 사실을 인정하기는 했지만 말이다.

굿펠로의 업적을 계기로 그의 근사한 아이디어를 더욱 개선, 확대하거나 그에 도전하는 프로젝트가 줄지어 나왔다. 와이오밍 대학교의 연구자들은 아주 작은 크기였지만 완벽하게 곤충, 교회, 화산, 식당, 협곡 및 연회장 등의 이미지를 생성하는 시스템을 개발했다.[3] 엔비디아에서는 여름 사진을 읽어들여 한겨울 사진으로 바꿔 보여주는 신경망을 개발했다.[4] 캘리포니아 버클리 대학교의 어느 팀은 말을 얼룩말로, 모네의 그림을 고흐의 그림처럼 전환하는 시스템을 설계했다.[5] 모두 당시 학계와 업계를 통틀어 가장 주목받고 흥미를 끄는 프로젝트였다. 그런데 이후 세상이 완전히 달라진다.

미국 대선과 인공지능의 상관관계

얀 르쾽이 GANs를 지난 20년 이래 가장 근사한 딥러닝 아이디어라고 칭송한 2016년 11월에 도널드 트럼프가 힐러리 클린턴 Hillary Clinton에 승리했다. 이후 미국과 국제 정치는 엄청난 변화를 맞았는데, 인공지능도 예외는 아니었다.

트럼프 행정부가 이민 단속 강화에 나서자 그 즉시 인재 이동에 대한 우려가 더욱 고조됐다. 이미 하강 곡선을 그리고 있던 미국 내 국제 유학생 수가 이제는 급격히 감소하면서 해외 인재에 대한 의존도가 상당히 높은 미국의 과학계와 수학계가 수난을 겪기 시작했다.[6] 시애틀 소재의 영향력 있는 앨런인공지능연구소Allen Institute for Artificial Intelligence의 CEO 오렌 에치오니Oren Etzioni는 "이건 우리 머리에 스스로 총을 쏘는 격입니다. 발등을 찍는 수준이 아니에요. 자살행위라고요"라고 말했다.

대기업은 이미 사업 확장을 위해 해외로 눈을 돌렸다. 페이스북은 몬트리올과 얀 르쾽의 고향인 파리에 인공지능 연구소를 설립했다. 마이크로소프트는 결국 몬트리올 소재의 말루바를 (요슈아 벤지오라는 고비용의 자문위원과 함께) 인수해 자사의 연구소로 삼았다.[7]

제프리 힌턴은 구글 연구소를 마운틴 뷰가 아닌 토론토에 설립했다. 암 투병 중인 아내를 돌보기 위해서이기도 했다. 힌턴의 아내는 가장 좋아하는 장소 중 한 곳인 빅서Big Sur에서 남편과 함께 주말을 보내려고 캘리포니아 북부를 자주 찾곤 했다. 하지만 건강이 악화된 뒤로는 집에 머무를 수밖에 없었다. 힌턴이 아내의 강력한 바람대로 연구를 계속한 결과 힌턴 주변에서 하나의 거대한 생태계가 꽃피울 수 있었다.

트럼프 취임 3개월 만인 2017년 4월에 트럼프 행정부의 이민 정책에 대한 우려가 현실로 나타났다. 당시 힌턴은 토론토의 연구 인큐베이터인 벡터인공지능연구소Vector Institute for Artificial Intelligence 설립을 돕고 있었다.[8] 구글, 엔비디아 등 미국 거대 기업의 투자를 포함해 총 1억 3천만 달러의 자금을 지원받은 이 연구소는 캐나다의 스타트업 육성을 목표로 삼았다. 쥐스탱 트뤼도Justin Trudeau는 에드먼턴Edmonton, 토론토 및 몬트리올의 인공지능 연구소에 9,300만 달러를 지원하기로 약속했다.

힌턴의 공동 연구자 중 젊은 연구자 사라 새부어Sara Sabour의 이력을 살펴보면 인공지능이 국제적 성격을 띠며 정치적 간섭에도 매우 취약하다는 것을 잘 알 수 있다. 2013년에 이란의 샤리프공과대학교에서 컴퓨터과학 학위를 취득한 새부어는 컴퓨터 비전과 인공지능의 기타 영역을 공부하기 위해 워싱턴대학교에 지원해 합격했다. 그러나 미국 정부는 새부어의 비자 발급을 거부했다. 이유는 분명했다. 새부어가 이란에서 성장해 수학했으며, 또 장차 군사안보 기술에 이용될 수 있는 컴퓨터 비전을 전공하고자 했기 때문이다. 이듬해 새부어는 토론토대학교에 입학했고, 그 결과 힌턴과 구글을 만났다.

한편 트럼프 행정부는 계속해서 사람들을 미국 밖으로 내모는 정책에 집중했다. 미국외교협회Council on Foreign Relations의 신흥기술 및 국가안보 전문가 애덤 시걸Adam Segal은 "지금 당장은 미국 기업이 혜택을 받고 있어요. 그러나 장기적으로는 미국의 기술 개발 및 직업 창출에 불리하게 작용할 겁니다"라고 말했다.

미국 인공지능 연구의 중심지 중 하나인 카네기멜론대학교의 컴퓨터과학대 학장 앤드루 무어Andrew Moore는 말을 잇지 못할 지경이라고 하소연하기도 했다. 무어의 대학교수 가운데 한 사람인 가스 깁슨Garth Gibson이 벡터연구소의 책임자가 돼 카네기멜론대학교를 떠났다. 또 다른 교수 7인은 정부 및 대학이 나서서 미국보다 더 많은 연구 혜택을 제공하는 스위스의 대학으로 자리를 옮겼다.

그러나 트럼프의 백악관 입성이 초래한 가장 큰 변화는 인재 유출이 아니었다. 선거가 끝나자마자 언론은 '가짜 뉴스'에 대한 깊은 우려를 제기하며 온라인상의 잘못된 정보가 선거 결과에 영향을 미친 것은 아닌지 의심하기 시작했다.

당초 마크 저커버그는 실리콘밸리의 한 공개 석상에서 태연하게 유권자가 가짜 뉴스에 휘둘렸다는 의심은 "아주 터무니없는 생각"이라며 그러한 우려를 일축했다.[9] 그러나 기자, 의원, 전문가, 일반 시민 가릴 것 없이 모두 한목소리로 반박하고 나섰다. 진실은 선거 기간 내내 가짜 뉴스가 만연했다는 것이다. 특히 페이스북에서 수십만 아니 어쩌면 수백만 명이 "힐러리 이메일 유출 관련 용의자 FBI 요원 자살로 위장한 명백한 살인" 혹은 "세계를 놀라게 한 프란치스코 교황, 도널드 트럼프 대통령 후보 지지" 같은 날조된 기사를 공유했다.[10]

페이스북이 크렘린궁과 연계된 러시아 회사가 470개의 가짜 계정을 만들어 10만 달러 이상의 온라인 광고비를 들여 인종 차별, 총기 규제, 동성애자 및 이주자 인권 등과 관련해 분열을 조장하는 메시지를 퍼뜨렸다고 밝힌 이후로 가짜 뉴스에 대한 우려는 점점 더 커져갔다.[11] 그러한 우려가 커짐에 따라 사람들은 GANs와 관련 기술을 새로운 시각으로 바라보게 됐다. 이 기술이 가짜 뉴스를 생성하는 수단처럼 여겨졌던 것이다.

게다가 연구자들은 그 추측에 기름을 끼얹었다. 워싱턴대학교의 한 연구팀이 신경망을 이용해 버락 오바마가 말하는 동영상에 새로운 음성을 입힌 것이다.[12] 해당 연구팀에 있던 한 연구자는 이후 곧 페이스북에 입사했다. 중국의 한 스타트업에서는 개발자들이 유사한 기술을 사용해 중국어를 말하는 도널드 트럼프 동영상을 제작하기도 했다.[13]

가짜 이미지가 새로운 것은 아니었다. 사진이 처음 생겨난 이후부터 줄곧 사람들은 사진을 조작하는 기술을 사용해왔다. 그리고 컴퓨터 시대에는 포토샵Photoshop 같은 프로그램 덕분에 거의 모든 사람이 사진 및 동영상을 편집할 수 있게 됐다. 그러나 새로 등장한 딥러닝 기술은 스스로 그러한 작업의 전부 혹은 적어도 일부를 학습할 수 있으므로 사람들은 그만큼 편집이 훨씬 쉬워질 거라는 위기감에 사로잡힌 것이다. 장차 선거운동자, 민족 국가, 사회활동가, 내란 선동자 등이 가짜 이미지나 동영상을 제작 및 유포하는 사람들에게 돈을 지불하지 않고도 스스로 그 일을 수행할 줄 아는 시스템을 구축할 수 있게 될지도 몰랐다.

선거 기간 당시 이미지를 조작하는 인공지능 기술이 완성되려면 아직 수 개월은 더 필요했다. 당시의 GANs는 섬네일 이미지만을 생성할 수 있었다. 정치인의 입 모양에 음성을 넣는 시스템 구축은 특히 어려운 작업임은 말할 필요도 없었고, 그 작업이 가능한 전문가도 여전히 드문 형편이었다. 그러나 이후 트럼프의 당선 1주년 기념일에 핀란드의 엔비디아 연구소의 연구진이 새로운 GANs를 공개했다.[14]

'진행형 GANsProgressive GANs'라는 이 대립신경망은 식물이나 말, 버스, 자전거 등의 실물 사진처럼 보이는 이미지를 일반적 크기로 생성할 수 있었다. 하지만 세상의 이목을 끈 것은 얼굴 이미지였다. 엔비디아의 시스템은 수천 장의 유명인 사진을 분석한 뒤 한 사람의 유명인처럼 보이는 얼굴 이미지를 생성할 수 있었다. 사실 그 이미지는 실제로 존재하는 사람의 얼굴은 아니었지만 제니퍼 애니스턴Jennifer Aniston이나 셀레나 고메즈Selena Gomez를 많이 닮았다.

시스템이 만들어낸 얼굴에 주름과 모공, 음영이 표현돼 있고, 나름의 개성까지 느껴져 실제 존재하는 사람의 얼굴 같았다. 이 분야의 기술 개발에 기여한 MIT의 필립 아이솔라Phillip Isola 교수는 "기술 발전 속도가 정말 빨랐어요. 처음에는 '좋아, 매우 흥미로운 학술 연구네요. 하지만 이 기술이 가짜 뉴스를 만드는 데 사용될 수는 없을 겁니다. 단지 작고 흐릿한 이미지만을 생성할 뿐이니까요'에서 시작해 어느새 '이런, 정말 실사 같은 얼굴 이미지를 만들어낼 수 있어요'라고 감탄하게 됐죠"라고 설명했다.

엔비디아가 이 기술을 공개하고 며칠 뒤, 보스턴의 한 소규모 콘퍼런스에서 몇 분 후 시작할 연설을 준비하고 있는 이안 굿펠로에게 한 기자가 이 기술의 의미에 대해 질문했다. 굿펠로는 누구나 이미 포토샵을 사용해 가짜 이미지를 생성할 수 있음을 인정했다. 그러나 "우리는 이미 가능한 일을 더 빠르게 하고 있는 겁니다"라며 그 일이 앞으로 점점 더 쉬워질 것이라는 말도 잊지

않았다.[15]

검은색 셔츠와 파란색 청바지 차림에 턱수염을 기르고 앞머리를 가지런히 빗어 내린 이안 굿펠로는 겉모습으로 보나 말하는 모습으로 보나 어쩐지 그 회의장에서 가장 괴짜이면서도 가장 쿨한 사람처럼 보였다. 굿펠로는 이 기술이 더욱 발전하면, 이미지가 어떤 일이 발생했다는 증거가 되는 시대는 종말을 고할 것이라고 주장하며 다음과 같이 연설했다.

"역사적으로 어떤 일이 실제 있었다는 증거로서 동영상을 신뢰할 수 있던 것은 약간의 우연이었어요. 실제로 우리는 어떤 문제에 관한 이야기 속에서 누가 무슨 말을 했는지, 누가 무슨 말을 할 동기가 있는지, 즉 누구의 말에 신빙성이 있는지 생각해야만 했죠. 그리고 우리는 다시 그런 시대로 돌아가고 있는 것 같습니다."

그러나 그러한 변화가 결코 쉽지는 않을 거라고 주장했다. "불행하게도 요즘 사람들은 비판적 사고에 능숙하지 않습니다. 그리고 누구를 신뢰하고 신뢰하지 않을지 극도의 집단주의적 사고에 젖어 있는 경향도 있고요." 그러면서 최소한의 적응 기간은 필요할 것이라고 말했다. "인공지능은 우리가 지금껏 열어본 적 없는 수많은 영역의 문을 활짝 열고 있습니다. 그리고 우리는 그 문 뒤에 뭐가 있는지 잘 모르죠. 이 기술의 경우, 인공지능이 우리 세대가 열어놓은 문을 닫는 것이라고 할 수 있겠네요."

딥페이크 논란이 시사한 문제들

굿펠로가 언급한 적응 기간은 스스로 '딥페이크Deepfakes'라고 칭하는 누군가가 유명인의 얼굴을 포르노 비디오에 합성해 인터넷에 게시하는 것과 거의 동시에 시작됐다.[16] 이 익명의 장난꾸러기가 인터넷에 합성 앱을 배포하자 토론 게시판, 소셜 네트워크 및 유튜브 같은 동영상 사이트에 그러한 비디오가 대거 등장했다.

어떤 이는 미셸 오바마Michelle Obama의 얼굴을 사용했으며, 니컬러스 케이지Nicolas Cage의 얼굴로 장난을 친 사람도 나타났다. 폰허브Pornhub, 레딧Reddit, 트위터 등의 서비스는 곧 그러한 행위를 금지했으나 이미 이 기술이 주류 미디어에 널리 퍼진 뒤였다.[17] '딥페이크'는 인공지능으로 조작돼 온라인에 퍼진 동영상을 가리키는 용어로 통용되기 시작했다.

이안 굿펠로는 인공지능의 발전을 위해 연구를 계속하면서 이 기술의 급격한 성장에 대한 우려를 세상과 공유하고자 했다. 일론 머스크가 시대정신으로 제시한 초지능에 대한 경고보다 더 시급한 우려였다. 굿펠로는 처음 구글에 들어가자마자 별도로 '적대적 공격adversarial attacks'이라는 기술을 탐구하기 시작해 신경망이 실제로 존재하지 않는 것을 보거나 들었다고 착각할 수 있음을 보여줬다. 코끼리 사진의 일부 픽셀에 (인간의 눈으로는 인지할 수 없는 수준의) 변화를 준 것만으로도 신경망이 코끼리를 자동차로 생각하도록 속일 수 있었다.[18]

신경망은 매우 다양한 사례를 통해 학습하기 때문에 아무도 모르는 사이 사소하고 예상치 못한 결함이 훈련 과정에 끼어들 수 있다. 이 알고리즘이 자율주행차가 보행자나 다른 차량, 거리 표지판, 도로상의 기타 설치물 등을 인식하는 데 사용된다는 점을 고려하면 특히 걱정되지 않을 수 없다. 곧이어 굿펠로의 연구팀은 정지 표지판에 포스트잇 몇 장을 붙여놓기만 해도 자동차가 표지판이 존재하지 않는 것으로 착각하게 만들 수 있음을 입증했다.[19]

굿펠로는 똑같은 현상으로 인해 다른 프로그램에도 얼마든지 오류가 발생할 수 있다고 경고했다.[20] 가령, 어느 금융 회사가 이 아이디어를 거래 시스템에 적용해 경쟁자를 속여 주식을 투매하도록 한 다음 자신이 훨씬 낮은 가격에 주식을 매수할 수도 있다는 것이다.

굿펠로는 구글에 들어간 지 2년도 안 된 2016년 봄에 회사를 나와 이 연구를 신설된 오픈AI 연구소로 가져갔다. 오픈AI는 윤리적으로 건전한 인공지능을 구축해 전 세계와 공유하는 것을 사명으로 삼고 있어 굿펠로가 GANs와 적대적 공격 등의 연구를 계속하기에 딱 알맞은 곳이었다.

굿펠로의 목표는 적대적 공격이 초래할 수 있는 결과와 그 대처 방안을 세상에 알리는 것이었다. 거기에 추가로, 이후 연구소의 세금 신고 내역을 보면 그해 마지막 9개월 동안 굿펠로가 보수로 수령한 금액은 (계약 당시 지급된 60만 달러의 보너스를 포함) 80만 달러에 달했다.[21] 그러나 굿펠로는 그 9개월만 오픈AI에 머물렀다. 이듬해 제프 딘이 구글 브레인 안에 인공지능 보안에 집중할 새 부서를 신설하자 구글로 돌아갔다.

연구자 사이에서는 물론이고 업계 전반에 걸쳐 굿펠로의 인지도가 상당하다는 사실을 감안할 때 그의 이탈은 오픈AI에 큰 타격이었다. 동시에 인공지능의 등장에 대한 우려가 한 연구소만의 문제가 아니라는 사실도 명백해졌다.

14

자만심

차이나 파워

"연설할 당시 저는 중국 시장이
점점 가까워지고 있다고 생각했어요."

알파고 vs. 커제

한국에서의 대국 이후 1년이 지난 2017년 봄, 알파고의 다음 경기는 중국 상하이에서 양쯔강을 따라 약 128킬로미터 떨어진 우전Wuzhen에서 열렸다. 우전에는 수련 연못과 석조 다리가 있고, 줄지어 늘어선 작은 기와지붕 목조 주택 사이로 좁고 구불구불한 운하를 따라 보트가 둥둥 떠 있어 수 세기 전의 옛 정취가 살아 있다. 그런데 지금은 논 사이로 1만 8,580제곱미터 규모의 컨벤션센터가 들어서 있다.[1]

이 건물은 축구경기장 크기라는 것만 빼면 우전에서 흔히 보이는 목조 주택들과 크게 다르지 않았다. 2조 5천억 장 이상의 기와로 지붕을 덮었기 때문이다. 중국 당국은 새로운 인터넷 기술의 등장을 널리 알리고 정보 확산의 규제 및 통제 방안을 마련하기 위한 연례 행사인 세계인터넷대회를 주최할 목적으로 이 건물을 건립했다. 이제 이 컨벤션센터에서 알파고와 세계 바둑 랭킹 1위인 중국의 커제Ke Jie의 대국이 펼쳐졌다.

대국 첫째 날 아침, 대국이 치러질 예정인 휑한 강당 옆 복도에 마련된 개인실에 하사비스가 보드라운 대형 크림색 의자에 앉아 있었다.[2] 의자 뒤의 벽에는 오후의 하늘 그림이 그려져 있었다. 그도 그럴 것이 이 건물 전체의 콘셉트가 '구름이 가득한 오후의 하늘'이었다. 옷깃에 작고 둥근 감청색 핀 장식이 달린 짙은 파란색 양복에 노타이 차림인 하사비스는 갑자기 1년 전보다 좀 더 노숙하고 세련돼 보였다.

그는 이제 알파고가 훨씬 대단한 실력을 갖췄다고 말했다. 한국에서 경기를 치른 이후로 수 개월 동안 딥마인드는 알파고의 설계를 개선했다. 알파고는 자신을 상대로 셀 수 없이 많은 대국을 치르며 시간을 보냈는데, 그 디지털 시행착오 과정을 통해 완전히 새로운 기술을 학습했다는 것이다.

한국에서 치러진 네 번째 대국 당시에는 이세돌이 78수를 두며 바둑 지식에서 자신이 한 수 위임을 드러내자 알파고가 혼란에 빠진 바 있다. 하사비스는 "우리가 새로운 아키텍처에서 가장 중점을 둔 부분은 그러한 지식의 격차를 해소하는 것이었습니다"라고 말하며 이제 알파고가 갑작스러운 혼란에 빠져들지 않을 만큼 면역력을 갖췄다며 자신감을 드러냈다. 그러면서 또한 새 아키텍처는 더욱 효율적이라고 덧붙였다. 아주 짧은 시간 안에 스스로 훈련할 수 있으며, 훈련이 끝나면 단일 컴퓨터칩(물론 구글의 TPU)에서 구동할 수 있다고 말이다.

비록 하사비스가 직접 말하지는 않았지만, 첫 번째 대국의 1수를 두기도 전에 이미 19세 청년 기사 커제가 승리를 차지할 가능성이 없다는 것은 명백했다. 구글 측은 알파고의 고별 무대로서 이 대국을 마련한 것이었다. 또 한편으로는 중국 시장 재진입을 위한 포석을 깔고자 하는 의도도 있었다.

2010년에 구글은 돌연 그것도 극적으로 중국에서 철수하면서 자사 중국어 검색 엔진을 홍콩으로 이전했다.[3] 중국 정부가 구글의 네트워크를 해킹하고 여러 인권 운동가의 지메일 계정을 도청하는 것을 비난한 이후 벌어진 일이다.

래리 페이지와 세르게이 브린, 에릭 슈미트는 성명을 통해 구글의 철수 이유는 해킹 때문만이 아니며, 자사 검색 엔진의 뉴스 기사, 웹 사이트, SNS 등에 대한 중국 정부의 검열을 더는 참을 수 없어서라고 밝혔다. 새 홍콩 서버는 서양에서 '만리방화벽Great Firewall of China'이라고 일컫는 검열 체계를 받지 않았다. 그로부터 몇 주 뒤, 구글의 예상대로 중국 당국은 본토의 누구도 접속할 수 없도록 홍콩의 구글 서버를 차단했다. 그런 식의 보복은 이후 7년간 지속됐다

그러나 2017년의 구글은 과거의 구글이 아니었다. 구글, 딥마인드를 비롯해 기타 다양한 자매 회사를 지휘할 지주 회사로서

알파벳을 설립한 페이지와 브린은 지난 20년간 구축해온 빅테크 기업에서 물러나 각 회사를 다른 경영진에게 맡기면서 슬슬 조기 은퇴를 염두에 둔 듯 보였다.

신임 CEO 순다르 피차이Sundar Pichai 치하의 구글은 중국을 다른 관점에서 보고 있었다. 중국은 무시하기에는 대단히 큰 시장이었다. 중국의 인터넷 이용자는 약 6억 8천만 명으로 미국의 인구보다 많고, 또 중국만큼 빠른 속도로 이용자 수가 증가하는 나라는 없었다.[4] 구글은 재진입을 원했다.

구글은 알파고를 이상적인 매개체로 생각했다. 바둑은 중국의 국기다. 대략 6천만 명의 중국인이 인터넷상에서 알파고와 이세돌의 대국을 지켜본 것으로 추정됐다.[5] 그리고 중국 시장을 주목하는 구글의 주요 목표 중 하나는 인공지능 분야의 전문성을 홍보하는 것이었다. 이세돌과의 대국이 있기 전부터 이미 구글과 딥마인드의 경영진은 중국에서 두 번째 시합을 개최할 가능성을 두고 논의를 진행했다. 그 시합이 중국 시장에 구글 검색 엔진 및 기타 온라인 서비스를 재진입시킬 수 있는 상황을 조성해줄지 모른다고 생각한 것이다. 그리고 한국에서의 행사가 기대대로 성황리에 끝나자 그 생각은 더욱 견고해졌다.

그들은 1970년대 중국에서 개최된 탁구 시합을 계기로 200년에 걸쳐 난항에 빠져 있던 미국과 중국 간 외교 관계가 개선된 것에 착안해 알파고의 중국 시합을 그러한 '핑퐁 외교'처럼 생각했다. 이듬해 구글은 체육부장관과 만나 시합을 중계할 복수의

인터넷 및 TV 방송사를 선정하는 등 알파고의 중국 방문 계획을 실행에 옮겼다

순다르 피차이는 시합이 치러지기 전 중국을 세 차례 방문해 커제와 사적으로 만났다. 두 사람은 함께 만리장성에서 사진을 찍기도 했다. 1국이 끝나고 2국이 시작되기 전 바둑 대결이 펼쳐지는 컨벤션센터에서 구글이 주최하는 인공지능 심포지엄도 열렸다. 중국을 방문한 제프 딘과 에릭 슈미트 모두 하루 일정의 미니 콘퍼런스에서 연설할 예정이었다. 중국 기자 수십 명이 우전의 대국장으로 모여들었고, 세계 각지에서 훨씬 많은 기자들이 취재차 날아왔다.

1국이 시작되기 전 데미스 하사비스가 컨벤션센터로 걸어 들어오자 마치 유명 가수가 등장한 듯 여기저기서 카메라 플래시가 터졌다.

그날 아침 늦게, 하사비스가 오후의 하늘이 그려진 방에서 알파고의 끊임없는 진화를 설명하는 동안 그곳에서 수십 미터밖에 떨어지지 않은 강당에서는 커제가 막 첫 수를 뒀다. 전국적으로 수백만 명이 이 대국을 보려고 기다리고 있었지만, 그들은 결국 관전할 수 없었다. 중국 정부가 우전에 있는 전 중국 언론에 비공개 명령을 내려 모든 인터넷 및 TV 중계를 차단했기 때문이다.[6]

중국에서는 우전으로 들어가는 보안 게이트를 통과해 컨벤션센터 앞의 무장 경비원과 전자출입증 판독기 및 금속 탐지기를

거치도록 허용된 수백 명만이 이 대국을 관전할 수 있었다. 신문사와 인터넷 뉴스 사이트에서 이 대국에 관한 기사를 내보낼 수는 있었으나 그 경우에도 '구글'이라는 단어는 사용이 철저히 금지됐다. 이 대국의 초반 몇 수가 진행됐을 때 하사비스는 다시 구글과 딥마인드 및 그 기술의 미래에 대한 설명을 이어갔다. 보도 통제 문제는 언급하지 않았다.

바이두의 본진, 중국

중국에서도 딥러닝은 더는 생소한 것이 아니었다. 2009년 12월 초, 리 덩은 밴쿠버 NIPS가 끝나자 다시 한번 휘슬러의 NIPS에 참석하기 위해 차를 몰았다. 1년 전 휘슬러 힐턴 리조트에서 우연히 제프리 힌턴을 만나 그의 딥러닝 및 음성 인식 연구를 접한 리 덩은 그때와 같은 장소, 즉 그곳 캐나다의 산 정상에 새로운 학술모임을 조직했다. 이어 며칠 동안 그와 힌턴은 휘슬러에 모인 다른 연구자들에게 레드먼드의 마이크로소프트 연구소에서 연구 중인 시제품을 보여주며 '음성 인식 신경망'의 전문적 내용을 설명할 예정이었다.

구불구불 굽은 산길을 따라 북쪽으로 향하는 덩의 SUV에는 또 다른 연구자 세 사람이 함께 타고 있었다. 그중 하나는 카이 유로 나중에 바이두의 수뇌부에 큰돈을 들여서라도 제프리 힌턴의 경매에 참가할 것을 권한 인물이다.

덩과 마찬가지로 유 역시 미국에서 연구원으로 일하기 전 중국에서 태어나 쭉 그곳에서 공부했다. 덩이 시애틀 외곽의 마이크로소프트에서 근무하는 동안 유는 하드웨어 제조사 NEC의 실리콘밸리 연구소에 있었지만, 두 사람 모두 소규모 연구자 공동체의 일원으로서 휘슬러의 모임 같은 여러 학술모임에 참석했다. 그해 두 사람은 카풀 때문에 동승하게 된 것이었다.

유는 지난여름 몬트리올에서 얀 르쾽 및 요슈아 벤지오와 함께 딥러닝에 관한 학술모임을 조직했을 때부터 이미 제프리 힌턴을 알고 있었다. 그리고 이제 산길을 올라가는 SUV를 타고 역시 같은 주제를 탐구하는 좀 더 규모가 큰 학술모임에 참석하러 가는 중이었다. 학계에서 시작된 딥러닝이 업계로 이동하는 순간에 카이 유는 어느 누구 못지않게 가까이 있던 것이다. 그리고 이듬해 그 기술에 대한 아이디어를 가슴에 품고 중국으로 돌아갔다.

덩, 힌턴 및 그 제자들이 마이크로소프트와 IBM, 구글의 음성인식 기술을 새로 구축했을 때 유 역시 바이두에서 같은 일을 해냈다. 그로부터 수 개월 뒤, 유의 연구에 주목한 회사의 CEO 로빈 리는 이메일 성명을 통해 회사 전체에 그 기술의 우수성을 알렸다. 이것이 2012년에 바이두가 힌턴과 그 제자들을 영입하기 위해 수천만 달러를 제시하며 타호호의 경매에 기꺼이 뛰어든 이유였다. 또한 카이 유가 낙관적일 수 있던 이유이기도 했다. 그는 바이두가 경매에서 패배했음에도 딥러닝 경쟁을 계속 이어갈 수 있다고 믿었다.

바이두의 CEO 로빈 리에게 딥러닝을 소개한 사람은 또 있었다. 리는 당시 마이크로소프트 중역이었던 치 루의 친구이기도 했다. 그것도 20년 넘게 서로 알고 지낸 사이였다. 매년 베이징의 컴퓨터 대기업 레노버Lenovo의 CEO를 비롯해 몇몇 중국인 및 중국계 미국인 중역들은 캘리포니아주 샌프란시스코의 남쪽 해안가 하프문베이Half Moon Bay에 있는 리츠칼튼호텔Ritz-Carlton hotel에서 며칠간 기술 환경의 최신 동향를 두고 토론하는 일종의 국경을 초월한 모임을 개최했다.

힌턴과 그 제자들의 경매가 끝난 후 열린 이 모임에서 딥러닝이 토론의 주제로 선정됐다. 태평양이 건너다보이는 리조트인 리츠칼튼 안에서 치 루는 리를 비롯한 다른 이들에게 화이트보드를 이용해 합성곱 신경망을 설명하며, 이제 '합성곱 신경망 CNN'이 매우 다른 무언가를 의미하게 됐다고 말했다. 같은 해 바이두는 북미 지역의 인재 영입을 희망하며 하프문베이에서 그리 멀지 않은 실리콘밸리에 그 첫 번째 전초 기지를 설립하고 딥러닝 연구소Institute of Deep Learning라고 명명했다.[7]

카이 유는 한 기자에게 인간 두뇌의 기능, 역량 및 지능을 모방하는 것이 연구소의 목표라면서 "우리는 나날이 진보하고 있습니다"라고 말했다.

이듬해 봄, 유는 앤드루 응과 아침 식사를 하기 위해 새 연구소에서 가까운 팰로앨토의 셰러턴호텔로 이동했다. 그날 저녁 두 사람은 다시 만나 저녁 식사도 같이했다. 그리고 응은 중국으로 날아가 CEO 로빈 리를 만난 뒤 바이두와 계약했다. 구글에서 딥러닝 연구소를 설립한 사람이 이제 중국 최대 기업 중 하나에서 실리콘밸리와 베이징 2곳의 연구소를 모두 지휘하며 거의 같은 분야의 사업을 운영하게 된 것이었다.

2017년 봄, 구글이 중국 시장 복귀를 위한 포석으로서 준비한 바둑 시합을 열기 위해 우전에 당도했을 때, 유와 응을 비롯한 바이두의 연구원들은 이미 딥러닝을 바이두 제국의 심장부로 밀어 넣어 구글처럼 검색 결과와 광고 타기팅 및 언어 번역에 이용 중이었다. 칩 제조사 엔비디아 출신 핵심 개발자를 영입한 뒤로 바이두는 독자적으로 거대한 GPU 클러스터를 구축하기도 했다. 그리고 유는 구글 TPU의 계보를 이을 만한 새로운 딥러닝 칩 개발을 목표로 한 스타트업 설립을 위해 회사를 떠난 뒤였다.

오만과 오판

우전에서 알파고 시합의 1국과 2국 사이 무대에 오른 구글의 회장 에릭 슈미트는 마치 아무 일도 일어나지 않은 듯 행동했다. 각 질문을 영어로 통역해주는 소형 장치를 귀에 낀 채 중국인 사회자 옆좌석에 한쪽 다리를 꼬고 앉은 슈미트는 세계가 "지능의 시대"로 진입하고 있다고 말했다.[8] 바로 인공지능을 말하는 것이었다. 그러면서 텐서플로TensorFlow라고 불리는 새 소프트웨어 창조물을 사용해 구글은 사진 속 객체를 인식하거나 음성을 식별하고, 언어를 번역할 수 있는 인공지능을 구축했다고 설명했다.

슈미트는 평소처럼 자신이 이곳의 누구보다도 과거와 미래에 정통한 사람이라는 듯한 말투로 이 소프트웨어가 그의 평생에 가장 거대한 기술적 변화라고 표현했다. 또한 그것은 온라인 광고를 타기팅하거나 고객이 사고자 하는 상품을 예측하고, 누가 대출이 필요한지도 판단할 수 있다고 주장하며, 이를 계기로 알리바바, 텐센트, 바이두 등 중국 최대 빅테크 기업이 새롭게 탈바꿈하게 되리라고 장담했다. 슈미트는 "텐서플로를 사용한다면 그들 모두 지금보다 더 나아질 것입니다"라고 말했다.

제프 딘이 그의 팀과 함께 구상 및 설계한 텐서플로는 구글의 전 세계 데이터센터 네트워크에 걸쳐 심층신경망을 훈련한 독점적 소프트웨어 시스템 디스트빌리프의 후속작이었다. 그러나 그것이 다는 아니었다. 자체 데이터센터에 해당 소프트웨어를 도입한 구글은 그 창조물을 '오픈소스'로 공개해 전 세계와 그 코드를 자유롭게 공유했다. 그런 식으로 구글은 기술 환경 전반에 자신의 영향력을 발휘했다.

다른 기업이나 대학, 정부 기관 및 개인이 구글의 소프트웨어를 사용함으로써 함께 딥러닝에 박차를 가한다면, 그들의 노력으로 전 세계 인공지능 연구가 가속화될 것이고, 구글은 다시 그 연구를 기반으로 자체 기술 연구에서 한층 고차원적 발전을 꾀할 수 있다. 구글은 그 기술 공유 덕택에 세상에 등장하게 될 완전히 새로운 연구자 및 개발자를 고용할 수도 있다. 그리고 구글의 방식은 그 회사가 미래로 전망한 사업 모델, 즉 클라우드 컴퓨팅cloud computing에 기여했다.

에릭 슈미트가 우전의 무대에 올라 자신의 메시지를 전달할 당시 구글 수익의 90퍼센트 이상은 여전히 온라인 광고에서 발생했다.[9] 그러나 진작부터 미래를 내다보고 있던 구글은 누구에게나 원거리 컴퓨팅 성능 및 데이터 저장 서비스를 제공하는 클라우드 컴퓨팅이 한층 안정적이고 수익성 높은 대안으로 떠올랐을 때, 자사의 환경이 그 상업적 잠재력을 십분 활용할 수 있도록 이상적으로 조성돼 있음을 깨달았다.

구글은 이미 그 데이터센터 내부에서 초고성능 컴퓨터 네트워크를 활용하고 있었고, 여기에 액세스하는 권한을 판매한다면 엄청난 수익을 거둘 수 있었다. 현재 급성장 중인 이 시장을 주도하고 있는 아마존은 2017년에 클라우드로 174억 5천만 달러가 넘는 수익을 올리고 있었다.[10] 하지만 텐서플로는 구글에 그 라이벌 빅테크 기업을 상대할 수 있다는 희망을 심어줬다.

구글은 텐서플로가 인공지능 구축을 위한 사실상의 표준이 되면 자사의 클라우드 컴퓨팅 서비스가 시장을 뒤흔들 수 있다고 확신했다. 이론적으로 일단 딥러닝 전용으로 개발된 칩을 사용한다는 점에서 구글의 데이터센터 네트워크는 텐서플로를 실행하는 가장 효율성 높은 수단이었다. 슈미트가 텐서플로의 장점을 내세우며 중국의 빅테크 기업들에 그 기술의 수용을 권할 당시 구글은 이미 '신경망 훈련 및 훈련이 끝난 신경망 실행'을 위해 고안된 2세대 TPU 칩을 개발한 상태였다. 또한 베이징에도 인공지능 연구소를 신설하려고 준비 중이었는데, 그 연구소를 통해 텐서플로와 자사의 새 칩, 그리고 궁극적으로는 구글 클라우드를 중국에서 성공시키려는 희망을 품고 있었다.

구글이 신설 연구소를 이끌 사람으로 새로 영입한 인물은 베이징 태생으로 10대 시절에 미국으로 이민을 간 페이페이 리Fei-Fei Li였다.[11] 리는 "중국에 인공지능을 연구하는 인재가 점점 늘고 있어요. 연구소 설립으로 그 인재를 활용할 수 있음은 물론이고 텐서플로(그리고 구글 클라우드)를 중국에 더 폭넓게 전파할 수 있습니다"라고 설명했다.

우전의 무대에 올라 청중에게 텐서플로가 중국 최대 기업들을 탈바꿈시킬 수 있다고 설명한 에릭 슈미트는 새 인공지능 연구소와 구글 클라우드에 대해서는 언급조차 하지 않았다. 그러나 슈미트의 메시지는 명확했다. 알리바바, 텐센트, 바이두가 텐서플로를 사용하면 더 좋은 기업이 될 수 있다는 것이었다. 슈미트는 그렇게 되면 구글이 훨씬 큰 이득을 보게 될 것이라는 사실은 절대 입 밖에 내지 않았다. 그러나 슈미트는 중국인에게 전한 자신의 메시지가 매우 순진한 것이었음을 몰랐다.

중국의 빅테크 기업들은 진작부터 딥러닝을 받아들였다. 수년 전부터 앤드루 응이 바이두의 연구소를 이끌면서 새 실험에 도움이 되도록 구글과 마찬가지로 방대한 전문적 기계 네트워크를 구축했다. 텐센트에서도 유사한 작업이 진행 중이었음은 물론이다. 여하튼 구글의 도움이 필요하다고 할지라도 중국은 순순히 받아들이려고 하지 않았다. 결국 중국 정부는 우전의 시합 중계를 차단했다.

슈미트는 얼마 지나지 않아 자신의 메시지가 얼마나 순진했는지 깨달았다. 나중에 슈미트는 "연설할 당시 저는 중국 시장이 점점 가까워지고 있다고 생각했어요. 그때만 해도 정부 방침이 그토록 강력하리라고는 예상치 못했습니다. 솔직히 그걸 어떻게 이해할 수 있겠어요. 아마 미국인 대부분이 이해할 수 없을 겁니다. 제가 미래에 대해 오판하고 있는 것은 아닙니다"라고 자신의 견해를 피력했다.

우전의 일주일은 구글의 누구도 예측하지 못한 방향으로 흘러갔다. 커제와의 1국이 치러지던 날 아침, 오후의 하늘이 그려져 있는 벽을 등지고 앉은 데미스 하사비스는 알파고가 곧 훨씬 강력한 머신으로 성장할 것이라고 장담했다. 하사비스의 개발팀은 '전적으로' 스스로 게임을 마스터할 수 있는 버전을 개발 중이었다. 그것은 알파고의 원래 버전과 달리 프로 선수의 행위를 분석해 기초 기술을 학습할 필요가 없었다.

"새 버전은 그 안에서 계속 인간의 지식을 지워가고 있습니다"라고 하사비스는 설명했다. 그것은 스스로 시행착오를 통해 학습하면서 바둑뿐 아니라 체스나 동양의 또 하나의 전략적 고전 게임인 장기 등 다른 게임까지도 마스터할 수 있다는 것이다. 그러한 시스템, 즉 자력으로 무수한 일을 수행할 수 있는 활용 범위가 넓은 인공지능을 개발함으로써 딥마인드는 기술 및 산업을 점점 더 광범위하고 다양한 형태로 변화시키고 있었다.

하사비스의 말대로 딥마인드의 연구는 데이터센터 및 전력망 내부의 자원 관리, 그리고 과학적 연구의 가속화에 기여했다. 결국 하사비스가 하고 싶은 말은 딥마인드의 기술이 인간의 실력을 끌어올린다는 것이었다. 그는 커제와의 대국에서 그것이 분명해질 거라고 주장했다. 다른 세계 최고의 바둑 기사들과 마찬가지로 중국의 바둑 1인자 커제 역시 이제 알파고의 기술 및 방식을 따랐다. 커제도 알파고를 보고 학습하고 있기 때문에 실력이 향상되고 있다는 것이다.

실제로 커제는 초반부터 알파고만의 게임 전략인 '3·3'을 흡수하며 알파고처럼 바둑을 뒀다. 그러나 결과는 의심의 여지가 없었다.

밝은 파란색 넥타이에 어두운 색상의 양복을 입고 검은 테 안경을 착용한 19세 바둑 기사 커제는 다음 수를 숙고하는 동안 엄지와 검지로 짧은 머리카락 몇 가닥을 집어 빙빙 꼬는 버릇이 있다. 우전의 강당에서 치러진 대국 중에도 그는 총 3일에 걸쳐 12시간 넘게 머리카락을 꼬았다. 1국에서 패배한 뒤 커제는 알파고가 "바둑의 신처럼" 느껴졌다고 말했다. 이후 두 차례 더 치러진 대국에서 커제는 모두 패배했다.[12]

한국에서 이세돌이 알파고에 졌을 때, 인공지능과 인간 모두에게 그 사건은 즐거운 행사였다. 그러나 커제가 졌을 때는 중국 정부의 최고위층이 부각하고 싶지 않은 것, 즉 서양이 미래를 향한 경주에서 앞서고 있다는 사실이 부각된 것으로 받아들여졌다. 알파고의 승리는 단순히 승리 자체로 평가되지 않았다. 중국의 바둑 대가를 상대로 거둔 승리였다. 게다가 에릭 슈미트는 1국과 2국 사이에 30분 동안이나 중국과 그 최대 빅테크 기업들에게 과시하고 설교한 셈이었다.

중국의 역습

두 달 뒤 중국 국무원은 2030년까지 국내 산업에 1,500억 달러 이상의 투자를 감행해 미국 등 여타 경쟁 국가를 제치고 인공지능 분야에서 세계의 선도국이 되기 위한 계획을 공표했다.[13] 중국은 인공지능을 마치 자국의 아폴로 계획처럼 취급했다. 중국 정부는 산업, 학술 및 군사 부문의 혁신적 프로젝트에 투자 계획을 수립했다. 그 계획에 참여하고 있던 어느 대학교수 두 사람은 〈뉴욕 타임스〉에 알파고와 이세돌의 시합이 중국에는 마치 스푸트니크처럼 받아들여졌다고 전했다.

중국의 계획은 오바마 행정부가 막을 내리기 직전에 제시한 청사진의 많은 부분을 그대로 답습했다. 차이점이라면, 중국 정부가 이미 그러한 노력의 일환으로 막대한 자금을 투자했다는 점이다. 한 지자체는 60억 달러 수준의 투자를 이미 약속한 바 있다.

또 다른 차이점은 중국의 계획은 오바마 계획이 트럼프 행정부에 의해 버려진 것처럼 새로운 정부에 의해 폐기되지 않는다는 점이다. 중국에서는 정부와 학계 및 업계가 한 덩어리로 뭉쳐 인공지능을 향해 전진했다. 반면 미국에 새로 들어선 행정부는 모든 것을 업계에 맡겨놓고 있었다. 이 분야에서 구글이 세계 최강자였고 다른 미국 기업들 역시 크게 뒤처지지는 않았으나 그러한 사실이 미국이라는 국가 전체에 어떠한 의미가 있는지는 분명치 않았다. 따라서 매우 많은 인공지능 인재들이 대학과 정부기관 대신 업계를 선택했다.

제프리 힌턴은 "중국이 연구에 그들보다 더 많은 돈을 쏟아 붓는다는 사실이 미국에는 골치 아프겠죠. 미국은 기초 연구에 대한 투자를 삭감하고 있어요. 그건 배고프다고 종자를 먹어치우는 것과 같아요"라고 말했다.

구글이 중국에서 크게 성공하지 못하리라는 것은 분명했다. 그해 말 페이페이 리가 상하이의 한 행사에서 구글 인공지능 중국 센터의 설립을 발표했으며, 구글은 텐서플로의 홍보를 이어갔다.[14] 구글이 여러 비공개 행사에 파견한 개발자들은 다른 기업 및 대학 연구자들에게 텐서플로의 사용을 가르쳤다. 그러나 중국에서 새로 인터넷 서비스를 시작하려면 정부의 허가를 받아야 했다. 그리고 중국에는 이미 구글이 아니어도 검색 엔진과 클라우드 컴퓨팅 서비스, 인공지능 연구소가 다 있었다. 심지어 바이두가 개발한 중국판 텐서플로인 패들패들PaddlePaddle도 있었다.

우전에서 연설할 당시, 에릭 슈미트는 중국을 과소평가했다. 중국의 빅테크 기업은 물론이고 중국 전체는 슈미트의 예상보다 훨씬 앞서 있었고, 잠재력도 훨씬 컸다. 중국에는 구글과 텐서플로가 필요하다고 말한 슈미트는 틀렸고 너무 순진했다. 그러나 이제는 슈미트도 인공지능 서비스를 구축 및 실행하기 위한 기본 수단인 이 기술 플랫폼의 확산이 어느 때보다도 중요하다는 것을 깨달았다. 그것은 구글뿐 아니라 중국과 점점 고조된 경제 전쟁을 벌이고 있는 미국에도 중차대한 문제였다.

슈미트는 “우리 사회의 기존 세력은 미국이 다수의 글로벌 플랫폼 덕분에 엄청난 이득을 보고 있다는 사실을 전혀 인식하지 못하고 있어요. 인터넷 자체는 물론이고 이메일, 안드로이드, 아이폰 등 미국에서 개발된 글로벌 플랫폼 말입니다”라고 말했다. 어느 회사의, 아니 사실상 어느 국가의 플랫폼 통제는 플랫폼 그 이상의 것을 통제하는 것이나 마찬가지라는 것이다. 구글의 텐서플로 같은 창작물은 바로 그 최신 본보기였다. 슈미트는 “지금 세계는 플랫폼 경쟁이 한창입니다. 그렇기 때문에 미국에서 플랫폼이 개발되느냐 아니냐는 대단히 중요한 문제입니다. 플랫폼은 미래 혁신을 이룰 수 있는 전초 기지입니다”라고 강조했다.

우전 시합이 끝난 직후 바이두는 치 루를 영입했다. 바이두에서 치 루는 마이크로소프트에서 자신이 하고 싶었던 일을 했다. 바로 자율주행차의 개발이었다. 바이두는 구글보다 늦게 이 프로젝트에 뛰어든 것이었으나 치 루는 자신이 그 미국 경쟁사보다 훨씬 먼저 자동차를 도로에서 달리게 할 수 있다고 자신했다. 바이두가 더 좋은 개발자 혹은 더 뛰어난 기술력을 갖추고 있어서가 아니었다. 바이두가 그 차를 중국에서 개발하고 있기 때문이었다.

중국 정부는 기업과 훨씬 가까운 존재였다. 바이두의 최고운영책임자로서 치 루는 자율주행차를 도입해 도시재생을 원하는 중국의 지자체 5곳과 협력 중이었다. 정기적으로 미국을 방문하는 치 루는 한 기자와의 인터뷰에서 "저는 자율주행차가 미국보다 중국에서 먼저 상용화될 거라고 확신해요. 정부는 이 사업을 중국의 자동차 산업이 도약할 기회로 보고 있거든요"라며 "우선 중국은 투자를 아끼지 않아요. 또 다른 이유로, 정부 시책을 마련할 때 기업과 활발히 협력하기도 하고요"라고 덧붙였다.

치 루는 유창한 영어로 설명을 이어갔다. 현재는 자동차의 센서가 도로 표지를 인식해서 도로를 주행하고 있고, 자동차의 센서는 인간의 눈과 같은 역할을 한다는 것이다. 그러나 앞으로 상황은 전혀 달라질 것이며, 중국에서는 그러한 변화가 훨씬 빠르게 시작될 것이라고 말했다. 그러면서 앞으로 자동차의 센서는 레이저 기반의 라이더 센서와 레이더 및 카메라로 바뀔 것이며, 그러한 센서에 맞게 고안된 새로운 도로 표지판이 등장할 것이라고 설명했다.

치 루가 주목한 중국의 또 다른 강점은 데이터였다. 그는 시대마다 주요 생산 수단이 달랐다는 말을 꺼내곤 했다. 농경 시대에는 땅이 중요했다. "얼마나 많은 사람을 확보하는지는 중요치 않았죠. 똑똑하지 않아도 상관없었어요. 더 많은 땅을 확보하지 못하면 더 많은 생산도 불가능했죠." 산업 시대에는 노동력과 장비가 중요했다. 그리고 새로운 시대에는 데이터가 중요하다고 말했다.

"데이터가 없다면, 음성 인식 장치를 개발할 수 없어요. 아무리 많은 사람을 확보해도 다 소용없어요. 영리한 개발자 100만 명을 확보한다고 해도 언어를 이해해 대화할 수 있는 시스템은 개발할 수 없죠. 바로 지금 제가 하고 있는 일인 이미지 인식 시스템 개발도 불가능하고요."

그러면서 치 루는 더 많은 데이터를 확보할 수 있는 중국이 새로운 시대를 지배하게 될 것이라고 주장했다. 중국의 인구는 어마어마하기 때문에 더 많은 데이터를 얻을 수 있다. 게다가 개인 정보에 대한 입장도 다른 국가와 달라서 데이터를 취합하기도 쉽다. "중국인은 개인 정보에 덜 민감한 편이에요. 세계적으로 개인정보보호법이 엄격하게 적용되고 있는 데 반해 중국은 사정이 매우 다르죠. 정책이 다르거든요."

비록 지금 당장은 중국의 대기업과 대학들이 기술적으로는 미국의 경쟁자들보다 뒤처져 있지만(물론 이론이 있을 수 있다), 치루는 그러한 기술 격차는 그렇게 중요치 않다고 지적했다. 제프리 힌턴이나 얀 르쿵 같은 서양 학자들의 영향 덕분에 미국의 대기업들이 그들의 귀중한 아이디어와 방법론의 대부분을 자유롭게 공개하기 때문이라면서 말이다. 그들은 심지어 소프트웨어까지도 공유하고 있다. 중국인을 비롯해 전 세계인이 그들의 아이디어와 방법론 및 소프트웨어를 사용할 수 있는 것이다. 결론적으로 치 루는 동서양의 가장 중요한 차이점은 데이터라고 말했다.

치 루의 이 모든 것은 중국이 자율주행차 생산뿐 아니라 암 치료제 개발에서도 세계 최초가 될 것임을 의미했다. 그것 역시 데이터의 산물이라고 믿었다. 치 루는 "저는 조금도 의심치 않습니다"라고 말했다.

15

편향성

영리를 넘어 윤리로

"구글 포토, 엉망진창이네. 내 친구는 고릴라가 아니야."

백인 남성 개발자들이 놓친 것

2015년 6월의 어느 일요일, 재키 앨신Jacky Alciné은 남동생과 함께 쓰는 방에서 BET 시상식Black Entertainment Television awards(매년 BET 방송사에서 아프리카계 미국인 스타에게 수여하는 시상식-옮긴이)에 관한 트위터 게시물을 살펴보고 있었다. 브루클린의 크라운하이츠에 있는 앨신의 아파트에는 케이블TV가 없어서 시상식 방송을 실시간으로 시청할 수는 없었다. 그 대신 앨신은 노트북에서 트위터 게시글을 찾아볼 수 있었다. 그리고 식사 중인 앨신에게 한 친구가 새 구글 포토 서비스에 올린 사진의 링크를 보냈다.

22세의 소프트웨어 개발자인 앨신은 이미 그 서비스를 사용하고 있었지만 며칠 전 구글이 새 버전을 공개한 이후로는 사용해본 적이 없었다. 새 구글 포토는 이용자의 사진을 분석한 뒤 각 사진에 찍힌 피사체를 기초로 생성된 디지털 폴더에 자동으로 분류하는 기능을 갖췄다. 예를 들어, '개'라든가 '생일 파티' 혹은 '해변 여행' 등의 명칭으로 폴더가 생성되는 것이다. 사진을 훑어보거나 즉시 검색할 때 유용한 기능이다. 이용자가 '묘비'를 입력하면, 구글이 자동으로 묘비가 찍혀 있는 사진 전부를 찾아서 보여준다.

앨신이 친구가 보내준 링크를 누르자 구글의 서비스가 실행됐고, 역시나 앨신의 사진들도 이미 분류돼 있었다. 그런데 생성된 폴더 중에 '고릴라'가 있었다. 이상하다 싶어 앨신은 그 폴더로 들어갔다. 그러자 그 안에는 앨신이 거의 1년 전 프로스펙트 공원 근처에서 열린 콘서트에 갔을 때 촬영한 친구의 사진 80여 장이 있었다. 앨신의 친구는 아프리카계 미국인이었는데, 구글은 그의 사진을 '고릴라'로 분류해놓은 것이다.

구글이 실수로 사진 한 장에만 태그를 잘못 단 것이라면 그냥 넘어갈 수도 있었다. 그러나 무려 80장이나 그랬다. 앨신은 스크린샷을 찍어 트위터에 올렸다. 그에게 트위터는 무언가로 세간의 이목을 끌고자 하는 사람이 언제든 쉽게 찾아갈 수 있는, 세상에서 가장 큰 카페나 마찬가지였다. 게시물에는 "구글 포토, 엉망진창이네. 내 친구는 고릴라가 아니야"라고 적었다.[1]

그러자 곧바로 구글의 한 직원이 메시지를 보내 원인을 파악할 수 있도록 앨신의 계정에 접근하게 해달라고 요청했다. 이후 며칠에 걸쳐 구글은 언론에 사과문을 내보내며 재발 방지를 위해 즉각적 조치를 강구할 것을 약속했다. 구글은 포토 서비스에서 아예 '고릴라'라는 태그를 삭제했고, 수년간 그 상태를 유지했다. 5년이 지났지만, 그 서비스에서 '고릴라'라는 단어는 여전히 검색이 차단돼 있었다.

문제의 원인은 구글이 신경망에 고릴라 식별법을 훈련하기 위해 수천 장의 고릴라 사진을 입력하는 과정에서 이런 부작용이 있을 수 있음을 전혀 예측하지 못한 데 있었다. 신경망은 개발자가 직접 코딩하지 않은 것도 학습할 수 있다. 하지만 그러한 경우에도 그 책임은 애초에 훈련에 필요한 데이터를 선택한 개발자에게 돌아간다. 게다가 아무리 개발자가 데이터 선택에 신중을 기했다고 하더라도 훈련 후 신경망이 학습한 모든 것을 개발자가 전부 파악하기는 불가능하다. 방대한 데이터와 수많은 연산을 거쳐 대규모로 훈련이 이뤄지기 때문이다.

소프트웨어 개발자로서 그러한 사정을 잘 알고 있던 재키 앨신은 그것을 라자냐에 비유해 설명했다. "애초에 재료에 안 좋은 것이 섞이면 라자냐가 맛있게 완성될 수 없어요. 인공지능도 마찬가지죠. 따라서 데이터를 선택할 때 아주 신중해야 해요. 나중에 취소하기가 매우 어려우니까요."

2012년에 고양이 논문을 발표한 직후 촬영한 것으로 보이는 구글 브레인팀의 사진 한 장을 보면, 당시 공식적으로 연구소의 인턴 신분이었던 60대의 제프리 힌턴과 40대의 제프 딘이 고양이의 디지털 확대 이미지를 들고 있다.[2] 두 사람의 양 옆으로 12명쯤 되는 연구원도 보인다. 그중에 색이 바랜 청바지와 검은색 반팔 폴로셔츠를 입고 활짝 웃고 있는 사람은 매트 제일러다. 그의 머리카락은 덥수룩했고, 며칠씩 면도를 하지 않은 듯 턱수염이 자라 있었다.

뉴욕대학교에서 딥러닝을 전공하고 있던 제일러는 그해 여름 구글 브레인에서 인턴으로 일했다. 1년 뒤 힌턴, 크리제브스키, 수츠케버의 뒤를 이어 이미지넷 대회에서 우승을 차지하자 단번에 자신의 연구 분야에서 톱스타로 떠올랐다. 당시 딥러닝은 업계에서 가장 뜨거운 관심을 보이는 분야였다. 앨런 유스터스가 전화로 거액을 제시하며 제일러를 구글로 영입하려고 시도했으나 제일러는 직접 회사를 설립하기 위해 그 제안을 거절했다고 기자들에게 수차례 밝힌 바 있다.

제일러가 뉴욕시에서 설립한 회사는 클래리파이ClarifAI였다. 클래리파이는 뉴욕대학교 딥러닝 연구소에서 그리 멀지 않은 작은 사무실을 기반으로 구매 사이트에 올라온 신발, 옷, 가방 등을 검색하거나 보안 카메라의 영상에 찍힌 사람들의 얼굴을 확인하면서 디지털 이미지 속 객체를 자동 인식하는 기술을 개발했다. 제일러는 구글과 마이크로소프트의 자체 인공지능 연구소가 지난 수년간 구축해온 이미지 인식 시스템과 유사한 시스템을 구축해 다른 기업이나 경찰서 및 정부 기관에 납품할 계획이었다.

2017년, 맨해튼 남부에 있는 설립된 지 4년이 된 클래리파이 사무실의 한 책상 앞에 데버러 라지Deborah Raji가 앉아 있었다. 눈부시게 밝은 형광등 불빛이 사무실 집기와 구석자리의 맥주 냉장고에 쏟아지고 있었고, 헤드폰을 착용한 채 대형 컴퓨터 모니터를 응시하고 있는 20대 청년이 여럿 있었다. 라지 역시 자신의 모니터를 뚫어지게 쳐다보며 회사의 얼굴 인식 소프트웨어 훈련에 사용된 수많은 얼굴 이미지를 살펴보고 있었다.

오타와 출신 21세 흑인 여성인 라지는 화면을 스크롤하다가 문제점을 하나 포착했다. 대부분의 이미지, 즉 80퍼센트 이상이 백인의 얼굴이었다. 놀랍게도 그 백인 얼굴들 가운데 70퍼센트 이상이 남성이었다. 이러한 데이터를 훈련에 사용하면, 시스템이 백인은 제대로 식별할 수 있을지 몰라도 유색인이나 여성을 식별할 때는 오류를 일으킬 확률이 높겠다고 라지는 생각했다.

사실 그것은 어제오늘의 문제가 아니었다. 매트 제일러의 회사는 SNS에 올라온 수많은 이미지를 자동으로 확인해 음란물을 제거하는 프로그램인 '콘텐츠 관리 시스템content moderation system'도 개발 중이었다. 이 시스템은 데이터 세트 2개로 훈련되고 있었는데, 하나는 온라인 포르노 사이트에서 추출한 수천 장의 외설 사진이었고, 다른 하나는 스톡 사진 서비스에서 구입한 수천 장의 일반 이미지였다.

클래리파이는 자사 시스템이 음란물과 건전한 이미지의 차이를 알아내 그 구분법을 학습하게 될 것이라고 예상했다. 그런데 일반 이미지는 백인의 사진이 주를 이루는 데 반해 외설 사진은 그렇지 않다는 것이 문제였다. 앞서 라지가 예상한 대로 시스템은 흑인을 외설적 존재로 학습했다. 라지는 "중요한 건 우리가 시스템 훈련에 사용하는 데이터예요. 아무 생각 없이 데이터를 골라선 안 돼요"라고 말했다.

차별주의를 학습한 인공지능

이 문제의 시작은 수년 전으로 거슬러 올라간다. 적어도 누군가 스톡 사진 서비스에서 클래리파이의 신경망 훈련에 사용될 이미지를 선택하기 시작한 순간으로 말이다. 모든 대중 매체는 같은 문제로 고민했다. 즉, 데이터가 지나치게 동질적이라는 것이다. 더욱이 인공지능 연구자가 자동화 시스템의 훈련에 그러한 데이터를 사용한다면 문제가 더욱 심각해질 수도 있었다.

이런 문제점을 라지는 분명히 간파할 수 있었으나 회사의 다른 직원들은 그러지 못했다. 훈련용 데이터를 선택하는 사람들, 즉 매트 제일러와 클래리파이의 개발자 대다수가 백인 남성이었다. 그들이 데이터의 편향성을 알아채지 못한 이유가 그 때문이었다. 구글의 고릴라 태그 사건이 터졌을 때 업계는 진작 이러한 문제를 자각했어야 했다. 하지만 그러지 못했다.

이 근원적 문제를 공론화한 사람은 또 다른 유색인 여성이었다. 스탠퍼드대학교 페이페이 리 밑에서 인공지능을 전공하는 팀닛 게브루Timnit Gebru는 미국으로 이주한 에리트레아인 부부의 딸로 에티오피아 태생이다.

어느 날 NIPS에서 첫 강연을 하기 위해 대강당으로 들어가 청중석을 꽉 채운 수백 명의 얼굴을 바라보다가 게브루는 문득 한 사실을 깨닫고는 깜짝 놀랐다. 청중석에 일부 동아시아인과 인도인이 앉아 있고 여성도 몇몇 보이기는 했지만, 백인 남성이 절대 다수를 차지했다. 그해 학회에는 5,500명 이상이 참석했다. 그중에 흑인은 6명에 불과했고 모두 게브루가 이미 아는 남성이었다.

그해 NIPS는 미국 혹은 캐나다에서 개최되지 않았다. 전 세계인을 대상으로 바르셀로나에서 개최된 행사였다. 데버러 라지가 클래리파이에서 포착한 문제는 학계와 업계를 불문하고 이미 널리 퍼져 있는 현상이었다.

팰로앨토로 돌아온 게브루는 자신이 목격한 사실을 남편에게 이야기하다 이 문제를 세상에 알려야겠다고 결심했다. 게브루는 바로 그날 밤, 노트북을 가지고 소파에 다리를 꼬고 앉아 페이스북에 이 난제에 관한 게시물을 게재했다.

나는 기계가 세상을 장악하게 될까 봐 걱정하지 않는다. 오히려 내가 걱정하는 것은 인공지능 분야에 만연한 집단적 사고와 편협함 그리고 오만함이다. 특히 이 분야 전공자에 대한 수요와 인기가 큰 지금 더더욱 그렇다. 그러한 사고방식은 이미 여러 문제를 일으키고 있기 때문에 지금 당장 고민해야 한다고 생각한다.

머신러닝은 이자율을 더 높여야 할 사람, 범죄를 저지를 것 '같은' 사람이라 처벌을 내려야 할 사람, 테러리스트 같은 사람 등을 알아내기 위해 사용되고 있다. 그런데 우리가 당연시하는 컴퓨터 비전 알고리즘 가운데 일부는 특정한 방식으로 보이는 사람들에게만 제대로 작동한다.

나는 우리가 미래에 일어날지도 모르는 대재앙을 예단할 필요는 없다고 생각한다. 인공지능은 세계 인구의 극소수, 그것도 특정 사람들을 위해서 작동하니까. 그리고 인공지능을 창조하는 사람들도 세계 인구 가운데 극히 일부일 뿐이다. 인공지능으로 인해 적극적으로 피해를 입는 이들 역시 특정된 일부 사람들이다. 알고리즘이 그들에게 불리하게 작용하는 탓도 있지만, 그 작동 방식이 자동화돼 있기 때문이기도 하다. 그들은 높은 임금을 받을 수 있는 분야에서 적극적으로 배제되기 때문에 결과적으로 노동 현장에서 그들을 찾아보기 어렵다.

나는 많은 사람이 다양성에 관한 고려를 자선 사업인 양 이야기하는 것을 자주 들어왔다. 또한 기업이나 심지어 일반 개인들조차 그것을 홍보 활동의 하나로 이용하는 경우도 자주 목격했다. 물론 말뿐인 홍보다. "우리는 다양성을 존중합니다"라는 말은 유행어처럼 사용될 뿐이다.

나는 인공지능을 하나의 시스템으로 봐야 한다고 생각한다. 그리고 그 기술을 창조하는 이들은 그 시스템의 커다란 일부다. 다수의 사람들이 기술의 창조 과정에서 적극적으로 배제된다면, 그것은 일부에만 혜택을 주고 대다수에는 해를 입히는 기술이 될 것이다.

이 간략한 성명문은 곧 일파만파로 퍼져나갔다. 몇 달 뒤 게브루는 블랙 인 AIBlack in AI라는 조직을 만들었다. 그리고 박사 학위를 마친 뒤 구글에 입사했다. 블랙 인 AI는 이듬해부터 매년 NIPS에서 자체적으로 학술모임을 개최했다. 그 무렵 NIPS는 더는 NIPS가 아니었다. NIPS라는 명칭이 여성에게 적대적인 환경 조성에 일조한다는 연구자들의 항의가 이어지자 조직위는 뉴립스NEURips로 명칭을 변경했다.[3]

인공지능 윤리를 위한 연대

게브루의 동료 연구자 중에 조이 부올람위니Joy Buolamwini라는 젊은 컴퓨터과학자가 있다. 최근 영국에서 로즈 장학생Rhodes Scholarship으로 학위를 마치고 케임브리지 MIT 대학원에 재학 중인 부올람위니는 학자 집안 출신이다. 부올람위니의 할아버지와 아버지 모두 의약화학을 전공했다.

아버지가 박사 과정을 밟고 있던 앨버타주 에드먼턴에서 출생한 부올람위니는 연구원이던 아버지를 따라 아프리카와 미국 남부 등지에서 성장했다. 부올람위니는 초등학생이던 1990년대 중반에 아버지의 연구소를 방문한 적이 있다. 그때 아버지는 부올람위니에게 신약 개발을 위해 신경망을 연구하고 있다고 말해줬지만 부올람위니는 아버지의 말을 당연히 이해할 수 없었다.

학부 시절에 로봇공학 및 컴퓨터 비전을 공부하고 나서 얼굴 인식 기술에 관심이 생기고, 나아가서 신경망을 남과는 매우 다른 방식으로 바라볼 수 있었다. 문헌에는 딥러닝 덕분에 얼굴 인식 기술이 성숙 단계에 접어들었다고 기록됐지만, 이 기술을 사용해 본 부올람위니는 그렇지 않다고 생각했다. 부올람위니는 그것을 주제로 학위 논문을 작성했다.

그는 "저에게는 얼굴 분석 기술만 중요한 게 아니었죠. 얼굴 분석 기술에 대한 평가도 중요했어요"라며 "어떻게 발전에 대해 단정할 수 있죠? 무엇이 발전을 의미하는지 결정하는 사람은 누구인가요? 제가 발견한 큰 문제점은 우리가 발전이라고 결정하기 위해 따르는 기준, 즉 표본이 잘못된 결론을 도출할 수 있다는 겁니다. 다양성이 충분히 고려되지 않은 표집으로 결정된 다수는 그 대표성에 심각한 결함이 있기 때문이죠"라고 설명했다.

그해 10월, 보스턴에서 한 친구가 "우리 마스크 하러 가자"라며 부올람위니와 다른 몇몇 친구를 저녁 약속에 초대했다. 사실 그 친구가 말한 '마스크'는 스파에서 하는 마스크 팩 관리를 가리킨 것이었는데, 부올람위니는 핼러윈 가면으로 착각하고 말았다. 그래서 약속한 날 아침 연구실로 가면서 흰색 플라스틱 재질의 핼러윈 가면을 챙겨갔다. 그리고 그 가면은 며칠이 지난 뒤에도 여전히 그녀의 책상 위에 놓여 있었다. 한 수업에서 진행 중인 프로젝트 때문에 가면 따위에 신경 쓸 여력이 없었던 탓이다.

부올람위니는 얼굴 검출 시스템이 자신의 얼굴을 추적하게 하려고 애쓰는 중이었다. 그러나 아무리 시도해도 제대로 작동하지를 않았다. 절망한 부올람위니는 무심코 책상에 놓여 있는 흰색 가면을 집어 들어 얼굴로 가져갔다. 그러자 가면을 제대로 착용하기도 전에 시스템이 부올람위니의 얼굴을 인식하기 시작했다. 아니 가면을 인식했다고 하는 게 맞을지도 모른다.

부올람위니는 정신과의 프란츠 파농Frantz Fanon이 1952년에 쓴 역사적 인종 차별 비평서《검은 피부, 하얀 가면Black Skin, White Masks》의 내용에 동의하며, "은유가 진실이 되고 말아요. 당신이 규범을 조정해야지, 규범이 당신은 아니에요"라고 말했다.

곧이어 부올람위니는 얼굴을 분석해 나이, 성별 등의 특성을 확인해주는 상용 서비스를 조사하기 시작했다. 그중에 마이크로소프트와 IBM의 서비스도 있었다. 구글과 페이스북이 스마트폰 앱에 얼굴 인식 기술을 도입했고, 마이크로소프트와 IBM은 클래이파이와 협력해 유사한 서비스를 기업 및 정부 기관에 제공했다.

부올람위니는 그들의 서비스가 피부색이 밝은 남성의 사진을 읽었을 때 성별을 잘못 판단할 확률이 고작 1퍼센트에 그친다는 사실을 발견했다. 그러나 피부색이 어두워질수록 오류율은 높아졌다. 그리고 피부색이 어두운 여성의 경우에는 오류율이 특히 높았다. 마이크로소프트의 오류율은 약 21퍼센트였고, IBM의 경우는 약 35퍼센트였다.[4]

2018년 겨울에 발표된 부올람위니의 논문은 사람들에게 얼굴 인식 기술에 대한 강한 반발심을 일으켰다. 특히 이 기술이 법 집행에 사용되는 것에 더욱 반발했다. 특정 집단에 속한 사람을 잠재적 범죄자로 잘못 판단할 수도 있다는 우려가 컸다.

일부 연구자는 정부가 이 기술을 적절히 통제하기 위한 규제를 마련해야 한다고 주장하기도 했다. 곧 대기업들도 들끓는 여론에 귀를 기울였다. 부올람위니의 MIT 연구 결과가 알려진 뒤 마이크로소프트의 최고법무책임자는 부당하게 인권을 침해할 우려가 있는 경우 법 집행기관에 자사 서비스를 판매하지 않았다고 밝히며, 정부 규제를 공개적으로 촉구하기도 했다.

2019년 2월, 마이크로소프트는 얼굴 인식 기술 사용 시 공개적으로 통지할 것, 그리고 정부 기관이 특정인을 찾고자 할 경우 법원 명령을 받아 수행할 것을 요구하는 워싱턴주 법안에 지지를 표했다. 다만 훨씬 강력한 보호 조치를 규정한 여타 법안에 대해서는 미온적 태도를 취했다. 그러나 적어도 태도가 달라지기 시작한 것만은 분명했다.

클래리파이에서 근무하던 시기에 인종 및 성 편향에 관한 연구를 접한 데버러 라지가 부올람위니에게 연락했고, 결국 라지가 MIT로 자리를 옮기면서 두 사람은 공동 연구를 진행했다.

우선 두 사람은 미국의 3위 기술 대기업인 아마존의 얼굴 인식 기술을 테스트하기 시작했다. 아마존은 이미 본업인 전자상거래를 뛰어넘어 클라우드 컴퓨팅의 선두주자이자 딥러닝의 강자가 돼 있었다. 최근 이 회사는 여러 정부 기관을 겨냥해 자사 얼굴 인식 기술을 아마존 레코그니션Amazon Rekognition이라는 명칭으로 시장에 내놓았는데, 그 초기 고객이 플로리다주 올랜도 경찰청과 오리건주 워싱턴 카운티 보안관실이라고 밝히기도 했다.[5] 그런데 얼마 뒤 부올람위니와 라지가 아마존의 얼굴 인식 서비스 역시 피부색이 어두운 여성의 성별 확인에 문제가 있음을 보여주는 새로운 연구 결과를 발표한 것이다.

그에 따르면, 아마존의 서비스가 여성을 남성으로 오판한 경우가 19퍼센트에 달했으며, 피부색이 어두운 여성을 남성으로 잘못 확인한 경우도 31퍼센트나 됐다. 반면 피부색이 밝은 남성은 오류율이 0이었다.

그러나 아마존의 대응은 마이크로소프트나 IBM과 달랐다. 얼굴 인식 기술에 대한 정부 규제를 촉구한 점은 같았으나 아마존은 라지와 부올람위니, 그리고 그들의 연구에 동조하는 대신 사적인 이메일을 보내고 블로그에 글을 게시하며 두 사람을 공격했다. 아마존의 중역 맷 우드Matt Wood는 블로그에 "서비스의 사용 방식과 모순되는 테스트를 수행해서 오해의 소지가 있는 잘못된 결론을 언론에 퍼뜨리는 행위는 새로운 기술에 대한 불안에 대처하는 좋은 방법이 아닙니다"라는 글을 남기며 두 사람의 연구와 그 연구를 다룬 〈뉴욕 타임스〉 기사를 반박했다.[6]

그러한 태도는 아마존을 이끈 뿌리 깊은 기업 철학의 소산이었다. 아마존은 외부의 목소리 때문에 자사의 신념과 자세가 흔들려서는 안 된다고 주장했다. 그러나 부올람위니와 라지의 연구를 묵살함으로써 아마존은 매우 현실적인 문제 또한 묵살한 셈이었다. 부올람위니는 "1조 달러 규모의 회사는 진실 따위에는 조금도 관심이 없다는 사실을 알게 됐죠. 자기 말이 곧 법이라고 하는 사람을 깡패라고 하죠"라고 말했다.

그 무렵 메그 미첼은 구글 내부에 '인공지능 윤리' 전담 부서를 만들었다. 마이크로소프트 리서치의 초기 딥러닝 연구팀의 일원이었던 미첼은 〈블룸버그 뉴스〉와의 인터뷰에서 자신이 지난 5년간 수백 명의 남성, 10여 명의 여성과 함께 연구해왔음을 밝히며 인공지능이 "사내들만 득시글거려" 곤란을 겪고 있다고 말해 다른 연구자들의 관심을 모은 바 있다.[7]

미첼은 "저는 성별이 우리가 묻는 질문 유형에 영향을 미친다고 절대적으로 확신해요. 스스로를 근시안적으로 만들 수도 있는 문제예요"라고 말하기도 했다.[8] 구글에 합류한 팀닛 게브루와 미첼은 편향성, 감시, 자율무기의 성장 등을 살펴보며 인공지능 기술 분야에서 확고한 윤리 체계를 정립하려는 회사의 노력에 힘을 보탰다.

또 다른 구글 직원으로 클라우드 컴퓨팅 부서에서 제품 관리를 맡고 있는 메러디스 휘태커Meredith Whittaker는 뉴욕대학교에서 어느 연구 조직의 설립을 도왔다. 그것은 구글, 페이스북, 마이크로소프트 등의 컨소시엄으로 인공지능 파트너십Partnership on AI이라고 불린다. 생명의 미래 연구소(MIT의 맥스 테그마크가 창설)나 인류 미래 연구소Future of Humanity Institute(옥스퍼드대학교의 닉 보스트롬이 창설) 같은 단체도 인공지능 윤리를 고민하기는 했지만, 그 단체들은 먼 미래의 실존적 위협에 집중했다. 이와 달리 새롭게 인공지능 윤리를 주창하는 이들은 당면한 문제에 초점을 맞췄다.

미첼과 게브루의 편향성 문제는 테크 산업 전반에 만연한 더 큰 문제의 일부에 불과했다. 이 분야에서 여성들은 직장 내 편견, 때로는 성희롱과 싸우면서 어떻게든 영향력을 발휘하려고 고군분투하고 있다. 특히 인공지능 분야에서는 이 문제가 더욱 두드러졌고, 잠재적으로 훨씬 위험하기도 하다. 그런 까닭에 여성 연구자들은 아마존에 보내는 공개 서한을 작성했다.

그들은 편지를 통해 맷 우드와 아마존이 부올람위니와 라지를 상대로 펼친 주장을 반박했다. 우선 아마존에 대응 방식을 재고할 것을 요구하며, 아마존이 정부 규제를 촉구한 것은 눈속임일 뿐이라고 주장했다. 공개 서한에는 "레코그니션이 시민의 자유를 침해하지 않는 방식으로 사용되도록 명령하는 어떠한 법률 혹은 규범조차 존재하지 않습니다. 우리는 아마존이 레코그니션을 법 집행기관에 판매하는 행위를 중단할 것을 촉구합니다"라고 적혀 있었다.

구글, 딥마인드, 마이크로소프트 및 학계에 몸담은 인공지능 연구자 25인이 이 공개 서한에 서명했는데, 요슈아 벤지오도 거기에 동참했다. 라지는 "우리 둘만이 그런 공룡 기업을 상대하고 있을 때는 정말 끔찍했어요. 그런데 다른 동료들이 우리의 연구를 함께 방어해준 뒤로는 마음이 편안해지더군요. 더는 저와 조이 대 아마존의 싸움이 아니라 몹시 고된 과학적 연구 대 아마존의 싸움처럼 느껴졌어요"라고 소감을 밝혔다.

16

무기화

인공지능 군납 논란

"다들 인공지능이 3차 세계대전을 유발할 거라는
일론 머스크의 주장을 들어봤을 겁니다."

미국 국방부의 메이븐 프로젝트

2017년 가을, 맨해튼 남부에 있는 클래리파이의 한쪽 구석에 창문이 모두 가려진, '비밀의 방'이란 팻말이 걸린 방이 있다.[1] 해리포터 시리즈 제2권의 제목인 그 문구가 약간 비뚤어진 것으로 보아 누군가 손으로 직접 쓴 모양이었다.

문 뒤에서는 개발자 8인이 회사의 나머지 직원들에게까지 보안을 유지하며 은밀한 프로젝트를 진행 중이었다. 심지어 자신들조차도 지금 하는 연구가 무엇인지 정확히 이해하는 것은 아니었다. 다만 그들이 아는 것은 사막 어딘가에서 촬영된 동영상에서 사람이나 차량 및 건물을 자동으로 식별하도록 시스템을 훈련하고 있다는 것뿐이었으며, 이 기술이 어떻게 사용될 예정인지는 몰랐다. 물론 이 기술의 목적을 물어보았지만, 최고경영자 매트 제일러는 '감시'와 관련된 정부 프로젝트로 '생명을 구하는' 일이라고만 대답했다.

나중에 클래리파이가 사무실을 확장 이전함에 따라 회사의 내부 컴퓨터 네트워크에 저장된 디지털 파일을 뒤지던 개발자들은 우연히 정부와의 계약 관련 문서를 발견하게 됐다. 그러자 그들이 한 연구가 서서히 윤곽을 드러내기 시작했다. 그들은 메이븐 프로젝트Project Maven의 일환으로 미국 국방부를 위한 기술을 개발한 것이다. 아마도 드론 공격을 위한 목표물을 식별하는 시스템을 개발한 듯했다. 그러나 자세한 사항은 여전히 불명확했다.

그 기술이 생명을 사살하는 데 사용될 것인지 아니면 제일러의 말대로 살상 회피에 도움이 될 것인지도 알아낼 수 없었다. 또한 자동 공습에 이용될 것인지 아니면 인간이 직접 방아쇠를 당기기 전 정보를 얻는 데 이용될 것인지도 불분명했다.

2017년 말의 어느 오후, 민간인 복장을 한 군인 3인이 클래리파이 사무실로 들어섰다.[2] 몇몇 개발자가 그들을 다른 사무실로 데리고 들어가더니 문을 닫았다. 군인들은 클래리파이가 개발한 시스템의 정확도가 어느 정도인지 알고 싶어 했다.

우선 그들은 시스템이 이슬람 사원 같은 특정 건물을 식별할 수 있는지 물었다. 그러면서 테러리스트나 반란 단체가 종종 이슬람 사원을 군사령부로 이용한다고 말했다. 다음으로 그들은 시스템이 남녀를 가려낼 수 있는지 물었다. "그건 왜 묻는 거죠?"

개발자 중 한 사람이 되물었다. 군인들은 야전에서는 보통 다리를 벌린 간격을 보고 바지를 입은 남자와 긴치마를 입은 여자를 구별한다고 대답했다. 그리고 자신들은 남자에게만 총을 쏠 수 있고 여자에게는 총을 겨눌 수 없다고 설명했다. 군인 중 한 사람이 "가끔 우리를 속이려고 남자가 치마를 입기도 하죠. 하지만 소용없어요. 그 자식들은 결국 우리 손에 다 죽게 돼 있어요"라고 말했다.

2017년 8월 11일 금요일, 미국 국방부 장관 제임스 매티스 James Mattis가 마운틴 뷰에 있는 구글 본사 내부 회의실 탁자 앞에 앉아 있었다. 탁자의 한가운데는 흰색 치자꽃으로 장식돼 있었고, 에메랄드그린색 벽에 걸린 선반 위에는 페이스트리가 담긴 접시 여러 개와 커피포트 4개가 놓여 있었다. 탁자 반대편에는 구글의 신임 CEO 순다르 피차이와 세르게이 브린, 최고법무책임자 켄트 워커, 그리고 구글의 인공지능 연구를 가속화할 목적으로 데이터센터에 4만 개의 GPU 보드를 도입한 장본인이자 인공지능 부문 책임자인 존 'J.G.' 지아난드레아가 앉아 있었다.

회의실 안에는 그 밖에도 국방부 직원들과 구글 클라우드 컴퓨팅 부서의 임원들을 비롯해 여러 사람이 있었다. 국방부 직원들은 대부분 양복에 넥타이를 매고 있는 반면 구글 직원들은 대체로 양복 차림이긴 했으나 넥타이를 매고 있지 않았다. 세르게이 브린은 흰 티셔츠를 입고 있었다.

매티스는 서부 해안을 따라 실리콘밸리와 시애틀의 빅테크 기업을 순방하면서 메이븐 프로젝트를 위한 선택지를 탐색 중이었다. 4개월 전 시작된 메이븐 프로젝트는 국방부의 '빅데이터 및 머신러닝' 사용을 가속화하려는 노력의 일환이었으며, 그 담당 조직은 알고리즘 전쟁 교차 기능팀Algorithmic Warfare Cross-Functional Team이라고 명명됐다.[3]

이 프로젝트의 성공은 이미 수년 전부터 딥러닝 시스템 구축에 필요한 전문가 및 인프라를 갖추려고 노력해온 구글 같은 기업의 지원에 달려 있었다. 국방부는 예전부터 새로운 기술을 구축하고자 민간 기업과 협력 관계를 맺어왔다. 그러나 이제는 그 역학 관계가 과거와는 달라졌다. 미국의 인공지능 분야 인재를 다룰 수 있는 구글 같은 기업은 전통적인 군사 계약자가 아니었다. 이제 막 군사 업무에 관심을 갖기 시작한 소비자 기술 기업이었다. 게다가 백악관에 있는 도널드 트럼프 때문에 이들 기업의 연구원들은 정부 프로젝트에 관여하는 것을 갈수록 꺼렸다.

직원들이 속마음을 털어놓거나 하고 싶은 일을 하도록, 그리고 직장에서도 보통 집에서 하듯이 행동하도록 허용하고, 심지어 권장하기까지 하는 독특한 기업 문화를 가진 구글은 그러한 갈등, 긴장에 특히 민감했다. 세르게이 브린과 래리 페이지는 구글의 초창기부터 그러한 문화를 고수해왔다. 두 사람 모두 인격 형성기에 자유로운 사고를 중시하는 몬테소리학교Montessori school에서 교육을 받았다.

메이븐 프로젝트를 둘러싼 갈등은 훨씬 심각해질 소지가 다분했다. 제프리 힌턴과 딥마인드의 창업자들은 물론이고 구글의 딥러닝 연구를 이끄는 과학자의 다수는 기본적으로 자율무기를 반대했다. 그런데 구글의 최고위 중역의 다수는 국방부와의 협업을 아주 간절히 원했다.

구글의 이사회 의장 에릭 슈미트는 오바마 행정부가 실리콘밸리로부터 펜타곤으로 신기술의 전파를 가속화할 목적으로 창설한 민간 조직인 국방혁신위원회Defense Innovation Board의 의장도 겸했다. 얼마 전 에릭 슈미트는 그 위원회에 참석해 실리콘밸리와 펜타곤 사이에는 '확실히 커다란 격차'가 존재한다며 그러한 격차 해소가 위원회의 주된 임무라고 설명했다.[4] 또한 슈미트는 군사 업무가 회사의 클라우드 사업에 도움이 될 것으로 생각했다.

구글은 이미 은밀히 국방부와 협력 관계를 맺고 있었다. 메이븐 프로젝트가 시작된 지 한 달이 지난 5월, 구글의 한 팀이 펜타곤에서 관료들과 만남을 가졌고, 다음 날 구글은 자사 컴퓨터 서버에 군사 데이터를 저장하는 데 필요한 정부 인증을 요청했다. 그런데 그로부터 3개월 뒤 구글 본사에서 회의를 하고 있는 매티스는 관계를 맺을 때는 어느 정도 굽힐 줄도 알아야 한다는 사실을 잘 아는 사람이었다.

매티스는 이미 전장에서 구글 기술의 우수함을 목격했다고 말했다. 게다가 미국의 적들도 박격포 표적을 식별하기 위해 위성사진을 결합한 양방향 디지털 세계 지도인 구글 어스Google Earth

를 사용했다. 그러나 매티스는 미국이 전장에서 우위를 차지해야 한다는 것에 중점을 두었다. 따라서 국방부는 메이븐 프로젝트를 통해 위성사진 판독은 물론이고 전장에 훨씬 가까이 접근할 수 있는 드론이 촬영한 동영상의 분석도 가능한 인공지능 개발을 원했다.

매티스는 "산업을 선도하는 기술"이라든가 "기업의 책임 측면에서의 명성" 등을 거론하며 구글을 칭찬했다. 그리고 그런 점이 자신이 구글에 손을 내민 이유라고 전했다. 또한 인공지능의 윤리적 문제를 걱정하다가 매티스는 구글이 국방부의 전통적 입장에 맞서 국방부가 "불편한 감정을 갖도록" 만들어야 한다면서 "국방부는 구글의 이상을 환영합니다"라고 말했다.

탁자 반대편에서 피차이가 구글은 인공지능 윤리 문제로 자주 고민하고 있다고 말했다. 그리고 이 기술을 악용하는 이들이 점차 늘어나고 있기 때문에 선의의 행위자가 더 앞서가는 것이 중요하다고도 했다. 그때 매티스가 구글이 시스템에 도덕적 혹은 윤리적 규칙을 인코딩할 수 있는지 물었다.

구글 측이 아는 바로는 그 방법은 현실적 선택과는 거리가 먼 것이었다. 구글에서 인공지능 연구를 이끄는 지아난드레아는 궁극적으로는 훈련 데이터의 질이 시스템에 가장 큰 영향을 미친다고 강조했다. 그러나 구글의 최고법무책임자 켄트 워커의 생각은 달랐다. 그는 인공지능 기술은 생명을 구할 수 있는 엄청난 잠재력이 있다고 말했다.

매티스가 구글 본사를 방문한 지 한 달여가 지난 9월 말, 구글은 메이븐 프로젝트에 참여하며 3년간 2,500만~3천만 달러 규모의 계약을 성사시켰다. 차후 18개월 동안 1,500만 달러가 먼저 지급될 예정이었다. 구글의 입장에서 보면 그리 큰 수익이 아닐뿐더러 해당 계약에 연관된 다른 행위자들과 나눠 가져야 했다.

그러나 구글이 노리는 것은 따로 있었다. 같은 달, 펜타곤은 제다이JEDI, Joint Enterprise Defense Infrastructure(합동 방어 인프라) 사업 입찰에 여러 미국 업체를 초대했다. 10년간 국방부에 핵심 기술 실행에 필요한 클라우드 컴퓨팅 서비스를 공급하는 100억 달러 규모의 사업이었다. 문제는 구글이 향후 정부와 제다이 혹은 여타 계약을 추진할 때 자사의 메이븐 프로젝트 참여를 공개할 것인지 여부였다.

매티스가 구글 본사를 다녀간 지 3주 뒤 생명의 미래 연구소는 유엔이 '살인 로봇'을 금지할 것을 촉구하는 공개 서한을 발표했다. 살인 로봇은 자율무기를 지칭한다.[5] 편지에는 "자율무기 개발로 용도 수정이 가능한 인공지능 및 로봇공학 기술을 구축하는 기업으로서 우리는 경종을 울려야 한다는 특별한 책임에 통감하고 있습니다. 치명적 자율무기가 제3의 전쟁 혁명이 될 위험에 처해 있습니다. 그러한 무기가 개발되면, 역사상 최대 규모의 무력 충돌이 발생할 수도 있습니다. 그것도 인간이 감히 상상도 하지 못할 만한 엄청난 속도전이 될 것입니다"라고 적혀 있었다.

인공지능 분야에서 100명 이상이 이 공개 서한에 서명했는데, 빈번하게 초지능의 위험을 경고하고 나섰던 일론 머스크는 물론이고 제프리 힌턴과 데미스 하사비스, 무스타파 술레이만도 서명에 동참했다. 술레이만은 인공지능 기술을 새로운 방식으로 관리해야 한다는 입장이었다. "장차 수십억 명의 사람들에게 영향을 끼칠 이런 결정은 누가 내리는 거죠? 그 판단 과정에 개입하는 사람은 또 누구일까요?"라는 의문을 제기하면서 술레이만은 "그러한 의사결정 과정에 관여할 사람을 선정할 때 다양성을 매우 중요시해야 합니다. 다시 말해, 초기 단계부터 정책 입안자나 시민 사회 운동가, 기술 사용자 등을 감독자로서 참여시켜 상품의 제작 및 알고리즘 이해 과정에 깊이 관여하게 조치할 필요가 있습니다"라고 말했다.

그해 9월에 구글이 메이븐 프로젝트 계약에 서명할 준비를 하는 동안 해당 계약 업무를 담당하는 영업부 직원들끼리 계약 소식을 공개할 것인지를 두고 이메일로 의견을 주고받았다. 한 직원의 이메일에는 "발표하나요? 대가에 대해서도 언급해도 될까요? 정부 측에는 뭐라고 합니까? 공개하지 않으면, 우리가 메시지를 통제할 수 없어요. 우리의 명성에 도움이 되지 않을 겁니다"라고 적혀 있었다. 결과적으로 그는 공개해야 한다는 입장이었으며, 다른 이들도 동의했다. 또 다른 직원은 "결국 알려질 겁니다. 그러니 우리 방식으로 공개하는 게 최선 아닐까요?"라고 말했다. 이에 대한 논의는 수일간 계속됐는데, 도중에 누군가 페이페이 리를 끌어들였다.

리는 계약 소식에 찬사를 보내면서 "우리가 곧 메이븐을 따낼 거라니 정말 짜릿하네요! 굉장한 성과입니다. 정말 수고하셨습니다! 고맙습니다!"라고 이메일을 보냈다. 그러나 그녀는 또한 "일반적 클라우드 기술이라는 시각에서는 GCP로 국방부와 협력 관계를 구축한다는 소식이 훌륭한 홍보 효과를 낼 것으로 보여요. 하지만 어떠한 경우에도 절대 인공지능을 언급하거나 암시해서는 안 돼요"라며 이 사실을 외부에 알리는 경우에는 세심한 주의를 기울일 것을 당부했다.

GCP는 구글 클라우드 플랫폼Google Cloud Platform을 말하는 것이었다. 일론 머스크가 불씨를 지핀 탓에 언론이 이 프로젝트의 윤리성에 의문을 제기할 것이라고 예상한 리의 이메일에는 다음과 같은 내용이 담겨 있었다.

인공지능의 무기화는 인공지능에 관한 가장 민감한 주제 중 하나일 것입니다. 어쩌면 가장 민감한 주제일 수도 있죠. 언론은 그 단어를 구글에 해를 입힐 수 있는 만능 키처럼 사용할 겁니다. 다들 인공지능이 3차 세계대전을 유발한다는 일론 머스크의 주장을 들어봤을 겁니다. 또한 다수의 언론이 인공지능 무기라든가 국제 경쟁, 인공지능을 둘러싼 잠재적·지정학적 갈등 등의 주제에 지대한 관심을 보이고 있고요.

이미 구글은 인공지능 및 데이터와 관련한 프라이버시 문제로 골치를 썼고 있습니다. 구글이 방산 무기에 이용될 수 있는 인공지능 기술이나 인공지능 무기를 개발한다는 소식이 언론에 흘러 들어가면 어떤 일이 벌어질지 모르겠네요. 구글 클라우드는 2017년에 모두를 위한 인공지능이라는 기치 아래 구축됐습니다. 그리고 다이앤Diane과 저는 기업을 위한 인도적 인공지능을 주제로 많은 대화를 나눠왔습니다. 저는 그러한 긍정적 이미지를 수호하고자 각별한 주의를 기울일 생각입니다.

구글은 메이븐 프로젝트 수주 소식을 발표하지 않았으며, 또한 국방부에도 발표를 자제해달라고 요청했다. 심지어 구글의 직원조차 일부러 알려고 노력하지 않는 한 그 소식을 알 수 없었다.

실리콘밸리의 중심부를 가로지르는 8차선 도로인 101번 고속도로 너머로 흐릿하게 보이는 행거 원Hangar One은 지구상에서 가장 큰 독립건물 중 하나다. 1930년대에 미국 해군 비행선의 격납고로 지어진 이 엄청난 크기의 철제 건물은 높이가 60미터에 육박하며, 면적은 약 3만 2천 제곱미터로 축구장 6개 크기를 넘는 규모다. 또한 마운틴 뷰와 서니베일Sunnyvale 사이에 있는 100년 역사의 공군 기지 모펫 필드Moffett Field의 일부이기도 하다.

모펫 비행장의 주인으로 행거 원 인근에서 연구소를 운영하는 나사NASA는 구글에 이 공군 기지의 대부분을 임대 중이다. 구글은 이 오래된 철제 격납고에서 언젠가 하늘에서 인터넷 연결을 가능케 할 풍선 연구에 매진하고 있다. 그리고 모펫 비행장은 이미 수년 전부터 래리 페이지와 세르게이 브린, 에릭 슈미트 등 경영진의 개인 제트기가 실리콘밸리를 드나들 때마다 전용 활주로로 사용됐다.

새로운 구글 클라우드의 본사는 모펫 비행장의 남쪽 끝에 있는 3개 동의 건물이었는데, 건물들에 둘러싸인 잔디 마당에는 직원들이 매일 오후 오찬을 같이 하는 테이블과 의자가 여기저기 놓여 있다. 건물 3개 동 중 하나에 구글이 어드밴스드 솔루션 랩Advanced Solutions Lab이라고 부르는 연구소가 있어 대형 고객을 상대로 맞춤형 기술을 탐구했다. 10월 17~18일 양일간 이 건물에서 회사의 간부들이 패트릭 섀너핸Patrick Shanahan 국방차관을 비롯해 수행 직원들과 만나 메이븐 프로젝트에서 구글이 담당할 역할에 대해 논의했다.

섀너핸을 포함해 국방부의 고위직 대부분은 그 프로젝트를 더 큰 계획을 향한 첫 단계로 생각했다. 논의 도중에 섀너핸이 "앞으로 국방부에서는 인공지능 기능이 내장돼 있지 않다면 현장에 투입하지 않을 생각입니다"라고 말했다. 계약 업무를 담당한 구글 직원들에게는 회사가 앞으로의 긴 여정에서 매우 중요한 역할을 하게 될 것이라는 말처럼 들렸다.

그러나 먼저 구글은 이른바 '에어 갭air gap' 시스템을 위한 소프트웨어를 개발해야 했다. 에어 갭 시스템은 다른 네트워크와 연결되지 않도록, 즉 말 그대로 물리적으로 분리한 컴퓨터(혹은 컴퓨터 네트워크)를 말한다. 그러한 시스템에 데이터를 입력하는 유일한 방법은 휴대용 저장 장치 따위의 물리적 장치를 사용하는 것이었다. 따라서 펜타곤이 해당 시스템에 드론 영상을 올린 뒤 구글이 그 데이터에 접근해 신경망에 그것을 입력하려면 별도의 방법이 필요했다. 이는 곧 구글이 그 시스템을 통제할 수 없다는 것은 물론이고 심지어 시스템이 어떻게 사용되는지에 대해서도 제대로 알 수 없다는 것을 의미했다.

11월에 구글은 개발자 9인에게 그 시스템에 필요한 소프트웨어를 개발하도록 지시했지만, 그들은 그 지시를 따르지 않았다. 소프트웨어의 용도를 깨달은 개발자들은 어떤 식으로든 연루되고 싶어 하지 않았다.

살인 로봇 반대 운동

해가 바뀌어 메이븐 프로젝트에 관한 소문이 회사 전체에 퍼졌다. 그러자 다른 직원들도 구글이 펜타곤의 드론 공격을 돕고 있다며 우려의 목소리를 내기 시작했다. 2월에는 앞서 9인의 개발자들이 내부 SNS 구글 플러스를 통해 전 직원에게 자신들의 이야기를 폭로했다. 같은 생각을 가진 직원들이 그들을 '9인의 조직Gang of Nine'이라고 칭하며 지지 의사를 표명했다.

같은 달 말에는 뉴욕대학교에서 인공지능 윤리 전문기관으로 유명한 인공지능나우 연구소AI NOW Institute를 설립한 클라우드 부서의 제품 관리자 메러디스 휘태커가 탄원서를 작성하려고 펜을 들었다. 피차이가 메이븐 프로젝트 계약을 철회할 것을 요구하는 휘태커의 탄원서에는 "구글은 전쟁 사업에 뛰어들어서는 안 됩니다"라고 적혀 있었다.[6]

다음 날 구글의 경영진은 타운 홀 미팅town hall meeting을 열고 직원들에게 메이븐 계약은 단지 900만 달러짜리 사업일 뿐이며 오직 '비공격적' 목적의 기술만을 개발하고 있다고 설명했다. 그러나 직원들의 불안감은 계속 커져갔다. 토론이 진행된 그날 밤에 추가로 500명의 직원이 휘태커의 탄원서에 서명했다. 이튿날에는 또다시 1천 명의 직원이 서명했다. 탄원서의 서명자 수가 3,100명을 넘어선 4월 초에는 〈뉴욕 타임스〉가 당시의 사태를 기사로 내보냈다.[7]

며칠 뒤 클라우드 부서의 책임자가 휘태커를 메이븐 계약에 관한 타운 홀 미팅의 패널로 초대했다. 휘태커와 메이븐을 찬성하는 다른 구글 직원 2인이 시간대에 맞춰 생중계될 수 있도록 세 차례에 걸쳐 열띤 토론을 벌였다.

런던에서는 딥마인드 전 직원의 절반 이상이 휘태커의 탄원서에 서명했다. 그러한 시위 사태에서 무스타파 술레이만의 활약이 특히 두드러졌다. 구글의 메이븐 프로젝트 계약은 술레이만의 신념에 반하는 것이었다. 술레이만은 구글 내부의 시위 사태를 유럽적 감성이 미국에도 전파됐음을 보여주는 증거이며, 또한 그러한 감성이 심지어 빅테크 기업의 사업 방침에까지 영향력을 미치고 있다고 생각했다.

유럽에서는 들끓는 여론으로 인해 기업으로 하여금 데이터 프라이버시를 존중하도록 강제하는 법인 일반데이터보호규칙GDPR, General Data Protection Regulation이 탄생했다. 이제 구글 내부의 들끓는 여론은 구글로 하여금 군사 업무에 관여하려는 방침을 재고하도록 촉구했다. 논란이 일고 나서 술레이만은 피차이와 워커에게 구글이 구축하는 것과 구축하지 않는 것을 공식적으로 밝히는 윤리 지침을 마련할 것을 권고했다.

5월 중순에는 한 독립 학자 단체가 래리 페이지와 순다르 피차이, 페이페이 리 및 구글의 클라우드 사업 부문 책임자에게 공개 서한을 보냈다.

> 정보기술을 배우고 가르치거나 개발하는 학생, 교수, 연구자로서 우리는 구글의 메이븐 프로젝트 참여를 반대하는 여타 기술 부문 종사자를 비롯해 약 3,100명의 구글 직원과 연대해 이 서한을 작성한다. (…) 우리는 구글이 국방부와 체결한 계약을 철회하고, 구글과 모기업인 알파벳이 군사 기술을 개발하지 않으며 수집한 개인 정보를 군사 목적으로 사용하지 않는다고 서약할 것을 요구하는 그들의 탄원을 전적으로 지지한다.[8]

요슈아 벤지오와 리의 스탠퍼드 동료들을 비롯해 1천 명 이상의 학자가 이 공개 서한에 서명했다.

리는 회사의 경영진과 학계의 동료들 사이에서 난감한 상황에 처했다. 리의 난처한 처지는 근래 충돌하고 있던 두 세계 사이의 줄다리기가 제법 심각하다는 사실을 보여주는 것이었다.

학자들이 수십 년에 걸쳐 연마해온 기술이 이제 세상에 막강한 영향력을 발휘하는 몇몇 공룡 기업의 근본적 돈벌이 수단이 됐다. 그 기술의 미래는 우선적으로 더 큰 수익을 거두는 방향으로 움직일 수밖에 없었다. 이제 문제의 심각성을 절감한 이들은 힌턴이 더 강하게 목소리를 내지 않는다며 불만을 표하기에 이르렀다.

구글의 토론토 사무실에서 근무한 적이 있는 전 스탠퍼드대학교 교수 잭 폴슨Jack Poulson은 "힌턴을 향한 존경심이 많이 사라졌습니다. 힌턴은 아무 말도 하지 않고 있잖아요"라고 불평하기도 했다. 그러나 힌턴은 막후에서, 즉 개인적으로 세르게이 브린에게 메이븐 계약 철회를 권유했다.

공개 서한이 발표된 이후 페이페이 리는 중국 온라인 게시판에서 살해 위협까지 받았다. 리는 주변 사람들에게 두려움을 토로했다. 또한 "저는 메이븐 계약에 참여하거나 또 그것을 수락하는 결정에 관여한 적이 없어요"라고 말하며 메이븐 프로젝트가 자기 업무가 아님을 주장하고 나섰다.

하지만 뒤이어 리는 일론 머스크와 3차 세계대전이 언급된 이메일의 작성자는 자신임을 인정하며 "영업 팀에 전한 제 경고는 틀리지 않았다고 생각합니다"라고 말했다. 5월 30일 자 〈뉴욕 타임스〉의 1면에는 리의 이메일이 불러일으킨 논란을 다룬 기사가 실렸고, 구글 내부 저항의 목소리는 점점 더 커져갔다.[9] 며칠 뒤 구글의 경영진은 직원들에게 계약을 갱신하지 않겠다고 약속했다.

구글의 최종 결정은 정부와의 계약에 대한 거센 반발이 낳은 여러 결과 중 하나일 뿐이었다. 클래리파이의 직원들 역시 회사의 메이븐 프로젝트 참여에 이의를 제기하고 나섰다. 한 개발자는 군 장교 3인이 회사를 다녀간 뒤 즉시 프로젝트에서 발을 뺐다. 그리고 이후 몇 주 내지 몇 달 지나지 않아 나머지 직원들도 회사를 떠났다.

마이크로소프트와 아마존에서도 군사적 감시 계약을 두고 직원들의 저항이 거셌다.[10] 그러나 그들의 저항은 그다지 성공적이지는 못했다. 그리고 심지어 구글에서도 들끓었던 여론은 다시 잠잠해졌다. 메러디스 휘태커, 잭 폴슨 등 메이븐에 반대한 인물 대부분이 회사를 떠난 것이다. 페이페이 리도 스탠퍼드대학교로 돌아갔다.

그리고 비록 계약을 철회하기는 했지만, 구글이 사업 추진 방향을 바꾼 것은 아니었다. 1년 뒤 섀너핸 장군과 나란히 워싱턴의 한 행사장 무대에 오른 켄트 워커는 메이븐 계약은 회사의 거시 목표와는 관계가 없다며 "사실 메이븐은 개별 계약에 초점을 맞춘 결정이었습니다. 따라서 국방부와의 협력에 대한 의지 혹은 이력의 증거라고 볼 수 없습니다"라고 주장했다.[11]

17

무력감

필터링과 검열 사이

"러시아에 우리 시스템을 부당하게 활용하는 사람들이 있습니다.
그러니 이게 바로 군비 경쟁이 아닐까요?"

'아임 소리' 슈트

마크 저커버그의 옷차림은 매일 똑같다. 늘 청바지에 비둘기색 면 티셔츠를 입는다. 그런 옷차림이 '공동체'를 경영하는 데 도움이 된다고 느꼈다. 저커버그는 페이스북을 회사나 SNS가 아니라 공동체로 부르는 것을 좋아했다. 언젠가 "이 공동체에 최대로 봉사하는 방법 외에는 다른 일에 결정을 내릴 일이 되도록 없게 제 삶을 아주 단순하게 만들고 싶어요"라며 "실제로 다수의 심리학 이론이 무엇을 입을지, 아침에 무엇을 먹을지 같은 사소한 결정이 사람을 은근히 피곤하게 만들고 에너지를 소비하게 한다고 설명하지요"라고 말한 적도 있다.[1]

그러나 2018년 4월 당시 답변을 위해 의회에 출석한 저커버그는 남색 양복에 페이스북을 상징하는 파란색 넥타이를 매고 있었다. 일명 '아임 소리I'm sorry' 슈트로 불리는 옷차림이었다.[2] 또한 이상하게 보일 만큼 바짝 깎은 앞머리 모양을 보고 마치 참회하는 수도사처럼 보인다고 평한 이도 있었다.[3]

한 달 전쯤 미국과 영국의 여러 신문이 영국의 스타트업 케임브리지 애널리티카Cambridge Analytica가 5천만 명이 넘는 페이스북 사용자의 개인 정보를 수집해 2016년 미국 대선 운동 기간에 트럼프 선거 캠프에 유리하게 활용했다고 보도했다.[4] 이 폭로 이후 이미 수 개월 전부터 비판받던 저커버그와 페이스북은 언론, 대중 활동가, 의회로부터 더 거센 비난을 받았다.

결국 국회의사당에 소환된 저커버그는 이틀 동안 10시간이나 질문 공세에 시달렸다. 100명에 가까운 의원이 과거 및 현재의 의혹과 관련해 600개가 넘는 질문을 저커버그에게 쏟아냈다. 케임브리지 애널리티카의 개인 정보 보호 위반, 러시아의 대선 개입, 가짜 뉴스, 미얀마나 스리랑카 같은 나라에서 폭력을 선동하려고 페이스북에 자주 퍼뜨린 혐오 발언 등에 관한 것이었다.[5]

매번 미안해하는 것처럼 보이지는 않았지만, 저커버그는 거듭 사과했다. 저커버그는 사적 장소든 공적 장소든 늘 로봇처럼 행동한다. 이상하게 눈을 자주 깜빡거리기도 하고, 마치 고장이라도 난 기계처럼 가끔씩 무의식적으로 목구멍에서 딸깍거리는 소리를 내기도 한다.

출석 첫째 날 상원 청문회 도중에 사우스다코타주 공화당 원로 상원의원 존 슌John Thune이 저커버그는 지난 14년 동안 저지른 터무니없는 실수들에 공개적으로 사과를 표명했지만 그의 사과가 과연 효과가 있었는지 의문을 표했다.[6]

저커버그는 이를 인정했지만, 페이스북이 이제 새로운 방식으로 운영돼야 한다는 것을 깨달았으며, 온라인상에서 정보를 공유하는 소프트웨어를 제공할 뿐 아니라 공유된 정보를 적극적으로 감시해야 할 필요가 있다고 대답했다.

그는 "저는 우리가 개인 정보 보호뿐 아니라 가짜 뉴스, 외국의 대선 개입 등 일련의 사태를 겪고 난 지금 사전 예방에 더욱 집중해야 하고, 책임감을 훨씬 폭넓게 가져야 할 필요가 있음을 배웠다고 생각합니다"라며 "단지 프로그램을 개발하는 것만으로는 충분하지 않다고 말입니다. 우리가 개발한 것이 좋은 일에 사용되도록 보장해줘야 한다고 생각합니다"라고 말했다.

슌은 저커버그가 사태의 심각성을 제대로 이해하고 있는 것은 반가운 일이라고 말했다. 그럼에도 페이스북이 상당히 어려운 이 문제를 어떻게 해결할 것인지 구체적으로 알고 싶어 했다. 슌이 거론한 사례는 혐오 발언 문제였다. 그것은 보기에는 간단했지만 실상은 그렇지 않았다. 언어적으로 국가마다 상이한 특성이 있어 정의하기 어렵거나 상당히 미묘한 경우도 있었다.

이에 대해 저커버그는 출석을 앞두고 직원들과 함께 준비한 자료를 제시하며 페이스북의 초창기 상황을 언급했다. 그는 2004년에 자신이 기숙사 방에서 페이스북을 시작했을 때는 SNS

로 누구나 무엇이든 공유할 수 있었다고 말했다. 당시 누군가가 공유된 게시물이 부적절하다고 신고하면 페이스북 직원들이 검토한 후 삭제 여부를 결정했다.

저커버그는 수십 년이 지나는 동안 그러한 작업이 기하급수적으로 늘어났음을 고백했다. 20억 명 이상이 정보를 주고받는 SNS에 2만 명이 넘는 계약직 직원이 매달려 신고된 게시물을 검토하고 있다는 것이다. 그러나 저커버그는 인공지능이 가능성의 한계에 변화를 일으키고 있다고 말했다.

이안 굿펠로 같은 연구자는 딥러닝이 가짜 뉴스 문제를 심화할 수 있다고 보는 반면 저커버그는 오히려 해결책으로 보았다. 그는 슌 상원의원에게 인공지능 시스템이 이미 완벽에 가까울 정도로 정확하게 테러리스트의 선전을 골라내고 있다며 "오늘, 지금 이 순간에도, 우리는 페이스북에서 ISIS나 알카에다Al Qaeda 관련 게시물의 99퍼센트를 삭제하고 있는데, 모두 인공지능 시스템이 신고한 것입니다. 단 한 명의 사용자도 그 선전을 볼 수 없도록 빠른 속도로요"라고 설명했다.

다만 혐오 발언 등 다른 유형의 유해 게시물이 식별이 더 어렵다는 사실은 인정했다. 그러나 저커버그는 인공지능이 문제를 해결할 수 있다고 자신했다. 향후 5년 내지 10년 안에 인공지능이 미묘한 혐오 발언까지 인식할 것이라고 주장했다. 인간조차 무엇이 혐오 발언인지 아닌지에 대해서 항상 완벽하게 판단할 수 없다는 점은 언급하지 않았다.

페이스북 가짜 뉴스 챌린지

2년 전인 2016년 여름, 알파고가 이세돌에게 승리한 직후이자 도널드 트럼프가 힐러리 클린턴을 이기기 직전 저커버그는 멘로파크에 있는 회사 캠퍼스 내 새로운 중심인 빌딩 20의 회의실 탁자 앞에 앉아 있었다.

프랭크 게리Frank Gehry가 설계한 빌딩 20은 철제 기둥이 떠받치는 길다란 형태의 건물이며, 면적이 4만 제곱미터 정도로 축구장 7개 크기에 맞먹는다. 약 3만 6천 제곱미터 크기의 옥상에 직원들이 언제든 앉아 쉬거나 산책할 수 있도록 잔디와 나무를 심고 자갈길도 조성해 페이스북의 센트럴파크라고 해도 손색이 없었다. 약 2,800명의 직원이 근무하는 빌딩 20은 책상과 의자, 노트북이 즐비하게 널려 있는 하나의 커다란 개방 공간이다. 어떤 자리에서는 건물의 한쪽 끝과 반대쪽 끝이 한눈에 다 들어오기도 한다.

저커버그는 회사의 상반기 실적 보고를 받고 있었다. 각 부서의 책임자가 저커버그가 있는 회의실로 들어와 그해 상반기 실적을 논의하고 방을 나가는 식으로 진행됐다. 그날 오후에는 회사의 인공지능 연구를 이끄는 그룹이 최고기술책임자 마이크 슈레퍼와 함께 들어왔다. 그리고 얀 르쾽이 이미지 인식, 번역 및 자연어 이해 관련 연구 내용을 상세히 설명했다.

저커버그는 듣기만 하고 아무런 말도 하지 않았다. 슈레퍼도 마찬가지였다. 발표가 끝나고 연구 그룹이 자리를 뜨자 슈레퍼가 전혀 의미 없는 내용이라며 르쿵에게 언성을 높였다. 그는 르쿵에게 "우린 페이스북이 다른 기업보다 더 잘한다는 것을 보일 만한 뭔가가 필요합니다"라며 "당신이 어떤 식으로 일하든 상관없어요. 우린 그저 경쟁에서 이기기만 하면 됩니다. 우리가 반드시 승리할 수 있는 경쟁을 시작하세요"라고 덧붙였다.

"비디오죠. 비디오라면 이길 수 있습니다." 서 있던 동료 하나가 어깨 너머로 말했다.

슈레퍼는 "들었죠? 이제 아실 겁니다"라며 르쿵을 질타했다.

저커버그는 세상에서 페이스북이 혁신기업으로 인정받길 바랐다. 만약 구글의 경쟁상대로 인식된다면 회사가 인재를 영업하는 일이 더 수월해질 수 있다. 또한 실리콘밸리를 겨냥한 반독점 규제 강화가 회사를 산산조각 내지 않도록 방어하는 데 도움이 될 것이다. 페이스북 내부의 많은 사람이 그렇게 믿었다. 즉, 그들은 페이스북이 단순한 소셜 네트워크 기업이 아니라 사람들 사이의 연결을 넘어서, 즉 인류의 미래를 위해 필수적인 신기술을 구축하는 기업이라는 것을 규제 기관에 보여줄 생각이었다.

페이스북 인공지능 연구소는 최고의 홍보 수단이었다. 슈레퍼가 수많은 기자들 앞에서 페이스북이 바둑을 정복할 수 있는 인공지능을 구축하고 있으며, 곧 그 기술이 업계를 주도하게 될 것이라 발표한 것도 바로 그 때문이었다. 저커버그와 르쿵이 몇 주 뒤 있을 딥마인드의 획기적 바둑 이벤트보다 먼저 이 프로젝트를 성공시키려 노력한 이유이기도 했다.

그러나 페이스북 연구소 책임자인 르쾽은 무모하게 도전하는 사람이 아니었다. 그는 데미스 하사비스나 일론 머스크와는 달랐다. 수십 년 동안 이 분야를 연구해온 르쾽은 인공지능 연구가 훨씬 장기간의 노력이 필요한 작업으로 보았다.

나중에 알려졌지만, 슈레퍼가 기자들 앞에서 밝힌 페이스북의 원대한 구상은 회사의 미래를 좌우할 매우 중요한 계획이었다. 그러나 미래는 그가 상상한 것만큼 밝지 않았고, 그 구상도 생각만큼 뛰어나지 않았다. 또한 슈레퍼가 전혀 예측하지 못한 방식으로 회사에 영향을 미쳤다.

그는 뉴욕 및 실리콘밸리에 있는 페이스북 인공지능 연구소에 우수한 연구원 수십 명을 채용하는 일을 완수한 뒤 또다시 새로운 조직을 만들었다. 이 조직은 응용 머신러닝팀Applied Machine Learning Team으로 연구소의 기술을 실현하는 일을 담당했다. 우선 이 조직은 세계에서 가장 큰 소셜 네트워크인 페이스북에서 얼굴 인식, 언어 번역 및 자동 이미지 자막 생성 등의 기술을 구현했다.

그러나 이후 응용 머신러닝팀의 역할에 변화가 생기기 시작했다. 2015년 말, 파리 및 인근 지역에서 이슬람 무장단체의 연쇄 공격으로 130명이 사망하고 400여 명이 다치는 사건이 벌어지자 마크 저커버그는 응용 머신러닝팀에 이메일을 보내 페이스북이 테러리즘과 싸울 방법을 모색하라고 요청했다.

이후 수 개월 동안 응용 머신러닝팀은 페이스북 정책에 어긋난 테러 조직 관련 게시물을 수천 장 이상 분석하고 자동으로 테러 선전을 신고할 수 있는 시스템을 개발했다. 신고가 되면 페이스북의 계약직 직원들이 해당 게시물을 검토해 최종 삭제 여부를 결정했다.

저커버그가 상원의원에게 페이스북의 인공지능이 자동으로 ISIS나 알카에다의 선전을 식별할 수 있다고 답변하면서 바로 이 기술을 언급한 것이었다. 그러나 많은 이들은 이 기술이 과연 얼마나 정교할지, 그리고 미묘한 발언까지도 골라낼 수 있을지 의문을 품었다.

저커버그가 페이스북의 가짜 뉴스 전파와 관련 의혹을 여전히 부인하던 2016년 11월, 딘 포멀루가 도전을 해왔다. 포멀루는 30년 전 카네기멜론에서 신경망을 활용해 자율주행차를 개발했는데 트위터에서 진짜 뉴스와 가짜 뉴스를 구별할 수 있는 자동화 시스템을 개발하는 연구자는 없을 거라는 데 1천 달러를 걸고 '가짜 뉴스 챌린지Fake News Challenge'를 시작했다.[7] 그는 자신의 트위터에 "나는 인터넷에서 진짜 주장과 가짜 주장을 구별할 수 있는 자동화 알고리즘을 개발할 수 없다는 데 20대 1의 배당률(지원자당 최대 200달러, 총 1천 달러)을 제시합니다"라는 글을 남겼다.

포멀루는 현재의 기술로는 그 일이 불가능하다는 사실을 알았다. 가짜 뉴스 판별에는 매우 미묘한 수준이지만 인간의 판단이 필요하기 때문이다. 가짜 뉴스를 확실하게 가려낼 수 있는 인공지능 기술은 지금보다 훨씬 획기적 발전이 이뤄진 뒤에나 가능할 터였다.

포멀루는 "그때가 되면 인공지능이 인간의 지능 수준에 도달했다고 볼 수 있겠죠"라고 말했다.[8] 그는 사람마다 가짜 뉴스에 대한 판단이 다르다는 점도 알았다. 진짜와 가짜의 구분은 견해차의 문제였다. 인간이 어떤 것이 가짜 뉴스이고 어떤 것이 가짜 뉴스가 아닌지 판단하는 데 합의할 수 없다면 어떻게 기계에 그 일을 하라고 훈련할 수 있을까? 그리고 뉴스는 본질적으로 객관적 관찰과 주관적 판단이 충돌하는 영역이라고 할 수 있다. 포멀루는 "정답이 없는 경우가 많죠"라고 대답했다. 초기에 포멀루의 도전에 대한 반응은 뜨거웠다. 그러나 그 뒤로 아무 일도 일어나지 않았다.

포멀루가 챌린지를 시작하고 하루 뒤, 문제가 있다는 사실을 여전히 인정하지 않던 페이스북은 멘로파크의 본사로 기자들을 초청해 원탁회의를 개최했다.[9] 한 기자가 그 자리에 참석한 얀 르쿵에게 인공지능이 소셜 네트워크에서 매우 빠르게 확산되는 가짜 뉴스나 유해 콘텐츠, 폭력성이 큰 실시간 동영상을 찾아낼 수 있는지 질문했다.

두 달 전 방콕에서 한 남자가 목을 매 자살하는 장면을 페이스북으로 생중계한 일이 있었다. 르쿵은 윤리적 난제를 설명하며 대응했다. "필터링과 검열 사이의 절충점은 무엇일까요? 체험의 자유와 기본적 행동 규범 사이의 절충점은 뭐죠?"라고 되물은 르퀑은 "기술은 현존재하는 것 아니면 앞으로 개발될 수 있는 것 둘 중 하나입니다. 그런데 그 질문은 기술을 사용하는 것이 말이 되냐고 묻는 거잖아요? 그건 제 담당이 아닙니다"라고 답했다.

외부에서 압박이 심해지면서 슈레퍼는 음란물부터 가짜 계정까지 페이스북 내 유해 활동을 척결하기 위한 노력의 일환으로 응용 머신러닝팀의 역할에 변화를 주기 시작했다. 2017년 중반 무렵에는 사용자가 원치 않는 콘텐츠를 탐지하는 일이 응용 머신러닝팀의 주요 업무가 돼 있었다. 슈레퍼는 그 업무를 '명백한 최우선 업무'라고 불렀다. 같은 시기에 페이스북은 콘텐츠를 검토할 계약직 직원을 계속 채용했다. 인공지능만으로는 충분하지 않았던 것이다.

따라서 저커버그는 케임브리지 애널리티카의 개인 정보 유출 사태 때문에 의회에 출석해 증언하면서 페이스북의 감시 시스템이 여전히 인간의 힘이 필요하다고 인정했다.[10] 감시 시스템이 나체 사진이나 테러 선전 같은 특정 유형의 이미지 및 게시글을 신고할 수는 있었으나 신고된 콘텐츠를 검토하고 삭제 여부를 결정하는 데는 인간 관리자가 개입해야 했다. 즉, 여전히 엄청난 수의 계약직 직원이 해외에서 그 작업을 수행하고 있었다.

자동 필터링의 한계

인공지능 시스템은 매우 특수한 상황에서 정확하게 작동하기도 했지만, 여전히 인간의 판단과는 달리 유연성이 부족했다. 가령 외설적 포즈의 여성 사진과 아기에게 수유하는 여성 사진을 제대로 구별하지 못했다. 또한 정적인 상황에서 작동하지 않는 것도 취약점이었다. 다시 말해, 페이스북이 점점 더 다양한 형태의 유해 콘텐츠를 식별할 수 있는 시스템을 개발한다고 해도 이 시스템에 식별 훈련을 해주지 않은 새로운 자료가 페이스북에 계속 올라올 것이다.

캘리포니아주의 민주당 상원의원 다이앤 파인스타인Dianne Feinstein이 외국 배우의 미국 선거 개입을 어떻게 막을 것인지 계획을 물었을 때, 저커버그는 다시 한번 인공지능을 거론했다. 그러나 상황의 복잡성은 인정했다. 저커버그는 "우리는 선거에 개입하려 하거나 오보를 퍼뜨리는 가짜 계정을 더 잘 식별하는 새로운 인공지능 시스템을 계속 개발하고 있습니다. 그렇지만 러시아에 우리 시스템을 부당하게 활용하는 것을 업으로 삼는 사람들이 있고 그것이 바로 공격이 일어나는 원인임을 의원님도 잘 아실 겁니다. 그러니 이게 바로 군비 경쟁이 아닐까요?"라고 말했다.

저커버그가 국회 의사당 청문회에서 증언한 지 1년이 지난 2019년 3월, 한 총격범이 뉴질랜드 크라이스트처치Christchurch의 이슬람 사원 2곳에서 페이스북으로 생중계하면서 51명을 살해한 사건이 벌어졌다. 페이스북이 그 동영상을 삭제할 때까지 1시간이 걸렸고, 그사이 동영상은 인터넷상에서 퍼져나갔다.

며칠 뒤, 마이크 슈레퍼는 인공지능을 활용해 사용자가 원치 않는 콘텐츠를 식별하고 삭제하는 작업을 논의하기 위해 기자 2명을 페이스북 본사로 초대했다.[11] 슈레퍼는 30분 동안 화이트보드에 컬러 마커펜으로 도표를 그리며 회사가 어떻게 마리화나나 엑스터시 광고를 자동으로 식별하는지 설명했다. 그 뒤 크라이스트처치에서 발생한 충격 사건에 대해 기자의 질문이 이어졌다.

슈레퍼는 60초 가까이 말을 꺼내지 못하다가 이내 눈물을 글썽이며 "현재 그 문제와 관련해 방법을 찾는 중입니다. 내일 당장 수습될 수는 없어요. 하지만 그 문제와 관련된 이야기는 앞으로 6개월 동안은 다시 하고 싶지 않네요. 우린 앞으로 그런 콘텐츠를 훨씬 잘 골라낼 수 있을 겁니다"라고 대답했다.

인터뷰가 몇 차례 더 진행되는 동안 슈레퍼는 페이스북이 하는 일의 규모와 난도, 그에 따른 책임감을 토로하며 여러 번 눈물을 글썽거렸다. 그러면서도 그는 줄곧 인공지능이 해답이라고 주장했다. 즉, 시간이 갈수록 인공지능이 회사의 업무를 줄이고 결국 끝도 없이 반복되는 작업을 관리할 수 있는 환경으로 바꿀 것이하는 의견이었다.

그러나 기자들이 압박 질문을 하자 결국 문제점이 완전히 제거되지는 않을 거라고 시인했다. 슈레퍼는 "이 싸움의 끝에 최종적으로 도달하는 단계가 있겠죠"라면서도 "그렇다고 해도 그 단계라는 게 '모든 문제가 다 해결'돼 우리가 짐을 싸서 집에 돌아가는 상황은 아닐 겁니다"라고 말했다.

그런 날이 올 때까지 인공지능을 구축하는 일은 엄청난 인간적 노력이 필요했다. 크라이스트처치 사건 동영상이 페이스북에 등장했을 당시 회사의 시스템은 그것을 신고하지 못했다. 해당 동영상이 당시 시스템에서 식별하도록 훈련한 것들과 전혀 비슷해 보이지 않았기 때문이다. 그것은 마치 일인칭 시점의 컴퓨터 게임 영상처럼 보였다.

페이스북은 사람을 공격하는 개 혹은 고양이를 걷어차는 사람, 야구 방망이로 타인을 때리는 사람 등의 이미지를 사용해 시스템이 자사 사이트에서 폭력 영상을 찾아내도록 훈련했다. 그런데 뉴질랜드의 동영상은 지금까지 훈련한 것과 달랐다. 슈레퍼는 "우리가 훈련에 사용한 것들과 그 영상이 거의 비슷하지 않아요"라고 말했다. 팀 동료들과 마찬가지로 그도 시스템이 어떻게 자동으로 그것들을 식별하게 할 수 있을지 파악하려고 그 끔찍한 동영상을 수도 없이 돌려보았다. 그러다가 그는 결국 "안 보는 게 나았을 텐데"라는 말을 덧붙였다.

마리화나 광고가 페이스북에 등장했을 때, 슈레퍼 팀은 그것들을 찾아내는 시스템을 개발했다. 이후 새로운 유해 활동이 등장했을 때도 그 콘텐츠를 식별하는 새로운 시스템을 개발했다. 이 과정이 반복됐다. 그러는 과정에서 연구원들은 스스로 오보를 생성할 수 있는 시스템을 개발했다. 이미지 생성을 위한 여타 기술 및 GANs가 있었고, 딥마인드가 개발한 웨이브넷WaveNet도 있었다. 이 시스템은 실제 음성 같은 목소리를 생성할 수 있었는데, 심지어 도널드 트럼프나 낸시 펠로시Nancy Pelosi 같은 유명인의 음성을 복제하는 데 유용하게 사용됐다.

이제 이 문제는 인공지능 대 인공지능의 대결로 진화했다. 또 다른 선거를 앞두고 슈레퍼는 업계와 학계 전반의 연구자들을 대상으로 딥페이크, 즉 다른 인공지능 시스템이 생성한 가짜 이미지를 식별할 수 있는 인공지능 시스템을 구축할 목적으로 대회를 개최했다. 사람들의 관심은 '과연 어느 쪽이 승리할 것인가?'에 있었다. 이안 굿펠로와 같은 연구자에게 그 답은 어렵지 않았다. 그는 오보를 생성하는 쪽이 승리할 것이라고 판단했다. 결국 GANs는 모든 탐지자를 속일 수 있는 생성자를 개발하려고 설계된 것이기 때문이다. 승자가 정해져 있어 게임 결과는 보나마나 뻔했다.

페이스북이 대회 개최를 발표하고 몇 주 뒤, 또다시 한 기자가 얀 르쿵에게 인공지능이 가짜 뉴스를 막을 수 있다고 생각하는지 물었다. "뉴스의 진실성에 접근할 수 있는 기술을 인간이 개발할 수 있을지 잘 모르겠네요. 특히 정치 문제에서 진실성은 사람마다 전혀 다르죠"라고 대답한 르쿵은 누군가 가짜 뉴스 문제를 합리적으로 해결하는 기계를 개발한다 할지라도 다수의 사람들은 그 개발자가 편향적이라고 주장하거나 그 기계의 훈련에 사용된 데이터가 편향적이라고 불평하며 그 기계를 인정하지 않을 것이라고 덧붙였다. 그리고 그는 "설령 그 기술이 있어도 실생활에 적용하는 것은 좋은 생각이 아닐 수도 있어요"라는 의견을 밝혔다.

IV

인공지능은 무엇이 되려 하는가

THE GENIUS MAKERS

18

토론

다른 의견

"아무리 긴 시간 동안 급속한 발전이 지속된다고 해도
개리는 여전히 곧 끝날 거라고 주장할 겁니다."

신경망, 인간과 대화하다

구글 연례 행사의 핵심은 I/O회의다. 오래전부터 사용해온 컴퓨터 용어인 입력/출력Input/Output의 머리글자를 딴 것이다. 매년 5월이면 실리콘밸리 종사자는 물론이고 테크 산업 관련자 수천 명이 이 축제에 참여하려고 마운틴 뷰 순례에 나선다. 그들은 구글의 최신 제품 및 서비스를 접하며 3일을 보낸다. I/O의 기조연설은 2만 2천 석 규모의 콘서트장인 쇼라인 앰피시어터Shoreline Amphitheater에서 진행되는데, 원형극장의 서커스 텐트모양을 한 첨탑이 구글 본사 건너편 풀이 무성한 언덕 너머로 우뚝 솟아 있다. 지난 수십 년 동안 그레이트풀 데드Grateful Dead, U2, 백스트리트 보이즈Backstreet Boys 등이 그 극장에서 공연했다. 그리고 이제 순다르 피차이가 무대에 올라 소프트웨어 개발자 수천 명을 앞에 두고 점차 다각화되는 자사의 기술에 관해 이야기했다.

2018년 봄에 개최된 I/O회의의 첫째 날, 진녹색 플리스 집업 재킷 안에 밝은 흰색 티셔츠를 받쳐 입은 피차이는 수많은 군중 앞에서 구글의 음성 인식 디지털 비서가 스스로 전화를 걸 수 있다고 설명했다.[1]

토론토대학교에서 제프리 힌턴이 제자들과 함께 개척한 방법을 적용해 구글 어시스턴트는 인간과 유사한 음성 인식 능력을 보유하게 됐다. 그리고 딥마인드에서 개발된 음성 생성 기술 웨이브넷 덕택에 더 인간이 말하는 것처럼 '들렸다'. 그에 더해 쇼라인 극장의 무대 위에서 피차이는 또 하나의 세련된 기술을 선보였다. 즉, 구글 어시스턴트가 이제 식당에 전화를 걸어 예약을 할 수 있다고 밝힌 것이다. 그것도 구글의 컴퓨터 네트워크를 통해 전면에 나서지 않고 말이다.

사용자가 쓰레기를 버리거나 잔디에 물을 주는 등 완전히 다른 일을 하는 동안 어시스턴트가 구글 데이터센터에서 사용자가 원하는 식당을 찾아 자동으로 전화를 건다는 것이다. 피차이는 익명의 식당에서 전화를 받은 한 여성 직원과 구글 어시스턴트 간에 오간 통화 녹음을 재생했다.

"예, 무엇을 도와드릴까요?" 중국식 억양이 강한 여성이 전화를 받았다.

"여보세요, 7일 수요일 자로 예약하고 싶습니다." 구글 어시스턴트가 말했다.

"7인이요?" 여성이 물었다. 청중석에서 킥킥거리는 소리가 들렸다.

"아, 4인입니다." 구글 어시스턴트가 다시 대답했다.

"4인이요. 언제죠? 오늘인가요? 아니면 내일인가요?" 여성이 다시 물었다. 그러자 웃음 소리가 더 커졌다.

"음, 다음 주 수요일 오후 6시입니다."

"저희는 5인 이상부터 예약을 받아요. 4인까지는 그냥 오시면 됩니다."

"보통 자리 배정까지 대기 시간이 얼마나 되나요?"

"언제요? 내일요? 아니면 주말 말인가요?"

"다음 주 수요일이요, 7일."

"아, 아니요, 그렇게 분주한 날은 아니에요. 4인까지는 그냥 오시면 됩니다, 아시겠죠?"

"예, 알겠습니다. 고맙습니다."

"예. 그럼, 끊겠습니다." 여성이 말했다. 청중석에서 환호성이 터졌다.

피차이는 듀플렉스Duplex라는 이 신기술이 음성 인식, 음성 생성, 자연어 이해 등의 광범위한 인공지능 기술이 수년에 걸쳐 발전을 거듭한 결과로서 단지 음성의 인식 및 생성에 그치지 않고 언어의 사용 방식을 진정으로 이해하는 능력이라고 설명했다.

피차이의 듀플렉스 시연은 청중에게 가히 충격적이라고 할 만큼 강한 인상을 남겼다. 두 번째 통화 녹음에서는 시스템이 지역 미용실에 전화를 걸어 예약을 잡았다. "잠시만 기다려 주세요"라는 스파 여직원의 말에 듀플렉스가 "아, 음, 예"라고 응답했을 때는 박수갈채가 터져 나왔다.

듀플렉스는 응답할 때 정확한 단어 구사는 물론이고 감탄사가 섞인 인간의 음성도 사용할 수 있었다. 이후 며칠 동안 구글 듀플렉스는 너무 강력해서 비윤리적이라고 비난하는 전문가들의 목소리가 줄을 이었다. 인간이 말하는 것으로 여기게 사람들을 적극적으로 속이는 기술이라고 말이다. 구글은 말하는 주체가 봇임을 항상 알리도록 시스템에 수정을 가하겠다고 약속했다.[2] 그리고 곧 미국 각지에 해당 시스템을 배포했다.[3] 그러나 개리 마커스Gary Marcus에게 그 기술은 보기와 달리 대단한 것이 아니었다.

쇼라인 앰피시어터에서 피차이의 시연이 있은 지 며칠 뒤 뉴욕대학교 심리학 교수 개리 마커스는 구글 듀플렉스에 대한 흥분을 가라앉힐 목적으로 〈뉴욕 타임스〉에 사설 한 편을 기고했다. 거기에는 "그 시연이 적법하다는 가정하에 그것은 (다소 소름끼치기는 하나) 인상적인 성과라고 할 수 있다. 그러나 구글 듀플렉스는 대다수가 생각하는 것처럼 그리 의미 있는 인공지능을 향한 진전이 아니다"라고 적혀 있었다.[4]

마커스는 이 시스템이 식당이나 미용실 예약 등 아주 제한적인 범위에서 운용된다는 점을 간과해서는 안 된다고 지적했다. 구글이 해당 시스템의 운용 범위를 좁게 유지함으로써, 즉 대화

도중에 나올 수 있는 응답을 제한함으로써 기계를 인간이라고 믿게끔 사람들을 속일 수 있었다는 것이다. 듀플렉스의 그러한 한계를 고려하면 그리 대단한 시스템이 아니라는 것이다.

계속해서 마커스는 사설에 "미용실 예약이라고? 인공지능이라는 꿈은 그보다 더 원대해야 한다. 가령 의학 분야에 대변혁을 가져온다든가 신뢰할 만한 가정용 로봇 도우미를 생산하는 일처럼 말이다. 구글 듀플렉스가 그러한 원대한 목표를 향한 작지만 중요한 첫걸음이어서 운용 범위가 마냥 좁다고 볼 수는 없다. 아직 인공지능 분야가 그보다 더 잘할 수 있는 법을 전혀 모른다고 봐야 한다"라고 비판했다.

딥러닝 시대의 마빈 민스키

개리 마커스는 교육보다 천성이 중요하다고 믿는 철학자 계보에 속했다. 선천주의자로 불리는 그들은 인간의 전체 지식 가운데 상당 부분이 경험으로 체득된 것이 아닌 뇌와 연관된 것이라고 주장한다. 플라톤에서 칸트를 거쳐 놈 촘스키, 스티븐 핑커Steven Pinker에 이르기까지 철학 및 심리학 분야의 저명한 학자들이 수세기에 걸쳐 지켜온 주장이기도 하다.

선천주의자는 인간의 지식이 주로 배움에서 획득된다고 믿는 경험주의자의 입장에 반대하는 사람들이다. 심리학자 겸 언어학자이자 대중 과학서 작가인 핑커의 가르침을 받은 개리 마커스는 기본적으로 스승과 같은 입장을 견지하며 학자로서의 경력을 쌓아왔다. 그리고 이제는 인공지능 분야에서 자신의 선천주의 입장을 피력하고 있다. 그는 세계적으로 유명한 신경망 비평가, 즉 딥러닝 시대의 마빈 민스키였다.

지식이 인간의 뇌와 연관됐다고 보는 마커스는 또한 연구자나 개발자가 지식을 인공지능과 연결 지을 수밖에 없다고 믿었다. 그는 기계는 모든 것을 학습할 수 없다고 확신했다. 1990년대 초반에 마커스와 핑커는 신경망이 일상적 동사의 과거형 인식법 등 영유아가 배우는 언어 능력조차 학습하지 못한다는 사실을 입증하며 논문을 발표하기도 했다.

20년 뒤 알렉스넷을 계기로 〈뉴욕 타임스〉가 딥러닝의 등장에 관한 1면 기사를 내보내자 마커스는 〈뉴요커〉에 그 변화는 보이는 것처럼 그리 대단한 것은 아니라는 내용의 칼럼을 기고함으로써 거기에 응수했다.[5] 제프리 힌턴이 신봉하는 그 기술은 인간의 사고를 모방하기는커녕 자연어의 기본조차 이해하지 못하는 수준으로 절대 강력한 것이 아니라는 내용이었다. 마커스는 또한 "옛 격언을 빌리자면, 힌턴은 더 좋은 사다리 하나를 개발한 셈이다. 그러나 더 좋은 사다리 하나가 생겼다고 해서 반드시 달까지 올라갈 수 있는 것은 아니다"라고 비평했다.

아이러니하게도 그로부터 얼마 뒤 마커스는 딥러닝 열기에 편승해 돈을 벌었다. 2014년 초에 딥마인드가 6억 5천만 달러에 팔렸다는 소식을 듣고 자신도 할 수 있겠다는 생각이 든 마커스는 옛 친구 주빈 가라마니Zoubin Ghahramani에게 전화를 걸었다.

두 사람은 20여 년 전 MIT 대학원생 시절에 처음 만났다. 마커스는 인지과학 전공자였고, 가라마니는 컴퓨터과학과 신경과학을 접목한 프로그램에 참여했다. 생일이 같았던 둘은 케임브리지의 매거진 거리Magazine Street에 있는 마커스의 아파트에서 스물한 번째 생일을 함께 자축하며 친해졌다. 박사 학위를 딴 가라마니는 현재 구글이나 페이스북, 딥마인드에서 일하는 대다수 인공지능 연구원들이 거쳐간 길을 선택했다. 토론토대학교의 제프리 힌턴 밑에서 박사 후 연구원으로 일했고, 이후에는 힌턴을 따라 UCL의 개츠비 연구소에서 근무했다.

그러나 가라마니는 더 훌륭하고 더 강력하며 더 유용하다고 생각하는 다른 견해를 받아들이면서 결국 신경망 연구를 접은 상태였다. 따라서 구글의 딥마인드 인수 소식을 접한 마커스는 세상에는 딥러닝을 뛰어넘는 그 이상의 것이 필요하다는 생각으로 직접 스타트업을 설립하자고 가라마니를 설득했다. 두 사람은 스타트업의 명칭을 '지오메트릭 인텔리전스'로 정했다.

그들은 미국 각지 대학 출신의 연구원을 12명 정도 고용했다. 그중 일부는 딥러닝 전공자였다. 나머지는 가라마니처럼 타 기술 분야 전공자였다. 마커스는 기술의 위력을 모르는 사람이 아니었고 그것을 둘러싼 과대 선전을 명확히 이해했다.

2015년 여름에 스타트업을 설립한 두 사람은 뉴욕대학교가 스타트업을 양성하고 있는 맨해튼 시내에 작은 사무실을 마련했다. 가라마니는 영국에 머물렀다. 1년이 조금 더 지나 애플부터 아마존까지 빅테크 기업 여러 곳과 활발히 의견을 나눈 끝에 그들의 스타트업은 자율주행차 개발을 열망하며 급성장 중인 차량 호출 서비스업체 우버에 인수됐다.[6] 스타트업 연구원 전원이 마커스와 함께 즉시 샌프란시스코로 이동해 우버 인공지능 연구소 소속이 됐다.

가라마니는 여전히 영국에 머물러 있었다. 그로부터 4개월 뒤, 마커스는 별다른 설명도 없이 회사를 떠나 뉴욕으로 돌아갔으며, 세계적으로 유명한 딥러닝 비평가로서 활동을 재개했다.[7] 그는 인공지능 연구자가 아니었다. 그는 자신의 지적 견해에 충실한 사람이었다. 마커스의 한 동료는 그를 "밉지 않은 자아도취자"라고 칭했다.

뉴욕으로 돌아온 마커스는 또다시 기계가 스스로 학습할 수 있는 것에는 한계가 있다는 주장을 담은 책을 집필했고, 그와 동시에 같은 전제하에 두 번째 회사 설립에 착수했다. 그리고 힌턴의 입장에 도전하며 인공지능의 미래를 주제로 공개 토론을 벌이고자 제안했다. 힌턴은 그의 제안에 응하지 않았다.

마커스와 르쾽의 토론 대결

2017년 가을, 마커스는 뉴욕대학교의 르쾽과 토론을 벌였다. 심리학, 언어학, 신경과학, 컴퓨터과학 등을 결합한 프로그램인 뉴욕대학교 정신뇌의식센터NYU Center for Mind, Brain, and Consciousness 주최로 열린 해당 토론의 주제는 천성 대 교육, 선천주의 대 경험주의, '선천적 시스템' 대 '머신러닝'이었다.

먼저 마커스가 딥러닝은 이미지 속 객체 인식이나 음성 인식 등 단순한 인지 작업을 넘어서는 기능을 수행할 수 없다고 주장하며 포문을 열었다. "신경망이 우리에게 뭔가를 가르쳐줬다면, 그것은 순수한 경험주의에 한계가 있음을 의미합니다"라고 말한 마커스는 인공지능에 이르는 긴 여정에서 딥러닝은 단지 몇 가지 소소한 성취를 이뤄냈을 뿐이라고 설명했다.

그러면서 음성 인식이나 이미지 생성 외에 딥러닝의 가장 큰 성취는 바둑을 정복한 것인데, 바둑은 세심하게 정의된 일련의 규칙이 있는 한정된 세계이자 게임에 불과하다고 주장했다. 반면 현실 세계의 복잡성은 무한에 가깝다는 것이다. 마커스는 바둑을 두도록 훈련한 시스템이 그 외 다른 상황에서는 쓸모없다는 말을 누누이 강조했다. 그러면서 완전히 새로운 상황에 적용할 수 없기 때문에 그 시스템은 전혀 지능적이지 않다고 주장했다.

그것은 확실히 인간 지능의 핵심 산물 중 하나인 언어를 처리할 수 없었다. 마커스는 청중 앞에서 "신경망 연구가 60년 넘게 계속되고 있지만, 상향식의 통계적 방법만으로는 언어나 추론, 계획, 상식 등의 중요한 문제해결에 별다른 진척이 없었습니다. 이미 엄청난 연산능력과 초고용량 메모리, 훨씬 훌륭한 데이터를 갖추고 있음에도 말이죠"라고 열변을 토했다.

마커스는 신경망이 인간의 뇌가 학습하는 방식으로 학습하지 않는 것이 문제라고 설명했다. 뇌는 신경망이 정복할 수 없는 작업을 정복할 때조차 딥러닝과 달리 엄청난 양의 데이터를 요하지 않는다. 신생아를 포함해 아이들은 약간의 정보만 있어도, 때로는 한두 가지의 좋은 예시만으로도 학습할 수 있다. 심지어 부모가 아이의 성장과 교육에 무관심한 가정에서 자라는 아이들조차 주변에서 벌어지는 일에 대해 듣는 것만으로도 음성의 미묘한 차이를 학습한다.

마커스는 신경망에 필요한 것은 수천 개의 예시만이 아니라고 말했다. 각 예시에 세심하게 레이블링 작업을 해줄 사람도 필요하다는 것이다. 따라서 마커스는 선천주의자들이 '선천적 시스템'이라 일컫는 것, 즉 인간의 뇌에 새겨진 방대한 양의 지식 없이는 인공지능 구현은 사실상 불가능하다고 말했다. 또한 "우리 선조가 공간이나 시간 및 영속적 대상 등을 표현하기 위한 시스템을 진화시켜온 덕택에 학습이 가능한 겁니다"라며 "단지 예측일 뿐이고 제가 입증할 수도 없지만, 저는 우리가 그 비슷한 정보를 인공지능에 적용하는 법을 알게 되면, 인공지능이 훨씬 훌륭하게 작동하리라 예상합니다"라고 주장했다.

즉, 마커스는 인공지능이 많은 것을 스스로 배울 수 없다고 생각했고, 그러한 것들에 대해 개발자가 일일이 코딩 작업을 해줘야 한다고 믿었다.

마커스는 확고한 선천주의자로서 사상적 목표가 있었다. 또한 선천적 시스템이라는 아이디어를 기반으로 새로운 인공지능

스타트업 설립을 준비할 때 역시 하나의 경제적 목표가 있었다. 뉴욕대학교에서 진행된 얀 르쾽과의 토론은 전 세계 인공지능 연구자, 테크업계 및 대중 앞에 딥러닝 기술의 한계가 예상외로 훨씬 크다는 사실을 알려주기 위한 일련의 홍보 활동의 시작이었다.

2018년 초반에 마커스는 자칭 〈딥러닝(특히 알파고) 비평 논문 3부작〉을 발표했다. 이어서 〈와이어드〉의 표제 기사를 시작으로 언론에 비평문을 기고했다. 이 모든 것은 결국 마커스가 《2029 기계가 멈추는 날Rebooting AI》을 펴내고 새로운 스타트업을 설립하기 위한 사전 활동이었다.[8] 신설 스타트업의 목적은 인공지능을 구축하기 위한 세계적 노력 가운데 마커스가 빈틈이라고 생각한 부분을 적극적으로 개발하는 것이었다.

마커스의 활동들은 르쾽을 당혹스럽게 만들었다. 뉴욕대학교의 토론회에서 르쾽은 딥러닝만으로 진정한 인공지능이 성취될 수 없다는 주장에 동의했고, 지금까지 한 번도 반론을 펴본 적이 없었다.[9] 그리고 인공지능에 선천적 시스템이 필요하다는 주장에도 동의했다. 결국 신경망이 선천적 시스템이었다. 무엇이 됐든 간에 학습을 해야 한다는 것은 마찬가지였다. 토론이 진행되는 동안 르쾽은 차분했고 심지어 공손하기까지 했다.

하지만 온라인에서는 입장이 달랐다. 딥러닝의 미래에 의문을 제기하는 마커스의 첫 논문이 발표되자 르쾽은 이런 트위터 게시글을 남겼다. "지금까지 개리 마커스가 한 조언 중 가치 있는 것은 정확히 0개다."

마커스는 혼자가 아니었다. 이제 업계와 언론이 '인공지능'이란 단어를 사용하며 끝도 없이 내보내는 과대 선전에 많은 사람이 불만을 표출하고 있었다. 딥러닝 혁명의 선두에 있는 페이스북이 자사의 가장 시급하고 어려운 숙제의 해결책으로 바로 그 기술을 제시했다.

그러나 이 기술은 기껏해야 부분적 해결책에 불과하다는 사실이 점차 명확해졌다. 지난 수년간 구글이나 우버는 곧 자율주행차가 미국 및 해외 여러 도시의 도로 위를 달리며 매일 사람들을 실어 나르게 될 것이라고 약속했다. 그러나 이제 언론조차도 그러한 약속이 터무니없이 과장된 것임을 깨닫기 시작했다

딥러닝이 도로 위의 사람이나 기타 객체 및 표지를 인식하는 능력이 상당히 향상된 것은 맞지만, 인간처럼 민첩하게 통근 시간의 혼돈에 대처할 수 있는 자율주행차의 등장은 여전히 요원한 일이었다. 2018년 말까지 애리조나주 피닉스에서 차량호출 서비스를 시작하겠다고 장담한 구글 역시 약속을 지키지 못했다.

조지 달이 토론토대학교 동료들과 함께 머크 경연 대회에서 우승한 후 신약 개발이 보장된 듯했던 딥러닝 분야 역시 예상보다 훨씬 복잡한 난제로 판명됐다. 달은 구글에 입사한 지 얼마 지나지 않아 그 아이디어를 접을 수밖에 없게 됐다. 달은 "우리가 가장 보탬이 될 수 있는 부분이 전체 신약 개발 과정에서 가

장 중요한 부분이 아니라는 게 문제죠"라며 "약 하나 시장에 내놓기 위해 20억 달러나 지출할 만한 부분이 아니거든요"라고 설명했다.

과거 워싱턴대학교의 연구원이었던 오렌 에치오니 앨런인공지능연구소 CEO는 딥러닝에 대한 과대 선전에도 인공지능이 중학교 2학년 과학 시험 문제조차 제대로 풀지 못하는 수준이라고 비판하곤 했다.

얀 르쿵은 2015년 6월에 페이스북의 새 파리 연구소를 공개하면서 "딥러닝의 다음 단계는 자연어 이해입니다. 기계가 단순히 개별 단어뿐 아니라 전체 문장 및 단락을 이해할 수 있도록 만드는 게 목표입니다"라고 밝혔다. 이미지 및 음성 인식을 뛰어넘는 다음 단계, 바로 그것이 인공지능 연구자들의 목표였다. 인간이 쓰고 말하는 자연적 방식을 이해하고, 더 나아가 대화를 나눌 수도 있는 기계는 1950년대부터 인공지능 연구자들의 궁극적 목표였다. 그러나 2018년이 저물어 갈 무렵에는 목표 선택이 잘못됐다고 느끼는 사람이 많아지고 있었다.

토론이 거의 끝나갈 때쯤 마커스와 르쿵은 청중을 대상으로 질문을 받았다. 노란색 블라우스를 입은 한 여성이 자리에서 일어나 르쿵에게 어째서 자연어에서 발전이 멈춰 있는 건지 물었다.

"객체 인식 이후 획기적인 기술이 개발되지 않고 있어요"라고 여성이 말했다.

"선생님의 전제에 전적으로 동의하기는 어렵네요. 이미…" 르퀑이 대답했다. 그러나 여성이 중간에 말을 끊으며 "예를 들면요?"라고 다시 물었다.

"번역입니다." 르퀑이 대답했다.

"기계 번역은 반드시 기계가 언어를 이해한 것으로 볼 수 없죠." 여성이 말했다.

인공지능의 학교 시험 점수

이 토론회가 열렸던 때와 거의 같은 시기에 앨런인공지능연구소의 연구원들이 컴퓨터 시스템을 위한 새로운 영어 시험을 공개했다.[10] 그들은 기계가 다음과 같은 문장들을 완성할 수 있는지 실험했다.

한 여성이 무대 위 피아노 앞에 앉는다.

그녀는 ______________________________

가. 여동생이 인형을 가지고 노는 동안 벤치에 앉는다.

나. 음악이 재생되는 동안 누군가와 함께 웃는다.

다. 군중 속에서 댄서들을 구경하고 있다.

라. 긴장하면서 손가락을 건반 위에 올려놓는다.

기계는 문제를 잘 풀지 못했다. 인간이 시험 문제의 88퍼센트 이상에서 정답을 고른 반면 앨런연구소가 구축한 시스템은 60퍼센트 수준에 머물렀다. 다른 기계는 실력이 훨씬 떨어졌다.

두 달 뒤, 제이컵 데블린Jacob Devlin이 이끄는 구글의 한 연구팀이 버트BERT, Bidirectional Encoder Representations from Transformers(트랜스포머 양방향 인코더 표현)라는 시스템을 공개했다.[11] 버트에게 그 시험 문제를 풀게 하자 인간만큼 정답을 맞힐 수 있었다. 그리고 버트는 그 시험을 치르는 용도로 설계된 시스템도 아니었다.

연구자들은 버트를 '범용 언어 모델universal language model'이라고 부른다. 앨런연구소, 오픈AI 등 몇몇 연구소가 유사한 시스템을 연구했다. 범용 언어 모델은 인간이 작성한 수백만 개의 문장을 분석해 언어의 변화를 학습하는 거대 신경망이다. 오픈AI에서 구축한 시스템은 연애물, SF물, 추리물 등 수천 종의 자비출판 도서를 분석했다. 버트는 수백 개의 CPU의 도움을 받아 수일 동안 방대한 도서와 위키피디아 글을 분석했다.

각 시스템은 다양한 글을 분석함으로써 매우 구체적 기술을 배웠다. 오픈AI의 시스템은 문장에서 다음에 나올 단어를 추측하는 법을 학습했다. 버트는 문장의 '어떤 부분에' 들어갈 단어를 추측하는 법을 학습했다(예를 들어, "그 남자는 저렴하기 때문에 그 차를 ________"). 그러나 각 시스템은 이러한 구체적 작업을 해결하면서 언어가 조합되는 일반적 방식, 즉 수천 개의 영어 단어 사이의 기본적 관계 역시 학습했다. 그러자 연구자들이 이들 시스템의 지식을 어려움 없이 다양한 작업에 적용할 수 있게 됐다.

연구자가 버트에 수천 개의 질문과 그 정답을 입력하면, 버트는 스스로 다른 문제를 푸는 법을 학습했다. 연구자가 오픈AI의 시스템에 수많은 연속적 대화문을 입력하면, 시스템이 대화를 나누는 법을 학습할 수 있었다. 수천 개의 부정적 표제를 입력하면, 시스템이 부정적 표제를 인식하는 법을 학습할 수 있었다.

버트는 이 대단한 아이디어가 효과가 있음을 보여줬다. 버트는 앨런연구소의 '상식' 시험 문제를 풀 수 있었다. 또한 '탄소란 무엇인가?' '지미 호파Jimmy Hoffa는 누구인가?' 등 백과사전 글에 관해 물어보는 독해력 시험 문제도 해결할 수 있었다.

또 다른 시험에서는 영화 평론의 정서가 긍정적인지 부정적인지 판단할 수 있었다. 각각의 시험에서 시스템이 완벽했다고 할 순 없었지만, 이러한 성과는 즉시 자연어 연구의 흐름을 바꿔놓기에 충분했다. 그리고 이전에는 불가능한 것으로 여겨졌던 분야 전반의 발전을 가속화했다.

제프 딘과 구글은 버트를 오픈소스로 공개하고 곧 100여 종의 언어를 더 학습시켰다. 다른 연구자들은 버트에 훨씬 방대한 데이터를 학습시켜 더 거대한 모델을 구축하기도 했다. 연구자들 사이에서 통용되는 일종의 장난으로서 엘모ELMO, 어니ERNIE, 버트 등 이들 시스템의 명칭은 미국의 어린이용 TV 프로그램 〈세서미 스트리트Sesame Street〉의 캐릭터 이름을 따온 것이다. 그러나 그 때문에 이들 시스템이 덜 중요해 보이기는 했다.

몇 달 뒤, 오렌 에치오니와 앨런연구소는 중학교 2학년 수준의 과학 시험 문제를 풀 수 있는 인공지능 시스템을 구축했다. 그 시스템은 심지어 고등학교 3학년 수준의 문제도 풀 수 있었다.

버트가 공개된 뒤 〈뉴욕 타임스〉는 범용 언어 모델의 등장을 알리는 기사를 내보냈다. 이 시스템이 알렉사나 구글 어시스턴트 등 디지털 비서부터 법률 회사, 병원, 은행 등의 사무실에서 사용되는 문서 자동 분석 소프트웨어에 이르기까지 다양한 제품 및 서비스를 어떻게 향상할 수 있는지 설명하는 기사였다.

해당 기사는 이 언어 모델이 더 강력한 구글 듀플렉스, 즉 기계를 인간으로 믿게 만드는 봇의 출현으로 이어질 수도 있다는 우려에 대해서도 언급했다. 또한 그 기사는 연구자들은 발전할 수 있는 분야에 집중하고 그렇지 않은 분야를 회피하는 경향이 있기 때문에 이 기술이 앞으로도 빠르게 향상될지에는 의심해봐야 한다는 개리 마커스의 의견을 인용하기도 했다. 개리 마커스는 "이 시스템은 여전히 실제 산문을 제대로 이해하는 기술로 보기에는 아주 부족합니다"라고 말했다.[12]

그 기사를 읽은 제프리 힌턴은 재미있어 했다. 개리 마커스가 한 말이 앞으로 몇 년간 인공지능 및 자연어를 다룬 모든 기사에 집어넣을 수 있는 것이므로 틀림없이 유용할 것이라면서 말이다. 그러면서 힌턴은 "거기에는 아무런 기술적 설명도 없으니 시대에 뒤떨어질 걱정도 없어요. 그리고 아무리 긴 시간 동안 급속한 발전이 지속된다고 해도 개리는 여전히 곧 끝날 거라고 주장할 겁니다"라고 덧붙였다.

19

자동화

저마다의 피킹 로봇

"방이 엉망진창이 됐다면,
우리가 제대로 하고 있다는 거니까요."

큐브를 맞추는 로봇

2019년 가을 어느 오후, 샌프란시스코 미션 디스트릭트Mission District에 있는 3층짜리 오픈AI 건물의 최상층 창문 쪽에서 손 하나가 손바닥을 위로 향한 채 손가락을 모두 쫙 폈다. 금속 및 단단한 플라스틱 재질로 되어 있고 전기선이 달려 있다는 것만 빼면 사람 손과 매우 흡사했다.

가까이에 서 있는 한 여성이 루빅스 큐브를 마구 섞고는 손바닥에 올려놓았다. 그러자 엄지와 나머지 네 손가락이 부드럽게 큐브를 돌리면서 움직이기 시작했다. 큐브가 돌아갈 때마다 손에서 바닥으로 떨어질 것처럼 아슬아슬해 보였으나, 떨어지지는 않았다. 점점 큐브의 색깔이 빨간색은 빨간색끼리, 노란색은 노란색끼리, 파란색은 파란색끼리 맞춰져갔다.

4분쯤 경과됐을 때, 손이 마지막으로 큐브를 한 번 더 돌리며 모든 색깔을 맞췄다. 그 광경을 지켜보던 한 무리의 연구자들이 환호성을 질렀다.

이 연구의 책임자는 오픈AI를 설립하면서 구글과 페이스북에서 스카우트를 해온 폴란드 출신 연구원 보이치에흐 자렘바다. 이 경이로운 성과는 자렘바 팀이 2년 넘게 연구에 매진한 결과였다. 과거에도 루빅스 큐브를 완성하는 로봇을 개발한 연구자는 많이 있었다. 1초도 안 돼 큐브를 완성한 기계도 있었다. 그러나 이 로봇 손은 새로운 기술을 선보였다. 이것은 루빅스 큐브만 완성하는 전문적 하드웨어가 아니라 인간의 손처럼 움직이는 로봇 손이었다.

지금까지는 대개 개발자가 일일이 로봇이 해야 할 행동을 프로그래밍하는 방식이었다. 그러한 방식은 정확성이 가장 중요해서 로봇의 아주 작은 움직임 하나도 정교하게 규칙을 설정하는 데 수 개월이 소요되는 고된 작업이었다. 따라서 개발자가 다섯 손가락이 있는 로봇 손으로 루빅스 큐브를 완성하는 데 필요한 움직임을 일일이 다 설정하려면 수십 년, 아니 수백 년이 걸릴지도 모를 일이었다.

자렘바의 팀은 그러한 행동을 스스로 학습하는 시스템을 개발했다. 그들은 로봇이 현실 세계에서 수행해본 적 없는 기능을 가상현실에서 실제로 학습할 수 있다고 믿었다.

그들은 프로젝트를 시작하며 제일 먼저 손과 큐브의 디지털 시뮬레이션을 설정하는 작업에 착수했다. 손은 시뮬레이션에서 이리저리 큐브 조각을 돌리면서 어떤 움직임이 성공하고 실패하는지 배우며 1만 년에 해당하는 시간을 보냈고, 그런 끝없는 시행착오를 겪으며 학습해 나갔다. 그리고 1만 년이라는 가상의 시간 동안 시뮬레이션도 끊임없이 변화했다.

자렘바의 팀은 손가락의 크기라든가 큐브의 색상, 조각들 사이의 마찰력 크기부터 큐브 속 빈 공간의 색상까지 반복적으로 변경했다. 그들은 그래야만 이 모든 가상 경험을 현실 세계의 실물 손으로 옮겼을 때 로봇 손이 예기치 못한 상황도 대처할 수 있을 것으로 생각했다. 물리적 세계에서 인간은 그럭저럭 불확실성에 대응할 수 있지만, 기계는 그렇지 못한 경우가 많은데, 결국 자렘바의 팀이 개발한 손은 불확실성에 대처할 수 있었다.

2019년 가을 무렵 오픈AI의 로봇 손은 손가락 2개를 묶거나 고무장갑을 씌워 놓거나 또 누군가 기린 인형의 코로 큐브를 쳐서 위치가 바뀌어도 루빅스 큐브를 맞출 수 있었다.

아마존은 2015년부터 2017년까지 매년 로봇공학 기술자를 대상으로 대회를 개최했다. 마지막 해에는 이 국제 대회에 75개의 학술 연구소가 참여했고 아마존은 이 대화를 통해 자사의 전 세계 물류센터에서 가장 필요한 로봇 시스템 개발을 시도했다. 아마존이 해결하고 싶은 문제는 바로 '고르기picking'였다.

지금까지는 상품들이 가득 찬 통들이 아마존의 거대한 물류센터에서 이동하면 노동자들이 통에서 필요한 상품을 골라 택배 상자에 넣어 분류한 뒤 전국 각지로 보내고 있었다. 아마존은 그 작업을 로봇에게 맡길 생각이었다. 그 작업이 자동화된다면 결과적으로 비용을 절감할 수 있을 터였다. 그러나 그 일을 제대로 해내는 로봇은 아직 없었다. 따라서 아마존은 그 문제를 훌륭히 해결할 수 있는 연구자를 찾아 8만 달러의 상금을 걸고 대회를 개최했다.

2017년 7월에 최종 단계에 오른 10개국의 16개 팀이 결승전을 치르기 위해 일본 나고야에 도착했다. 모든 팀이 이 대회 준비에 1년을 매달렸다. 각 팀에 32종의 물품이 든 상자 하나가 배정됐다. 윈덱스Windex 세정제, 얼음용 쟁반, 테니스공, 매직펜, 절연 테이프 등이 들어 있었는데, 그중 16종은 참가자들에게 알렸고 나머지 16종은 비공개했다.

도전 과제는 로봇 팔이 15분 안에 적어도 10개 품목을 집어내는 것이었다. 최종 우승은 호주로봇비전센터Australian Centre for Robotic Vision가 개발한 로봇 팔이 차지했다. 그러나 그 로봇 팔의 성능은 인간의 기준으로 볼 때 뛰어난 수준이 아니었다. 품목을 잘못 골라낼 확률이 10퍼센트에 달했으며, 시간당 120개 정도의 물품밖에 처리할 수 없었다. 그것은 인간 일처리 수준의 4분의 1을 조금 상회하는 정도였다.

이 대회로 알게 된 것은 현재 가장 민첩하게 작동하는 로봇조차 이 작업 수행이 어렵다는 사실이었다. 이 대회를 통해 업계에 필요한 것이 무엇인지 알 수 있었다. 즉, 아마존(그리고 아마존과 유사한 기업들)은 실제 현장에서 일할 수 있는 피킹 로봇picking robots이 절실하게 필요했던 것이다. 나중에 밝혀졌는데, 구글과 오픈AI에서 이 문제를 해결하기 위한 연구가 이미 진행 중이었다.

구글의 로봇 팔

구글 브레인 내부에 의료팀을 구성한 제프 딘은 로봇공학팀도 새로 만들었다. 제프 딘이 영입한 직원 가운데 캘리포니아 버클리대학교 출신의 젊은 연구원 세르게이 러빈Sergey Levine이 있었다.

러빈은 미국으로 건너오기 전까지 모스크바에서 살았고 그곳에서 초등학교에 다녔다. 그의 부모가 소련의 우주 왕복선 계획인 부란 프로젝트Buran project에 개발자로 참여했기 때문이다. 박사 학위 과정을 시작할 당시 러빈은 인공지능 연구자가 아니었다. 러빈의 전공은 컴퓨터 그래픽으로 더 생생한 애니메이션, 즉 실제 인간과 비슷하게 움직이는 가상 인간을 탐구하는 것이었다. 이후 딥러닝이 성공하자 러빈의 연구에도 속도가 붙기 시작했다.

딥마인드의 연구원들이 옛 아타리 게임을 학습하는 시스템을 구축하는 데 사용한 방식과 유사한 기술을 통해 러빈의 가상 인간이 실제 인간처럼 움직이는 법을 학습할 수 있었다. 그러자 불현듯 새로운 아이디어가 떠올랐다. 영상 속 휴머노이드가 자신의 행동을 따라 하며 움직임을 배우는 것을 지켜보던 러빈은 물리적 휴머노이드 역시 같은 식으로 움직임을 학습할 수 있지 않을까 생각한 것이다. 이 머신러닝 기술을 로봇에게 적용한다면, 로봇이 완전히 새로운 기능을 스스로 습득할 수 있다고 생각했다.

2015년 구글에 합류했을 당시 러빈은 이미 일리야 수츠케버와 아는 사이였다. 러빈과 마찬가지로 러시아 이민자 출신인 수츠케버는 마침 새 로봇공학팀에서 일하기 시작한 알렉스 크리제브스키에게 러빈을 소개했다. 러빈은 문제에 부딪힐 때면 크리제브스키에게 도움을 청했고, 그럴 때마다 크리제브스키의 대답은 한결같았다. 더 많은 데이터를 수집하라는 것이었다. 그는 "데이터를 가지고 있다고 해도, 물론 올바른 데이터여야 하겠지만, 무조건 더 많은 양을 수집하도록 해요"라고 조언했다. 그래서 러빈은 팀 동료들과 함께 암팜Arm Farm을 만들었다.

그들은 구글 브레인 연구소에서 아래쪽으로 조금 떨어진 건물의 넓은 방에 로봇 팔 12개를 설치했다. 한쪽 벽에 6개, 반대쪽 벽에 6개를 설치했다. 그것들은 후에 오픈AI에서 루빅스 큐브를 맞추는 팔에 비해 단순한 기계였다. 팔에 붙어 있는 손도 진짜 손처럼 보이지 않았다. 그들이 설치한 팔은 고정 장치 역할을 하는 손가락 2개로 물체를 잡아 올리는 단순한 '잡는 장치grippers'에 불과했다.

그해 가을 러빈의 팀은 그 팔 앞에 장난감 블록, 칠판 지우개,

립스틱 등의 물품을 무작위로 넣은 상자를 놓고, 팔이 상자 속 물품을 들어 올리도록 훈련했다. 로봇 팔들은 시행착오를 겪으며 학습했다. 즉, 어떤 움직임이 옳고 그른지 파악할 때까지 물건을 들어 올리는 시도와 실패를 반복했다. 이 팔은 현실 세계에서 물리적 물체를 가지고 학습한다는 점을 제외하면, 딥마인드 시스템이 스페이스 인베이더나 브레이크아웃 게임을 학습하는 방식과 매우 유사했다.

로봇 팔 시험은 처음에 몹시 혼란스러웠다. 러빈은 "정말 엉망이었죠"라고 표현했다. 그들은 크리제브스키가 조언한 대로 로봇이 24시간 쉬지 않고 작동하도록 해놓았다. 밤이나 주말 동안 방을 지켜볼 수 있는 카메라를 설치했음에도 실험실이 엉망진창이 되는 경우가 종종 있었다. 월요일 아침에 연구원들이 실험실에 들어가면 마치 어린이 놀이방처럼 온갖 물건들이 여기저기 널브러져 있곤 했다. 어느 날 아침에는 상자 하나가 온통 피범벅이 돼 있었다. 알고 보니 로봇 팔이 뚜껑이 열린 립스틱을 밤새 들어 올리려 시도하느라 그렇게 된 것이었다.

그러나 이런 광경은 정확히 러빈이 보고 싶었던 모습 그대로였다. 러빈은 "굉장했어요. 방이 엉망진창이 됐다면, 우리가 제대로 하고 있다는 거니까요"라고 말했다. 몇 주가 지나자 로봇 팔들은 앞에 놓인 것이 무엇이든 부드럽게 집어 올리는 법을 학습했다.

이 사건을 계기로 구글과 오픈AI뿐만 아니라 유수의 대학 연구소들에서도 딥러닝과 로봇공학을 접목하려는 광범위한 노력이 전개됐다. 이듬해 러빈의 팀은 그와 같은 강화 학습을 사용해 로봇 팔이 스스로 문을 열 수 있도록 훈련했다(단, 손가락 2개로 잡을 수 있는 문손잡이여야 했다).

2019년 초반에 러빈의 연구소는 어떠한 물건이든 집어 올린 다음 1~2미터 정도 떨어진 작은 상자에 부드럽게 던져 넣는 로봇 팔을 공개했다.[1] 훈련은 14시간밖에 걸리지 않았으며, 상자에 물건을 정확히 넣은 확률은 85퍼센트에 달했다. 연구원들이 직접 같은 작업을 수행했을 때 확률은 약 80퍼센트였다. 이처럼 이 연구가 진전을 보이고 있을 때, 오픈AI의 연구 방향은 이와는 좀 달랐다.

결국 돈에 굴복한 오픈AI

일론 머스크를 비롯한 오픈AI의 설립자들은 자신들의 연구소를 딥마인드에 대한 해답으로 여겼다. 처음 연구소를 설립할 때부터 측정과 이해가 쉽고 또 세상의 관심을 끄는 궁극의 목표에 도달하는 것이 그들의 목적이었다. 심지어 그들이 눈에 보이는 실질적인 일을 하지 않는다고 해도 말이다.

샌프란시스코 미션 디스트릭트에 있는 작은 초콜릿 공장 위쪽에 연구소를 설립한 뒤, 자렘바 등 연구원들은 급속히 고급화돼 가는 이 오래된 히스패닉계 거주 지역을 산책하거나 자신들이 추구해야 할 높은 목표가 무엇인지를 두고 토론하면서 몇 주를 보냈다. 그러다 2가지 결론에 도달했다.

첫 번째 목표는 도타Dota라는 3D 비디오 게임에서 세계 최고의 선수들을 상대로 승리할 수 있는 기계를 만드는 것이었다. 두 번째 목표는 루빅스 큐브를 맞출 수 있는 다섯 손가락이 있는 로봇 손을 제작하는 것이었다.

보이치에흐 자렘바의 팀은 로봇 손에 구글과 똑같은 알고리즘을 적용했다. 그러나 그들은 루빅스 큐브 완성법을 학습하는 시스템의 훈련을 가상현실로 옮겨 시스템이 디지털 세상에서 수 세기에 해당하는 시행착오를 거치도록 했다. 현실 세계에서 시스템을 훈련하면 비용이 훨씬 많이 들고, 작업이 복잡해지면서 훈련 시간도 오래 걸릴 것으로 생각했기 때문이다.

도타를 정복하는 일과 마찬가지로 루빅스 큐브 프로젝트 역시 엄청난 기술 도약이 필요한 연구였다. 또한 이 2가지 모두 세간의 이목을 끌기에 충분한 주제여서 오픈AI가 연구에 필요한 돈과 인재를 끌어들이는 데 아주 좋은 프로젝트였다. 오픈AI 같은 연구소에서 기술을 개발할 때는 장비 마련이나 인건비 등에 막대한 규모의 돈이 들어간다. 즉 눈이 휘둥그레질 만한 시연 행사가 그들에게 선택이 아닌 필수라는 것이다.

자신과 자신이 하는 일에 사람들의 이목을 끌어오는 것, 그것은 머스크의 사업 수완이었다. 한동안 오픈AI에서도 그 방법이 제대로 효력을 발휘해 연구소가 이 분야 최고의 인재를 영입할 수 있었다.

그중 하나가 188센티미터의 장신에 머리가 벗겨진 벨기에 출신 로봇공학 기술자 피터 어빌Pieter Abbeel로 그는 과거 세르게이 러빈의 유니버시티칼리지 버클리대학교 지도교수였다. 어빌의 오픈AI과 계약 당시 선지급 보너스는 10만 달러였고, 2016년 마지막 6개월간 연봉은 33만 달러에 달했다.[2] 연구소가 구글 브레인과 페이스북, 특히 딥마인드를 앞지르려고 본격적으로 노력하면서 어빌의 제자 셋도 오픈AI에 합류했다. 그러나 머스크와 갓 문을 연 연구소가 맞닥뜨린 현실은 그렇게 호락호락하지 않았다.

우선, GANs의 아버지라고 불리는 이안 굿펠로가 연구소를 떠나 구글로 복귀했다. 머스크는 자신이 직접 연구소의 최고 연구원을 빼돌렸다. 컴퓨터 비전 전문가인 안드레이 카파시Andrej Karpathy를 오픈AI에서 데려와 테슬라의 인공지능 책임자로 임명하여 자율주행차 사업을 이끌도록 했다. 이후 어빌도 자신이 직접 로봇공학 스타트업을 설립하기 위해 제자 둘을 데리고 연구소를 그만두었다. 그리고 2018년 2월, 머스크는 이해 충돌을 피하기 위해 떠난다고 말하면서 아예 연구소에서 발을 뺐다.[3] 그 발언은 자신의 또 다른 사업이 인재 영업에서 오픈AI와 경쟁하고 있다는 의미였다.

하지만 당시 머스크의 테슬라 역시 위기에 직면해 있었다. 테슬라의 여러 공장 내 작업 진행 속도가 심각하게 느려서 자동차 사업을 접어야 할 상황으로 내몰리고 있었다. 아이러니하게도 테슬라 공장에서 전기 자동차 제조를 돕는 보조 로봇들이 예상 외도 민첩하지 못했던 것이다. 그해 말 머스크는 "테슬라 공장에 자동화 시스템을 과도하게 추진한 것이 실수였어요. 인간은 과소평가되고 있어요"라며 불만을 토로했다.[4]

샘 알트만이 지휘하는 오픈AI에는 새로운 인재와 자금이 필요했다. 이 비영리단체가 설립될 당시에는 몇몇 투자자가 10억 달러 지원을 약속했으나 실제로 들어온 자금은 얼마 되지 않았다. 하지만 연구소는 인재 영입뿐 아니라 시스템 훈련에 필요한 엄청난 사양의 컴퓨팅 성능을 갖추기 위해서도 당장 큰돈이 필요했다. 그래서 알트만은 연구소를 영리 회사로 개편하고 새 투자자를 물색했다.[5]

2015년 알트만과 머스크가 연구소 설립을 발표하며 설파한 기업의 압력을 받지 않는 자유로운 연구소라는 이상은 4년을 채 버티지 못한 것이다. 이런 이유로 루빅스 큐브 프로젝트는 연구소의 미래를 좌우할 중대 사안이었으며, 또 오픈AI 자체를 홍보하는 수단이기도 했다. 그런데 문제는 매우 난해하면서도 비실용적인 이런 유형의 프로젝트는 어빌을 비롯한 여러 연구원이 바라는 작업이 아니었다.

연구소 밖으로 나온 로봇공학자들

어빌은 선전 따위에는 전혀 관심이 없었다. 오직 유용한 기술을 개발하고 싶어 했다. 이것이 어빌이 그의 버클리대학교 제자 피터 첸Peter Chen과 로키 두안Rocky Duan을 데리고 연구소를 떠나 코베리언트Covariant란 스타트업을 차린 이유였다. 그들의 새 회사는 오픈AI과 똑같은 기술을 추구했지만, 그 기술을 현실 세계에 적용하는 것이 목표라는 점에서 차이가 있었다.

수많은 연구자와 사업가가 아마존과 같은 소매업체의 물류센터에 가장 필요한 것이 무엇인지 파악한 2019년, 시장은 피킹 로봇 스타트업이 넘쳐났다. 그중 일부는 구글 브레인이나 오픈AI에서 개발 중인 딥러닝 기술을 받아들였다.

어빌의 회사 코베리언트는 꼭 그렇지만은 않았다. 이 회사는 훨씬 광범한 작업을 수행할 수 있는 시스템을 설계 중이었다. 그런데 아마존 로봇 경진 대회 이후 2년 만에 로봇 제조업체 에이비비ABB에서 또 하나의 경진 대회를 개최했다.[6] 이번에는 비공개 대회였다. 코베리언트는 그 대회에 참가하기로 마음먹었다.

20여 개 업체가 새 경진 대회에 참가해 25종의 다양한 제품을 골라내는 과제에서 실력을 겨뤘다. 일부 제품은 미리 참가 기업에 공개했지만, 나머지 제품들은 비공개 상태였다. 상자 안에는 곰 젤리 봉지, 비누나 젤이 담긴 투명 용기 등이 들어 있었는데, 특히 투명 용기는 계속 예측이 어려운 방향으로 빛을 반사시키는 재질이어서 로봇이 골라내기 어려웠다.

참가 기업 대다수가 여지없이 탈락했다. 몇몇 기업은 과제 대부분을 성공적으로 수행했지만, 빛을 반사시키며 상자 옆에 세로로 세워져 있던 낡은 오디오 CD 같은 난도가 높은 과제는 통과하지 못했다.

원래 어빌과 그의 동료들은 실제 피킹 시스템을 구축한 것은 아니었기 때문에 대회 참가가 가능할 것인지 의문을 품었었다. 하지만 그들의 새 시스템은 학습능력이 있었다. 그들은 며칠에 걸쳐 시스템에 방대한 새 데이터 훈련을 실시했다. ABB 측이 버클리에 있는 코베리언트 연구소를 방문했을 때는 그들의 로봇 팔이 어떤 과제든 해결한 것은 물론이고 심지어 인간보다 더 능숙한 수준에 도달했다. 어쩌다 곰 젤리 봉지를 단 1회 떨어뜨린 게 유일한 실수였다.

ABB의 서비스 로봇 부문 상무이사 마크 세구라Marc Segura는 "우린 약점을 찾아내려고 했습니다. 이런 시험에서 일정한 수준에 도달하는 건 쉬운 일이죠. 하지만 아무런 약점도 드러내지 않기란 대단히 어려운 일입니다"라고 말했다.

이 기술을 개발하는 과정에서 더 많은 자금이 필요해진 어빌은 인공지능 분야에서 명성을 떨치고 있는 인사들에게 도움을 요청하기로 마음먹었다. 버클리의 연구소를 방문해 수십 개의 빈 플라스틱 용기를 상자 안에 쏟아부은 얀 르쾽은 로봇 팔이 그 용기를 간단히 집어 올리는 것을 보고 투자를 약속했다.

요슈아 벤지오는 투자를 거절했다. 벤지오는 몇몇 빅테크 기업과 파트타임으로 일하고도 평생 다 쓰지 못할 만큼의 거금을 벌었다고 밝혔다. 하지만 그는 자기 연구에 집중하고 싶다고 말했다. 제프리 힌턴은 그와 달리 투자를 결정했다. 어빌을 신뢰한 힌턴은 "어빌은 훌륭한 인물입니다. 그리고 놀라운 일이죠. 아무튼 그는 벨기에 사람이니 말이에요"라고 말했다.

그해 가을, 한 독일 전자제품 소매업체가 어빌의 기술을 베를린 교외의 자사 물류 창고에 도입했다. 그곳에서 어빌의 로봇은 파란 상자가 컨베이어벨트를 타고 이동하는 동안 그 상자에 담긴 스위치, 콘센트 등 전자 부품을 골라내고 분류하는 작업을 시작했다. 코베리언트의 로봇은 1만 종이 넘는 물품을 99퍼센트 이상의 정확도로 골라내어 분류할 수 있었다.

크냅Knapp의 부사장 피터 푸흐바인Peter Puchwein은 "16년 넘게 물류 산업에 종사하고 있지만 이런 광경은 처음 봅니다"라며 감탄했다. 크냅은 오래전부터 물류창고에 자동화 기술을 제공해온 오스트리아 회사로 베를린에서 코베리언트 기술의 개발 및 보급을 돕고 있었다. 이 일로 향후 몇 년 안에 소매업계 및 물류업계, 아니 아마도 제조공장 전반에도 로봇 자동화가 점차 확산되리라 예측할 수 있었다. 이 일은 또한 자동화 시스템으로 인해 물류창고 직원이 대거 일자리를 잃을 수 있다는 새로운 우려도 촉발했다. 독일의 물류창고에서 로봇 1대가 3인 몫의 작업량을 소화했다.

그러나 당시의 경제학자들은 이러한 유형의 기술이 물류 산업 일자리의 총수를 급속히 줄이지는 않을 것으로 전망했다. 온라인 소매 사업이 매우 빠르게 성장하고 있으며, 기업 대부분이 새로운 자동화 시스템을 도입하려면 수년 혹은 수십 년이 필요하다고 여겼기 때문이다.

그러나 어빌은 먼 미래 어느 순간에 이르면 일대 변혁이 있을 거란 사실을 인정했다. 또한 어빌은 "앞으로 50년 안에 그런 일이 벌어진다면, 교육 시스템이 따라잡을 시간은 충분하잖아요"라고 말하며 인간이 획득할 최종 결과에 대해서 낙관적 태도를 보였다.

20

종교
베일에 싸인 미래

"제 목표는 광범위하게 유익한 AGI 구축에 성공하는 것입니다.
제 말이 터무니없는 소리로 들린다는 것도 알아요."

선견지명 혹은 맹신

2016년 가을, 〈웨스트월드Westworld〉(놀이공원의 안드로이드 로봇이 서서히 인공 지각의 문턱을 넘은 후에 그 창조자를 공격한다는 내용의 HBO 방송국 드라마)의 첫 방송을 3일 앞두고 출연 배우 및 제작진이 실리콘밸리에서 열린 비공개 상영회에 참석했다.

이 행사는 영화관이 아니라 54세의 이스라엘계 러시아인 사업가 겸 벤처 캐피털리스트 유리 밀너Yuri Milner의 자택에서 열렸다. 그 또한 페이스북, 트위터, 스포티파이Spotify, 에어비앤비의 투자자이자 엣지재단Edge Foundation의 연례 모임 억만장자의 만찬의 정기 참석자다. 석회암으로 지어진 밀너의 저택은 약 2,360제곱미터의 규모로 샌프란시스코만이 내려다보이는 로스앨토스

힐스Los Altos hills에 위치하며, 루아르성Chateau Loire이라고 불린다. 5년 전 1억 달러가 넘는 금액에 구입한 이 저택은 미국에서 가장 비싼 단독 주택 중 하나로 실내외 수영장과 연회장, 테니스장, 와인 저장고, 도서관, 게임방, 스파, 체육관 및 전용 영화관이 갖춰져 있다.

상영회에 참석하려고 정문 앞에 도착한 손님을 아이패드를 손에 든 여러 고용인이 맞이했다. 고용인은 초대장을 확인하고 아이패드의 초청객 명단에 표시한 다음 손님의 차량을 대신 주차했다. 그리고 손님을 골프 카트에 태워 언덕 위로 데려가 영화관 앞에 내려줬다.

영화관은 별관으로 이 모조 성 바로 밑에 있었다. 바닥에는 영화관 문 앞까지 레드 카펫이 깔려 있었다. 레드 카펫을 밟는 이들 속에 인디언 러그 같은 것을 어깨 위에 걸친 세르게이 브린의 모습도 보였다.

손님 대부분은 샘 알트만이 이끄는 스타트업 액셀러레이터인 와이 콤비네이터에 의해 근래 등장한 백만장자 스타트업 창업자였다. 그중 일부는 5년 전 불가사의한 초대에 응해 샌프란시스코에 있는 와이 콤비네이터의 회의실로 줄지어 들어간 창업자들이었다.

당시 그들은 회의실로 굴러 들어오는 하나의 로봇을 보고 깜짝 놀랐다. 로봇의 머리가 있어야 할 곳에 아이패드가 달려 있고, 화면에는 유리 밀너의 라이브 클로즈업 영상이 나왔기 때문이다. 게다가 밀너는 뜬금없이 그 자리에 초청된 신생 기업 전부에 15만 달러씩 투자하겠노라 선언했다.

〈웨스트월드〉 상영회의 주최자는 유리 밀너와 샘 알트만이었다. 초대장에는 "샘 알트만과 유리 밀너는 인공 의식 및 지능의 여명을 탐구하는 HBO 새 드라마 〈웨스트월드〉 첫 회의 시사회에 당신을 초대합니다"라고 적혀 있었다. 상영회가 끝나자 제작자 겸 감독인 조너선 놀란Jonathan Nolan과 배우 에번 레이철 우드Evan Rachel Wood, 탠디 뉴턴Thandie Newton 등이 무대 위로 걸어 올라와 스크린 앞에 나란히 놓여 있는 높은 의자에 앉았다.

이후 1시간 동안 그들은 드라마 내용에 관해 이야기를 나눴다. 웨스트월드의 몇몇 안드로이드가 소프트웨어 업데이트로 오류로 과거 기억에 접근하게 된 이후 오작동과 반란을 일으키기 시작한다는 내용이었다.

그들 다음으로 알트만이 프린스턴대학교 교수 에드 보이턴Ed Boyton과 함께 무대에 올랐다. 기계와 인간의 뇌 사이 정보 전송을 위한 초기 기술을 전공한 보이턴은 얼마 전 유리 밀너, 세르게이 브린, 마크 저커버그 등 실리콘밸리의 저명인사가 제정한 상으로 300만 달러의 연구 보조금이 주어지는 혁신상Breakthrough Prize을 받았다.[1]

알트만과 함께 보이턴은 과학자가 완전한 뇌 지도를 제작한 다음 기계에 그대로 모방할 수 있는 경지에 접근하고 있음을 청중에게 설명했다. 그리고 궁금한 것은 기계가 인간처럼 행동하는 것 말고도 인간이 된 것이 어떠한 기분인지 실제로 '느낄' 수 있는지 여부라며 〈웨스트월드〉가 바로 그 물음을 탐구하는 드라마라고 말했다.

1956년에 마빈 민스키, 존 매카시 등 인공지능 분야의 창시자들이 다트머스 모임에 참석한 이후, 향후 10년 안에 세계 체스 챔피언을 이기거나 스스로 수학 정리를 증명할 만큼 영리한 기계가 등장할 것이라고 주장하는 이들이 생겼다.[2] 10년이 지났지만, 그런 일은 일어나지 않았다. 이후 또 한 다른 창시자이자 카네기멜론대학교 교수 허버트 사이먼은 향후 20년 안에 이 분야의 연구가 "인간이 할 수 있는 모든 일을 해낼 수 있는" 기계를 만들어낼 거라고 말했다.[3] 그러나 그 무렵에 첫 번째 인공지능의 겨울이 찾아왔다. 그리고 1980년대에 해빙기를 맞이했을 때는 사이크 프로젝트를 통해 상식을 재구현하려 시도한 더그 레낫 Doug Lenat을 비롯한 연구자들이 인간의 지능을 재현할 수 있다고 맹세하기에 이르렀다.

그러나 사이크 프로젝트가 진전의 징후를 거의 보여주지 못하고 있던 1990년대에 인간 지능의 재현이라는 아이디어는 주요 연구자들의 대화 주제에 포함되지 않았다. 적어도 공개적으로는 말이다. 그리고 이후 20년간 그러한 상황에 변함이 없었다.

2008년에 발표된 셰인 레그의 박사학위 논문에도 같은 언급이 등장한다. "연구자들 사이에서 그 주제는 거의 금기시된다. 즉, 공상 과학 취급을 받는다. 그들은 대중에게 세계에서 가장 똑똑한 컴퓨터는 아마도 개미만큼 영리할 것이라고 주장한다. 그것도 상황이 좋을 때 이야기다. 언젠가 개발이 가능하다면, 진정한 기계 지능은 먼 미래의 일이다." 또한 다음과 같은 이야기도 적혀 있다. "아마도 몇 년 후에는 이러한 아이디어가 주류를 이룰 것이다. 그러나 지금 당장은 비주류에 머물러 있다. 대다수 연구자는 죽기 전에 진정한 지능을 갖춘 기계가 개발될 수 있다는 생각에 여전히 매우 회의적이다."[4]

몇 년이 지나 인공지능이란 아이디어는 정말로 주류가 됐다. 여기에는 셰인 레그의 공로가 컸다. 레그는 데미스 하사비스와 함께 딥마인드를 설립했고, 또 하사비스와 함께 중요 인사 3인(피터 틸, 일론 머스크, 래리 페이지)에게 이 연구가 투자할 가치가 있는 것임을 설득하는 데 성공했기 때문이다.

구글이 딥마인드를 인수한 뒤에도 레그는 사적인 장소에서 초지능이 멀지 않다는 주장을 계속했지만, 공개적으로는 좀처럼 그런 이야기를 입에 담지 않았다. 머스크 같은 사람들이 지능을 갖춘 기계가 세상을 멸망시킬지도 모른다는 우려를 퍼뜨리는 데 열심인 탓도 있었다. 그러나 그런 과묵함에도 레그의 아이디어는 계속 퍼져나갔다.

아직 토론토대학교의 대학원생이었던 일리야 수츠케버가 면접을 위해 하사비스와 레그를 만났을 때, 그 딥마인드 창업자 두 사람으로부터 범용 인공지능AGI을 구축하고 있다는 말을 듣고 수츠케버는 그 둘이 현실과 너무 동떨어져 있다고 생각했다. 그러나 구글에서 직접 이미지 인식 및 기계 번역 연구를 성공시키고 나서(또한 딥마인드에서 수 주를 지낸 후에) 수츠케버는 레그의 논문을 '굉장한 선견지명'으로 받아들이게 됐다. 다수의 연구자들도 마찬가지였다. 오픈AI의 첫 연구원 9명 중 5명이 AGI의 가능성을 열렬히 신봉하는 딥마인드 연구소 출신이었으며, 두 연구소는 2명의 투자자를 공유했다. 바로 틸과 머스크였다.

2015년 가을, 오픈AI 설립을 논의하는 자리에서 수츠케버는 자신과 생각이 같은, 즉 같은 신념과 야망을 가진 사람들을 발견했다고 느꼈다. 그러나 한편 그들과의 대화가 나중에 문제가 될지도 모른다는 걱정이 들기도 했다. 자신이 AGI의 등장에 대한 논의에 참여했다는 사실이 알려지면 더 광범위한 일반 연구자 모임에서 따돌림을 당하는 신세가 될지 몰랐다.

오픈AI 신설이 공개될 당시 공식 발표에도 AGI는 전혀 언급되지 않았다. 단지 그 아이디어에 대한 먼 미래의 가능성만이 암시됐을 뿐이다. 발표문에는 "현재의 인공지능 시스템은 인상적이지만 매우 한정된 기능만을 수행할 뿐입니다. 우리는 점차 그러한 한계를 줄여나갈 생각이며, 극단적 경우에는 인공지능이 사실상 모든 지적 작업에서 인간의 능력에 버금가는 경지에 도달할 것입니다"라고 적혀 있었다. 그러나 연구소가 성장하면서 수츠케버는 두려움을 떨쳐냈다.

신설된 지 1년이 지난 2016년에 이안 굿펠로를 영입한 오픈AI은 샌프란시스코의 어느 바에서 동료가 된 그를 환영했다. 수츠케버는 잔을 높이 들고 "3년 안에 AGI 개발을 위해!"라고 외치며 건배를 했다. 그 순간 굿펠로는 자신이 원하는 것은 그게 아니라고 진작 말했어야 했나 고민했다.

AGI를 향한 신념은 엄청난 확신이 뒤따라야 했다. 하지만 그 신념은 실제로 몇몇 연구자가 발전할 수 있는 원동력이 됐다. 그 신념은 마치 종교 같은 것이었다. 로봇공학 기술자인 세르게이 러빈은 "과학자로서 우리는 종종 우리의 연구를 매우 실용적인 용어로 풀이해야 한다고 느낍니다. 사람들에게 오늘날 우리가 하고 있는 일이 가치 있는 이유를 설명하고 싶은 거죠. 하지만 실제로 과학자를 연구에 몰두하게 하는 더 큰 이유가 있을 때가 많아요. 그들을 이끄는 건 좀 더 감정적인 것입니다. 그것도 기본적인 감정이 아닌 훨씬 강렬한 감정이죠. 그래서 사람들이 AGI에 빠지는 겁니다. 생각보다 그런 사람이 많아요"라고 설명했다. 알렉스 크리제브스키는 "우리는 감정적으로 믿고 싶은 것을 믿습니다"라고 표현했다.

AGI를 향한 신념은 사람에서 사람으로 전파됐다. 어떤 이들은 주변에서 충분히 많은 사람이 믿기 시작할 때까지 두려워하며 믿고 싶어 하지 않았다. 그리고 아직은 누구도 다른 사람과 똑같은 방식으로 믿고 있지 않았다. 각자 자신의 렌즈로 이 기술과 그 미래를 바라봤다. 이후 이 신념은 실리콘밸리로 전파됐고, 널리 확산되기 시작했다.

실리콘밸리는 더 큰 돈, 더 큰 선전, 더 큰 맹신으로 이 아이디어를 한껏 부풀렸다. 초기에 수츠케버 같은 연구자는 자기 견해를 드러내는 데 신중을 기했지만, 일론 머스크는 입이 무거운 사람이 아니었다. 그건 연구소의 공동 설립자 샘 알트만도 마찬가지였다.

2017년이 시작되고 며칠간 생명의 미래 연구소는 캘리포니아 중부 해안의 퍼시픽 그로브Pacific Grove라는 작은 마을에서 회의를 진행했다.[5] 퍼시픽 그로브의 상록수 숲 한가운데에는 아실로마라는 널찍한 시골 호텔이 있었다. 1975년 겨울 세계 유수의 유전학자들이 이 호텔에 모여 유전자 편집 연구가 세상을 파멸로 몰고 갈 것인지에 대해 논의하기도 했다. 이제는 인공지능 연구자들이 그때의 해안 숲에 모여 인공지능이 그러한 실존적 위기를 초래할 것인지에 대해 다시 한번 논의할 참이었다.

그 자리에 알트만이 있었다. 또한 머스크를 비롯해 오픈AI와 딥마인드의 거물급 인사들이 대거 참석했다. 회의 둘째 날, 머스크가 초지능에 관해 논의하기 위해 9명으로 구성된 패널의 일원으로 무대에 올랐다.[6] 각 토론자는 마이크를 옆으로 전달하며 초지능이 가능한지에 대한 물음에 차례대로 답했다. 다들 "네"라고 대답하는 와중에 머스크만은 "아니요"라고 대답했다. 그러자 작은 강당 안에 폭소가 터졌다. 사람들 모두 머스크가 무엇을 믿고 있는지 잘 알고 있었다. 웃음소리가 잦아들자 머스크는 "우리는 초지능 혹은 문명의 종말, 둘 중 하나를 향해 가고 있어요"라고 말했다.

토론이 계속됨에 따라 맥스 테그마크가 초지능이 도래하면 인간이 그것과 함께 공존할 수 있는 법이 무엇인지 질문했다. 머스크가 두뇌와 기계 간에 직접적 연결이 필요하다며 "우리 모두는 이미 사이보그입니다. 여러분은 이미 전화나 컴퓨터, 각종 애플리케이션과 연결돼 있어요. 여러분은 이미 초인superhuman입니다"라고 말했다. 그러면서 사람들이 애플리케이션을 제대로 빠르게 사용하지 못하는 것이 한계라고 설명했다. 뇌와 기계 사이에 충분한 '대역폭bandwidth'이 없다는 것이다. 그는 사람들이 스마트폰에 뭔가를 입력할 때 여전히 '미트 스틱meat sticks', 즉 손가락을 사용한다며 "신경 피질에 대한 고대역폭 연결로 그러한 한계를 해결해야 합니다"라고 주장했다.

어느 순간 앨런인공지능연구소의 책임자 오렌 에치오니가 "많은 사람이 데이터에 대한 정확한 근거도 없이 이런저런 이야기를 쏟아내는 것 같습니다. '이 이야기는 데이터에 기반한 것인가 아니면 절대적으로 추측에 기반한 것인가?'라고 한번 자문해보시길 바랍니다"라고 말하며 토론에 끼어들어 대화의 강도를 좀 누그러뜨리려 했다.[7] 그러나 이내 다른 이들이 머스크를 옹호하고 나섰다. 연구자 모임에서 점점 더 흔하게 듣게 되는 주장들이 오갔다.

그것은 누구도 이길 수 있는 논쟁이 아니었다. 이들의 토론은 장래에 벌어질 일에 대한 논쟁이었다. 그 말인즉슨 틀렸다고 증명될 일 없이 누구나 무슨 주장이든 할 수 있다는 뜻이었다. 그러나 머스크는 어느 누구보다도 더 이 논쟁을 자신에게 유리하게 이용할 줄 아는 인물이었다. 몇 달 뒤 그는 뉴럴링크Neuralink라는 새 스타트업을 공개했다.[8] 1억 달러의 투자를 약속받은 이 스타트업의 목표는 컴퓨터와 뇌를 연결하는 '신경 그물망neural lace'을 개발하는 것이었다. 그리고 뉴럴링크는 오픈AI와 같은 건물에 자리 잡았다.

야심 찬 사업가가 장악한 오픈AI

머스크는 곧 오픈AI를 떠났지만, 샘 알트만의 지휘 아래 연구소의 야망은 계속 커져갔다. 샘 알트만은 실리콘밸리의 전형적 인물이다. 2005년, 스무 살인 대학교 2학년 때에 소셜 네트워킹 업체 루프트Loopt를 설립했다.[9] 루프트는 와이 콤비네이터 및 그 설립자 폴 그레이엄Paul Graham의 초기 투자를 시작으로 총 3천만 달러의 벤처 캐피털 자금을 조달했다. 루프트의 소셜 네트워크 서비스는 7년 뒤 투자자들에게 손실을 안기며 매각된 후 중단됐다.

그러나 작고 날씬한 체구에 선명한 초록색 눈을 가진 알트만에게 그것은 성공적 퇴장이었다. 특히 그는 돈을 끌어모으는 특별한 재능이 있었다. 얼마 뒤 그레이엄이 와이 콤비네이터의 사장직에서 물러난다고 발표하면서 후임자로 알트만을 지명해 와이 콤비네이터 회사 전체를 깜짝 놀라게 만들었다. 이때부터 알트만은 끝없이 생겨나는 스타트업의 조언자가 됐다.

와이 콤비네이터는 스타트업에 자문과 자금을 제공하는 대신

각 회사의 지분을 취득하는데, 알트만은 개인적으로도 몇몇 업체에 투자하면서 엄청난 부를 쌓았다. 그것도 매우 빠르게. 그는 와이 콤비네이터의 운영이 애송이라도 문제없이 이끌 수 있을 만큼 어렵지 않다고 여겼다. 그러나 또한 자신이 이 회사를 운영하면서 자금 조달에 필요한 기술과 기회는 말할 것도 없고 사람을 알아보는 날카로운 능력을 키울 수 있었다고 인정했다.

알트만이 급격한 성장을 이루는 동안 동기 부여의 첫 번째 원천은 돈이었다. 두 번째 원천은 자신의 영향력 아래 있는 사람과 기업에 대한 권력이었다. 그리고 세 번째 원천은 더욱 넓은 세상에 실질적 영향을 미칠 기업을 육성하는 데서 얻는 만족감이었다.

알트만은 오픈AI를 통해 훨씬 큰 영향력을 발휘하는 것을 목표로 삼았다. 그래서 AGI를 향한 탐구가 알트만이 이제껏 추구해온 그 어떤 것보다 더 중요했고, 더 흥미롭기도 했다. 오픈AI를 위해 와이 콤비네이터를 떠나면서 알트만은 불가피한 선택이라 확신했다.

머스크와 마찬가지로 알트만은 과학자가 아니라 사업가였다. 대학 2학년 때 그만두기 전까지 스탠퍼드대학교에서 인공지능을 공부했다는 사실을 자주 언급하곤 했지만 말이다. 머스크와 달리 알트만은 언론 및 SNS의 관심과 논란을 끊임없이 추구하는 사람은 아니었다. 그러나 미래가 이미 도달한 것처럼 살아간다는 점에서 머스크와 별반 다르지 않았다. 그 점은 실리콘밸리의 저명인사라면 공통적으로 보이는 특징이었다.

대기업을 운영하는 사람이건 작은 스타트업을 시작하는 사람이건 그들은 모두 의식적이든 무의식적이든 그러한 삶의 방식이 세상의 관심과 투자 및 인재를 모으는 가장 좋은 수단임을 알고 있었다. 아이디어는 실패할 수 있다. 예측이 맞아떨어지지 않을지도 모른다. 그러나 다음을 위한 아이디어는 그 소유자와 주변인이 성공에 대한 확신이 있지 않은 한 성공할 수 없다.

한번은 알트만이 "자신감은 매우 강력한 힘을 가지고 있다. 내가 아는 가장 성공한 사람들은 망상에 가까울 정도로 자기 자신을 믿는다. 자신을 믿지 않으면, 미래에 관한 역발상을 할 수 없다. 하지만 역발상으로 가장 가치 있는 것이 탄생하는 법이다"라는 글을 남기기도 했다.[10]

언젠가 알트만은 머스크가 자신을 스페이스X 공장에 데리고 갔던 일을 떠올렸다. 당시 알트만은 화성 여행을 위해 설계된 로켓을 보고 감탄하기도 했지만, 확신에 찬 머스크의 얼굴을 보고 더 큰 감명을 받았다. 알트만은 속으로 '와, 저게 바로 확신이구나'라고 생각했다.

믿는다고 해서 항상 이뤄지는 것이 아니라는 것을 알트만도 잘 알고 있었다. 그러나 그는 또한 사람들 대부분이 시간과 급속한 확장이 대단치 않게 보이는 아이디어에 미칠 수 있는 영향을 과소평가한다는 사실도 잘 알았다. 실리콘밸리에서는 그것을 '스케일scale'이라고 불렀다. 알트만은 어떤 아이디어가 성장할 것으로 일단 판단하면 그 발전을 위해 큰 투자를 하는 데 주저하지 않았다. 물론 알트만 역시 판단이 틀릴 때도 수차례 있다. 그러나 그는 옳았을 경우에는 숨이 멎을 정도로 성공하고 싶었다. 그는 "나태함으로 인한 실수가 아닌, 야망으로 인한 실수를 저질러라"라는 마키아벨리의 유명한 격언이 이러한 자세를 잘 요약한다고 봤다.

알트만은 2016년 선거가 끝난 후에 대중이 1960년대 아폴로 프로그램을 지지한 것처럼 실리콘밸리의 목표를 옹호하지 않았다고 한탄하기도 했다. 사람들이 실리콘밸리의 야망을 고무적이거나 근사한 것이 아닌 무모한 방종 혹은 심지어 유해한 것으로 바라봤다는 것이다.

오픈AI의 설립을 발표할 당시, 알트만은 지능의 재구현이라는 아이디어에 대해 수츠케버처럼 조심스러워하지 않았다. 그는 "시간이 흘러 우리가 인간의 지능을 능가하는 무언가에 더 가까이 접근했을 때, 과연 구글이 얼마나 많은 것을 공유해줄지 의문입니다"라고 말했다. 오픈AI에서 구글과 똑같은 기술을 개발할 예정인지 묻는 질문에 그러길 바란다고 대답한 알트만은 오픈AI는 개발한 것을 공유할 예정이라며 "단지 구글만이 사용 가능한 것이 아닌, 모두가 공유할 수 있는 오픈소스가 될 것입니다"라고 강조했다.[11] 인공지능은 알트만이 이제껏 받아들였던 아이디어 중에서 가장 원대한 것이었지만, 그는 과거 다른 아이디어를 바라봤을 때와 똑같은 자세로 인공지능을 바라보았다.

2018년 4월, 알트만과 오픈AI의 연구원들은 설립 당시에 제시한 사명과는 상당히 다른 내용의 새 연구소 헌장을 발표했다.[12] 처음에 알트만은 오픈AI의 연구 전부를 누구나 활용할 수 있게 공유하겠노라고 선언했다. 그래서 연구소의 명칭도 오픈AI으로 정한 것이었다.

그러나 생성 모델의 등장과 얼굴 인식 및 자율무기의 위협으로 인한 혼돈을 목격하고 나서 알트만은 앞으로 기술이 세상에 미칠 영향력을 측정해서 일부 기술은 공개하지 않겠다고 선언했다. 이렇듯 현실을 깨우치기 시작한 기관들이 오늘날 점차 늘고 있었다. 무스타파 술레이만은 "애초에 누구나 마음껏 이용할 수 있는 개방형 플랫폼이라고 결정해버리면, 엄청난 결과를 맞이할 겁니다. 따라서 기술이 개발되기 전에 악용될 가능성과 일정 수준 감독이 가능할지에 대해서 더 세심하게 주의를 기울여야 합니다"라고 설명했다.

아이러니하게도 오픈AI는 너무 극단적으로 방침을 전환했다. 몇 달 뒤, 구글 버트와 유사한 새 언어 모델을 구축한 오픈AI는 해당 기술로 기계가 자동으로 가짜 뉴스나 잘못된 정보를 생성할 수 있으므로 기술을 출시하는 것이 지나치게 위험하다는 입장을 언론을 통해 밝혔다. 연구소 밖에서 수많은 연구자가 그 기술은 위험 근처에도 가지 못했다며 오픈AI의 주장을 비웃었다. 그리고 결국 그 기술은 출시됐다.

동시에 오픈AI의 새 헌장은 연구소가 AGI를 구축하고 있음을

(명시적으로 또 사실 그대로) 밝혔다. 알트만과 수츠케버는 현재 기술의 한계와 위험성 모두 잘 알고 있었다. 그러나 두 사람의 목표는 인간의 두뇌가 할 수 있는 것을 모두 해내는 기계를 개발하는 것이었다. 다음은 헌장의 내용이다.

> 오픈AI의 사명은 AGI가 전 인류에게 유익한 것이 되도록 보장하는 것이다. 여기서 AGI란, 경제적 가치를 지닌 대다수 작업에서 인간을 능가하는 자동화 시스템을 말한다. 우리는 안전하고 유익한 AGI를 직접 구축하기 위해 노력할 것이나 우리의 연구 조력에 힘입어 타인이 그 목표를 성취한다고 할지라도 우리의 사명 역시 완수된 것으로 간주한다.

알트만과 수츠케버가 말하고자 하는 바는 사실상 딥마인드가 바둑 및 여타 게임을 정복하는 시스템을 구축할 때 따랐던 방식과 거의 같은 방식으로 인공지능을 구축하겠다는 것이었다. 그러면서 그들은 성공이 단지 충분한 데이터와 충분한 컴퓨팅 성능, 그리고 데이터를 분석할 알고리즘의 향상에 달려있다고 주장했다.

두 사람은 외부의 시선이 회의적이라는 것도 알고 있었고, 이 기술이 위험할 수 있다는 것도 의심치 않았다. 그런 그러한 사실에 전혀 개의치 않았다. 알트만은 "제 목표는 광범위하게 유익한 AGI 구축에 성공하는 것입니다. 제 말이 터무니없는 소리로 들린다는 것도 알아요"라고 말했다.

게임 레벨 업 훈련

2018년 말, 딥마인드는 깃발 뺏기를 하는 기계를 훈련했다.[13] 깃발 뺏기는 여름 캠프에 간 아이들이 숲이나 탁 트인 들판에서 하는 단체 스포츠이자 오버워치Overwatch나 퀘이크 3Quake III 같은 3D 게임 안에서 프로 게이머가 하는 게임이기도 했다.

딥마인드의 연구원들은 퀘이크 3 안에서 기계를 훈련했는데, 게임 속에는 높은 벽으로 이뤄진 미로의 반대편 끝에 각각 붉은색과 파란색의 깃발이 꽂혀 있었다. 각 팀은 상대편 깃발을 뺏어 자기 진영으로 가져오는 동안 자신의 깃발 또한 지켜야 했다.

이 게임은 수비와 공격 사이에 세심한 조정이 필요해 협동 능력을 요했다. 그리고 딥마인드의 연구원들은 기계가 이러한 종류의 협동 행위를 학습할 수 있거나 적어도 흉내 내는 법을 학습할 수 있음을 보여줬다. 그들의 시스템은 퀘이크 3 깃발 뺏기 게임을 약 45만 판 반복하며 학습했다. 4년 이상의 게임 시간을 몇 주의 훈련 기간 안에 끝마친 것이었다. 마침내 시스템이 다른 자율 시스템 혹은 인간과 함께 상대편의 움직임에 따라 자신의 행동을 조정하며 게임을 플레이할 수 있게 됐다. 어떤 상황에서는 시스템이 숙련된 게이머에 버금가는 협동 실력을 보여주기도 했다. 팀원이 깃발을 뺏기 직전일 때는 상대 팀 진영으로 급히 달려가기도 했다. 인간 플레이어라면 알고 있겠지만, 깃발을 빼앗기면 상대편 거점에 또 다른 깃발이 나타나는데, 그러면 나타나자마자 차지할 수 있었다.

딥마인드의 연구원 맥스 제이더버그Max Jaderberg는 "당신이 협동 능력을 어떻게 정의하는지는 제가 따지고 싶지 않아요. 하지만 에이전트 하나가 깃발이 나타나길 바라며 상대편 거점에 자리 잡을 겁니다. 그런 행동은 팀 동료에게 의지할 때만 나올 수 있어요"라고 말했다.

딥마인드와 오픈AI에서 인간의 지능에서 모방하고 싶었던 것은 이러한 것이었다. 자율 시스템은 점점 더 복잡해지는 환경 속에서 학습을 거듭했다. 다음은 아타리 게임, 그다음은 바둑이었다. 그리고 퀘이크 3과 같은 3D 다중 사용자 게임을 통해서 단독 능력뿐 아니라 협동 능력까지 학습했다. 그리고 학습은 계속될 예정이었다.

7개월 뒤, 딥마인드는 우주를 배경으로 한 3D 게임 스타크래프트StarCraft에서 세계 최고의 프로 게이머들을 꺾은 시스템을 공개했다.[14] 이후 오픈AI는 깃발 뺏기보다 한층 복잡한 플레이가 요구되는 게임인 도타 2를 완전히 깨우친 시스템을 구축했다.[15] 도타 2를 깨려면 전체 자율 에이전트 팀원 사이에 협력이 필수였다.

그해 봄, 5 대 5로 진행된 게임에서 자율 에이전트팀이 세계 최고의 인간 플레이어팀을 이겼다. 오픈AI는 가상 세계에서의 성공이 결국 현실에서도 잘해낼 수 있는 자동화 시스템으로 이어진다고 믿었다. 오픈AI은 그렇게 믿으며 로봇 손 연구에 임했다. 그래서 가상현실에서 익힌 지식 및 방법을 현실 세계로 옮기기 전에 가상의 손을 재현해 가상의 루빅스 큐브를 맞추도록 훈련한 것이다. 이 연구소는 인간이 일상생활에서 맞닥뜨리는 상황에 대해 거대하고 충분한 시뮬레이션을 구축할 수 있다면 AGI도 구축이 가능하다고 믿었다.

이 연구를 다르게 바라보는 이들도 있었다. 퀘이크, 스타크래프트 및 도타에서 이룬 성과가 인상적이었던 만큼 많은 사람이 과연 그들의 연구가 현실 세계로 잘 변환될 것인지 의문을 품었다. 딥마인드가 깃발 뺏기 에이전트에 대한 논문을 발표하자 조지아공과대학교 교수 마크 리들Mark Riedl은 "3D 환경은 탐색하기 쉽도록 설계돼 있어요. 퀘이크 속의 전략과 조정은 간단해요"라고 말했다.

리들은 비록 에이전트가 협동하는 것처럼 보이지만 실제로 그렇지 않다고 설명했다. 그들은 인간 플레이어가 하듯이 서로 의사소통하는 것이 아닌 단순히 게임 속에서 벌어지는 상황에 반응할 뿐이라는 것이다. 각각의 에이전트가 게임에 관해 초인적 지식을 가지고 있는 것은 맞지만 그것은 절대 지능이 아니라고 강조했다. 즉, 시스템이 현실 세계에서는 잘해내지 못할 거란 말이었다.

게임에는 강화 학습이 이상적으로 맞아떨어졌다. 비디오 게임은 점수가 기록되기 때문이다. 그러나 현실 세계에서 점수를 매기는 사람은 없다. 따라서 연구원들은 다른 방식으로 성공을 정의해야 했는데, 그건 간단한 문제가 아니었다. 루빅스 큐브는 매우 현실적이긴 하나 역시 하나의 게임이었다. 따라서 목표를 정의하기 쉬웠다. 그렇다고 문제가 완전히 해결된 것은 아니었다.

오픈AI의 현실 속 로봇 손에는 미세한 LED가 여러 개 장착돼 있었는데, 그 LED 덕분에 방 여기저기에 설치된 센서가 한시도 쉬지 않고 각 손가락의 위치를 정확히 추적할 수 있었다. 그 LED와 센서가 없으면 로봇 손이 큐브를 맞출 수 없었다. 그리고 오픈AI의 연구 논문에 아주 작은 글씨로 적혀 있는 내용 가운데 로봇 손이 심지어 그것들이 장착돼 있는 상태에서도 10회 중 8회나 큐브를 떨어뜨렸다는 기록이 있다. 오픈AI의 로봇 손은 겨우 20퍼센트의 성공률을 얻기 위해 1만 년에 달하는 디지털 시행착오를 거친 것이었다.

진정한 지능은 1만 년이 매우 짧은 시간처럼 여겨질 만큼 엄청난 수준의 디지털 경험이 필요할 것이다. 딥마인드는 지구상에서 가장 방대한 전용 네트워크라고 할 수 있는 구글의 데이터센터 네트워크의 도움을 받을 수 있었지만, 그래도 충분하지 않았다.

극단적인 기대와 전망

연구원들은 새로운 컴퓨터칩으로 상황을 바꿀 수 있다는 희망을 품고 있었다. 엔비디아의 GPU와 구글의 TPU를 모두 능가하는 수준의 칩이어야 했다. 구글, 엔비디아, 인텔 등 수십 개의 기업과 수많은 스타트업이 오직 신경망 훈련만을 위한 새로운 칩을 개발 중이었다.

새로운 칩이 개발되면 딥마인드나 오픈AI 같은 연구소에서 구축된 시스템이 훨씬 짧은 시간 안에 더욱 많은 것을 학습하게 될 터였다. 알트만은 "새로운 컴퓨팅 자원이라는 점에서 무엇이 등장할지 주시하고 있어요. 그리고 현재 결과와 결부시켜 계획을 세우고요. 결과가 계속 나아지고 있어요"라고 말했다.

알트만은 새로운 하드웨어를 얻고자 마이크로소프트와 그 신임 CEO 사티아 나델라와 거래를 했다. 여전히 마이크로소프트가 인공지능 분야의 선두주자임을 세상에 증명하려고 애쓰고 있던 나델라는 오픈소스 소프트웨어를 받아들이고, 클라우드 컴퓨팅 시장에서 구글을 앞서 나가면서 불과 몇 년 만에 회사를 확 바꿔놓았다. 그러나 다수가 클라우드 컴퓨팅 시장의 미래를 인공지능으로 확신하는 세상에서 마이크로소프트를 이 분야의 선두주자로 보는 사람은 거의 없었다.

나델라와 마이크로소프트는 오픈AI에 10억 달러 투자를 결정했고, 오픈AI은 그 돈의 대부분을 다시 마이크로소프트에 돌려주기로 합의했다. 마이크로소프트가 연구소의 시스템 훈련을 위한 새 하드웨어 인프라를 구축해줬기 때문이다. 나델라는 "우리가 추구하는 것이 양자 컴퓨터든 AGI든 저는 야망이 큰 북극성 같은 존재들이 필요하다고 생각합니다"라고 말했다.

하지만 알트만에게 이 거래는 수단보다 목적을 더 염두에 둔 것이었다. 알트만은 "제 목표는 광범위하게 유익한 AGI 구축에 성공하는 것입니다. 이번 제휴는 현재까지의 여정에서 가장 중요한 이정표입니다"라고 말했다.

당시 연구소 2곳에서 AGI를 개발 중이라고 밝힌 상태였다. 그리고 세계 최대 기업 2곳이 적어도 한동안은 이들 연구소에 필요한 자금과 하드웨어를 제공하겠다고 밝혔다. 알트만은 목표 달성을 위해서는 자신과 오픈AI에 250억~500억 달러가 더 필요하다고 보았다.

어느 날 오후, 샌프란시스코에 있는 오픈AI 사무실에서 그리 멀지 않은 한 커피숍에 일리야 수츠케버가 앉아 있었다. 수츠케버는 머그잔에 담긴 음료를 홀짝이면서 이런저런 이야기를 나누고 있었다. 그중 하나가 AGI였다. 그는 자세히 설명할 수는 없지만 그 기술이 현실이 되고 있음을 알고 있었다고 했다.

수츠케버가 "정말 대단할 겁니다. 확실해요. 정확히 어떤 모습일지 설명하기는 어렵지만, 그런 의문에 대해 생각하거나 되도록 미래를 많이 내다보는 것은 중요한 것 같아요"라고 말했다. 그는 '컴퓨팅의 쓰나미', 즉 인공지능이 수도 없이 늘어나는 현상이 발생할 거라고 주장했다. 그러면서 "이건 거의 자연 현상이나 마찬가지예요. 막을 수 없는 힘이죠. 그리고 워낙 유용해서 당연히 존재할 수밖에 없어요. 그럼 우리는 무엇을 할 수 있냐고요? 우린 조종하는 거죠. 이쪽저쪽으로 이동시키는 거죠"라고 설명했다.

AGI는 단지 디지털 세상만을 변화시키는 것이 아니었다. 그것은 현실 세계마저 바꿀 터였다. 이어서 수츠케버는 "전 누군가 꽤 좋은 사례를 만들 거라고 생각해요. 진정한 인간 수준의 인공지능 내지 그 이상의 인공지능이 예측하거나 상상할 수 없는 방식으로 사회를 압도적으로 전환할 만한 영향력을 발휘하는 것 말이죠. 그럼 인간의 시스템은 대부분 해체될 겁니다. 지구 전역이 데이터센터와 발전소로 뒤덮일 때까지 그렇게 오래 걸리지 않을 거예요. 일단 데이터센터가 생기면, 인간보다 훨씬 영리한 수많은 인공지능을 구동할 수 있으니 다들 정말 유용하다고 생각하겠죠. 그 하나가 엄청난 가치를 창출할 수 있으니까요. 사람들은 곧 '얼른 하나 더 지어달라'고 요청할 겁니다"라고 말했다.

정말 그렇게 생각하는지 묻자 수츠케버는 커피숍 건너편의 밝은 주황색 건물 쪽 창문을 가리키며 그렇다고 대답했다. 그러면서 그 건물이 컴퓨터칩으로 가득 차 있고, 그 칩이 구글 같은 회사의 최고경영자나 최고재무책임자 및 전체 개발자의 능력을 복제한 소프트웨어를 실행하고 있다고 상상해보라고 했다. 건물 자체가 구글의 축소판처럼 기능한다면 그 가치는 엄청날 거라고 설명했다. 그리고 가치가 대단히 높아서 같은 방식의 건물을 또 하나 세우고 싶을 거라고 말했다. 수츠케버는 그런 식으로 계속 더 많은 건물을 세우려 하는 분위기가 거세게 일 거라고 설명했다.

대서양을 건너 세인트판크라스역 근처의 구글 신관에서 셰인 레그와 데미스 하사비스가 미래사회를 더 간단하게 설명했다.

그러나 두 사람의 설명 역시 크게 다르지 않았다. 레그는 딥마인드가 10년 전 피터 틸에게 회사를 처음 홍보했을 때 자신과 하사비스가 마음속에 그렸던 것과 같은 맥락이라면서 "회사를 시작할 때 작성한 우리의 사명을 되돌아보면 믿기 어려울 정도로 지금의 딥마인드와 닮아 있더군요. 정말 바뀌지 않았어요"라고 말했다.

최근에 두 사람은 그 사명에 부적합해 보이는 사업 하나를 포기했다. 잠깐 2018년 봄으로 거슬러 올라가 보자. 당시 무스타파 술레이만은 딥마인드의 몇몇 직원에게 조만간 연구소의 헬스케어 사업을 구글로 이전할 예정이라고 알렸다. 그리고 그해 가을, 딥마인드는 해당 사업이 구글로 인계 완료됐다고 발표했다.[16]

1년 뒤, 회사 외부에 알리지 않고 휴직계를 낸 술레이만은 자신도 딥마인드를 따라 구글로 자리를 옮겼다. 술레이만의 철학은 늘 데미스 하사비스보다는 제프 딘과 더 잘 어울렸다. 이제 술레이만은 자신의 소중한 프로젝트, 즉 딥마인드에서 가장 실용적이고 단기적인 사업과 함께 하사비스 그리고 레그와 결별했다.

딥마인드도 어느 때보다 미래에 집중하게 됐다. 그리고 딥마인드는 상당한 독립성을 갖추고 운영되는 여건에서도 여전히 구글의 방대한 자원을 활용할 수 있었다. 딥마인드를 인수한 이래 구글은 딥마인드의 연구에 총 12억 달러를 투자했다.[17] 2020년까지 하사비스는 런던 연구소에 소속된 수백 명의 컴퓨터과학자와 별도로 두뇌의 내부 작용을 조사하기 위해 50명이 넘는 신경과학자를 고용했다.

이런 상황이 얼마나 더 오래 지속될 것인지 의문을 품는 사람도 있었다. 그해에 딥마인드의 가장 큰 후원자였던 래리 페이지와 세르게이 브린이 동반 사임을 발표한 것이다.[18] "알파벳이 딥마인드의 장기 연구에 계속 막대한 자금을 투자할 것인가?" 혹은 "보다 즉각적 연구를 수행해야 하지 않을까?" 등이 그러한 의문이었다.

딥마인드 인수를 이끌었고 또 구글 브레인 설립을 도왔던 앨런 유스터스는 늘 단기적 기술 추구와 장기적 이상 사이에서 갈등을 겪곤 했다.

그는 "딥마인드는 구글 내에서 더 흥미로운 문제에 접근할 수 있을 겁니다. 하지만 그 장기 목표의 속도는 둔화될지 모릅니다. 딥마인드를 알파벳에 두면 기술 상용화 능력은 둔화되겠지만 길게 보면 긍정적 결과를 가져올 확률이 크죠. 이 난제의 해결이 머신러닝의 역사에서 변곡점이 될 겁니다"라고 말했다.

그러나 분명히 딥마인드를 이끄는 철학 자체는 변하지 않았다. 놀라운 속도로 향상된 인공지능 기술이 누구도 예상치 못한 방식으로 작동하거나, 또 예상을 뛰어넘는 더욱 강력하고 맹렬한 기업의 능력과 결합하는 등 혼란했던 몇 년의 세월이 지난 후에도 오픈AI과 마찬가지로 딥마인드는 여전히 진정한 지능적 머신 구축에 열중했다. 사실 딥마인드의 창업자들은 그러한 혼란이 일종의 증명이라고 여겼다. 그들은 이미 이 기술이 잘못된 길로 갈 수도 있음을 경고했기 때문이다.

어느 날 오후, 하사비스는 자기 런던 사무실에서 걸려온 영상 통화 중에 자신의 견해는 마크 저커버그와 일론 머스크의 중간쯤에 해당한다고 말했다. 그러면서 저커버그와 머스크의 견해는 둘 다 극단적이라고 평가했다. 초지능의 가능성을 확고하게 믿는 하사비스는 그것이 위험할 수 있다는 것도 인정했다. 그러나 또 초지능의 등장까지 긴 세월이 걸릴 거라고 여겼다.

하사비스는 "초지능이 아직 존재하지 않는 평온한 지금 이 시기를 이용해야 합니다. 수십 년 뒤에 상황이 심각해질 경우를 대비하면서 말이죠. 그래서 지금 이 시간이 무척 소중합니다. 최대한 활용할 필요가 있어요"라고 피력했다. 최근 몇 년간 페이스북과 같은 기업이 초래한 각종 문제는 우리가 이 기술을 구축할 때 신중하고 사려 깊은 태도로 임해야 한다는 경고였다. 그러나 이러한 경고가 자신의 목표를 달성하고자 하는 하사비스에게 장애가 될 수는 없었다.

하사비스는 "우리는 계속 노력 중입니다. 그냥 만지작거리는 게 아니라 정말 가능하다고 믿기 때문에 이 연구를 계속하는 겁니다. 시간척도를 두고 이견은 있지만, 우리가 아는 한 AGI 구축을 막을 수 있는 물리 법칙은 존재하지 않아요"라고 덧붙였다.

21

미지의 요인
미완의 해피 엔딩

"역사는 반복되는 것 같아요."

튜링상 트리오

토론토 시내에 있는 구글사 건물의 15층에 자리 잡은 제프리 힌턴의 사무실 창가 근처 서랍장 위에 흰색 블록 2개가 놓여 있었다. 각각 신발 상자 정도의 크기에 모서리가 날카로운 길쭉한 삼각형으로, 마치 이케아 카탈로그에 나올 법한 현대식 미니 조각품 세트처럼 보였다.

힌턴은 누군가 새로운 인물이 자신의 사무실을 찾아오면 이 블록 2개를 내밀며 하나의 피라미드를 반으로 나눈 것이라고 설명했다. 그리고 블록을 다시 하나의 피라미드로 맞출 수 있는지 묻곤 했다. 얼핏 간단한 문제처럼 보였다. 각 블록의 면이 5개이므로 그중에서 두 면만 찾아 맞추면 될 테니 말이다.

그러나 그 퍼즐을 맞출 수 있는 사람은 거의 없었다. 힌턴은 MIT의 종신 교수 2인도 이 문제를 풀지 못했다며 즐거워했다. 한 교수는 시도조차 하지 않았고, 다른 한 교수는 불가능하다는 증거를 들이댔다고 말했다.

그러나 힌턴은 가능하다고 말한 뒤 눈 깜짝할 사이에 퍼즐을 맞췄다. 힌턴은 우리가 피라미드(혹은 현실 세계에서 접하는 모든 객체)를 이해하는 방식을 퍼즐이 약화한 탓에 사람들 대부분이 문제 해결에 실패한 것이라고 설명했다. 그러니까 블록의 한 면을 살핀 다음 다른 면을 보고, 또다시 윗부분을 살피고, 이어서 아랫부분을 관찰했기 때문에 하나의 피라미드를 인식할 수 없었다는 것이다.

인간은 객체의 전체 형상을 "3차원 공간에 있는 것처럼" 상상할 수 있다. 힌턴은 피라미드를 2개로 쪼갠 자신의 퍼즐이 인간이 평소처럼 3차원으로 상상하는 것을 방해했다고 설명했다. 이 이야기를 들려주면서 힌턴은 비전 기술이 예상보다 더 복잡하고, 인간이 눈앞의 객체를 이해하는 방식을 아직은 기계가 따라 할 수 없다는 사실을 일깨웠다. 그러면서 "컴퓨터 비전 연구자들은 이 사실을 간과하고 있어요. 그건 엄청난 실수죠"라고 말했다.

힌턴은 지난 40년에 걸쳐 자신이 그 성장에 기여해온 기술의 한계를 지적했다. 그리고 오늘날 컴퓨터 비전 연구자가 매달리는 딥러닝은 이 문제의 일부만을 해결할 뿐이라고 말했다. 수천 장의 커피 잔 사진을 분석한 신경망은 커피 잔을 인식하는 법을 학습할 수 있었다. 그러나 그 사진들이 커피 잔의 측면에서만 촬영된 것이라면, 신경망은 엎어놓은 커피 잔은 식별하지 못했다. 신경망은 객체를 3차원이 아니라 오직 2차원으로만 보는 것이다. 힌턴은 영국식으로 캡'슐'cap-'shule'이라고 발음하면서 바로 이 점이 자신이 '캡슐 네트워크'로 해결하고 싶은 문제 중 하나라고 설명했다.

캡슐 네트워크도 다른 신경망과 마찬가지로 데이터로부터 학습하는 수학적 시스템이다. 그러나 힌턴의 설명에 따르면, 캡슐 네트워크는 인간과 똑같은 3차원 시각을 기계에 제공해 기계가 오직 한 방향의 커피 잔을 학습한 후에도 어느 각도에서든 커피 잔을 식별할 수 있게 만든다. 이 아이디어는 힌턴이 1970년대 말에 처음 개발한 것으로 그는 수십 년 뒤 구글에서 이 기술을 부활시켰다. 2015년에 딥마인드에서 여름을 보낼 당시 힌턴은 이 연구를 계속하려고 했지만, 아내 재키가 암 진단을 받는 바람에 그럴 수 없었다.

이후 토론토로 돌아온 힌턴은 2017년 가을에 미국 비자 발급이 거부된 이란 연구자 사라 새부어와 함께 이 아이디어를 탐구했다. 두 사람은 일반 신경망을 능가하는 정확도로 생소한 각도의 이미지를 인식할 수 있는 캡슐 네트워크를 구축했다. 그러나 힌턴은 캡슐 네트워크가 단지 이미지를 인식하는 수단만은 아니라고 설명했다. 훨씬 복잡하고 강력한 방식으로 두뇌의 신경세포망을 모방하려는 시도였다고 밝혔다.

힌턴은 이 기술이 컴퓨터 비전은 물론이고 자연어 이해 등 인공지능의 전반적 발전을 가속화할 수 있다고 확신했다. 힌턴이 보기에 지금 이 새로운 기술은 자신이 2008년 12월, 휘슬러의 스키 리조트에서 우연히 리 덩을 만났을 때 신경망이 도달한 시점과 매우 유사한 시점을 향해 다가가고 있었다. 힌턴은 "역사는 반복되는 것 같아요"라고 말했다.

2019년 3월 27일, 세계 최대 컴퓨터과학자 학술 단체인 미국컴퓨터학회ACM, Association for Computing Machinery는 힌턴, 르쾽, 벤지오를 튜링상 수상자로 발표했다. '컴퓨터 분야의 노벨상'으로 불리는 튜링상은 1966년에 컴퓨터의 발명에 기여한 핵심 인물 중 한 사람인 앨런 튜링Alan Turing의 이름을 따 제정된 상으로 현재는 100만 달러의 상금이 부상으로 수여된다.

상을 받은 세 연구자는 2000년대 중반에 신경망 연구를 부활시키면서 신경망을 테크 산업의 심장부로 밀어 넣었으며, 그 덕분에 이미지 인식을 비롯해 기계 번역, 로봇공학에 이르기까지 모든 것이 재탄생했다고 봐도 과언이 아니다. 이들 역전의 노장은 이 상을 삼등분해 나눴다. 르쾽과 벤지오는 힌턴에게 좀 더 큰 몫을 남겼다.

힌턴은 이 사건을 기념하고자 좀처럼 사용하지 않던 트위터에 '미지의 요인X Factor'이란 개념을 설명하는 글을 올렸다.

제가 케임브리지대학교 킹스칼리지 학부생이었던 2010년에 튜링상을 수상한 레스 벨리언트Les Valiant가 X 계단에서 가까운 방에 살고 있었어요. 그가 제게 튜링이 킹스칼리지에서 박사 후 연구원일 당시 X 계단 위쪽 방에 살았고, 아마 거기서 1936년에 나온 논문을 썼을 거라고 말해주었죠.[1]

그것은 컴퓨터 시대의 개막을 알린 역사적인 논문이었다.[2]

수상 소감

두 달 뒤 샌프란시스코 시내의 팰리스호텔Palace Hotel 대연회장에서 시상식이 열렸다. 제프 딘은 검은색 넥타이를 매고 나타났다. 마이크 역시 마찬가지였다. 흰 재킷을 입은 종업원들이 새하얀 식탁보가 깔린 원탁 사이를 돌아다니며 참석자 500여 명에게 저녁 시중을 들고 있었다. 식사가 진행되는 동안 업계 및 학계에 몸담고 있는 십수 명의 개발자, 프로그래머, 연구자에게 각종 상이 주어졌다.

힌턴은 자리에 앉아 있지 않았다. 허리 통증 때문에 마지막으로 자리에 앉아본 지도 벌써 15년이나 됐다. "고질적 문제입니다"라고 힌턴은 표현하곤 했다. 첫 번째 상이 수여될 때 힌턴은 연회장 옆 한쪽에 서서 수상 소감을 적어둔 작은 카드를 내려다보고 있었다. 르쿵과 벤지오가 한동안 벽 근처 힌턴의 곁에 서 있다가 힌턴이 계속 카드를 읽자 나머지 참석자와 함께 자리에 앉았다.

시상식이 시작되고 1시간쯤 흘렀을 때 제프 딘이 무대로 걸어 올라갔다. 그리고 다소 긴장된 표정으로 튜링상 수상자 3인을 호명했다. 제프 딘 역시 세계 최고의 개발자였다. 그만큼 연설에는 소질이 없었다. 그러나 그의 말 한마디 한마디에 진심이 담겨 있었다.

딘은 힌턴과 르쾽, 벤지오가 이 업계의 종사자들에게 다년간 외면받으면서도 끝내 개발해낸 일련의 기술이 지금도 과학과 문화의 환경을 바꾸고 있다며 "역발상에 따른 연구의 위대함을 깨우쳐줬습니다"라고 말했다. 이어서 무대 양쪽에 설치된 화면에서 신경망의 역사와 이 세 연구자가 수십 년간 겪었던 역경의 순간이 담긴 짧은 동영상이 재생됐다. 화면 속에 르쾽이 등장해 "저는 언제나 제가 옳다고 확신했습니다"라고 말했다. 연회장이 웃음바다가 된 가운데, 이제 무대에 선 힌턴은 여전히 자신의 카드만을 쳐다보고 있었다.

영상은 조심스럽게 인공지능이 아직 진정한 지능과는 거리가 멀다는 사실을 보여줬다. 화면 속에서 르쾽은 "아직도 기계는 반려묘보다 상식이 부족합니다"라고 말했다. 이어서 캡슐 네트워크 연구를 설명하는 힌턴의 모습으로 장면이 전환됐다. 힌턴은 다시 한번 이 분야에서 재도약을 꿈꾸고 있었다. "많은 사람이 무한한 가능성을 지닌 차세대 혁신이라고 일컫는 그것 덕분에 인공지능의 미래는 밝습니다"라는 영상 속 해설에는 익숙한 과장된 표현이 담겨 있었다.

마지막으로 화면 속에 등장한 힌턴이 소회를 간단히 밝혔다. 우선 힌턴은 르쿵, 벤지오와 나란히 수상한 기쁨을 표현하며 "이 상을 공동으로 받게 돼 매우 기쁩니다. 혼자가 아닌 여럿이서 성공의 기쁨을 만끽하는 일은 늘 더 행복한 일입니다"라고 말했다. 이어서 다음과 같은 조언을 남겼다. "여러분에게 떠오른 아이디어가 옳다고 여겨진다면, 남들이 바보 같다 해도 귀담아듣지 마세요. 그냥 무시하세요." 영상이 종료됐지만 무대 위에 서 있는 힌턴은 여전히 자신의 카드를 내려다보고 있었다.

벤지오가 수상 소감을 발표하기 위해 먼저 앞으로 나섰다. 그의 덥수룩한 수염은 거의 반백으로 변해 있었다. 벤지오는 자신이 수상자 3인 가운데 가장 어리기 때문에 첫 번째로 나섰다고 말했다. 이어서 2000년대 중반에 신경망 연구에 자금을 지원해준 캐나다고등연구소에 고마움을 표했다. 다음으로 르쿵과 힌턴에게 감사의 인사를 전하며 "두 사람은 저의 첫 우상이었으며, 스승이자 친구 그리고 공범이었습니다"라고 말했다. 덧붙여 이 상은 단지 그들만의 것이 아니라 몬트리올대학교, 뉴욕대학교, 토론토대학교의 제자들을 비롯해 신경망 아이디어를 믿고 따른 모든 연구자의 것이라고 주장했다. 그리고 궁극적으로 뜻을 같이하는 수많은 동료 연구자의 연구가 이 기술을 새로운 정점으로 이끌 것이라고 말했다.

벤지오의 말처럼 헬스케어, 로봇공학, 자연어 이해 분야에서의 거듭된 발전과 함께 그런 작업이 이미 진행 중이었다. 지난 몇 년간 이 분야에서 여러 거물급 인사의 영향력이 점점 시들해졌다. 서서히 연구에 환멸을 느낀 알렉스 크리제브스키가 구글에서 물러나 이 분야를 완전히 떠났다. 이듬해에는 바이두의 경영진 간에 내부 갈등이 격화되어 앤드루 응과 치 루가 차례로 퇴사했다. 하지만 분야 전체는 학계와 업계를 불문하고 성장을 이어갔다. 지난 몇 달 사이 애플은 존 지아난드레아와 벤지오의 제자였던 이안 굿펠로를 구글에서 스카우트했다.

그러나 벤지오는 또한 연구자가 이 기술이 어떻게 사용될 것인지 유념해야 한다며 "우리에게 주어진 명예에는 책임이 따릅니다. 우리가 개발한 기술이 좋은 방향으로 사용될 수도 있지만, 동시에 나쁜 방향으로 악용될 수도 있습니다"라고 강조했다.

두 달 전 〈뉴욕 타임스〉는 중국 정부가 이슬람교도가 대부분인 소수 민족 위구르족을 추적 및 통제할 목적으로 인공지능 업체 여러 곳과 손잡고 얼굴 인식 기술을 개발했다는 사실을 폭로했다.[3] 그해 가을에는 구글의 최고법무책임자 켄트 워커가 메이븐 프로젝트를 둘러싼 논란에도 국방부와 기꺼이 협력할 의사가 있음을 밝혔고, 그러한 협업이 자율무기의 앞날에 어떤 의미를 지니는지 여전히 의심의 눈초리를 보내는 이가 많았다.[4] 그리고 2020년 미국 대선이 다가오고 있었다.

이어서 페이스북 인공지능 연구소의 수장 르쾽이 수상 소감을 발표했다. "요슈아를 뒤쫓는 일은 언제나 힘든 도전이었습니다.

제프리를 앞지르는 것은 훨씬 어려운 일이고요." 3인 중 유일하게 턱시도를 차려입은 르쾽은 튜링상을 받고 나서 자신의 삶이 어떻게 달라졌는지 궁금해하는 사람이 많았다면서 "전에는 제가 틀렸다고 말하는 사람들에게 익숙했죠. 이제는 감히 제가 틀렸다고 말할 사람들이 없기 때문에 더 조심스러워졌습니다"라고 말했다. 그러면서 자신과 벤지오가 독특한 튜링상 수상자라는 점을 강조했다.

두 사람 모두 1960년대생으로 최연소였으며, 최초의 프랑스 태생 수상자였다. 또한 이름의 첫 글자가 Y로 시작하는 수상자 역시 자신들밖에 없으며, 둘 다 구글에서 일하는 형제가 있다는 것이었다. 마지막으로 르쾽은 자신을 개발자로 키워준 아버지와 자신을 제자로 받아준 제프리 힌턴에게 감사를 표했다.

르쾽에게 청중의 박수갈채가 쏟아지자 비로소 힌턴은 자신의 카드를 집어넣고 시상대 앞으로 걸어 나왔다. "계산을 좀 해봤는데요. 제가 확실히 젊네요. 얀과 요슈아 두 사람의 나이를 합친 것보다 말입니다"라고 말문을 연 힌턴은 "탁월한 분별력을 발휘해준 ACM 심사 위원회"에 사의를 표했다. 그리고 자신을 따르는 제자, 연구원을 비롯해 은사와 동료에게도 고마움을 전했다. 연구비를 지원해준 다수의 단체를 향한 감사의 말도 잊지 않았다.

그러나 가장 고마운 사람은 자신의 아내 재키라고 밝혔다. 힌턴의 아내는 수상 소식이 전해지기 몇 달 전 이미 세상을 떠났다. 힌턴은 25년 전 아내 로절린드가 세상을 떠났을 때 자기 연구 인생도 끝이 났다고 생각한 사실을 고백했다. "몇 년 전 재키는 런던에서 일궈온 경력을 포기하고 우리 가족을 따라 캐나다행을 선택했죠. 재키는 제가 이 상에 얼마나 간절했는지 잘 알고 있었습니다. 아마 오늘 이 자리에 함께하고 싶었을 겁니다." 힌턴은 더는 말을 잇지 못했다.

딥러닝의 개척자가 내다본 인공지능의 미래

한 달 뒤 튜링상 수상 기념으로 애리조나주 피닉스에서 열린 한 강연회에서 힌턴은 머신러닝의 등장 및 미래를 설명했다.[5] 힌턴은 머신러닝이 작동되는 다양한 방식을 소개하면서 "2가지 학습 알고리즘이 있습니다. 실제로는 3가지인데, 세 번째 방식은 효과가 뛰어나다고 할 수는 없어서요. 바로 강화 학습입니다"라고 말했다. 강연을 듣고 있던 수백 명의 인공지능 연구자가 웃음을 터뜨렸다.

힌턴은 나아가서 "강화 학습에 목숨을 건 곳이 있어요. 바로 딥마인드입니다"라고 말했다. 힌턴은 데미스 하사비스와 딥마인드가 AGI에 이르는 길이라고 믿은 강화 학습을 신뢰하지 않았다. 현실 속 작업 수행을 하는 데 지나치게 방대한 데이터와 처리 성능이 필요한 방식이기 때문이다. 또한 같은 이유에서 (다른 여러 이유에서도) AGI를 목표로 하는 입장에 동의하지 않았다.

힌턴은 AGI가 너무 거창한 과업이라 가까운 장래에 문제가 해결될 수 없다고 생각했다. 그해 봄, 캘리포니아 북부에 있는 구글 본사를 방문한 힌턴은 "전 여러분이 해결책을 알아낼 수 있는 분야에 집중하는 게 훨씬 좋아요"라고 말했다. 그러면서도 어떤 이유로 다른 연구자들이 AGI 구축에 매달리는지 의아해했다. 그래서 힌턴은 다음과 같은 의문을 제기했다.

"저한테 로봇 외과 의사가 있다고 해보죠. 제 로봇이 엄청난 양의 의학 및 수술 지식에 통달해야 한다는 건 당연합니다. 하지만 제 로봇 의사가 어째서 야구 점수까지 알아야 하는지 전 잘 모르겠어요. 왜 제 로봇이 범용 지식을 갖춰야 합니까? 우리를 도울 기계를 만드는 것 아닌가요? 전 구덩이를 잘 파는 기계가 필요할 때, 안드로이드보다 굴착기를 선택할 겁니다. 여러분도 굴 파는 안드로이드를 원하진 않을 겁니다. 마찬가지로 돈을 내놓는 기계가 필요하면 전 ATM이면 충분합니다. 우리가 과연 범용 안드로이드를 원하게 될까요? 전 아니라고 확신합니다."

이어서 AGI에 대한 믿음을 종교에 대한 믿음과 동급으로 생각하느냐고 묻는 질문에 "종교 같은 미지의 사상은 아닙니다"라고 대답했다.

피터 어빌이 힌턴에게 코베리언트에 대한 투자를 요청한 때가 바로 그해였다. 강화 학습으로 개발된 어빌의 로봇을 목격한 힌턴은 인공지능 연구의 미래에 대한 자신의 생각을 바꿨다. 베를린의 물류창고에서 코베리언트가 개발한 시스템을 도입했을 때는 로봇공학 분야에서 "알파고 사건에 맞먹는 순간"이라고 표현하며 "난 늘 강화 학습에 대해 회의적이었어요. 그 방식은 엄청난 양의 연산을 요하기 때문이었죠. 그런데 우리가 이제 그런 능력을 갖춘 것 같군요"라고 말했다.

그래도 힌턴은 "현재의 발전은 AGI를 구축하기보다는 퀴즈 풀이, 문장 번역 등 개별 문제를 해결하는 방식으로 이뤄지고 있어요"라고 말하며 AGI 구축 가능성을 일축했다.

그렇지만 힌턴은 이 분야 전반적 발전에 끝이 있다고 보지는 않았다. 현재 힌턴의 관심은 다른 곳에 있었다. 힌턴은 캡슐 네트워크로 마지막으로 한 번 더 성공을 노렸다. 그러나 연구자 대부분은 세계 최고 기업들의 전폭적 지원을 받으면서 힌턴과 다른 방향에서 경주를 계속했다.

누군가 인간이 초지능의 위험을 근심해야 하는지 질문하자 힌턴은 단기적으로 볼 때 그럴 일은 없다면서 "전 데미스가 생각하는 것보다는 상황이 훨씬 나을 것으로 여겨요"라고 말했다. 그러나 장기적으로 내다본다면 매우 합리적인 근심이라고 덧붙였다.

감사의 말

사실 원래 내가 구상한 책은 이 주제가 아니었다. 2016년 여름 무렵 나는 다른 주제의 책을 쓸 생각으로 수 개월을 고심하며 출간 제안서 작성을 마친 상태였다. 바로 그때 나와 일하고 있지 않은 저작권 에이전트 이선 바소프에게서 뜻밖의 연락이 왔다.

내 제안서를 읽고 바소프는 아주 정중하게 형편없다고 말했다. 그가 옳았다. 그 대신 바소프는 이 책의 씨앗이 된 아이디어를 마음에 들어 했다. 당시 바소프 말고는 그 아이디어의 가능성을 믿어준 사람은 없었다. 최고의 아이디어는 늘 그런 대접을 받는 법이다. 이선은 내게 더턴Dutton 출판사의 편집자 스티븐 모로를 소개했고, 모로도 이 아이디어에 관심을 보였다. 참 놀라웠다.

그 무렵 나는 짧은 시간에 세상에서 가장 주목받는 기술이 된 인공지능에 관한 책을 써보려고 여기저기 문을 두드리고 있었다. 나는 기술 자체가 아니라 기술 개발자들에 관한 책을 쓰고 싶었다. 시중에 기술 개발자를 다룬 책은 찾아보기 힘들었다. 기술을 내놓은 회사의 경영인에 관한 책은 넘쳐나는데도 말이다. 이선과 스티븐을 만난 건 행운이었다. 금상첨화로 내가 책에서 다루고 싶은 인물들은 상당히 흥미롭고, 언변이 좋고, 하나같이 개성이 넘쳤다. 그래서 나는 정말로 이 책을 쓰기 시작했다.

나의 아내 테이, 두 딸 밀리와 헤이즐의 전폭적 도움 덕분에 이 책은 나올 수 있었다. 이 책이 우리 일상에 끼어들어 타협을 해야 할 때마다 가족은 나의 선택이 최선이 아니라고 느낀 적이 많았을 것이고 또 그 느낌이 옳았을 것이다. 그렇지만 나의 가족은 내가 이 책을 쓰는 데 집중할 수 있도록 배려해줬다.

애슐리 반스와 밥 맥밀런은 어떻게 이 책을 써야 할지 가르침을 주었다. 나는 출중한 온라인 매체 〈더 레지스터The Register〉에서 5년간 일했다. 그곳에서 애슐리와 편집자 드루 컬런을 만나기 전까지 나는 혼자서 무엇을 어떻게 해야 하는지 갈피를 잡지 못했다.

이후에 나는 밥과 함께 세상에서 가장 훌륭하다고 자부하는 온라인 매체 와이어드 엔터프라이즈Wired Enterprise를 만들었다. 그 역시 누구도 눈길을 주지 않던 아이디어였다. 고맙게도 우리의 상사인 에번 핸슨은 유일하게 응원해주었다. 나는 성공 가능성이 없어 보이는 일에 도전하는 것을 즐긴다. 〈와이어드〉에서 수년간 그런 일을 할 수 있었다.

그동안 딥러닝에 관한 기본 정보를 모아놓은 사람은 내가 아니라 밥과 〈와이어드〉의 과학 담당 기자 다니엘라 허낸데즈였다. 흔쾌히 이 책의 초고를 읽어준 다니엘라를 비롯한 몇몇 지인에게 특별히 감사하다. 그중 오렌 에치오니는 숙련된 인공지능 연구자로서 인공지능 관련 내용을 읽고서 객관적 의견을 들려줬다. 크리스 니컬슨이 없었다면 〈뉴욕 타임스〉의 내 기사와 이 책은 나올 수 없었다. 랍비인 니컬슨은 언제나 내게 꼭 필요한 사람이다.

편집자인 푸이윙 탐과 짐 커스테터에게도 감사의 인사를 빼놓을 수 없다. 두 사람은 늘 내가 요청하는 사항들을 채워줬으며 나아가서 더 잘할 수 있는 법까지 알려줬다.

그리고 〈뉴욕 타임스〉의 샌프란시스코지국을 비롯해 전 지국에서 일하는 동료들에게도 고마움을 전한다. 특히 내가 뛰어난 동료인 스콧 셰인과 다이 와카바야시와 함께 작성한 기사가 이 책의 집필에 필요한 새로운 영감을 얻는 데 도움이 됐음을 밝힌다. 실력 있는 기자들인 애덤 사타리아노, 마이크 아이작, 브라이언 첸, 케이트 콩거와 공동으로 작성한 여러 기사 역시 중요한 참고 자료가 됐다. 넬리 볼스는 이 책 서문의 제목을 제안해줬다. 나는 그 제목이 매우 마음에 든다.

마지막으로 나의 어머니 메리 메츠, 누이 루이즈 메츠와 애너 메츠, 처남 아닐 게히와 댄 러츠 그리고 조카 파스칼 게히, 일라이어스 게히, 미리엄 러츠, 아이작 러츠, 비비언 러츠에게 감사의 말을 전한다. 그들이 내게 얼마나 큰 힘이 됐는지는 말로는 표현하기 힘들다. 아쉬운 점이 하나 있다면 나의 아버지 월트 메츠가 이 책을 볼 수 있게 좀 더 일찍 집필을 끝내지 못한 것이다. 아버지는 누구보다도 이 책을 읽고 싶으셨을 것이다.

1960 —— 프랭크 로젠블라트, 초기 신경망 '퍼셉트론'을 활용한 '마크 1' 개발.

1969 —— 마빈 민스키와 시모어 페퍼트가 퍼셉트론의 기술적 결함을 지적하는 《퍼셉트론》을 출간.

(제1차 인공지능의 겨울)

1986 —— 데이비드 러멜하트, 제프리 힌턴, 리처드 윌리엄스의 '역전파 논문' 발표로 신경망 연구가 부활.
얀 르쾽이 새로운 신경망 '르넷'을 개발하기 시작.

1989 —— 딘 포멀루가 신경망을 기반으로 자율주행차 'ALVINN' 개발.

1998 —— 제프리 힌턴이 개츠비 연구소를 설립.

(제2차 인공지능의 겨울)

2004 —— 제프리 힌턴이 캐나다 정부의 지원금을 받아 새로운 신경망 학술모임을 결성.

2007 —— 제프리 힌턴이 '딥러닝' 기술을 개발.

2010 —— 데미스 하사비스, 셰인 레그, 무스타파 술레이만이 딥마인드를 설립.

2011 —— 앤드루 응과 제프 딘, 그레그 코라도가 구글 브레인을 신설.

2012 —— 앤드루 응, 제프 딘, 그레그 코라도가 일명 '고양이 논문' 발표.
제프리 힌턴, 일리야 수츠케버, 알렉스 크리제브스키가 '알렉스넷 논문'을 발표.

2013 —— 구글의 DNN리서치 인수 합병.
마크 저커버그와 얀 르쾽이 페이스북 인공지능 연구소 설립.

2014 —— 구글이 딥마인드를 인수.
이안 굿펠로가 사진 생성 기술 'GANs' 공개.
일리야 수츠케버가 자동 번역을 한 단계 발전시킨 '시퀀스 투 시퀀스' 논문을 발표.

2015 —— 일론 머스크, 샘 알트만, 일리야 수츠케버, 그레그 브로크만이 오픈AI를 설립.

2016 —— 딥마인드의 '알파고'가 이세돌과의 대국에서 승리.

2017 —— 알파고가 중국에서 커제와의 대국에서 승리.
엔비디아가 실사 같은 얼굴 이미지를 생성할 수 있는 '진행형 GANs 논문'을 발표.

2018 —— 구글 직원들이 '메이븐 프로젝트'에 반발.
구글이 언어 능력을 학습하는 시스템 'BERT'를 출시.

2019 —— 정상급 연구자들이 아마존의 얼굴 인식 기술에 반발.
제프리 힌턴, 얀 르쾽, 요슈아 벤지오가 2018년도 튜링상 공동 수상.

1. 2018년 튜링상 수상자

제프리 힌턴 토론토대학교 교수이자 딥러닝의 창시자. 2013년 두 제자와 함께 구글에 합류했다.

얀 르쾽 1986년 손으로 쓴 숫자를 인식할 수 있는 신경망 '르넷'을 개발한 프랑스 태생의 연구자. 벨 연구소 연구원, 뉴욕대학교 교수를 거쳐 2012년부터 페이스북 인공지능 연구소의 지휘를 맡았다.

요슈아 벤지오 프랑스 출신 몬트리올대학교 교수. 제프리 힌턴, 얀 르쾽과 함께 딥러닝 연구의 초석을 마련했다. 2004년 제프리 힌턴이 캐나다 정부의 지원금으로 새로운 신경망 학술모임을 열었을 때 얀 르쾽과 더불어 동참했다. 2010년대 들어 인공지능 붐이 일었을 때, 특정 기업에 몸담지 않고 학계에 남는 길을 택했다.

2. 초기 인공지능 연구자

프랭크 로젠블라트 1950~1960년대에 이미지를 식별하는 초기 신경망 '퍼셉트론'을 개발한 코넬대학교 교수. 신경망 연구에 주력하는 '연결주의' 노선의 원조로, 제프리 힌턴을 비롯한 후배 연구자들에게 큰 영향을 미쳤다.

마빈 민스키 1969년 튜링상을 받은 MIT 교수. 프랭크 로젠블라트의 신경망 연구에 의문을 제기하는《퍼셉트론》을 출간했다. 그 여파로 1971년부터 미국 정부의 인공지능 연구 지원금이 대폭 삭감되었으며, 이른바 '인공지능의 겨울'이 도래했다. 마빈 민스키가 이끈 인공지능 연구 노선은 '기호주의'로 불린다.

데이비드 러멜하트 1980년대 중반 제프리 힌턴 등과 함께 연결주의의 부활을 이끈 샌디에이고대학교 교수. 프랭크 로젠블라트의 연구 성과에서 발견한 맹점을 보완할 방법으로 '역전파'를 제시하는 논문을 발표했다.

테리 세즈노스키 글자를 소리 내 읽는 '넷토크'를 선보이며 신경망 연구의 가능성을 증명한 존스홉킨스대학교 교수. 1980년대 중반 제프리 힌턴과 힘을 합쳐 퍼셉트론의 한계를 극복할 새로운 신경망인 '볼츠만 머신' 개발을 시도하기도 했다.

딘 포멀루 1989년 카네기멜론대학교 대학원생 신분으로 신경망을 적용한 자율주행차 'ALVINN'을 개발한 연구자.

위르겐 슈미트후버 독일 태생의 스위스 달레 몰레 인공지능 연구소 연구원. 1990~2000년대에 인공지능 학계에 또다시 겨울이 닥쳤을 때, 유럽에서 연결주의 노선의 명맥을 이어갔다.

3. 구글 브레인과 딥마인드의 창립자

제프 딘 구글 초창기에 입사해 실적과 덕망을 두루 쌓아온 전설적인 개발자. 2010년대 초 구글 브레인을 설립하고 제프리 힌턴을 영입했다.

앤드루 응 제프 딘과 함께 구글 브레인을 설립한 스탠퍼드대학교 교수. 2013년 그가 퇴직하면서 구글 브레인의 신임 수석개발자 후보로 제프리 힌턴이 물망에 올랐다.

앨런 유스터스 구글의 수석 부사장. DNN리서치, 딥마인드를 차례로 인수하고 구글 브레인의 설립을 도운 뒤 2014년 스카이다이빙 세계 신기록을 세우기 위해 회사를 떠났다.

데미스 하사비스 영국의 체스 천재로 게임 개발자이자 신경과학자. 2010년 런던에서 딥마인드를 설립해 구글에 매각했다. 2015년 인간보다 '똑똑한' 인공지능 바둑 플레이어 '알파고'를 선보임으로써 전 세계에 인공지능 붐을 불러일으켰다. 딥러닝을 뛰어넘을 차세대 신경망 학습법으로서 '강화 학습'을 탐구하고 있다.

셰인 레그 뉴질랜드 출신의 인공지능 개발자이자 딥마인드의 공동 창업자. 인공지능의 잠재력만큼이나 위험성도 높이 평가했다. 인공지능이 인간을 초월하는 '특이점'이 온다고 예견하는 미래학자들의 연례 행사인 '특이점 회의'에 참석해왔다.

무스타파 술레이만 데미스 하사비스의 오랜 친구이자 딥마인드의 공동 창업자. 시리아계 이민자 2세로, 인권과 의료 문제에 관심이 많으며 2016년부터 딥마인드 헬스 서비스를 담당했다.

4. 마이크로소프트, 바이두, 페이스북의 개발자

리 덩 2009~2010년 제프리 힌턴과 제자들을 음성 인식 서비스 개발 프로젝트에 투입한 마이크로소프트의 연구자.

치 루 마이크로소프트의 부사장으로서 검색 엔진 빙Bing을 이끌었으나, 2016년 모국인 중국에 본사가 있는 바이두로 이직했다.

카이 유 2012년 DNN리서치 입찰 경매에 바이두 대표로 파견된 연구자. 이후 바이두만의 딥러닝 연구소를 설립했다.

마이크 슈레퍼 별명은 '슈렙'. 구글, 마이크로소프트, 바이두에 뒤이어 인공지능 개발 전쟁에 뛰어든 후발주자 페이스북의 최고기술책임자.

이안 굿펠로 몬트리올대학교에서 요슈아 벤지오를 사사한 젊은 연구자.

페이스북, 구글, 오픈AI를 거쳐 애플에 합류했다. 2014년 실사 이미지를 자체 생성할 수 있는 기술 'GANs'를 공개했다. 이 기술은 얀 르쾽에게 "지난 20년 이래 가장 근사한 딥러닝 아이디어"라고 극찬받았으나, 딥페이크 논란 등 부작용을 낳기도 했다.

5. 제프리 힌턴의 토론토대학교 제자

알렉스 크리제브스키 소련 출신의 소프트웨어 개발자. 2012년 '알렉스넷'이라는 딥러닝 프로그램으로 세계적인 이미지 인식 시스템 경연 대회인 '이미지넷'의 우승을 거머쥐었다. 알렉스넷을 소개한 논문은 컴퓨터 과학의 역사에서 가장 영향력 있는 참고자료 중 하나가 됐다. 2013년 제프리 힌턴을 따라 구글에 정식 입사했다.

일리야 수츠케버 제프리 힌턴, 알렉스 크리제브스키와 함께 스타트업을 창업해 구글에 매각한 대학원생. 구글 번역기의 탄생에 기여했으나, 일론 머스크 등 실리콘밸리의 거물들이 만든 비영리 연구소 오픈AI로 옮겨갔다.

압델라만 무함마드 & 조지 달 2010년 마이크로소프트에 파견돼 음성 인식 서비스에 신경망을 접목했다.

블라드 므니 딥마인드에 영입된 러시아 출신 연구자. 인공지능에 게임을 학습시키는 데 성공했다. 2014년 딥마인드 인수를 모색하는 구글의 리더들 앞에서 자신의 기술력을 증명했다.

알렉스 그레이브스 위르겐 슈미트후버의 지도를 받은 다음 제프리 힌턴 아래에서 공부한 스코틀랜드 출신 연구자. 딥마인드에 입사해 손 글씨를 쓰는 인공지능 시스템을 개발했다. 블라드 므니가 구글의 핵심 인물들 앞에서 게임을 하는 인공지능을 선보인 날, 알렉스 그레이브스도 자신의 손 글씨 기술을 시연했다.

마크오렐리오 랜자토 이탈리아 출신의 바이올리니스트이자 인공지능 연구자. 뉴욕대학교에서 르쾽을, 토론토대학교에서 제프리 힌턴을 사사했다. 구글 브레인을 거쳐 페이스북에 합류했다. 후발주자인 페이스북이 학계 인재를 영입하는 과정에서 큰 도움을 주었다.

6. 인공지능의 현주소를 비판한 학자

데버러 라지 아프리카계 캐나다인 여성 연구자. 신생 스타트업 클래리파이의 인턴으로 있다가 MIT로 옮겼다. 백인 남성 중심 연구진이 개발한 얼굴 인식 서비스의 편향성을 지적했다.

팀닛 게브루 아프리카계 미국인 여성 연구자. 인공지능 개발 현장의 기울어진 운동장 문제를 고발하는 페이스북 게시물을 올려 사회적 파장을 일으켰다. 아프리카계 연구자들의 모임을 결성했다.

조이 부올람위니 팀닛 게브루의 동료. 아프리카와 미국 남부 등지를 오가며 성장했다. 2018년 피부색이 짙어질수록 빅테크 기업들이 제공하는 얼굴 인식 서비스의 오류율이 높아진다는 연구 논문을 발표했다. 데버러 라지와 손잡고 MIT를 중심으로 인공지능 학계와 업계 내 차별주의를 철폐하는 운동을 전개했다.

개리 마커스 지오메트릭 인텔리전스를 설립해 우버에 매각한 뉴욕대학교 교수. 딥마인드를 비롯한 인공지능 전문 기업들이 목표로 삼은 범용 인공지능AGI의 등장 가능성을 냉소했다. 2018년 얀 르쾽과 토론 대결을 벌이며 화제를 모았으며 '딥러닝 시대의 마빈 민스키'라는 별명이 붙었다. 참고로 2006년 인공지능 연구 개시 50주년 행사에서 마빈 민스키를 마주한 한 연결주의 연구자는 그에게 "당신은 악마입니까?"라고 물었다.

참고문헌

이 책은 지난 8년 동안 〈와이어드〉 및 〈뉴욕 타임스〉에 실을 인공지능 관련 기사를 작성하면서 400명 이상의 사람들과 인터뷰한 내용을 바탕으로 한다. 이 책을 집필하려고 100명이 넘는 사람들과 인터뷰를 1회 이상 추가로 진행했으며, 몇몇 인물과는 수차례 만나 의견을 나눴다. 또한 특정 사건이나 기타 상세한 정황을 뒷받침할 만한 다수의 기업 및 개인의 자료, 이메일을 참조했다. 일화나 기업 인수 가격 등 중요 사항을 소개할 때는 적어도 입증 자료를 2건 이상 참조했다.

아래 자료는 〈와이어드〉를 비롯한 전 직장들에서 내가 작성한 기사 목록이다. 〈뉴욕 타임스〉에서 여러 동료와 공동으로 작성한 기사는 이 책에 분명히 언급되었거나 동료에게 감사를 표하고 싶은 건만 밝힌다. 이 책은 〈뉴욕 타임스〉에서 일하는 동안 내가 취재한 모든 인터뷰와 기록을 참조했다.

머리말

1 Alex Krizhevsky, Ilya Sutskever, Geoffrey Hinton, “ImageNet Classification with Deep Convolutional Neural Networks,” *Advances in Neural Information Processing Systems 25*(NIPS 2012), https://papers.nips.cc/paper/4824-imagenet-classification-with-deep-convolutional-neural-networks.pdf.

1장. 기원: 퍼셉트론의 그림자

1 "New Navy Device Learns by Doing," *New York Times*, July 8, 1958.

2 "Electronic 'Brain' Teaches Itself," *New York Times*, July 13, 1958.

3 Frank Rosenblatt, *Principles of Neurodynamics: Perceptrons and the Theory of Brain Mechanisms*(Washington, D.C: Spartan Books, 1962), p. vii–viii.

4 "Dr. Frank Rosenblatt Dies at 43; Taught Neurobiology at Cornell," *New York Times*, July 13, 1971.

5 "Profiles, AI, Marvin Minsky," *New Yorker*, December 14, 1981.
Andy Newman, "Lefkowitz is 8th Bronx Science H.S. Alumnus to Win Nobel Prize," *New York Times*, October 10, 2012, https://cityroom.blogs.nytimes.com/2012/10/10/another-nobel-for-bronx-science-this-one-in-chemistry/.
Robert Wirsing, "Cohen Co-names 'Bronx Science Boulevard,'" *Bronx Times*, June 7, 2010, https://www.bxtimes.com/cohen-co-names-bronx-science-boulevard/ ; The Bronx High School of Science website, "Hall of Fame," https://www.bxscience.edu/halloffame/.
"Martin Hellman(Bronx Science Class of '62) Wins the A.M. Turing Award," The Bronx High School of Science website, https://www.bxscience.edu/m/news/show_news.jsp?REC_ID=403749&id=1.

6 "Electronic Brain's One-Track Mind," *New York Times*, October 18, 1953.

7 "Dr. Frank Rosenblatt Dies at 43; Taught Neurobiology at Cornell."

8 Rosenblatt, *Principles of Neurodynamics: Perceptrons and the Theory of Brain Mechanisms*, p. v-viii.

9 "New Navy Device Learns by Doing."

10 "Rival," Talk of the Town, *New Yorker*, December 6, 1958.

11 John Hay, Ben Lynch, and David Smith, *Mark I Perceptron Operators' Manual*, 1960, https://apps.dtic.mil/dtic/tr/fulltext/u2/236965.pdf.

12 "Profiles, AI, Marvin Minsky."

13 Stuart Russell and Peter Norvig, *Artificial Intelligence: A Modern Ap-*

proach(Upper Saddle River, NJ: Prentice Hall, 2010), p. 16.

14 Marvin Minsky, *Theory of Neural Analogue Enforcement Systems and Its Application to the Brain Model Problem*(Princeton, NJ: Princeton University, 1954).

15 Russell and Norvig, *Artificial Intelligence: A Modern Approach*, p. 17.

16 Claude Shannon and John McCarthy, Automata Studies, *Annals of Mathematics Studies*, April 1956(Princeton, NJ: Princeton University Press).

17 Herbert Simon and Allen Newell, "Heuristic Problem Solving: The Next Advance in Operations Research," *Operations Research 6*, no. 1(January–February 1958), p. 7.

18 Rosenblatt, *Principles of Neurodynamics: Perceptrons and the Theory of Brain Mechanisms*, p. v–viii.

19 Laveen Kanal, ed., *Pattern Recognition*(Washington, D.C.: Thompson Book Company, 1968), p. vii.

20 Marvin Minsky and Seymour Papert, Perceptrons(Cambridge, MA: MIT Press, 1969).

21 The movement reached the height of its ambition: Cade Metz, "One Genius' Lonely Crusade to Teach a Computer Common Sense," *Wired*, March 24, 2016, https://www.wired.com/2016/03/doug-lenat-artificial-intelligence-common-sense-engine/.

2장. 약속: 긴 겨울과 짧은 봄

1 Desmond McHale, *The Life and Work of George Boole: A Prelude to the Digital Age*(Cork, Ireland: Cork University Press, 2014).

Gerry Kennedy, *The Booles and the Hintons*(Cork, Ireland: Atrium Press, 2016).

2 U.S. Patent 1,471,465; U.S. Patent 1,488,244; U.S. Patent 1,488,245 1920; and U.S. Patent 1,488,246.

William Grimes, "Joan Hinton, Physicist Who Chose China over Atom Bomb, Is Dead at 88," *New York Times*, June 11, 2010, https://www.nytimes.com/2010/06/12/science/12hinton.html.

3 George Salt, "Howard Everest Hinton. 24 August 1912–2 August 1977," *Biographical Memoirs of Fellows of the Royal Society*(London: Royal Society Publishing, 1978), p. 150–182, https://royalsocietypublishing.org/doi/10.1098/rsbm.1978.0006.

4 Kennedy, *The Booles and the Hintons.*

5 Stuart Russell and Peter Norvig, *Artificial Intelligence: A Modern Approach*(Upper Saddle River, NJ: Prentice Hall, 2010), p. 16.

6 Chris Darwin, "ChristopherLonguet-Higgins, Cognitive Scientist with a Flair for Chemistry," *Guardian*, June 9, 2004, https://www.theguardian.com/news/2004/jun/10/guardianobituaries.highereducation.

7 James Lighthill, "Artificial Intelligence: A General Survey," *Artificial Intelligence: A Paper Symposium*, Science Research Council, Great Britain, 1973.

8 Francis Crick, "Thinking About the Brain," *Scientific American*, September 1979.

9 Lee Dye, "Nobel Physicist R. p.Feynman Dies," *Los Angeles Times*, February 16, 1988, https://www.latimes.com/archives/la-xpm-1988-02-16-mn-42968-story.html.

10 David Rumelhart, Geoffrey Hinton, and Ronald Williams, "Learning Representations by Back-Propagating Errors," *Nature 323*(1986), p. 533–536.

11 "About DARPA," Defense Advanced Research Projects Agency website, https://www.darpa.mil/about-us/about-darpa.

12 Lee Hamilton and Daniel Inouye, "Report of the Congressional Committees Investigating the Iran-Contra Affair"(Washington, D.C.: Government Printing Office, 1987).

3장. 거절: 르쾽의 르넷, 힌턴의 딥러닝

1 "Convolutional Neural Network Video from 1993[sic]," YouTube, https://www.youtube.com/watch?v=FwFduRA_L6Q.

2 Jean Piaget, Noam Chomsky, and Massimo Piattelli-Palmarini, *Language*

and Learning: The Debate Between Jean Piaget and Noam Chomsky(Cambridge: Harvard University Press, 1980).

3 "Learning, Then Talking," *New York Times*, August 16, 1988.

4 Yann LeCun, Bernhard Boser, John Denker et al., "Backpropagation Applied to Handwritten Zip Code Recognition," *Neural Computation*(Winter 1989), http://yann.lecun.com/exdb/publis/pdf/lecun-89e.pdf.

5 Eduard Säckinger, Bernhard Boser, Jane Bromley et al., "Application of the ANNA Neural Network Chip to High-Speed Character Recognition," *IEEE Transaction on Neural Networks*(March 1992).

6 Daniela Hernandez, "Facebook's Quest to Build an Artificial Brain Depends on This Guy," *Wired*, August 14, 2014, https://www.wired.com/2014/08/deep-learning-yann-lecun/.

7 http://yann.lecun.com/ex/group/index.html, retrieved March 9, 2020.

8 Clément Farabet, Camille Couprie, Laurent Najman, and Yann LeCun, "Scene Parsing with Multiscale Feature Learning, Purity Trees, and Optimal Covers," 29th International Conference on Machine Learning(ICML 2012), June 2012, https://arxiv.org/abs/1202.2160.

9 Ashlee Vance, "This Man Is the Godfather the AI Community Wants to Forget," *Bloomberg Businessweek*, May 15, 2018, https://www.bloomberg.com/news/features/2018-05-15/google-amazon-and-facebook-owe-j-rgen-schmidhuber-a-fortune.

10 Jürgen Schmidhuber's Home Page, http://people.idsia.ch/~juergen/, retrieved March 9, 2020.

11 Vance, "This Man Is the Godfather the AI Community Wants to Forget."

12 Aapo Hyvärinen, "Connections Between Score Matching, Contrastive Divergence, and Pseudolikelihood for Continuous-Valued Variables," revised submission to IEEE TNN, February 21, 2007, https://www.cs.helsinki.fi/u/ahyvarin/papers/cdsm3.pdf.

4장. 돌파구: 실리콘밸리 속으로

1 Khaled Hassanein, Li Deng, and M. I. Elmasry, "A Neural Predictive Hidden Markov Model for Speaker Recognition," SCA Workshop on Automatic Speaker Recognition, Identification, and Verification, April 1994, https://www.isca-speech.org/archive_open/asriv94/sr94_115.html.

2 Abdel-rahman Mohamed, George E. Dahl, and Geoffrey Hinton, "Deep Belief Networks for Phone Recognition," NIPS workshop on deep learning for speech recognition and related applications, 2009, https://www.cs.toronto.edu/~gdahl/papers/dbnPhoneRec.pdf.

3 "GPUs for Machine Learning Algorithms," Eighth International Conference on Document Analysis and Recognition(ICDAR 2005).

4 Rajat Raina, Anand Madhavan, and Andrew Y. Ng, "Large-Scale Deep Unsupervised Learning Using Graphics Processors," Computer Science Department, Stanford University, 2009, http://robotics.stanford.edu/~ang/papers/icml09-LargeScaleUnsupervisedDeepLearningGPU.pdf.

5장. 증명: 딥러닝 바이러스

1 John Markoff, "Google Cars Drive Themselves, in Traffic," *New York Times*, October 9, 2010, https://www.nytimes.com/2010/10/10/science/10google.html.

2 Evan Ackerman and Erico Guizz, "Robots Bring Couple Together, Engagement Ensues," *IEEE Spectrum*, March 31, 2014, https://spectrum.ieee.org/automaton/robotics/humanoids/engaging-with-robots.

3 Jeff Hawkins with Sandra Blakeslee, *On Intelligence: How a New Understanding of the Brain Will Lead to the Creation of Truly Intelligent Machines*(New York: Times Books, 2004).

4 Gideon Lewis-Kraus, "The Great AI Awakening," *New York Times Magazine*, December 14, 2006, https://www.nytimes.com/2016/12/14/magazine/the-

great-ai-awakening.html.

5 Cade Metz, "If Xerox PARC Invented the PC, Google Invented the Internet," *Wired*, August 8, 2012, https://www.wired.com/2012/08/google-as-xerox-parc/.

6 John Markoff, "How Many Computers to Identify a Cat? 16,000," *New York Times*, June 25, 2012, https://www.nytimes.com/2012/06/26/technology/in-a-big-network-of-computers-evidence-of-machine-learning.html.

7 Quoc V. Le, Marc'Aurelio Ranzato, RajatMonga et al., "Building High-level Features Using Large Scale UnsupervisedLearning," 2012, https://arxiv.org/abs/1112.6209.

8 Markoff, "How Many Computers to Identify a Cat? 16,000."

9 Lewis-Kraus, "The Great AI Awakening."

10 *The Dam Busters*, directed by Michael Anderson, Associated British Pathé(UK), 1955.

11 Le, Ranzato, Monga et al., "Building High-Level Features Using Large Scale Unsupervised Learning."

12 Olga Russakovsky, Jia Deng, Hao Su et al., "ImageNet Large Scale Visual Recognition Challenge," 2014, https://arxiv.org/abs/1409.0575.

13 Alex Krizhevsky, Ilya Sutskever, and Geoffrey Hinton. "ImageNet Classification with Deep Convolutional Neural Networks," *Advances in Neural Information Processing Systems 25*(NIPS 2012), https://papers.nips.cc/paper/4824-imagenet-classification-with-deep-convolutional-neural-networks.pdf.

14 Richard Conniff, "When Continental Drift Was Considered Pseudoscience," *Smithsonian*, June 2012, https://www.smithsonianmag.com/science-nature/when-continental-drift-was-considered-pseudoscience-90353214/.

15 Benedict Carey, "David Rumelhart Dies at 68; Created Computer Simulations of Perception," *New York Times*, March 11, 2011.

6장. 야망: 딥마인드의 목표

1 John Markoff, "Parachutist's Record Fall: Over 25 Miles in 15 Minutes," *New York Times*, October 24, 2014.

2 Cade Metz, "What the AI Behind AlphaGo Can Teach Us About Being Human," *Wired*, May 19, 2016, https://www.wired.com/2016/05/google-alpha-go-ai/.

3 "Despite its rarefied image": Archived "Diaries" from Elixir, https://archive.kontek.net/republic.strategyplanet.gamespy.com/d1.shtml.

4 Steve Boxer, "Child Prodigy Stands by Originality," *Guardian*, September 9, 2004, https://www.theguardian.com/technology/2004/sep/09/games.onlinesupplement.

5 David Rowan, "DeepMind: Inside Google's Super-Brain," *Wired UK*, June 22, 2015, https://www.wired.co.uk/article/deepmind.

6 Archived "Diaries" from Elixir, https://archive.kontek.net/republic.strategyplanet.gamespy.com/d1.shtml.

7 Metz, "What the AI Behind AlphaGo Can Teach Us About Being Human."

8 Demis Hassabis, Dharshan Kumaran, Seralynne D. Vann, and Eleanor A. Maguire, "Patients with Hippocampal Amnesia Cannot Imagine New Experiences," *Proceedings of the National Academy of Sciences 104*, no. 5(2007) p. 1726–1731.

9 "Breakthrough of the Year," *Science*, December 21, 2007.

10 Shane Legg, "Machine Super Intelligence," PhD dissertation, University of Lugano, June 2008, http://www.vetta.org/documents/Machine_Super_Intelligence.pdf.

11 Hal Hodson, "DeepMind and Google: The Battle to Control Artificial Intelligence," *1843 Magazine*, April/May 2019, https://www.1843magazine.com/features/deepmind-and-google-the-battle-to-control-artificial-intelligence.

12 "A Systems Neuroscience Approach to Building AGI—Demis Hassabis, Singularity Summit 2010," YouTube,https://www.youtube.com/watch?v=Q

gd3OK5DZWI.

13 "Measuring Machine Intelligence—Shane Legg, Singularity Summit," YouTube, https://www.youtube.com/watch?v=0ghzG14dT-w.

14 Metz, "What the AI Behind AlphaGo Can Teach Us About Being Human."

15 Hodson, "DeepMind and Google: The Battle to Control Artificial Intelligence."

16 Stuart Russell and Peter Norvig, *Artificial Intelligence: A Modern Approach*(Upper Saddle River, NJ: Prentice Hall, 2010), p. 14.

17 John Markoff, "Computer Wins on 'Jeopardy!': Trivial, It's Not," *New York Times*, February 16, 2011.

18 Volodymyr Mnih, Koray Kavukcuoglu, David Silver et al., "Playing Atari with Deep Reinforcement Learning," *Nature 518*(2015), p. 529–533.

19 Samuel Gibbs, "Google Buys UK Artificial Intelligence Startup Deepmind for £400m," *Guardian*, January 27, 2017, https://www.theguardian.com/technology/2014/jan/27/google-acquires-uk-artificial-intelligence-startup-deepmind.

7장. 경쟁: 인재 영입 대작전

1 "Facebook Buys into Machine Learning," Neil Lawrence blog and video, https://inverseprobability.com/2013/12/09/facebook-buys-into-machine-learning.

2 Cade Metz, "Facebook 'Open Sources' Custom Server and Data Center Designs," *Register*, April 7, 2011, https://www.theregister.co.uk/2011/04/07/facebook_data_center_unveiled/.

3 Cade Metz, "Google Just Open Sourced TensorFlow, Its Artificial Intelligence Engine," *Wired*, November 9, 2015, https://www.wired.com/2015/11/google-open-sources-its-artificial-intelligence-engine/.

4 John Markoff, "Scientists See Promise in Deep-Learning Programs Image," *New York Times*, November 23, 2012, https://www.nytimes.

com/2012/11/24/science/scientists-see-advances-in-deep-learning-a-part-of-artificial-intelligence.html.

5 *DeepMind Technologies Limited Report and Financial Statements Year Ended*, December 31, 2017.

6 Ashlee Vance, "The Race to Buy the Human Brains Behind Deep Learning Machines," *Bloomberg Businessweek*, January 27, 2014, https://www.bloomberg.com/news/articles/2014-01-27/the-race-to-buy-the-human-brains-behind-deep-learning-machines.

7 Daniela Hernandez, "Man Behind the 'Google Brain' Joins Chinese Search Giant Baidu," *Wired*, May 16, 2014, https://www.wired.com/2014/05/andrew-ng-baidu/.

8장. 과대 선전: 끝 모를 성공 궤도

1 John Tierney, "24 Miles, 4 Minutes and 834 M.P.H., All in One Jump," *New York Times*, October 14, 2012, https://www.nytimes.com/2012/10/15/us/felix-baumgartner-skydiving.html.

2 John Markoff, "Parachutist's Record Fall: Over 25 Miles in 15 Minutes," *New York Times*, October 24, 2014, https://www.nytimes.com/2014/10/25/science/alan-eustace-jumps-from-stratosphere-breaking-felix-baumgartners-world-record.html.

3 Andrew J. Hawkins, "Inside Waymo's Strategy to Grow the Best Brains for Self-Driving Cars," *The Verge*, May 9, 2018, https://www.theverge.com/2018/5/9/17307156/google-waymo-driverless-cars-deep-learning-neural-net-interview.

4 Google Annual Report, 2013, https://www.sec.gov/Archives/edgar/data/1288776/000128877614000020/goog2013123110-k.htm.

5 Jack Clark, "Google Turning Its Lucrative Web Search Over to AI Machines," Bloomberg News, October 26, 2015, https://www.bloomberg.com/news/articles/2015-10-26/google-turning-its-lucrative-web-search-over-to-ai-ma-

chines.

6 Cade Metz, "AI Is Transforming Google Search. The Rest of the Web Is Next," *Wired*, February 4, 2016, https://www.wired.com/2016/02/ai-is-changing-the-technology-behind-google-searches/.
Mike Isaac and Daisuke Wakabayashi, "Amit Singhal, Uber Executive Linked to Old Harassment Claim, Resigns," *New York Times*, February 27, 2017, https://www.nytimes.com/2017/02/27/technology/uber-sexual-harassment-amit-singhal-resign.html.
Metz, "AI Is Transforming Google Search. The Rest of the Web Is Next."

7 Jack Clarke, "Google Cuts Its Giant Electricity Bill with DeepMind-Powered AI," *Bloomberg News*, July 19, 2016, https://www.bloomberg.com/news/articles/2016-07-19/google-cuts-its-giant-electricity-bill-with-deepmind-powered-ai.

8 Carl Benedikt Frey and Michael A. Osborne, "The Future of Employment: How Susceptible Are Jobs to Computerisation?" Working paper, Oxford Martin School, September 2013, https://www.oxfordmartin.ox.ac.uk/downloads/academic/The_Future_of_Employment.pdf.

9 Ashlee Vance, "This Man Is the Godfather the AI Community Wants to Forget," *Bloomberg Businessweek*, May 15, 2018, https://www.bloomberg.com/news/features/2018-05-15/google-amazon-and-facebook-owe-j-rgen-schmidhuber-a-fortune.

10 Tomas Mikolov, Ilya Sutskever, Kai Chen et al., "Distributed Representations of Words and Phrases and their Compositionality," 2013, https://arxiv.org/abs/1301.3781.

11 Ilya Sutskever, Oriol Vin yals, and Quoc V. Le, "Sequence to Sequence Learning with Neural Networks," 2014, https://arxiv.org/abs/1409.3215.

12 "NIPS Oral Session 4—Ilya Sutskever," YouTube, https://www.youtube.com/watch?v=-uyXE7dY5H0.

13 Cade Metz, "Building an AI Chip Saved Google from Building a Dozen New Data Centers," *Wired*, April 5, 2017, https://www.wired.com/2017/04/

building-ai-chip-saved-google-building-dozen-new-data-centers/.

14 Cade Metz, "Revealed: The Secret Gear Connecting Google's Online Empire," *Wired*, June 17, 2015, https://www.wired.com/2015/06/google-reveals-secret-gear-connects-online-empire/.

15 Robert McMillan and Cade Metz, "How Amazon Followed Google into the World of Secret Servers," *Wired*, November 30, 2012, https://www.wired.com/2012/11/amazon-google-secret-servers/.

16 Gideon Lewis-Kraus, "The Great AI Awakening," *New York Times Magazine*, December 14, 2006, https://www.nytimes.com/2016/12/14/magazine/the-great-ai-awakening.html.

17 Geoffrey Hinton, Oriol Vinyals, and Jeff Dean, "Distilling the Knowledge in a Neural Network," 2015, https://arxiv.org/abs/1503.02531.

9장. 지나친 우려: 브레이크의 필요성

1 James Cook, "Elon Musk: You Have No Idea How Close We Are to Killer Robots," *Business Insider UK*, November 17, 2014, https://www.businessinsider.com/elon-musk-killer-robots-will-be-here-within-five-years-2014-11.

2 Ashlee Vance, *Elon Musk: Tesla, SpaceX, and the Quest for a Fantastic Future*(New York: Ecco, 2017).

3 "Closing Bell," CNBC, transcript, https://www.cnbc.com/2014/06/18/first-on-cnbc-cnbc-transcript-spacex-ceo-elon-musk-speaks-with-cnbcs-closing-bell.html.

4 Elon Musk tweet, August 2, 2014, https://twitter.com/elonmusk/status/495759307346952192? s=19.

5 Nick Bostrom, *Superintelligence: Paths, Dangers, Strategies*(Oxford, UK: Oxford University Press, 2014).

6 Lessley Anderson, "Elon Musk: A Machine Tasked with Getting Rid of Spam Could End Humanity," *Vanity Fair*, October 8, 2014, https://www.vanityfair.com/news/tech/2014/10/elon-musk-artificial-intelligence-fear.

7 William K. Rashbaum, Benjamin Weiser, and Michael Gold, "Jeffrey Epstein Dead in Suicide at Jail, Spurring Inquiries," *New York Times*, August 10, 2019, https://www.nytimes.com/2019/08/10/nyregion/jeffrey-epstein-suicide.html.

8 Cook, "Elon Musk: You Have No Idea How Close We Are to Killer Robots."

9 Shane Legg, "Machine Super Intelligence," 2008, http://www.vetta.org/documents/Machine_Super_Intelligence.pdf.

10 Max Tegmark, *Life 3.0: Being Human in the Age of Artificial Intelligence*(New York: Random House, 2017).

11 Robert McMillan, "AI Has Arrived, and That Really Worries the World's Brightest Minds," *Wired*, January 16, 2015, https://www.wired.com/2015/01/ai-arrived-really-worries-worlds-brightest-minds/.

12 Tegmark, *Life 3.0: Being Human in the Age of Artificial Intelligence*.

13 Elon Musk tweet, January 15, 2015, https://twitter.com/elonmusk/status/555743387056226304.

14 "An Open Letter, Research Priorities for Robust and Beneficial Artificial Intelligence," Future of Life Institute, https://futureoflife.org/ai-open-letter/.

15 Tegmark, *Life 3.0: Being Human in the Age of Artificial Intelligence*.

16 Cade Metz, "Inside OpenAI, Elon Musk's Wild Plan to Set Artificial Intelligence Free," *Wired*, April 27, 2016, https://www.wired.com/2016/04/openai-elon-musk-sam-altman-plan-to-set-artificial-intelligence-free/.

17 OpenAI, form 990, 2016.

18 Steven Levy, "How Elon Musk and Y Combinator Plan to Stop Computers from Taking Over," "Backchannel," *Wired*, December 11, 2015, https://www.wired.com/2015/12/how-elon-musk-and-y-combinator-plan-to-stop-computers-from-taking-over/.

19 Metz, "Inside OpenAI, Elon Musk's Wild Plan to Set Artificial Intelligence Free."

10장. 폭발: 알파고 쇼크

1 Cade Metz, "Facebook Aims Its AI at the Game No Computer Can Crack," *Wired*, November 3, 2015, https://www.wired.com/2015/11/facebook-is-aiming-its-ai-at-go-the-game-no-computer-can-crack/.

2 Alan Levinovitz, "The Mystery of Go, the Ancient Game That Computers Still Can't Win," *Wired*, May 12, 2014, https://www.wired.com/2014/05/the-world-of-computer-go/.

3 Metz, "Facebook Aims Its AI at the Game No Computer Can Crack."

4 Cade Metz, "Facebook's AI Is Now Automatically Writing Photo Captions," *Wired*, April 5, 2016, https://www.wired.com/2016/04/facebook-using-ai-write-photo-captions-blind-users/.

Cade Metz, "Facebook's Human-Powered Assistant May Just Supercharge AI," Wired, August 26, 2015, https://www.wired.com/2015/08/how-facebook-m-works/.

5 Metz, "Facebook Aims Its AI at the Game No Computer Can Crack."

6 "Interview with Demis Hassabis," YouTube, https://www.youtube.com/watch?v=EhAjLnT9aL4.

7 Cade Metz, "In a Huge Breakthrough, Google's AI Beats a Top Player at the Game of Go," *Wired*, January 27, 2016, https://www.wired.com/2016/01/in-a-huge-breakthrough-googles-ai-beats-a-top-player-at-the-game-of-go/.

8 Cade Metz, "What the AI Behind AlphaGo Can Teach Us About Being Human," *Wired*, May 19, 2016, https://www.wired.com/2016/05/google-alpha-go-ai/.

9 Chris J. Maddison, Aja Huang, Ilya Sutskever, and David Silver, "Move Evaluation in Go Using Deep Convolutional Neural Networks," 2014, https://arxiv.org/abs/1412.6564.

10 https://deepmind.com/research/case-studies/alphago-the-story-so-far.

11 Cade Metz, "Google's AI Is About to Battle a Go Champion—But This Is No Game," *Wired*, March 8, 2016, http://wired.com/2016/03/googles-ai-taking-

one-worlds-top-go-players/.

12 Metz, "What the AI Behind AlphaGo Can Teach Us About Being Human."

13 Google Annual Report, 2015, https://www.sec.gov/Archives/edgar/data/1288776/000165204416000012/goog10-k2015.htm.

14 Metz, "What the AI Behind AlphaGo Can Teach Us About Being Human."

15 Cade Metz, "How Google's AI Viewed the Move No Human Could Understand," *Wired*, March 14, 2016, https://www.wired.com/2016/03/googles-ai-viewed-move-no-human-understand.

16 Cade Metz, "Go Grandmaster Lee Sedol Grabs Consolation Win Against Google's AI," *Wired*, March 13, 2016, https://www.wired.com/2016/03/go-grandmaster-lee-sedol-grabs-consolation-win-googles-ai/.

17 Cade Metz, "Go Grandmaster Says He's 'in Shock' but Can Still Beat Google's AI," *Wired*, March 9, 2016, https://www.wired.com/2016/03/go-grandmaster-says-can-still-beat-googles-ai/.

18 Cade Metz, "The Sadness and Beauty of Watching Google's AI Play Go," *Wired*, March 11, 2016, https://www.wired.com/2016/03/sadness-beauty-watching-googles-ai-play-go/.

19 Metz, "What the AI Behind AlphaGo Can Teach Us About Being Human."

20 Cade Metz, "In Two Moves, AlphaGo and Lee Sedol Redefined the Future," *Wired*, March 16, 2016, https://www.wired.com/2016/03/two-moves-alphago-lee-sedol-redefined-future/.

21 Metz, "What the AI Behind AlphaGo Can Teach Us About Being Human."

11장. 확장: 진격의 구글

1 "Diabetes Epidemic: 98 Million People in India May Have Type 2 Diabetes by 2030," *India Today*, November 22, 2018, https://www.indiatoday.in/education-today/latest-studies/story/98-million-indians-diabetes-2030-prevention-1394158-2018-11-22.

2 International Council of Ophthalmology, http://www.icoph.org/ophthal-

mologists-worldwide.html.
3 Merck Molecular Activity Challenge, https://www.kaggle.com/c/MerckActivity.
4 Varun Gulshan, Lily Peng, and Marc Coram, "Development and Validation of a Deep Learning Algorithm for Detection of Diabetic Retinopathy in Retinal Fundus Photographs," *JAMA 316*, no. 22(January 2016), p. 2402–2410, https://jamanetwork.com/journals/jama/fullarticle/2588763.
5 Peng and her team acknowledged: Cade Metz, "Google's AI Reads Retinas to Prevent Blindness in Diabetics," *Wired*, November 29, 2016, https://www.wired.com/2016/11/googles-ai-reads-retinas-prevent-blindness-diabetics/.
6 Siddhartha Mukherjee, "AI Versus M.D.," *New Yorker*, March 27, 2017, https://www.newyorker.com/magazine/2017/04/03/ai-versus-md.
7 Conor Dougherty, "Google to Reorganize as Alphabet to Keep Its Lead as an Innovator," *New York Times*, August 10, 2015, https://www.nytimes.com/2015/08/11/technology/google-alphabet-restructuring.htm.
8 David Rowan, "DeepMind: Inside Google's Super-Brain," *Wired UK*, June 22, 2015, https://www.Wired.co.uk/article/deepmind.
9 Jordan Novet, "Google's DeepMind AI Group Unveils Health Care Ambitions," *Venturebeat*, February 24, 2016, https://venturebeat.com/2016/02/24/googles-deepmind-ai-group-unveils-heath-care-ambitions/.
10 Hal Hodson, "Revealed: Google AI has access to huge haul of NHS patient data," *New Scientist*, April 29, 2016, https://www.newscientist.com/article/2086454-revealed-google-ai-has-access-to-huge-haul-of-nhs-patient-data/.
11 Timothy Revell, "Google DeepMind's NHS Data Deal 'Failed to Comply' with Law," *New Scientist*, July 3, 2017, https://www.newscientist.com/article/2139395-google-deepminds-nhs-data-deal-failed-to-comply-with-law/.

1 Nick Wingfield, "Microsoft to Buy Nokia Units and Acquire Executive," *New York Times*, September 3, 2013, https://www.nytimes.com/2013/09/04/technology/microsoft-acquires-nokia-units-and-leader.html.

2 Jeffrey Dean, Greg S. Corrado, Rajat Monga et al., "Large Scale Distributed Deep Networks," *Advances in Neural Information Processing Systems 25*(NIPS 2012), https://papers.nips.cc/paper/4687-large-scale-distributed-deep-networks.pdf.

3 Pedro Domingos, *The Master Algorithm: How the Quest for the Ultimate Learning Machine Will Remake Our World*(New York: Basic Books, 2015).

4 Kurt Eichenwald, "Microsoft's Lost Decade," *Vanity Fair*, July 24, 2012, https://www.vanityfair.com/news/business/2012/08/microsoft-lost-mojo-steve-ballmer.

5 Jennifer Bails, "Bing It On," *Carnegie Mellon Today*, October 1, 2010, https://www.cmu.edu/cmtoday/issues/october-2010-issue/feature-stories/bing-it-on/index.html.

6 Catherine Shu, "Twitter Acquires Image Search Startup Madbits," *TechCrunch*, July 29, 2014, https://gigaom.com/2014/07/29/twitter-acquires-deep-learning-startup-madbits/.

Mike Isaac, "Uber Bets on Artificial Intelligence with Acquisition and New Lab," *New York Times*, December 5, 2016, https://www.nytimes.com/2016/12/05/technology/uber-bets-on-artificial-intelligence-with-acquisition-and-new-lab.html.

7 Kara Swisher and Ina Fried, "Microsoft's Qi Lu Is Leaving the Company Due to Health Issues Rajesh Jha Will Assume Many of Lu's Responsibilities," *Recode*, September 29, 2016, https://www.vox.com/2016/9/29/13103352/microsoft-qi-lu-to-exit.

8 "Microsoft Veteran Will Help Run Chinese Search Giant Baidu," *Bloomberg News*, January 16, 2017, https://www.bloomberg.com/news/articles

/2017-01-17/microsoft-executive-qi-lu-departs-to-join-china-s-baidu-as-coo.

13장. 속임수: 진짜보다 진짜 같은 가짜 이미지

1 Cade Metz, "Google's Dueling Neural Networks Spar to Get Smarter, No Humans Required," *Wired*, April 11, 2017, https://www.wired.com/2017/04/googles-dueling-neural-networks-spar-get-smarter-no-humans-required/.

2 Davide Castelvecchi, "Astronomers Explore Uses for AIGenerated Images," *Nature*, February 1, 2017, https://www.nature.com/news/astronomers-explore-uses-for-ai-generated-images-1.21398.

3 Anh Nguyen, Jeff Clune, Yoshua Bengio et al., "Plug &Play Generative Networks: Conditional Iterative Generation of Images in Latent Space," 2016, https://arxiv.org/abs/1612.00005.

4 Ming-Yu Liu, Thomas Breuel, and Jan Kautz, "Unsupervised Image-to-Image Translation Networks," 2016, https://arxiv.org/abs/1703.00848.

5 JunYan Zhu, Taesung Park, Phillip Isola, and Alexei A. Efros, "Unpaired Image-to-Image Translation using Cycle-Consistent Adversarial Networks," 2016, https://arxiv.org/abs/1703.10593.

6 Lily Jackson, "International Graduate-Student Enrollments and Applications Drop for 2nd Year in a Row," *Chronicle of Higher Education*, February 7, 2019, https://www.chronicle.com/article/International-Graduate-Student/245624.

7 "Microsoft Acquires Artificial-Intelligence Startup Maluuba," *Wall Street Journal*, January 13, 2007, https://www.wsj.com/articles/microsoft-acquires-artificial-intelligence-startup-maluuba-1484338762.

8 Steve Lohr, "Canada Tries to Turn Its AI Ideas into Dollars," *New York Times*, April 9, 2017, https://www.nytimes.com/2017/04/09/technology/canada-artificial-intelligence.html.

9 Mike Isaac, "Facebook, in Cross Hairs After Election, Is Said to Question Its Influence," *New York Times*, November 12, 2016, https://www.nytimes.

com/2016/11/14/technology/facebook-is-said-to-question-its-influence-in-election.html.

10 Craig Silverman, "Here Are 50 of the Biggest Fake News Hits on Facebook From 2016," *Buzzfeed News*, December 30, 2016, https://www.buzzfeednews.com/article/craigsilverman/top-fake-news-of-2016.

11 Scott Shane and Vindu Goel, "Fake Russian Facebook Accounts Bought $100,000 in Political Ads," *New York Times*, September 6, 2017, https://www.nytimes.com/2017/09/06/technology/facebook-russian-political-ads.html.

12 Supasorn Suwajanakorn, Steven Seitz, and Ira Kemelmacher-Shlizerman, "Synthesizing Obama: Learning Lip Sync from Audio," 2017, https://grail.cs.washington.edu/projects/AudioToObama/.

13 Paul Mozur and Keith Bradsher, "China's A.I. Advances Help Its Tech Industry, and State Security," *New York Times*, December 3, 2017, https://www.nytimes.com/2017/12/03/business/china-artificial-intelligence.html.

14 Tero Karras, Timo Aila, Samuli Laine, and Jaakko Lehtinen, "Progressive Growing of GANs for Improved Quality, Stability, and Variation," 2017, https://arxiv.org/abs/1710.10196.

15 Jackie Snow, "AI Could Set Us Back 100 Years When It Comes to How We Consume News," *MIT Technology Review*, November 7, 2017, https://www.technologyreview.com/s/609358/ai-could-send-us-back-100-years-when-it-comes-to-how-we-consume-news/.

16 Samantha Cole, "AI-Assisted Fake Porn Is Here and We're All Fucked," *Motherboard*, December 11, 2017, https://www.vice.com/en_us/article/gydydm/gal-gadot-fake-ai-porn.

17 Samantha Cole, "Twitter Is the Latest Platform to Ban AI-Generated Porn: Deepfakes Are in Violation of Twitter's Terms of Use," *Motherboard*, February 6, 2018, https://www.vice.com/en_us/article/ywqgab/twitter-bans-deepfakes.

Arjun Kharpal, "Reddit, Pornhub Ban Videos that Use AI to Superimpose a Person's Face," CNBC, February 8, 2018, https://www.cnbc.com/2018/02/08/reddit-pornhub-ban-deepfake-porn-videos.html.

18 Cade Metz, "How to Fool AI into Seeing Something That Isn't There," *Wired*, April 29, 2017, https://www.wired.com/2016/07/fool-ai-seeing-something-isnt/.

19 Kevin Eykholt, Ivan Evtimov, Earlence Fernandes et al., "Robust Physical-World Attacks on Deep Learning Models," 2017, https://arxiv.org/abs/1707.08945.

20 Metz, "How to Fool AI into Seeing Something That Isn't There."

21 OpenAI, form 990, 2016.

14장. 자만심: 차이나 파워

1 "Unveiling the Wuzhen Internet Intl Convention Center," *China Daily*, November 15, 2016, https://www.chinadaily.com.cn/business/2016-11/15/content_27381349.htm.

2 Cade Metz, "Google's AlphaGo Levels Up from Board Games to Power Grids," *Wired*, May 24, 2017, https://www.wired.com/2017/05/googles-alphago-levels-board-games-power-grids/.

3 Andrew Jacobs and Miguel Helft, "Google, Citing Attack, Threatens to Exit China," *New York Times*, January 12, 2010, https://www.nytimes.com/2010/01/13/world/asia/13beijing.html.

4 "Number of Internet Users in China from 2017 to 2023," Statista, https://www.statista.com/statistics/278417/number-of-internet-users-in-china/

5 "AlphaGo Computer Beats Human Champ in Hard-Fought Series," *Associated Press*, March 15, 2016, https://www.cbsnews.com/news/googles-alphago-computer-beats-human-champ-in-hard-fought-series/.

6 Cade Metz, "Google Unleashes AlphaGo in China—But Good Luck Watching It There," *Wired*, May 23, 2017, https://www.wired.com/2017/05/google-unleashes-alphago-china-good-luck-watching/.

7 Daniela Hernandez, "'Chinese Google' Opens Artificial-Intelligence Lab in Silicon Valley," *Wired*, April 12, 2013, https://www.wired.com/2013/04/baidu-research-lab/.

8 Cade Metz, "Google Is Already Late to China's AI Revolution," *Wired*, June 2, 2017, https://www.wired.com/2017/06/ai-revolution-bigger-google-facebook-microsoft/.

9 Google Annual Report, 2016, https://www.sec.gov/Archives/edgar/data/1652044/000165204417000008/goog10-kq42016.htm.

10 *Amazon Annual Report*, 2017, https://www.sec.gov/Archives/edgar/data/1018724/000101872419000004/amzn-20181231x10k.htm.

11 Octavio Blanco, "One Immigrant's Path from Cleaning Houses to Stanford Professor," CNN, July 22, 2016, https://money.cnn.com/2016/07/21/news/economy/chinese-immigrant-stanford-professor/.

12 Cade Metz, "Google's AlphaGo Continues Dominance with Second Win in China," *Wired*, May 25, 2017, https://www.wired.com/2017/05/googles-alphago-continues-dominance-second-win -china/.

13 "Made in China by 2030," *New York Times*, July 20, 2017, https://www.nytimes.com/2017/07/20/business/china-artificial-intelligence.html.

14 Fei-Fei Li, "Opening the Google AI China Center," The Google Blog, December 13, 2017, https://www.blog.google/around-the-globe/google-asia/google-ai-china-center/.

15장. 편향성: 영리를 넘어 윤리로

1 Jacky Alcine tweet, June 28, 2015, https://twitter.com/jackyalcine/status/615329515909156865?lang=en.

2 Gideon Lewis-Kraus, "The Great AI Awakening," *New York Times Magazine*, December 14, 2006, https://www.nytimes.com/2016/12/14/magazine/the-great-ai-awakening.html.

3 Holly Else, "AI Conference Widely Known as 'NIPS' Changes Its Contro-

versial Acronym," *Nature*, November 19, 2018, https://www.nature.com/articles/d41586-018-07476-w.

4 Steve Lohr, "Facial Recognition Is Accurate, if You're a White Guy," *New York Times*, February 9, 2018, https://www.nytimes.com/2018/02/09/technology/facial-recognition-race-artificial-intelligence.html.

5 Natasha Singer, "Amazon Is Pushing Facial Technology That a Study Says Could Be Biased," *New York Times*, January 24, 2019, https://www.nytimes.com/2019/01/24/technology/amazon-facial-technology-study.html.

6 Matt Wood, "Thoughts on Recent Research Paper and Associated Article on Amazon Rekognition," AWS Machine Learning Blog, January 26, 2019, https://aws.amazon.com/blogs/machine-learning/thoughts-on-recent-research-paper-and-associated-article-on-amazon-rekognition/.

7 Jack Clark, "Artificial Intelligence Has a 'Sea of Dudes' Problem," *Bloomberg News*, June 27, 2016, https://www.bloomberg.com/professional/blog/artificial-intelligencesea-dudes-problem/.

8 "On Recent Research Auditing Commercial Facial Analysis Technology," March 15, 2019, https://medium.com/@bu64dcjrytwitb8/on-recent-research-auditing-commercial-facial-analysis-technology-19148bda1832.

16장. 무기화: 인공지능 군납 논란

1 Kate Conger and Cade Metz, "Tech Workers Want to Know: What Are We Building This For?" *New York Times*, October 7, 2018, https://www.nytimes.com/2018/10/07/technology/tech-workers-ask-censorship-surveillance.html.

2 Jonathan Hoffman tweet, August 11, 2017, https://twitter.com/ChiefPentSpox/status/896135891432783872/photo/4.

3 "Establishment of an Algorithmic Warfare Cross-Functional Team," Memorandum, Deputy Secretary of Defense, April 26, 2017, https://dodcio.defense.gov/Portals/0/Documents/Project% 2520Maven % 2520DSD%

2520Memo% 252020170425.pdf.

4 Defense Innovation Board, Open Meeting Minutes, July 12, 2017, https://media.defense.gov/2017/Dec/18/2001857959/-1/-1/0/2017-2566-148525_MEETING%2520MINUTES_(2017-09-28-08-53-26).PDF.

5 "An Open Letter to the United Nations Convention on Certain Conventional Weapons," Future of Life Institute, August 20, 2017, https://futureoflife.org/autonomous-weapons-open-letter-2017/.

6 Tiku, "Three Years of Misery Inside Google, the Happiest Company in Tech."

7 Scott Shane and Daisuke Wakabayashi, "'The Business of War': Google Employees Protest Work for the Pentagon," *New York Times*, April 4, 2018, https://www.nytimes.com/2018/04/04/technology/google-letter-ceo-pentagon-project.html.

8 "Workers Researchers in Support of Google Employees: Google Should Withdraw from Project Maven and Commit to Not Weaponizing Its Technology," International Committee for Robot Arms Control, https://www.icrac.net/open-letter-in-support-of-google-employees-and-tech-workers/.

9 Scott Shane, Cade Metz, and Daisuke Wakabayashi, "How a Pentagon Contract Became an Identity Crisis for Google," *New York Times*, May 30, 2018, https://www.nytimes.com/2018/05/30/technology/google-project-maven-pentagon.html.

10 Sheera Frenkel, "Microsoft Employees Protest Work with ICE, as Tech Industry Mobilizes Over Immigration," *New York Times*, June 19, 2018, https://www.nytimes.com/2018/06/19/technology/tech-companies-immigration-border.html.
"I'm an Amazon Employee. My Company Shouldn't Sell Facial Recognition Tech to Police," October 16, 2018, https://medium.com/@amazon_employee/im-an-amazon-employee-my-company-shouldn-t-sell-facial-recognition-tech-to-police-36b5fde934ac.

11 "NSCAI—Lunch keynote: AI, National Security, and the Public-Private Part-

nership," YouTube, https://www.youtube.com/watch?v=3OiUl1Tzj3c.

17장. 무력감: 필터링과 검열 사이

1 Eugene Kim, "Here's the Real Reason Mark Zuckerberg Wears the Same T-Shirt Every Day," *Business Insider*, November 6, 2014, https://www.businessinsider.com/mark-zuckerberg-same-t-shirt-2014-11.

2 Vanessa Friedman, "Mark Zuckerberg's I'm Sorry Suit," *New York Times*, April 10, 2018, https://www.nytimes.com/2018/04/10/fashion/mark-zuckerberg-suit-congress.html.

3 Max Lakin, "The $300 T-Shirt Mark Zuckerberg Didn't Wear in Congress Could Hold Facebook's Future," *W magazine*, April 12, 2018, https://www.wmagazine.com/story/mark-zuckerberg-facebook-brunello-cucinelli-t-shirt/.

4 Matthew Rosenberg, Nicholas Confessore, and Carole Cadwalladr, "How Trump Consultants Exploited the Facebook Data of Millions," *New York Times*, March 17, 2018, https://www.nytimes.com/2018/03/17/us/politics/cambridge-analytica-trump-campaign.html.

5 Zach Wichter, "2 Days, 10 Hours, 600 Questions: What Happened When Mark Zuckerberg Went to Washington," *New York Times*, April 12, 2018, https://www.nytimes.com/2018/04/12/technology/mark-zuckerberg-testimony.html.

6 "Facebook: Transparency and Use of Consumer Data," April 11, 2018, House of Representatives, Committee on Energy and Commerce, Washington, D.C., https://docs.house.gov/meetings/IF/IF00/20180411/108090/HHRG-115-IF00-Transcript-20180411.pdf.

7 Dean Pomerleau tweet, November 29, 2016, https://twitter.com/deanpomerleau/status/803692511906635777? s=09.

8 Cade Metz, "The Bittersweet Sweepstakes to Build an AI That Destroys Fake News," *Wired*, December 16, 2016, https://www.wired.com/2016/12/

bittersweet-sweepstakes-build-ai-destroys-fake-news/.

9 Deepa Seetharaman, "Facebook Looks to Harness Artificial Intelligence to Weed Out Fake News," *Wall Street Journal*, December 1, 2016, https://www.wsj.com/articles/facebook-could-develop-artificial-intelligence-to-weed-out-fake-news-1480608004.

10 "Facebook: Transparency and Use of Consumer Data."
Rosenberg, Confessore, and Cadwalladr, "How Trump Consultants Exploited the Facebook Data of Millions."

11 Cade Metz and Mike Isaac, "Facebook's AI Whiz Now Faces the Task of Cleaning It Up.Sometimes That Brings Him to Tears," *New York Times*, May 17, 2019, https://www.nytimes.com/2019/05/17/technology/facebook-ai-schroepfer.html.

18장. 토론: 다른 의견

1 Google I/O 2018 keynote, YouTube, https:/www.youtube.com/watch?v=ogfYd705cRs.

2 Nick Statt, "Google Now Says Controversial AI Voice Calling System Will Identify Itself to Humans," *Verge*, May 10, 2018, https://www.theverge.com/2018/5/10/17342414/google-duplex-ai-assistant-voice-calling-identify-itself-update.

3 Brian Chen and Cade Metz, "Google Duplex Uses A.I. to Mimic Humans(Sometimes)," *New York Times*, May 22, 2019, https://www.nytimes.com/2019/05/22/technology/personaltech/ai-google-duplex.html.

4 Gary Marcus and Ernest Davis, "AI Is Harder Than You Think," Opinion, *New York Times*, May 18, 2018, https://www.nytimes.com/2018/05/18/opinion/artificial-intelligence-challenges.html.

5 Gary Marcus, "Is 'Deep Learning' a Revolution in Artificial Intelligence?," *New Yorker*, November 25, 2012, https://www.newyorker.com/news/news-desk/is-deep-learning-a-revolution-in-artificial-intelligence.

6 Mike Isaac, "Uber Bets on Artificial Intelligence with Acquisition and New Lab," *New York Times*, December 5, 2016, https://www.nytimes.com/2016/12/05/technology/uber-bets-on-artificial-intelligence-with-acquisition-and-new-lab.html.

7 Gary Marcus, "Deep Learning: A Critical Appraisal," 2018, https://arxiv.org/abs/1801.00631; Gary Marcus, "In Defense of Skepticism About Deep Learning," 2018, https://medium.com/@GaryMarcus/in-defense-of-skepticism-about-deep-learning-6e8bfd5ae0f1; Gary Marcus, "Innateness, AlphaZero, and Artificial Intelligence," 2018, https://arxiv.org/abs/1801.05667.

8 Gary Marcus and Ernest Davis, *Rebooting AI: Building Artificial Intelligence We Can Trust*(New York: Pantheon, 2019).

9 "Artificial Intelligence Debate—Yann LeCun vs. Gary Marcus: Does AI Need Innate Machinery?"

10 Rowan Zellers, Yonatan Bisk, Roy Schwartz, and Yejin Choi, "Swag: A Large-Scale Adversarial Dataset for Grounded Commonsense Inference," 2018, https://arxiv.org/abs/1808.05326.

11 Jacob Devlin, Ming-Wei Chang, Kenton Lee, and Kristina Toutanova, "BERT: Pre-training of Deep Bidirectional Transformers for Language Understanding," 2018, https://arxiv.org/abs/1810.04805.

12 Cade Metz, "Finally, a Machine That Can Finish Your Sentence," *New York Times*, November 18, 2018, https://www.nytimes.com/2018/11/18/technology/artificial-intelligence-language.html.

19장. 자동화: 저마다의 피킹 로봇

1 Andy Zeng, Shuran Song, Johnny Lee et al., "TossingBot: Learning to Throw Arbitrary Objects with Residual Physics," 2019, https://arxiv.org/abs/1903.11239.

2 OpenAI, form 990, 2016.

3 Eduard Gismatullin, "Elon Musk Left OpenAI to Focus on Tesla, SpaceX,"

Bloomberg News, February 16, 2019, https://www.bloomberg.com/news/articles/2019-02-17/elon-musk-left-openai-on-disagreements-about-company-pathway.

4 Elon Musk tweet, April 13, 2018, https://twitter.com/elonmusk/status/984882630947753984?s=19.

5 "OpenAI LP," OpenAI blog, March 11, 2019, https://openai.com/blog/openai-lp/.

6 Adam Satariano and Cade Metz, "A Warehouse Robot Learns to Sort Out the Tricky Stuff," *New York Times*, January 29, 2020, https://www.nytimes.com/2020/01/29/technology/warehouse-robot.html.

20장. 종교: 베일에 싸인 미래

1 "Edward Boyden Wins 2016 Breakthrough Prize in Life Sciences," *MIT News*, November 9, 2015, https://news.mit.edu/2015/edward-boyden-2016-breakthrough-prize-life-sciences-1109.

2 Herbert Simon and Allen Newell, "Heuristic Problem Solving: The Next Advance in *Operations Research*," Operations Research 6, no. 1(January–February, 1958), p. 7.

3 Herbert Simon, *The Shape of Automation for Men and Management*(New York: Harper &Row, 1965).

4 Shane Legg, "Machine Super Intelligence," 2008, http://www.vetta.org/documents/Machine_Super_Intelligence.pdf.

5 "Beneficial AI," conference schedule, https://futureoflife.org/bai-2017/.

6 "Superintelligence: Science or Fiction, Elon Musk and Other Great Minds," YouTube, https://www.youtube.com/watch?v=h0962biiZa4.

7 "Creating Human-Level AI: How and When?," YouTube, https://www.youtube.com/watch?v=V0aXMTpZTfc.

8 Rolfe Winkler, "Elon Musk Launches Neuralink to Connect Brains with Computers," *Wall Street Journal*, March 27, 2017, https://www.wsj.com/

articles/elon-musk-launches-neuralink-to-connect-brains-with-computers-1490642652.
9 Tad Friend, "Sam Altman's Manifest Destiny," *New Yorker*, October 3, 2016, https://www.newyorker.com/magazine/2016/10/10/sam-altmans-manifest-destiny.
10 Sam Altman blog, "How to Be Successful," January 24, 2019, https://blog.samaltman.com/how-to-be-successful.
11 Steven Levy, "How Elon Musk and Y Combinator Plan to Stop Computers from Taking Over," Back channel, *Wired*, December 11, 2015, https://www.wired.com/2015/12/how-elon-musk-and-y-combinator-plan-to-stop-computers-from-taking-over/.
12 "OpenAI Charter,"OpenAI blog, https://openai.com/charter/.
13 Max Jaderberg, Wojciech M. Czarnecki, Iain Dunning et al., "Human-level Performance in 3D Multiplayer Games with Population-based Reinforcement Learning," *Science 363*, no. 6443(May 31, 2019), p. 859–865, https://science.sciencemag.org/content/364/6443/859.full?ijkey=rZC5DWj2KbwNk&keytype=ref&siteid=sci.
14 Tom Simonite, "DeepMind Beats Pros at StarCraft in Another Triumph for Bots," *Wired*, January 25, 2019, https://www.wired.com/story/deepmind-beats-pros-starcraft-another-triumph-bots/.
15 Tom Simonite, "Open AI Wants to Make Ultrapowerful AI. But Not in a Bad Way," *Wired*, May 1, 2019, https://www.wired.com/story/company-wants-billions-make-ai-safe-humanity/.
16 Rory Cellan-Jones, "Google Swallows DeepMind Health," BBC, September 18, 2019, https://www.bbc.com/news/technology-49740095.
17 Nate Lanxon, "Alphabet's DeepMind Takes on Billion-Dollar Debt and Loses $572 Million," *Bloomberg News*, August 7, 2019, https://www.bloomberg.com/news/articles/2019-08-07/alphabet-s-deepmind-takes-on-billion-dollar-debt-as-loss-spirals.
18 Jack Nicas and Daisuke Wakabayashi, "Era Ends for Google as Founders

Step Aside from a Pillar of Tech," *New York Times*, December 3, 2019, https://www.nytimes.com/2019/12/03/technology/google-alphabet-ceo-larry-page-sundar-pichai.html.

21장. 미지의 요인: 미완의 해피 엔딩

1 Geoff Hinton, tweet, March 27, 2019, https://twitter.com/geoffreyhinton/status/1110962177903640582? s=19.

2 A. M. Turing, "Article Navigation on Computable Numbers, with an Application to the Entscheidungsproblem," *Proceedings of the London Mathematical Society*, vol. s2-42, issue 1(1937), p. 230–265.

3 Paul Mozur, "One Month, 500,000 Face Scans: How China Is Using AI to Profile a Minority," *New York Times*, April 14, 2019, https://www.nytimes.com/2019/04/14/technology/china-surveillance-artificial-intelligence-racial-profiling.html.

4 "NCSAI—Lunch Keynote: AI, National Security, and the Public-Private Partnership," YouTube, https://www.youtube.com/watch?v=3OiUl1Tzj3c.

5 "Geoffrey Hinton and Yann LeCun 2018, ACM A.M. Turing Award Lecture, 'The Deep Learning Revolution,'" YouTube, https://www.youtube.com/watch?v=VsnQf7exv5I.

찾아보기

ABB 로봇 경진 대회 413
AGI(범용 인공지능) 156, 165, 168, 170, 172, 177, 181, 219, 235, 237, 278, 421-423, 427, 430, 431, 434, 436, 437, 441, 451-453
ALVINN(알빈) 71
ANNA(안나) 85
AT&T 76, 84, 85
BERT(버트, 범용 언어 모델) 399, 401
CEO 17, 25, 126, 127, 153, 155, 186, 195, 236, 244, 321, 324-326, 355, 397, 436
CPU(중앙처리장치) 122, 135, 142, 148, 206, 213, 215, 225, 236, 399
DARPA(방위고등연구계획국) 73
DEC(디지털이큅먼트코퍼레이션) 133
DNN리서치 13, 18, 19, 154, 155, 199, 203
Edge.org 231
EPAC(전자 프로파일 분석 컴퓨터) 34
FAIR(페이스북 인공지능 연구소) 187
GANs(생성적 적대신경망) 217, 306-308, 311-313, 316, 381, 382, 411
GCP(구글 클라우드 플랫폼) 361
GDPR(일반데이터보호규칙) 366
GPU(그래픽 처리 장치) 114-118, 120, 121, 123, 142, 149, 153, 202, 207, 209, 215, 225, 244, 326, 355, 435
I/O회의 385, 386
IBM 118, 119, 122, 124, 173, 194, 260, 324, 348, 350
JEDI(합동 방어 인프라) 계약 359
LSTM(장단기 메모리) 96, 97
MIT 44, 45, 49, 56, 128, 239, 243, 346, 349, 351, 391, 443
NETtalk 프로젝트 80
NHS(국민건강서비스) 281
NIPS(신경정보처리시스템 국제 학술회의) 14, 26, 93, 103, 104, 106, 185, 186, 196, 199, 222, 249, 286, 290, 323, 344, 346
PDP 그룹 59, 61
QSAR(정량적 구조-활성 상관관계) 273
SNARC 40
TPU(텐서 처리 장치) 226, 227, 229, 320, 326, 328, 435

ㄱ

가계도 식별 69
가스 깁슨 310
가짜 뉴스 챌린지 373, 376, 377
강화 학습 174, 177, 247, 409, 434, 451, 452
개리 마커스 295, 388-397, 401
개방적 연구 197, 298
개츠비 연구소 159, 165-167, 391
거꾸로 두뇌 자전거 사건 283-285
검열 320, 377
게임 37, 115, 160-163, 170-175, 177-179, 219, 221, 235, 247, 254, 278, 330, 382, 393, 406, 408, 410, 431-435
경험주의자 389
고릴라 태그 사건 339, 340, 343
고양이 논문 193, 294, 340
과대 선전 58, 97, 216, 391, 396, 397
구글 18-21, 23-25, 27, 98, 112, 118-130, 132-137, 139-143, 153, 155, 157, 158, 175-182, 186, 187, 189-194, 199-201, 203, 206, 207, 209-215, 217, 219, 220, 224-230, 232, 234, 238, 239, 242, 245, 247-250, 252, 258, 259, 262, 263, 270, 271, 274, 276-279, 284, 286-290, 294, 296, 306, 309, 310, 315-317, 320-324, 326-330, 333, 334, 338-341, 343, 346, 348, 351, 352, 355-368, 374, 385, 386, 388, 391, 396, 399, 400, 403, 406-408, 410, 411, 421, 422, 429, 435, 436, 438-440, 444, 449, 450, 452
구글 X 127, 130, 137, 138
구글 검색 123, 127, 130-132, 214, 271, 321
구글 듀플렉스 387-389
구글 번역 227, 228
구글 브레인 138-140, 142, 156, 193, 209, 210, 212, 219-221, 224, 228, 242, 248, 271, 278-280, 284, 286, 294, 303, 317, 341, 406, 407, 413, 440
구글 어스 357
구글 어시스턴트 215, 216, 386, 387
구글 카드보드 270
구글 포토 213, 338-340
국방혁신위원회 357
권오형 266
그레그 브로크만 243-251
그레그 코라도 137, 138, 274, 275
급성 신손상 282
기계 번역 129, 220, 237, 274, 297, 298, 398, 422, 445
기호주의 45, 46, 50, 56, 67, 287
깃발 뺏기 432-434

ㄴ

나브딥 제이틀리 101, 119-125, 139, 142, 224, 273
〈네이처〉 70, 217, 257
〈뉴요커〉 36, 277, 390
뉴욕대학교 92, 152, 173, 185, 192, 195, 198, 199, 235, 251, 294, 295, 341, 351, 364, 388, 392, 395, 448
〈뉴욕 타임스〉 32, 34, 138, 332, 350, 365, 367, 388, 390, 401, 449,
닉 보스트롬 233, 235, 240, 351

ㄷ

다이앤 파인스타인 379
다트머스 여름 학술회의 40, 420
달레 몰레 인공지능 연구소 95, 96
당뇨성 망막 병증 269, 270, 277
〈댐 버스터〉(영화) 140
더그 레낫 420
데미스 하사비스 18, 25, 27, 28, 159-174, 176, 180, 181, 188, 191, 214, 219, 238, 240, 251, 256-262, 266-268, 280, 297, 319, 320, 322, 323, 330, 331, 360, 375, 421, 438, 439, 441, 451
데버러 라지 342-344, 349, 350, 352
데이비드 러멜하트 61-64, 69-71, 76, 152, 153
데이비드 실버 159, 161, 164, 177, 259, 263, 265, 297
데이터센터 121, 122, 134, 137, 142, 198, 202, 207, 209, 213-215, 220, 224-226, 262, 327, 328, 331, 355, 386, 438
도널드 헵 54
도타 410, 433, 434
디스트빌리프 142, 206, 209, 286, 289, 327
디지털 유토피아니즘 242
딘 포멀루 71-73, 80, 86, 89, 211, 376, 377
딥러닝 15, 17, 18, 24-27, 33, 103, 104, 108, 114, 115, 125, 127, 129, 131, 143-145, 151-153, 155, 187-191, 194, 195, 200-202, 207, 209-218, 220, 225, 226, 228, 229, 236, 245, 246, 254, 255, 258, 261, 270, 271, 273, 277, 287-289, 293-295, 297, 303, 307, 312, 323-329, 341, 348, 349, 356, 357, 372, 389-397, 406, 409, 413, 443, 456
딥러닝 연구소 185, 326, 341
딥마인드 18-20, 25, 27, 156, 157, 159, 161, 164, 167-182, 186, 188, 189, 191-193, 203, 204, 206, 214, 217, 219, 220, 230, 231, 233-235, 237-239, 242, 245-247, 251, 256-259, 264, 271, 278-282, 303, 320, 330, 331, 352, 357, 365, 374, 381, 386,

390, 391, 408, 409, 411, 421, 422, 424, 431-436, 439, 440, 444, 451
딥마인드 헬스 279, 281, 282
딥블루(슈퍼컴퓨터) 173, 260
딥페이크 315, 382

ㄹ

래리 재켈 86, 87
래리 페이지 126-130, 133, 134, 140, 155, 156, 175, 210, 232, 234, 239, 242, 243, 258, 279, 320, 321, 356, 363, 366, 421, 440
랭크브레인 214
로버트 오펜하이머 258, 259
로빈 리 153, 325, 326
로스 거식 201, 203
로열프리 282
로즈우드호텔 243, 245
로키 두안 413
롭 퍼거스 198
루보미르 부르데브 188, 189, 193, 194
루프트 426
르넷 76
리 덩 26, 27, 106-116, 118, 153, 200, 286-291, 293, 294, 298, 323, 324, 445
리처드 두다 44
리처드 파인만 65
릴리 펭 271, 275

ㅁ

마빈 민스키 39-46, 49-51, 56, 57, 64, 69, 72, 73, 89, 93, 97, 104, 105, 130, 291, 389, 390, 420
마빈 프로젝트 137
마스터 알고리즘(도밍고스) 287
마이크 슈레퍼 186, 187, 190, 191, 235, 253-256, 373-375, 378-380, 382
마이크로소프트 19-21, 26, 27, 88, 89, 107, 108, 110-119, 121-124, 134, 153, 180, 189, 194, 200-204, 216, 217, 250, 284-290, 292-300, 307, 309, 324, 325, 334, 341, 348-352, 368, 436
마이크로소프트의 잃어버린 10년 288
마이크로칩(안나) 85
마크 1 35, 37, 38, 43, 44
마크 저커버그 180, 185, 186, 188-199, 234-236, 239, 240, 257, 266, 303, 311, 369-376, 378, 379, 419, 441
마크오렐리오 랜자토 140, 192-196
맥 트럭 프로젝트 213
맥더프 휴스 228
맥스 제이더버그 433
머신러닝 101, 102, 117, 166, 180, 345, 356, 393, 407, 440, 451
머크 271-274, 396
메그 미첼 201, 203, 351, 352
메이븐 프로젝트 353, 354, 356, 358-360, 362-365, 449

메이븐 프로젝트 반대 탄원 366-368
몬트리올대학교 92, 142, 192, 221, 297, 307, 448
무스타파 술레이만 167, 168, 179, 181, 191, 239, 279-282, 360, 365, 366, 430, 439
물류센터 피킹 로봇 개발 대회 404
미국 국방부 73, 353-359, 361-363, 366, 449
미국 대선 308, 370, 449
미국 해군 32, 362
〈미국의사협회저널〉 275

ㅂ

바둑 160, 253-265, 268, 271, 273, 280, 319, 321, 326, 330-332, 374, 393, 431, 433
바룬 굴샨 270, 271
바이두 16-23, 27, 103, 153, 180, 204, 216, 221, 228, 229, 294, 297, 300, 323-327, 329, 333-335, 449
배타적 논리합 45, 64, 91
베이에어리어비전회의 193
벡터인공지능연구소 309
벤처 캐피털 172, 243
벨 연구소 76, 77, 84-86, 92, 236, 298
보이치에흐 자렘바 206, 247, 248, 251, 403, 404, 409, 410
볼츠만 머신 49, 65, 66, 68, 79, 104
부족(tribe) 287
브레이크아웃 174, 177, 178, 214, 247, 258, 408
브롱크스 과학고등학교 39
블라드 므니 102, 173-175, 177, 178
블랙 인 AI 346
블랙박스 문제 132, 276, 277
〈블룸버그 뉴스〉 201, 351
〈블룸버그 비즈니스위크〉 204
빌 벅스턴 285
빌딩 99(마이크로소프트 리서치) 111, 112, 115, 286, 289, 293
빙 118, 284, 293, 294

ㅅ

사라 새부어 310, 444
사이크 프로젝트 47, 50, 89, 420
사티아 나델라 298, 299, 436
샘 알트만 244, 245, 249-251, 412, 418, 419, 424, 426-431, 436, 437
생명의 미래 연구소 239, 240, 351, 359, 424
선천주의자 389, 394
세르게이 러빈 220, 406-409, 411, 423
세르게이 브린 133, 234, 258, 262, 279, 320, 321, 355, 356, 363, 367, 418, 419, 440
셰인 레그 165-168, 170-174, 177, 181, 191, 219, 233, 238-240, 242, 251,

280, 297, 420-422, 438-439
손 글씨 44, 179, 304
쇼퍼 프로젝트 210
수표 판독 85, 86, 88
순다르 피차이 321, 322, 355, 358, 364, 386-388
스마트폰 112, 120, 123, 125, 126, 216, 224, 255, 276, 284, 285, 295, 348
스카이다이빙 158, 206, 210
스콧 팔만 66, 67
스타크래프트 433, 434
스타트업 14, 18, 23, 138, 139, 156, 162, 163, 169, 187, 188, 190, 199, 236, 243, 244, 245, 266, 270, 295, 299, 309, 312, 326, 391, 392, 395, 411, 413, 418, 426, 428, 435
스택 랭킹 288
스탠퍼드대학교 40, 67, 87, 91, 92, 126, 127, 129, 144, 190, 196, 258, 343, 367, 368, 427
스트라이프 243, 244
스티브 발머 288
신경망(인공신경망) 15-17, 33, 40, 41, 44, 45, 49-51, 54, 56, 57, 59, 60, 63, 65, 67, 69-73, 76, 78-88, 90-96, 102, 103, 105-109, 112, 114, 116-118, 122, 123, 125, 127, 128, 131, 132, 136-138, 142, 143, 145-153, 170, 174, 179, 186, 189, 202, 206, 207, 210-212, 214, 215, 217, 220-224, 226-229, 235, 244, 253, 255, 271-278, 282, 286-288, 290, 291, 303, 304-306, 308, 315, 316, 328, 340, 343, 346, 364, 376, 385, 390, 391, 393-395, 399, 435, 444, 445, 447, 448
신피질의 생리학적 알고리즘 129
심층 신뢰 신경망 101, 108

ㅇ

아넬리아 안젤로바 210, 211
아라빈드 안과병원 269-271, 275, 276
아마존 112, 150, 189, 216, 225, 226, 328, 349, 350, 352, 392, 404-406, 413
아마존 레코그니션 349, 352
에이도스 162
아자 황 259, 263, 267
아포 휘바리넨 100
안드레이 카파시 411
알고리즘 35, 82, 85, 109, 129, 133, 170, 197, 278, 305, 316, 345, 356, 360, 376, 431, 451
알렉세이 에프로스 150, 151
알렉스 그레이브스 91, 149, 173, 178, 179, 217, 222
알렉스 에이스로 115, 116
알렉스 크리제브스키 145, 147-151, 206, 207, 209-212, 218, 219, 297,

341, 407, 408, 423, 449
알렉스넷 149-151, 153, 188, 207, 390
알파고 257, 259-268, 278, 280-282, 296, 318-322, 326, 330-332, 373, 395, 452
알파벳 279, 321, 440
압델라만 무함마드 115, 118, 119, 122
애플 101, 112, 115, 179, 189, 215, 284, 391, 449
앤드루 무어 310
앤드루 응 87, 93, 126-132, 136-139, 193, 196, 214, 215, 217, 294, 325, 326, 329, 449
앨런 유스터스 18, 19, 24, 155-158, 177, 178, 205, 206, 208, 210, 341, 440
앨런 튜링 445, 446
앨런인공지능연구소 308, 397, 398, 425
얀 르쾽 75-88, 92, 94, 95, 97-99, 115, 151, 163, 173, 186, 187, 194-200, 217, 235, 236, 246, 251, 252, 257, 266, 297, 307-309, 324, 336, 373-375, 377, 378, 382, 395, 397, 398, 414, 445-450
어드밴스드 솔루션 랩 363
억만장자의 만찬 234, 417
얼굴 인식 342, 349, 350, 375, 430, 449
에드 보이턴 419
에드먼드 클라크 292
에든버러대학교 16, 55, 56, 58
에릭 슈미트 261-263, 274, 322, 326-330, 332-334, 357, 363
엔비디아 116, 215, 225, 236, 295, 308, 309, 312, 313, 326, 435
엘리저 유드코스키 169, 171
엘릭서 162, 163, 165, 167
역전파 61, 62, 65, 66, 68-70, 80, 146, 307
연결주의 45, 46, 50, 56, 57, 59, 65, 73, 81, 86, 92, 95, 97, 98, 101, 103, 107, 136
영국 정부 54, 58
오렌 에치오니 309, 397, 400, 425, 456
오픈AI 248-252, 316, 317, 399, 400, 402, 404, 406-413, 422, 424, 426, 427, 429, 430, 433, 435-437
온라인 일기 162
〈와이어드〉 254, 395, 456
왓슨 173
요슈아 벤지오 92, 97, 103, 196, 217, 246, 297-300, 307, 309, 324, 352, 366, 414, 445-450
우르스 횔러 236
우르스 회즐 224, 226
워드 임베딩 221
월터 아이작슨 233
웨이브넷 381
위르겐 슈미트후버 95-97, 147, 173, 217, 218, 222
윈도 운영체제 202, 284

유니버시티칼리지 런던 99, 164
유리 밀너 417-419
윤리 346, 351, 358, 366
음성 인식 15, 24, 47, 89, 90, 106-109, 112, 114-120, 122, 123, 125, 142, 153, 194, 200, 201, 215-217, 220, 224, 225, 227, 256, 272, 273, 278, 284, 286, 287, 289, 290, 294, 297, 300, 307, 323, 324, 336, 386, 387, 393, 397
이미지넷 144, 145, 147-151, 199, 206, 341
이세돌 258-260, 263, 264, 266-268, 282, 295, 321, 331, 332, 373
이안 굿펠로 91, 92, 142, 192, 217, 303-308, 313-317, 372, 382, 411, 422, 423, 449
이안 리빙스턴 162, 165
인간 지능의 재현 129, 163, 420
인공지능 14-18, 24-27, 33, 35, 39-43, 46, 50, 54, 55-56, 58, 59, 65-67, 69, 70, 73, 74, 77, 78, 80, 82, 83, 87, 90, 91, 96, 97, 99, 101, 103-107, 115, 118, 119, 138, 148, 153, 161, 164, 168-171, 174-176, 179, 181, 186, 188, 189, 191, 192, 194, 196, 197, 202-204, 207, 209, 212, 214-219, 223, 231, 233, 235-247, 250, 253-257, 259, 262, 264, 266, 268, 269, 274, 281, 284, 285, 287, 291, 295, 299, 306-308, 310, 312, 314-317, 321, 322, 326-334, 340, 343-345, 351, 352, 355, 356, 358-363, 372, 373, 375-380, 382, 387-398, 400, 401, 406, 411, 414, 420-422, 424, 427, 429, 431, 436-438, 440, 447, 451, 452, 455, 456
인공지능나우 연구소 364
인공지능의 겨울 58, 420
일론 머스크 173, 175, 232-246, 249-251, 268, 280, 315, 360, 361, 367, 375, 409, 410-412, 421, 422, 424-428, 441
일리야 수츠케버 145-148, 150, 156, 219-224, 227, 242, 244-252, 273, 274, 297, 341, 407, 421, 422, 424, 429, 431, 437, 438

ㅈ

자연어 56, 89, 90, 129, 298, 373, 387, 390, 397, 400, 401, 445, 448
자연지능 34, 42, 55
자율무기 351, 357, 359, 430, 449, 351
자율주행차 15, 24, 80, 82, 89, 94, 127, 210, 211, 215, 219, 220, 236, 237, 295-297, 316, 334, 335, 376, 392, 396, 411
재키 앨신 338, 339
재키 포드 99, 230

적대적 공격 315, 316
제이컵 데블린 399
제인 커리지 285
제임스 매티스 355, 357-359
제프 딘 18, 132-136, 140-142, 157, 177, 180, 200, 209, 224, 228, 229, 249, 271, 274, 289, 317, 322, 327, 340, 400, 406, 438, 446, 447
제프 호킨스 129
제프리 엡스타인 234
제프리 힌턴 12-24, 26-28, 33, 49-74, 79-82, 84, 88, 92, 93, 97-104, 107-120, 123, 125, 128, 139-141, 143-154, 156-160, 165, 173, 176, 177, 181, 192, 199-201, 206, 207, 217, 218, 223, 229, 230, 246, 246, 258, 259, 272, 273, 277, 278, 286, 288, 289, 294, 296, 297, 307, 309, 310, 323-325, 333, 340, 341, 357, 367, 386, 390-392, 401, 414, 415, 442-448, 450-453
젠슨 황 236
조르디 엔사인 268
조이 부올람위니 346-350, 352
조지 달 101, 117, 119, 147, 272, 274, 396
존 매카시 40, 89, 97, 420
존 먼슨 43, 44
존 지아난드레아 209, 210, 214, 355, 358, 449
존스홉킨스대학교 50, 68
주빈 가라마니 390-392
중국 정부 320, 322, 330, 332, 335, 449
증류 프로젝트 229
지오메트릭 인텔리전스 295, 391
지텐드라 말릭 84, 93, 143-145, 151
진행형 GANs 313

ㅊ

차별 243, 343, 348
초지능 166, 168, 169, 233-235, 237-239, 241-243, 315, 360, 424, 425, 441, 453
치 루 153, 283, 284, 288, 291-295, 297, 300, 449

ㅋ

카네기멜론대학교 40, 50, 66-68, 72, 73, 89, 116, 117, 128, 211, 289, 292, 307, 310, 420
카이 유 16, 19, 23, 103, 153, 324, 325, 334-337
캐글 웹사이트 경연 대회 271
캐나다 정부 128
캐나다고등연구소 448
캡슐 네트워크 230, 444, 447, 453
커제 318, 319, 320, 322, 330, 331
케임브리지 애널리티카 370, 378

케임브리지대학교 16, 54, 56, 159, 161, 259
코넬 항공 연구소 34, 44
코레이 카부크쿠오글루 173, 180
〈코리아 헤럴드〉 260
코베리언트 413-415, 452
콘텐츠 관리 시스템 342
쿠니히코 후쿠시마 83
퀘이크 3 432-434
크라이스트처치 이슬람 사원 공격 379, 380
크리스 갈록 264
크리스 매디슨 259
크리스 브로켓 88-91, 111
크리스토퍼 롱게 히긴스 55, 56
클라우드 컴퓨팅 327, 328, 349, 351, 355, 359, 436
클래리파이 341-344, 348, 349, 353, 354, 368,
클레망 파라베 94, 185-187

ㅌ

테러리스트 345, 354, 372
테리 세즈노스키 50, 65, 66, 68, 79-81, 104, 105
텐서플로 326-329, 333
토론 78, 82, 100, 106, 365, 392, 395, 425
토론토대학교 13, 17, 19, 27, 73, 92, 99, 101, 102, 107, 138-140, 143, 145, 152, 156, 165, 173, 177, 192, 199, 210, 219, 273, 274, 294, 391, 386, 391, 396, 421, 448
투자 169, 205, 209, 322, 414, 426
튜링상 33, 99, 442, 445-447, 450, 451
특이점 회의 168, 170, 238
팀닛 게브루 343, 344, 346, 351, 352

ㅍ

파운더스 펀드 172, 175
판 후이 258-261, 264, 265, 268, 281
패들패들 333
퍼셉트론(초기 인공신경망) 32-37, 40-45, 47, 49, 56, 57, 59-63, 66, 72, 73, 78, 216
《퍼셉트론》 45, 50, 56, 57, 73, 105, 291
페드로 도밍고스 287
페이스북 112, 157, 169, 180, 182, 185-200, 255-247, 203, 204, 216, 217, 225, 235, 236, 238, 245, 247, 248, 250, 252, 253, 255-257, 266, 295, 297, 303, 311, 312, 348, 351, 369-382, 391, 397, 403, 411, 417, 441, 449
페이스북 M 255
페이팔 169, 173, 175
페이페이 리 329, 333, 343, 361, 366-368

펠릭스 바움가르트너 205, 206, 210
편향성 343, 351, 352
폴 그레이엄 426
푸 캠프 294
프란츠 파농 348
프랜시스 크릭 59
프랭크 로젠블라트 32-39, 41-43, 45-48, 54, 55, 57, 60, 63, 64, 72, 73, 77, 216
피킹 로봇 406, 413
피터 리 204, 289, 290, 292, 294
피터 몰리뉴 161
피터 어빌 411-416, 452
피터 첸 413
피터 틸 169-173, 175, 238, 250, 421, 422, 439
필립 아이솔라 313

ㅎ

합성곱 신경망 83, 84, 94, 151, 325
헬스케어 기록 분석 274
혁신상 419
호주로봇비전센터 405